Ida Raming

Priesteramt der Frau –
Geschenk Gottes für eine erneuerte Kirche

Theologische Frauenforschung in Europa

herausgegeben von

Prof. Dr. Hedwig Meyer-Wilmes
(Nijmegen)

und

Prof. Dr. Marie-Theres Wacker
(Münster)

Band 7

LIT

Ida Raming

Priesteramt der Frau –
Geschenk Gottes für eine erneuerte Kirche

Erweiterte Neuauflage von
'Der Ausschluß der Frau vom priesterlichen Amt' (1973)
mit ausführlicher Bibliographie (1974–2001)

LIT

Die Deutsche Bibliothek – CIP-Einheitsaufnahme

Raming, Ida:
Priesteramt der Frau – Geschenk Gottes für eine erneuerte Kirche : Erweiterte
Neuauflage von 'Der Ausschluß der Frau vom priesterlichen Amt' (1973) mit
ausführlicher Bibliographie (1974 – 2001) / Ida Raming. – Münster : LIT, 2002
   (Theologische Frauenforschung in Europa ; 7.)
   ISBN 3-8258-5579-1

© LIT VERLAG Münster – Hamburg – London
   Grevener Str. 179   48159 Münster   Tel. 0251–23 50 91   Fax 0251–23 19 72
   e-Mail: lit@lit-verlag.de   http://www.lit-verlag.de

Meinem verehrten Lehrer
Herrn Professor DDr. Peter Josef Keßler (†1988)
in dankbarem Gedächtnis

und meiner langjährigen Weggefährtin
Dr. theol. Iris Müller
in schwesterlicher Verbundenheit
gewidmet

INHALTSVERZEICHNIS

EINLEITUNG ZUR NEUAUFLAGE VON "DER AUSSCHLUSS DER FRAU VOM PRIESTERLICHEN AMT" (1973)

"Die Zeit ist reif! Frauen feiern ihre Berufung zu einem erneuerten Priestertum in der katholischen Kirche – Now is the Time: A Celebration of Women's Call to a Renewed Priesthood in the Catholic Church" – unter diesem Motto veranstaltete das Internationale Netzwerk *Women's Ordination Worldwide* (*WOW*) vom 29. Juni bis 1. Juli 2001 die Erste Internationale Konferenz zum Thema Frauenordination. Etwa 350 Frauen und Männer aus 26 Ländern und allen fünf Kontinenten, Vertreterinnen der zahlreichen nationalen Unterorganisationen von WOW wie auch mehrere Gäste aus der Ökumene, versammelten sich dazu in Dublin (Irland). In einer Erklärung und elf Resolutionen [1] bekundeten sie einmütig ihre Entschlossenheit, den Zugang berufener Frauen zu den kirchlichen Weiheämtern (Diakonat und Presbyterat) aktiv voranzutreiben – z.B. durch ständiges Präsenthalten der Thematik Frauenordination in der Öffentlichkeit wie auch durch Förderung der Ausbildung von Frauen zu Diakonat und Priesteramt. Von Drohungen und Verboten seitens der vatikanischen Kirchenleitung – sie belasteten auch die Dubliner Konferenz bereits im Vorfeld – wollen sich die versammelten Frauen und Männer in keiner Weise abschrecken lassen. Vielmehr wollen sie im Vertrauen auf Gottes Geisteskraft der Frauenordination in der Kirche die Wege bahnen.

Diese Konferenz bildet einen wichtigen Markstein auf dem Weg zur Frauenordination in der römisch-katholischen Kirche. Sie gibt Anlaß, sich sowohl auf die bisherige Entwicklung seit dem 2. Vatikanischen Konzil zurückzubesinnen als auch in die Zukunft zu blicken. Aus dieser Perspektive erscheint die Neuauflage der hier vorliegenden Dissertation (von 1973), die sich eingehend mit dieser Thematik befaßt, zum rechten Zeitpunkt.

---

[1] Konferenzberichte, Vortragstexte und der Wortlaut der Resolutionen unter: www.wow2001.org

Zur Entwicklung auf lehramtlichem Gebiet seit Erscheinen des Erstdrucks

Die Zeitspanne zwischen dem 2. Vatikanischen Konzil (1962–1965) und der Gegenwart (2001) ist im Blick auf den innerkirchlichen Bereich davon geprägt, dass eine Reihe von Reformen von einer großen Zahl von Kirchenmitgliedern immer wieder angemahnt wurden. Nicht an letzter Stelle steht dabei der Ruf nach einer zeitgemäßen Stellung der Frau, also nach ihrer vollen Gleichberechtigung in den kirchlichen Strukturen.

Durch eine 1962/63 von einigen Frauen an der Basis ausgehende Initiative angestoßen und von einzelnen Bischöfen während des Konzils unterstützt, erhielt dieser verhältnismäßig noch sehr kleine Aufbruch durch die Enzyklika *Pacem in terris* (1963) des Konzilspapstes Johannes XXIII. einen überraschenden und starken Auftrieb. In diesem Rundschreiben wurde die Emanzipationsbewegung der Frauen erstmalig in der Geschichte der katholischen Kirche als ein zu beachtendes "Zeichen der Zeit" positiv gewürdigt.

In der nachkonziliaren Phase erschien eine zunehmende Zahl von Veröffentlichungen (Artikel, Bücher) zur Thematik 'Frau in der Kirche', darunter auch die jetzt im Neudruck für Leser/innen zugänglich gemachte Dissertation (von 1973). Der besondere Charakter dieser Arbeit lag zweifellos darin, dass sie eine kritische Analyse der Grundlagen für den Ausschluß der Frau vom Priesteramt, im besonderen der einschlägigen Rechtsquellen und dogmatischen Auffassungen, beinhaltet. Das war ein Tabu-Thema zu der damaligen Zeit, – war es doch erst die zweite Dissertation im deutschsprachigen Raum, die sich mit dieser Thematik befaßte.

Dem damaligen Ordinarius für Rechtsgeschichte und Kanonistik an der katholisch-theologischen Fakultät der Universität Münster, Herrn Prof. DDr. P. J. Keßler (gest. 1988), ist es zu verdanken, dass er diese Arbeit sachkundig, und ohne der Verfasserin eine Zensur aufzuerlegen, begleitete und betreute. Dies verdient besonders hervorgehoben zu werden, da es damals – möglicherweise auch noch heute – eine große Seltenheit war (bzw. ist), dass ein Hochschullehrer in einer katholisch-theologischen Fakultät ein für seinen Ruf im Grunde inopportunes, aber für die Entwicklung in der Kirche dennoch wichtiges Forschungsvorhaben mit seinem Namen unterstützt(e).

In der postkonziliaren Phase erreichten die wissenschaftliche und publizistische Bearbeitung des Themas sowie die zahlreichen synodalen Prozesse auf nationaler und gesamtkirchlicher Ebene mit den Voten für den Diakonat der Frau und Fortsetzung der Diskussion über das Priesteramt der Frau eine erhebliche Breitenwirkung.

Als Reaktion darauf formierten sich jedoch auf der anderen Seite die auf Beharrung, auf Konservierung des Status quo ausgerichteten Kräfte in der Kirche, die sich bereits vor allem während der Schlußphase des Konzils bemerkbar gemacht hatten. In der Einstellung zur Frauenordination spitzt sich das Gegeneinander der auf Reform ausgerichteten und der am Bestehenden festhaltenden Strömungen in der Kirche dramatisch zu. Insofern bildet das Thema Frauenordination den eigentlichen "Prüfstein" bzw. die Testfrage, – entscheidet sich doch an der jeweiligen Antwort auf diese Frage, ob wirkliche Gleichberechtigung für Frauen in der Kirche gewollt ist oder aber abgelehnt wird.

Das Nein der vatikanischen Kirchenleitung zur Frauenordination ist in der nachkonziliaren Phase durch mehrere Verlautbarungen ausgedrückt worden. Dies darf freilich auf der anderen Seite als Zeichen dafür angesehen werden, dass die auf Konservierung des Patriarchats in der Kirche ausgerichteten verantwortlichen Instanzen im Vatikan durch die wachsende, auf Reform der Stellung der Frau drängende Bewegung an der Basis sowie durch die patriarchatskritischen Ergebnisse der Theologie mehr und mehr in die Defensive geraten und darauf nur noch mit Macht- und Druckmitteln reagieren.

Bereits vier Jahre nach Erscheinen des Erstdrucks der hier neu aufgelegten Dissertation, 1977, unter dem Pontifikat Pauls VI., wurde erstmalig ein offizielles Dokument gegen die Zulassung von Frauen zum Priesteramt veröffentlicht: die Erklärung der Kongregation für die Glaubenslehre *Inter insigniores*[2]. Sie rief weltweit kritische Reaktionen nicht nur von seiten katholischer Frauenverbände, sondern auch in Theologenkreisen, ja sogar von Mitgliedern anderer vatikanischer Behörden (Sekretariat für die Einheit der Christen, besonders von der Bibelkommission) hervor, die sich bei der Abfassung des Dokuments übergangen fühlten.

Letztere hatte nämlich in einem Votum von 1976 erklärt, dass im NT keine Entscheidung über die Ordination von Frauen zu Priesterinnen gefällt werde, folglich ein Verbot weiblicher Priester aus dem NT auch nicht herausgelesen werden könne; dass ferner der Heilsplan Christi durch die Zulassung der Frauenordination nicht überschritten bzw. verfälscht würde.[3] Bezüglich der theologischen Qualifikation der Erklärung *Inter insigniores* ist festzustellen, dass es sich dabei zwar um eine "authentische Erklärung der römischen Glaubensbehörde" handelt, aber um keine 'unfehlbare' Aussage, – nirgends wird festgestellt, dass die darin vertretene Lehre auf göttlicher Überlieferung basiert.[4] Die Erklärung selbst qualifiziert die "dogmatische Verbindlichkeit der

---

[2]   Verlautbarungen des Apostolischen Stuhls Nr. 3, hg. v. Sekretariat der Deutschen Bischofskonferenz, Bonn 1977.

[3]   Walter Groß, Bericht der Päpstlichen Bibelkommission, 1976, in: ders. (Hg.), Frauenordination. Stand der Diskussion in der Katholischen Kirche, München 1996, 25–31, hier: 25f.

[4]   Vgl. Karl Rahner, Priestertum der Frau?, in: Stimmen der Zeit 195 (1977) 291–301, hier: 292f.

kirchlichen Praxis ... eindeutig als gering" und begrenzt klar die "Tragweite der Argumente aus Schrift und Tradition".[5] Diese in der Erklärung *Inter insigniores* noch vorhandene Zurückhaltung und Selbstbeschränkung des kirchlichen Lehramtes wird unter dem Pontifikat *Johannes Pauls II.* völlig abgelegt. In mündlichen Ansprachen und schriftlichen Verlautbarungen drückte dieser Papst wiederholt seine Ablehnung des Priestertums der Frau aus, z.T. auch mit Androhung von Sanktionen.[6] Der amtskirchliche Druck auf die gegenteilige Meinung wuchs unter dem Pontifikat Johannes Pauls II. erheblich und dauert bis heute an.

In dem Apostolischen Schreiben *Mulieris Dignitatem*[7] (Über die Würde und Berufung der Frau) spricht sich der Papst unter Berufung auf die Erklärung der Glaubenskongregation *Inter insigniores* formell gegen das Priestertum der Frau aus (Nr. 26). Seine Ablehnung ist eingebettet in eine anthropologische "Meditation" über das Verhältnis der Geschlechter zueinander, das als symbolische Beziehung zwischen "Bräutigam" und "Braut" interpretiert wird. Auf diese Weise wird ein "polarisiertes Menschenbild"[8] und eine geschichtlich überholte Rollenverteilung zwischen Frauen und Männern propagiert (Mann als Priester, 'Stellvertreter Christi' im Amt – die Frau als Repräsentantin der 'Braut' Kirche bzw. der 'Laienkirche'). Sogleich nach Erscheinen dieses Apostolischen Schreibens erhob sich wiederum eine Vielzahl kritischer Stimmen in aller Welt, – die wachsende Kluft zwischen dem kirchlichen Lehramt einerseits und einer wachsenden Zahl von Kirchenmitgliedern andererseits war bereits unübersehbar.

Dieser zunehmende Dissens ließ sich auch nicht durch das i. J. 1994 veröffentlichte Apostolische Schreiben *Ordinatio Sacerdotalis*[9] des Papstes überwinden, dem ausdrücklich die Absicht zugrunde liegt, die anhaltende Diskussion über die Frauenordination durch ein päpstliches Machtwort zu beenden, – sollte doch mit diesem Schreiben eine verbindliche lehramtliche Entscheidung gegen die Zulassung von Frauen zur Priesterweihe getroffen werden, an die sich "alle Gläubigen der Kirche *endgültig* zu halten haben" (Nr. 4; Hervorh.: Vf.). Aber auch dieser bis dahin größte Autoritätseinsatz des kirchlichen Lehramtes gegen die Frauenordination blieb wirkungslos, da sich dessen Entscheidung auf theologische Auffassungen stützt, die einer wissenschaftlichen

---

[5]   So Peter Hünermann, Roma locuta – causa finita? In: Herder Korrespondenz 31 (1977) 206 – 209, hier: 209.

[6]   Vgl. dazu: Ida Raming, Frauenbewegung und Kirche. Bilanz eines 25jährigen Kampfes für Gleichberechtigung und Befreiung seit dem 2. Vatikanischen Konzil, Weinheim 1991², 65, 127.

[7]   Verlautbarungen des Apostolischen Stuhls Nr. 86.

[8]   Vgl. Elisabeth Gössmann, Kommentar zu *Mulieris Dignitatem*, in: Die Zeit der Frau. Apostolisches Schreiben "Mulieris Dignitatem" Papst Johannes Pauls II., Freiburg – Basel – Wien 1988, 121 – 150, hier: 146.

[9]   Verlautbarungen des Apostolischen Stuhls Nr. 117.

theologischen Überprüfung keineswegs standhalten können: "Gut begründete Gegenargumente zur lehramtlichen Position bezüglich der Priesterweihe von Frauen lassen sich durch Autoritätseinsatz nicht aus der Welt schaffen" [10], wie an den vielfältigen kritischen Reaktionen darauf [11] wiederum deutlich ablesbar war.

Entgegen der Intention des päpstlichen Schreibens gewann die Diskussion der Thematik eher noch an Breitenwirkung. Die Forderung der Frauenordination wurde z.B. durch das Kirchenvolksbegehren in Österreich, Deutschland und in anderen Ländern verstärkt erhoben. Daraufhin setzte die vatikanische Kirchenleitung das "letzte Mittel" ein, um den Abbruch der anhaltenden Diskussion und die Aufgabe der Forderung der Frauenordination zu erzwingen: In einer (vom 28. Oktober 1995 datierten) *"Antwort auf die Zweifel bezüglich der im Apostolischen Schreiben Ordinatio Sacerdotalis enthaltenen Lehre"* erklärte die Kongregation für die Glaubenslehre, dass diese zum Glaubensgut gehöre und daher eine "endgültige Zustimmung" erfordere. [12] Aufgrund dieser Klassifizierung gehört die Doktrin vom Ausschluß der Frau von Priesterweihe und -amt zu der vom "römischen Lehramt" entwickelten neuen "Kategorie einer 'definitiven Lehre'", die weder vom 2. Vatikanischen Konzil genannt oder von einem anderen Ökumenischen Konzil verkündet wurde noch "das Ergebnis einer umfassenden Konsultation aller Bischöfe" ist, geschweige denn "eine Frucht kritischer Diskussionen der Theologen" [13]. Dennoch ist sie in das kirchliche Recht eingefügt worden. [14]

Aber auch dieses bislang massivste Vorgehen der zentralistisch – also ohne Einbeziehung des Bischofskollegiums – agierenden Kirchenleitung wird eine Rezeption und Akzeptanz der päpstlichen Entscheidung gegen die Frauenordination bei den meisten Mitgliedern der Kirche nicht erreichen können. Der anhaltende Dissens zwischen dem kirchlichen Lehramt und einer wachsenden

---

[10]   Ulrich Ruh, Lehramt im Abseits? In: Herder-Korrespondenz 48 (1994) 327.

[11]   Siehe beispielsweise: Peter Hünermann, Schwerwiegende Bedenken. Eine Analyse des Apostolischen Schreibens 'Ordinatio Sacerdotalis', in: Herder-Korrespondenz 48 (1994) 406 – 410; Ida Raming, Endgültiges Nein zum Priestertum der Frau? Zum Apostolischen Schreiben Papst Johannes Pauls II. 'Ordinatio Sacerdotalis', in: Orientierung 58 (1994) 190 – 193; (hier in diesem Band S. 31* – 36*).

[12]   *Responsum ad dubium* (v. 28.10.1995): "Diese Lehre erfordert eine endgültige Zustimmung, weil sie, auf dem geschriebenen Wort Gottes gegründet und in der Überlieferung der Kirche von Anfang an beständig gewahrt und angewandt, vom ordentlichen und universalen Lehramt unfehlbar vorgetragen worden ist... " (vollständiger Text bei Groß, Hg., [vgl. oben Anm. 3] 128); kritisch dazu: P. Hünermann: Dogmatische Reflexionen anläßlich der Antwort der Glaubenskongregation vom 28. Oktober 1995, ebd. 129 – 146.

[13]   So: Ladislas Örsy, Von der Autorität kirchlicher Dokumente. Eine Fallstudie zum Apostolischen Schreiben *Ad tuendam fidem*, in: Stimmen der Zeit 123 (1998) 735 – 740, hier: 737; s. auch: ders., Antwort an Kardinal Ratzinger, in: Stimmen der Zeit 124 (1999) 305 – 316.

[14]   Dazu unten S.6* mit Anm. 16.

Zahl von kirchlichen Gläubigen in dieser Frage zeigt an, dass hier ein "Fall theologischer Nicht-Rezeption" vorliegt. [15]

Zur Entwicklung auf kirchenrechtlichem Gebiet (seit 1973)

Entsprechend dem Prinzip, dass das kanonische Recht der amtskirchlichen Lehre folgt, hat die Ablehnung der Frauenordination ihren Niederschlag auch im Kirchenrecht, also im Codex Iuris Canonici von 1983, gefunden. In wörtlicher Übernahme des entsprechenden Kanons aus dem Codex von 1917 (c. 968 § 1) bestimmt can. 1024 des "neuen" Codex: "Die heilige Weihe empfängt gültig nur ein getaufter Mann." Während diese Vorschrift nicht als "göttliches Recht" qualifiziert wird, hat jedoch die im Apostolischen Schreiben *Ordinatio Sacerdotalis* (1994) ausgesprochene "endgültige" Lehre über die nur Männern vorbehaltene Priesterweihe, die durch das *Responsum ad dubium* (1995) der Glaubenskongregation noch einmal bekräftigt wurde, ebenfalls Eingang in das Kirchenrecht gefunden, und zwar über die neue Kategorie einer "definitiven Lehre" (vgl. c. 750 § 2 CIC). Ihr Verpflichtungscharakter wird ausdrücklich betont (die Lehre ist "fest anzuerkennen und zu wahren") und unter Strafe gestellt (vgl. c. 1371, n. 1). [16]

Damit sind Frauen in der römisch-katholischen Kirche weiterhin vom Diakonat und angeblich "endgültig" vom Priester- und Bischofsamt ausgeschlossen. Die weitreichenden Konsequenzen für die Stellung der Frau in der Kirche liegen auf der Hand: Den Frauen ist z.B. die Ausübung eigenständiger und eigenverantwortlicher Seelsorge im Priesteramt verwehrt. Da sie als Nichtordinierte keine kirchliche Leitungsgewalt (potestas iurisdictionis) übernehmen, sondern als Laien lediglich bei ihrer Ausübung nach Maßgabe des Rechts mitwirken können (vgl. cc. 129; 274 § 1), ist ihnen darüber hinaus eine Einflußmöglichkeit (im Rahmen eines geistlichen Amtes) auf die verbindliche Glaubens- und Sittenlehre sowie auf die Gesetzgebung der Kirche vorenthalten. Einige Beispiele können veranschaulichen, wie sich diese Rechtslage in der kirchlichen Praxis konkret auswirkt: Trotz des immer größer werdenden Priestermangels können Frauen den Vorsitz bei der Eucharistiefeier nicht übernehmen; selbst ein weiblicher Ordenskonvent, dem häufig theologisch gut ausgebildete Frauen angehören, ist auf einen Mann als Priester und Seelsorger angewiesen. Frauen sind von der offiziellen kirchlichen Lehrverkündigung, z.B. auf Konzilien, ausgeschlossen. Ebenso ist das geltende kirchliche Gesetzbuch

---

[15] So interpretiert Wolfgang Beinert, Dogmatische Überlegungen zum Thema Priestertum der Frau, in: Groß (Hg.), (vgl. oben Anm. 3), 64–82, hier: 64f.

[16] Johannes Paul II., Apostolisches Schreiben (Motu Proprio) *Ad tuendam fidem* vom 18. Mai 1998, AAS 90/1998, 457–461; deutsch: Osservatore Romano (deutsche Wochenausgabe) 28 (1998) Nr. 29 v. 17. Juli 1998, 6. Kritische Stellungnahmen dazu s. oben Anm. 13.

von einem reinen Männergremium abgefaßt worden. Angesichts dieser einschneidenden Rechtsbeschränkungen erscheinen die programmatischen Worte der Kirchenkonstitution des Zweiten Vatikanischen Konzils *Lumen Gentium* (Nr. 32): "Es ist also in Christus und *in der Kirche* keine Ungleichheit aufgrund von Rasse und Volkszugehörigkeit, sozialer Stellung oder *Geschlecht* (Hervorh. v. d. Vf.)... (vgl. Gal 3,28)" als hohle Phrase, ist doch das aus der Zugehörigkeit zum Volk Gottes resultierende Grundrecht der Gleichheit (vgl. c. 208) für Frauen um ihres Geschlechtes willen (!) erheblich eingeschränkt. Das aber läuft der Zielsetzung für die Reform des Kirchenrechts diametral zuwider, die durch Johannes XXIII. im Zuge des 2. Vatikanischen Konzils eingeleitet wurde. Demzufolge sollte diese Reform "den gewandelten Anforderungen der modernen Welt" und den "Bedürfnissen des Volkes Gottes" Rechnung tragen.[17] Die vom Konzil neu aufgegriffene Konzeption von Kirche als "Volk Gottes", die den Gedanken der Gleichheit aller Kirchenglieder betont, ist für den CIC/1983 jedoch nicht maßgebend geworden. Vielmehr hält das kirchliche Gesetzbuch an der gegliederten, ständischen Kirchenstruktur fest, die schon für den CIC/1917 charakteristisch war (vgl. cc. 207 § 1; 212 § 1 CIC/1983). Danach gehören Frauen ausschließlich zu dem untergeordneten, den kirchlichen Amtsträgern zum Gehorsam verpflichteten Laienstand. Als Folge ihres Ausschlusses von der Ordination und den damit verbundenen Weiheämtern (c. 1024) ist für Frauen das Recht auf freie Wahl des Lebensstandes schwerwiegend eingeschränkt, obwohl es in der Enzyklika Johannes' XXIII. *Pacem in terris* (1963) als unantastbares Menschenrecht deklariert wird und zu den kirchlichen Grundrechten zählt (vgl. c. 219). Der Widerspruch zwischen diesem Grundrecht in Verbindung mit c. 208, der die Gleichheit aller Gläubigen aufgrund ihrer "Wiedergeburt in Christus" betont, und der Vorschrift von c. 1024 ist unübersehbar![18]

Eine weitgehende Gleichstellung von Frauen und Männern ist im "neuen" Kirchenrecht nur im Laienstand erreicht worden. Sobald es aber um Funktionen im kultisch-liturgischen Bereich geht, wird deutlich, dass Frauen solange Laien "zweiten Grades" bleiben, wie sie vom Priesteramt ausgeschlossen sind; denn nach c. 230 § 1 sind die durch einen liturgischen Ritus auf Dauer übertragenen Dienste des Lektors und Akolythen weiterhin Männern vorbehalten. Frauen können lediglich einige der mit diesen Diensten verbundene Funktionen in zeitlich begrenzter Beauftragung übernehmen, z.B. Lektorendienste, Hilfe bei der Kommunionausteilung sowie Ministranten- bzw. Altardienste.

---

[17]   Ansprache Pauls VI. v. 20.11.1965; vgl. Vorrede zum CIC/1983, XXXIX. Vgl. auch Richard Puza, Strömungen und Tendenzen im neuen Kirchenrecht, in: TThQ 163 (1983)163 – 178, hier: 163.

[18]   Kritisch dazu sowie zur abgeschwächten Formulierung des c. 219 im Vergleich zum Text in *Pacem in terris*: Ida Raming, Ungenutzte Chancen für Frauen im Kirchenrecht. Widersprüche im CIC/1983 und ihre Konsequenzen, in: Orientierung 58 (1994) 68 – 70.

Die langwierigen Auseinandersetzungen um Zulassung von Ministrantinnen in der nachkonziliaren Phase sind schließlich durch eine amtliche Interpretation zu c. 230 § 2 seitens der zuständigen vatikanischen Behörde dahingehend entschieden worden, dass der liturgische "Dienst am Altar" auch von Frauen ausgeübt werden kann, allerdings nicht ohne Einschränkungen.[19] Damit ist das (im CIC/1917, c. 813 § 2, enthaltene) ausdrückliche Verbot für Frauen, den Altarraum zu betreten, außer Kraft gesetzt.[20] Daneben sind noch einige positive Entwicklungen zu nennen, die jedoch zum Teil aus der pastoralen Notsituation hervorgehen: So können Laien, damit auch Frauen, Seelsorgsaufgaben in priesterlosen Gemeinden übernehmen, freilich unter der Leitung eines vom zuständigen Bischof bestimmten Priesters bzw. Pfarrers (vgl. c. 517 § 2). Ferner können Laien beiderlei Geschlechts als Richter in einem kirchlichen Kollegialgericht (vgl. cc. 1421 § 2; 1435) tätig werden; auch als Vermögensverwalter können sie zugelassen werden (cc. 494 § 1; 537; 1282). An diesen Beispielen zeigt sich, dass der gesellschaftliche Wandel nicht ganz "spurlos am Kirchenrecht vorübergegangen" ist, – der eigentliche, dringend notwendige "große Durchbruch steht allerdings noch aus".[21]

Bleibende Aktualität der Thematik in der Gegenwart

Vor diesem Hintergrund ist evident, dass die hier neu aufgelegte Dissertation noch immer aktuell ist (leider, könnte ich hinzufügen!), enthält sie doch eine kritische Analyse der vielfältigen (rechtlichen, patristischen und biblischen) Quellen, die dem fortdauernden Ausschluß der Frau von Ordination und Priesteramt zugrunde liegen und die Motivstruktur dafür bilden. Zur Abrundung der Arbeit sind einige Artikel der Verfasserin (in einem Anhang) beigefügt. Sie setzen sich – aus konkretem Anlaß – u.a. mit den stereotypen Einwänden auseinander, die z.B. in der Erklärung *Inter insigniores* (1976) und dem Apostolischen Schreiben *Ordinatio Sacerdotalis* (1994) gegen die Frauenordination vorgebracht werden. Der Entstehung und Entwicklung der (inzwischen weltweiten) Frauenordinationsbewegung in Europäischen Ländern bis hin zur Gegenwart widmet sich ein weiterer Beitrag. Darüber hinaus wird die

---

[19] Päpstlicher Rat zur Interpretation von Gesetzestexten, v. 11.7.1992, Zulassung von weiblichen Ministranten, in: AAS 86 (1994) 541f; ÖAKR 43 (1994) 266f. Der dieser Entscheidung beigefügte Brief des Präfekten der Kongr. Cult v. 15.3.1994 schränkt die Zulassung von Ministrantinnen u.a. dahingehend ein, dass die "von einem Bischof diesbezüglich gegebene Erlaubnis keine verpflichtende Kraft für andere Bischöfe haben" könne, d.h. der einzelne Bischof entscheidet darüber, ob in seinem Bistum Ministrantinnen zugelassen werden oder nicht (ebd.).

[20] Weitere Beispiele sowie nähere Ausführungen zu diesem Themenkomplex: Ida Raming, Die Frauen in der Kirche, in: Stimmen der Zeit 115 (1990) 415–426, hier: 419f.

[21] Richard Puza, Zur Stellung der Frau im alten und neuen Kirchenrecht, in: TThQ 163 (1983) 109–122, hier:110.

seit Erscheinen des Erstdrucks der Dissertation anhaltende publizistische Bearbeitung der Thematik durch eine auf den gegenwärtigen Stand gebrachte Bibliographie dokumentiert.

Fortdauer der Frauendiskriminierung in der römisch-katholischen Kirche

Das Wissen um die lange Geschichte der Diskriminierung der Frau um ihres bloßen Geschlechts willen, aus der eine bedeutende Periode in dieser Arbeit dargestellt wird, kann den Blick schärfen für die weiterhin bestehende Minderbewertung der Frau. Denn trotz aller Beteuerung der Gleichwertigkeit der Frau (z.b. in *Mulieris Dignitatem*), trotz der Lobsprüche auf den "Genius der Frau"[22] wird die Geschichte der Diskriminierung der Frau in der römisch-katholischen Kirche fortgeschrieben. Sie hält so lange an, wie Männer in höchsten kirchlichen Ämtern über Geist und Seelen von Frauen Gewalt ausüben, indem sie Wesen und "Würde" der Frau im Unterschied zu der des Mannes definieren, gesetzliche Konsequenzen daraus ziehen und die Grenzen ihrer Betätigung im kirchlichen Raum willkürlich festlegen. Sie dauert so lange fort, wie Männer der Kirche Frauen von vornherein absprechen, zu priesterlichem Dienst berufen zu sein – das freie Wirken der göttlichen Geisteskraft nicht achtend, die "einer/einem jeden zuteilt, wie sie will" (vgl. 1 Kor 12,11). In angemaßter Herrschaft stellen sich Männer der Kirche dadurch gewissermaßen zwischen Gott und die Frauen, mißachten die Unantastbarkeit der Person der Frau, ihre Unmittelbarkeit zu Gott, ihre Freiheit, über sich selbst als Person im religiösen Bereich zu verfügen.

Der von Männern der Kirche verhängte "endgültige" Ausschluß der Frau von der Ordination und den ihr zugeordneten Weiheämtern um ihres Geschlechtes willen macht also die anhaltende und sündhafte Störung des von Gewalt und Herrschaft bestimmten Geschlechterverhältnisses in der Kirche offenbar. Solange dieser Mißstand anhält, kann sich nicht die zentrale christliche Botschaft erfüllen: "Ihr alle, die ihr auf Christus getauft seid, habt Christus angezogen. Da ist nicht .... . männlich und weiblich; denn ihr alle seid einer in Christus Jesus" (Gal 3,27f).

Priesterliche Berufungen von Frauen – Gnadengaben Gottes für die Erneuerung der Kirche

Indem die vatikanische Kirchenleitung an der Dominanz des Mannes über die Frau festhält, verschließt sie sich dem Neuen, das durch den Anbruch des

---

[22] Brief Papst Johannes Pauls II. an die Frauen, 1995 (Verlautbarungen des Apostolischen Stuhls Nr. 122) 9.

Gottesreiches in Jesus präsent geworden ist. Sie verschließt sich dadurch auch dem Wirken des Geistes Jesu in der Kirche unserer Zeit. Denn Gott schenkt der Kirche immer wieder neue Gnadengaben. Dazu gehören auch die Charismen, die zum priesterlichen Amt befähigen (vgl. Eph 4,8.10–12). Gott schenkt sie ebenso Frauen wie Männern. Als repräsentatives Beispiel für das freie Wirken der göttlichen Geisteskraft, die einer/ jedem zuteilt, wie *sie* will (vgl. 1 Kor 12,11) – und nicht, wie die kirchliche Hierarchie verfügt! – steht das Zeugnis der hl. Therese von Lisieux (1997 zur Kirchenlehrerin erklärt): "Ich fühle mich zum Priester berufen... !" Sie gilt als Patronin derjenigen Frauen, die heute in vielen Ländern aufstehen und öffentlich ihr Berufen- und Gerufensein von Gott zum priesterlichen Dienst bezeugen. [23]

Die vielfältigen Gnadengaben, die Frauen wie Männern zuteil werden, sollen eine stetige Erneuerung und Verjüngung der Kirche und ihrer Ämter bewirken. Die verantwortlichen Amtsträger haben daher nicht das Recht, diese Geistesgaben und Berufungen zurückzuweisen – nur, weil sie Frauen geschenkt wurden (vgl. 1 Kor 12, 12–25; 1 Thess 5,19). Der anhaltende Widerstand der Kirchenleitung gegen die Anerkennung priesterlicher Berufungen bei Frauen sowie die gesetzlichen Blockaden, die sie ihrer Entfaltung entgegensetzt, führen zu einer einseitig patriarchalischen Ausprägung des Amtes und damit auch zu seiner Erstarrung und Verarmung, die wir in der gegenwärtigen Kirche erleben. Darum wird sich nicht zuletzt an der Einstellung der Kirchenleitung zur Frauenfrage und zur Frauenordination das künftige Schicksal der römisch-katholischen Kirche entscheiden.

Alle Männer und Frauen in der Kirche sind daher aufgerufen, sich um die Gestaltung einer von Gerechtigkeit, Wahrhaftigkeit und gegenseitigem Respekt geprägten Beziehung zwischen den Geschlechtern zu bemühen. Zu viele Männer, Kleriker und männliche Laien, leben ohne Sensibilität an der Lage ihrer Glaubensschwestern vorbei und überlassen sie ihrem Schicksal, – aber auch zu viele Frauen verharren noch in Zuschauerhaltung, untangiert von ihrer eigenen Lage in der Kirche, wollen sich nicht belasten mit dem anstrengenden Kampf um eine menschenwürdige Stellung in der Kirche. Um der Glaubwürdigkeit und Erneuerung der Kirche willen sind jedoch alle Glieder der Kirche mitverantwortlich dafür, dass die vielfältigen Charismen – ohne Ansehen der Person und des Geschlechts – in der Kirche volle Anerkennung finden.

---

[23] Dazu s. die Dokumentation: Zur Priesterin berufen. Gott sieht nicht auf das Geschlecht. Zeugnisse römisch-katholischer Frauen, hg. v. Ida Raming, Gertrud Jansen, Iris Müller, Mechtilde Neuendorff, Druck- und Verlagshaus Thaur, Thaur – Wien – München 1998.

Gesandt und bevollmächtigt, "... den Gefangenen und Gefesselten Befreiung zu bringen" (vgl. Lk 4, 18f)

Die höchsten kirchlichen Amtsträger tragen dafür allerdings die Hauptverantwortung. Wenn sie die Verweigerung der Frauenordination damit rechtfertigen, "dass die Kirche keinerlei Vollmacht hat, Frauen die Priesterweihe zu spenden" (OS Nr. 4), so kann dieses Argument keineswegs überzeugen. Es erscheint eher als bloßer Vorwand, mit dem das patriarchalische Nicht-Wollen kaschiert wird. Denn es ist ja auffällig, dass die leitenden kirchlichen Amtsträger im Falle des Ausschlusses der Frau von Ordination und Priesteramt sehr wohl, und zwar ohne Zögern und Skrupel, von ihrer (angeblichen) Vollmacht Gebrauch machen konnten, obwohl dieser Ausschluß theologisch nicht begründbar ist und die Entfaltung von Charismen zum Schaden der Kirche verhindert. In diesem Falle wäre in der Tat die Frage nach den Grenzen ihrer legitimen Vollmacht geboten gewesen; denn dieses Vorgehen war eindeutig Macht-Mißbrauch!

Nun muß es darum gehen, diesen schweren Schaden für die Kirche wieder zu beseitigen, die Frauen in der Kirche aus den Fesseln patriarchaler Gewalt zu befreien, sie endlich die Freiheit der Kinder Gottes erfahren zu lassen. Für solche Befreiungstat verfügen die verantwortlichen kirchlichen Amtsträger *durchaus über eine legitime Vollmacht*; denn Christus selbst, das Haupt der Kirche, verleiht sie ihnen; ist doch in Ihm durch die Taufe auf Seinen Namen jeglicher Rangunterschied zwischen Männern und Frauen aufgehoben (vgl. Gal 3,27f).

Im Sommer 2001

Ida Raming

Zum Umschlagbild:

Die Farbe violett symbolisiert als liturgische Farbe im Laufe des Kirchenjahres: Umkehr und Erneuerung.

Zugleich ist sie auch ein äußeres Kennzeichen der Frauenordinationsbewegung in der katholischen Kirche ("Aktion lila Stola").

DER AUSSCHLUSS DER FRAU VOM PRIESTERLICHEN AMT

Gottgewollte Tradition oder Diskriminierung?

Eine rechtshistorisch-dogmatische Untersuchung der Grundlagen
von Kanon 968 § 1 des Codex Iuris Canonici

von

IDA RAMING

1973

BÖHLAU VERLAG KÖLN WIEN

INHALT

DOGMATISCHER TEIL

SCHLUSS

VORWORT

Die vorliegende Untersuchung wurde im Wintersemester 1969/70 von der Katholisch-theologischen Fakultät der Westfälischen Wilhelms-Universität Münster als Dissertation angenommen. Für die Drucklegung habe ich das Manuskript leicht überarbeitet und dabei sowohl die neuere Entwicklung bezüglich der Stellung der Frau in der Kirche als auch wichtige seit 1969 erschienene Literatur berücksichtigt.

Meinem Lehrer, Herrn Prof. DDr. P.-J. Keßler, em. Ordinarius für Kirchenrecht, verdanke ich die Einführung in die rechtshistorische Arbeitsmethode sowie die Betreuung der Dissertation. Herrn Prof. Dr. P. Lengsfeld, Ordinarius für oekumenische Theologie, der das Korreferat erstellte, und dem Nachfolger von Herrn Prof. DDr. Keßler, Herrn Prof. Dr. H. Herrmann, Ordinarius für Kirchenrecht, danke ich für die Unterstützung bei der Beschaffung eines Druckkostenzuschusses, der mir von der Westfälischen Wilhelms-Universität freundlicherweise gewährt wurde.

Da vom Bischöflichen Generalvikariat Münster eine Beihilfe für die Drucklegung mit der Begründung abgelehnt wurde, nur Priestern des Bistums könne ein Zuschuß gewährt werden – mein in einem erneuten Antrag erfolgter Hinweis darauf, daß auf Grund solcher Regelung wissenschaftliche Arbeiten von Theologinnen von einer Förderung kirchlicherseits ausgeschlossen würden, blieb leider unberücksichtigt –, bin ich um so dankbarer dafür, daß die Drucklegung der Arbeit durch Mithilfe von privater Seite ermöglicht worden ist.

Mein besonderer Dank gilt schließlich Herrn Dr. H. Gottwald, dem Leiter des Böhlau Verlages Köln, für sein Interesse an der in der Dissertation behandelten Frage sowie für die Besorgung der Drucklegung.

Münster, im März 1972

Ida Raming

ABKÜRZUNGEN

AAS	Acta Apostolicae Sedis (s. LitVerz. II)
AkKR	Archiv für katholisches Kirchenrecht, Innsbruck 1857 ff., dann Mainz 1862 ff.
Ap. Konst.	Apostolische Konstitutionen
ARW	Archiv für Religionswissenschaft, Leipzig 1898 ff.
BASOR	Bulletin of the American School of Oriental Research, New Haven (Conn.) 1919 ff.
BEvTh	Beiträge zur Evangelischen Theologie, München 1935 ff.
BKV	Bibliothek der Kirchenväter, hg. v. F. X. Reithmayr, fortges. v. V. Thalhofer, Kempten 1869–1888
BZ	Biblische Zeitschrift, Freiburg 1903–1929; Paderborn 1931–1939; 1957 ff.
BZfr	Biblische Zeitfragen, hg. v. P. Heinisch und F. W. Maier, Münster 1908 ff.
c.	capitulum
can.	canon
cc.	canones, capitula
C.	Causa
CIC	Codex Iuris Canonici
Cod. (bzw. C.)	Codex Justinianus
col.	columna (Spalte)
Const. Ap.	Constitutiones Apostolorum
CSEL	Corpus Scriptorum Ecclesiasticorum Latinorum (s. LitVerz. II)
D.	Distinctio
DDC	Dictionnaire de Droit Canonique (s. LitVerz. I)
dict. Grat.	dictum Gratiani
Did.	Didascalia
Dig. (bzw. D.)	Digesta Justiniani
DThA	Deutsche Thomas-Ausgabe. Vollständige, ungekürzte deutschlat. Ausgabe der Summa theologica, hg. v. kath. Akademikerverband Salzburg–Heidelberg 1933 ff.
DThC	Dictionnaire de théologie catholique, hg. v. A. Vacant und E. Mangenot, fortges. v. E. Amann, Paris 1920 ff.
EvTh	Evangelische Theologie, München 1934 ff.
f. (bzw. fol.)	(vor einer Zahl): folio
Hs. (Hss.)	Handschrift(en)
HthG	Handbuch theologischer Grundbegriffe (s. LitVerz. I)
I.	Institutiones Justiniani
KNA	Katholische Nachrichten-Agentur
Lib. pont.	Liber pontificalis

LThK	Lexikon für Theologie und Kirche (s. LitVerz. I)
MGH	Monumenta Germaniae Historica, Hannover–Berlin 1826 ff.
NTD	Das Neue Testament Deutsch, hg. v. P. Althaus und J. Behm (Neues Göttinger Bibelwerk), Göttingen 1932 ff.
ÖAKR	Österreichisches Archiv für Kirchenrecht, Wien 1950 ff.
p.	pagina, post
PG	Migne, Patrologia graeca (s. LitVerz. II)
PL	Migne, Patrologia latina (s. LitVerz. II)
princ.	principium
q.	quaestio
r	recto (bei Folioangaben, Vorderseite)
RAC	Reallexikon für Antike und Christentum (s. LitVerz. I)
RB	Revue biblique, Paris 1892 ff.; neue Serie seit 1904
RE	Realencyklopädie für protestantische Theologie und Kirche (s. LitVerz. I)
RDC	Revue de Droit Canonique, Straßburg 1951 ff.
RGG	Die Religion in Geschichte und Gegenwart (s. LitVerz. I)
sc. (bzw. scil.)	scilicet
ThW	Theologisches Wörterbuch zum Neuen Testament (s. LitVerz. I)
ThZ	Theologische Zeitschrift, Basel 1945 ff.
v.	verbum
v	verso (bei Folioangaben, Rückseite)
VT	Vetus Testamentum, Leiden 1951 ff.
WMANT	Wissenschaftliche Monographien zum Alten und Neuen Testament, hg. v. G. Bornkamm und G. v. Rad, Neukirchen–Vluyn 1959 ff.
ZAW	Zeitschrift für die alttestamentliche Wissenschaft (Gießen), Berlin 1881 ff.
ZRG Kan. Abt.	Zeitschrift der Savigny-Stiftung für Rechtsgeschichte, Kanonistische Abteilung, Weimar 1901 ff.
⟨ ⟩	addendum (in Zitaten)
[ ]	delendum (in Zitaten)

LITERATUR

I. Lexica, Hand- und Wörterbücher

Dictionnaire de Droit Canonique, hg. v. R. Naz, 7 Bde., Paris 1935–1965.

Georges, K. E., Ausführliches lateinisch-deutsches Handwörterbuch, 2 Bde., 11. Aufl. Basel 1962.

Gesenius, W., Hebräisches und aramäisches Handwörterbuch über das Alte Testament, bearb. v. F. Buhl, 17. Aufl. Leipzig 1921.

Handbuch theologischer Grundbegriffe, hg. v. H. Fries, 2 Bde., München 1962–1963.

Heumann, H. – E. Seckel, Handlexikon zu den Quellen des römischen Rechts, 10. Aufl. Graz 1958.

Lexikon für Theologie und Kirche, hg. v. J. Höfer und K. Rahner, 10 Bde., 2. Aufl. Freiburg/Br. 1957–1965.

Das Zweite Vatikanische Konzil (LThK). Dokumente und Kommentare, unter dem Protektorat von J. Kard. Frings und Erzbischof H. Schäufele hg. v. H. S. Brechter, B. Häring u. a., Bd. 1–3, Freiburg 1966–1968.

Realencyklopädie für protestantische Theologie und Kirche, begr. v. J. J. Herzog, hg. v. A. Hauck, 24 Bde., 3. Aufl. Leipzig 1896–1913.

Reallexikon für Antike und Christentum, hg. v. Th. Klauser, Stuttgart 1950 ff.

Die Religion in Geschichte und Gegenwart. Handwörterbuch für Theologie und Religionswissenschaft, hg. v. K. Galling, 6 Bde., Tübingen 1957–1962.

Sleumer, A., Kirchenlateinisches Wörterbuch, 2. Aufl. Limburg 1926.

Theologisches Wörterbuch zum Neuen Testament, hg. v. G. Kittel, fortges. v. G. Friedrich, Stuttgart 1933 ff.

II. Quellen

Achelis, H. – J. Flemming, Die syrische Didaskalia (Texte und Untersuchungen zur Geschichte der altchristlichen Literatur, hg. v. A. v. Harnack und C. Schmidt, N. F. Bd. 10), Leipzig 1904.

Acta Apostolicae Sedis, Commentarium officiale, Typis Polyglottis Vaticanis 1909 ff.

Aegidius Bellamera, Praelectiones in decretalium libros, 6 Bde., Lyon 1548–1549.

—, Remissorius . . . ad commentaria in Gratiani decreta, 3 Bde., Lyon 1550.

Antonius de Butrio, Commentaria in quinque libros decretalium, 7 Bde., Venedig 1578, Neudruck: Turin 1967.

Bruns, H. Th. (Hrsg.), Canones Apostolorum et Conciliorum saeculorum IV. V. VI. VII., P. 1. 2, Berlin 1839; Neudruck: Turin 1959.

Codex Juris Canonici Pii X Pontificis Maximi iussu digestus, Benedicti Papae XV auctoritate promulgatus, praefatione, fontium annotatione et indice analytico-alphabetico ab Emmo. Petro Card. Gasparri auctus, Typis Polyglottis Vaticanis 1948 (zit: CIC).

Codex Juris Canonici Fontes, cura et studio Emmi. Justiniani Card. Serédi editi, Bd. IX (Tabellae), Typis Polyglottis Vaticanis 1939.

Die sogenannten Apostolischen Constitutionen und Canonen, übersetzt von F. Boxler (BKV 63), Kempten 1874.

Corpus Juris Canonici in tres partes distinctum, glossis diversorum illustratum, Gregorii Papae XIII. iussu editum, editio novissima, Lyon 1671 (zit.: Corpus).

Corpus Juris Canonici, hg. v. Ae. Friedberg, 2 Bde., Leipzig 1879–1881; Neudruck: Graz 1955 (zit.: Corpus, ed. Friedberg).

Corpus Juris Civilis, hg. v. P. Krueger, Th. Mommsen, R. Schoell, 3 Bde., Berlin 1904–1906.

Corpus Scriptorum Ecclesiasticorum Latinorum, editum consilio et impensis academiae litterarum Caesareae Vindobonensis, Wien 1866 ff.

Didascalia et Constitutiones Apostolorum, ed. F. X. Funk, I–II, Paderborn 1905 (zit.: Did. et Const. Ap.).

Duchesne, L. (Hrsg.), Le Liber Pontificalis, Bd. 1, Paris 1886 (zit.: Lib. pont.).

Friedberg, Ae. (Hrsg.), s. Corpus Juris Canonici.

Funk, F. X. (Hrsg.), s. Didascalia et Constitutiones Apostolorum.

Goffredus de Trani, Summa super titulis decretalium, Lyon 1519, Neudruck: Aalen 1968.

Guido von Baysio, Rosarium, Lyon 1549.

Hinschius, P. (Hrsg.), Decretales Pseudo-Isidorianae et Capitula Angilramni, Leipzig 1863, Neudruck: Aalen 1963 (zit.: Decretales).

Hostiensis (Henricus de Segusio), Commentaria in quinque libros decretalium, 5 Bde., Venedig 1581, Neudruck: Turin 1965.

—, Summa Aurea, Venedig 1574, Neudruck: Turin 1963.

Huguccio, Summa über das Decretum Gratiani (Handschriften: München lat. 10247; Vatikan lat. 2280).

Innozenz IV. (Sinibaldus Fliscus), Apparatus in quinque libros decretalium, Frankfurt 1570, Neudruck: Frankfurt 1968.

Johannes Andreae, Novella Commentaria in quinque libros decretalium, 5 Bde., Venedig 1581, Neudruck: Turin 1963.

Le Liber Pontificalis s. Duchesne.

Mc. Laughlin, T. P. (Hrsg.), The Summa Parisiensis on the Decretum Gratiani, Toronto 1952.

Mansi, J. D., Sacrorum conciliorum nova et amplissima collectio, Florenz 1759 ff., Neudruck: Paris 1901 ff.

Migne, J. P., Patrologiae cursus completus, series latina, 221 Bde., Paris 1878–1890; series graeca, 161 Bde., Paris 1857–1866.

Munier, Ch., Les Statuta Ecclesiae Antiqua (Bibliothèque de l'Institut de droit canonique de l'Université de Strasbourg 5), Paris 1960 (zit.: Statuta).

Nicolaus de Tudeschis, Lectura in decretales, Bd. 1–3, Lyon 1534; Bd. 4–5, Venedig 1504.

Paucapalea, Summa über das Decretum Gratiani, hg. v. J. F. v. Schulte, Gießen 1890, Neudruck: Aalen 1965.

Petrus de Ancharano, Commentaria in quinque libros decretalium, 5 Bde., Bologna 1581.

Raymund von Peñaforte, Summa de poenitentia et matrimonio cum glossis Joannis de Friburgo, Rom 1603.

Roland Bandinelli, Die Summa magistri Rolandi, nachmals Papstes Alexander III., hg. v. F. Thaner, Innsbruck 1874, Neudruck: Aalen 1962.

Rufin von Bologna, Summa decretorum des Magister Rufinus, hg. v. H. Singer, Paderborn 1902, Neudruck: Aalen 1963.

Schulte, J. F. v. (Hrsg.), s. Paucapalea, Stephan v. Doornick.

Sighard von Cremona, Summa decretorum (Handschrift: München lat. 4555).

Singer, H. (Hrsg.), s. Rufin v. Bologna.

Stephan von Doornick (Stephanus Tornacensis), Die Summa über das Decretum Gratiani, hg. v. J. F. v. Schulte, Gießen 1891, Neudruck: Aalen 1965.

Summa Parisiensis, The Summa Parisiensis on the Decretum Gratiani, hg. v. T. P. Mc. Laughlin, Toronto 1952.

Thaner, F. (Hrsg.), s. Roland Bandinelli.

III. Darstellungen

(Alle hier nicht aufgeführten Werke werden in den Anmerkungen mit den erforderlichen bibliographischen Angaben zitiert; Hervorhebungen in Zitaten stammen von der Verfasserin.)

Bardenhewer, O., Geschichte der altkirchlichen Litteratur, 5 Bde., Freiburg 1902–1932.

Beer, G., Die soziale und religiöse Stellung der Frau im israelitischen Altertum (Sammlung gemeinverständlicher Vorträge und Schriften aus dem Gebiet der Theologie und Religionsgeschichte Bd. 88), Tübingen 1919.

Begrich, J., Die Paradieserzählung. Eine literargeschichtliche Studie, in: Gesammelte Studien zum Alten Testament, hg. v. W. Zimmerli (Theologische Bücherei Bd. 21), München 1964, S. 11–38.

Bertinetti, I., Frauen im geistlichen Amt. Die theologische Problematik in evangelisch-lutherischer Sicht (Theologische Arbeiten, hg. v. H. Urner, Bd. 21), Berlin 1965.

Browe, P., Beiträge zur Sexualethik des Mittelalters (Breslauer Studien zur historischen Theologie, hg. v. F. X. Seppelt u. a., Bd. 23), Breslau 1932.

Brox, N., Die Pastoralbriefe (Regensburger Neues Testament, hg. v. O. Kuß, Bd. VII/2) 4. Auflage Regensburg 1969.

Concetti, G., La donna e il sacerdozio, in: L'Osservatore Romano, 8., 9., 11. u. 12. Nov. 1965 (in dt. Übersetzung bei G. Heinzelmann, Die getrennten Schwestern, Zürich 1967, S. 89–101).

Daly, M., Kirche, Frau und Sexus, Olten – Freiburg 1970.

Daniélou, J., Le ministère des femmes dans l'Eglise ancienne, in: La maison – Dieu 61, 1960, S. 70–96.

D u c h e s n e, L., Christian worship, its origin and evolution. A study of the latin liturgy up to the time of Charlemagne, 5. Aufl. London 1956 (zit.: Worship).

E i c h r o d t, W., Theologie des Alten Testaments, Teil II/III, 5. Aufl. Göttingen 1964.

E y d e n, R. A. J. van, Die Frau im Kirchenamt. Plädoyer für die Revision einer traditionellen Haltung, in: Wort und Wahrheit 22, 1967, S. 350–362.

F e i n e, H. E., Kirchliche Rechtsgeschichte. Die katholische Kirche, 4. Aufl. Köln 1964.

F r e i s e n, J., Geschichte des Canonischen Eherechts bis zum Verfall der Glossen-literatur, 2. Aufl. Paderborn 1893.

F u n k, J., Klerikale Frauen?, in: ÖAK 14, 1963, S. 271–290.

G i l l m a n n, F., Weibliche Kleriker nach dem Urteil der Frühscholastik, in: AkKR 93, 1913, S. 239–253 (zit.: Weibliche Kleriker).

G u n k e l, H., Genesis (Göttinger Handkommentar zum Alten Testament, hg. v. W. Nowack, 1. Abt. Bd. 1), 6. Aufl. (Nachdruck der 3. Aufl.) Göttingen 1964.

H a a g, H., Die Komposition der Sündenfall-Erzählung (Gen 2,4b–3,24), in: Tübinger Quartalschrift 146, 1966, S. 1–7 (zit.: Sündenfall-Erzählung).

H a a g, H., Die biblische Schöpfungsgeschichte heute, in: H. Haag – A. Haas – J. Hürzeler, Evolution und Bibel (Herder-Bücherei Bd. 249), Freiburg 1962 (zit.: Schöpfungsgeschichte).

—, Die Themata der Sündenfall-Geschichte, in: Lex tua veritas (Festschrift für H. Junker, hg. v. H. Groß und F. Mußner), Trier 1961, S. 101–111 (zit.: Themata der Sündenfall-Geschichte).

H e f e l e, C. J. v., Conciliengeschichte, 9 Bde., (Bd. 8 und 9 v. J. Hergenröther), Freiburg 1855–1890; Bd. 1–6, 2. Aufl. Freiburg 1873–1890.

H e f e l e - L e c l e r c q, Historie des conciles d'après les documents originaux, par Ch. J. Hefele (nouvelle traduction française faite sur la deuxième édition allemande corrigée et augmentée des notes critiques et bibliographiques par H. Leclercq) Bd. 1 ff., Paris 1907 ff.

H e g g e l b a c h e r, O., Vom römischen zum christlichen Recht. Juristische Elemente in den Schriften des sog. Ambrosiaster (Arbeiten aus dem juristischen Seminar der Universität Freiburg/Schweiz, hg. v. M. Gutzwiller, Bd. 19), Freiburg/Schweiz 1959.

H e i l f r o n, E., Römisches Recht (Rechtsgeschichte und System des Privatrechts) als Grundlage des heutigen Rechts, 7. Aufl. Mannheim 1920.

H e i n i s c h, P., Das Buch Genesis (Die Heilige Schrift des Alten Testamentes, hg. v. F. Feldmann und H. Herkenne, Bd. 1, 1), Bonn 1930.

H e i n z e l m a n n, G., Die getrennten Schwestern. Frauen nach dem Konzil, Zürich 1967 (zit.: Schwestern).

—, Wir schweigen nicht länger! Frauen äußern sich zum II. Vatikanischen Konzil. (deutsch-englisch), Zürich o. J.

H i n s c h i u s, P., Das Kirchenrecht der Katholiken und Protestanten in Deutschland, Bd. 1–5 (System des katholischen Kirchenrechts mit besonderer Rücksicht auf Deutschland), Berlin 1869–1893 (zit.: Kirchenrecht).

H o v e, A. van, Prolegomena ad Codicem Juris Canonici (Commentarium Lovaniense in Codicem Juris Canonici I/1), 2. Aufl. Mecheln–Rom 1945.

H u n k e, S., Am Anfang waren Mann und Frau. Vorbilder und Wandlungen der Geschlechterbeziehungen, Hamm 1955.

J e r e m i a s , J., Jerusalem zur Zeit Jesu. Eine kulturgeschichtliche Untersuchung zur neutestamentlichen Zeitgeschichte, 3. Aufl. Göttingen 1962.

J e r v e l l , J., Imago Dei. Gen 1,26 f. im Spätjudentum, in der Gnosis und in den paulinischen Briefen (Forschungen zur Religion und Literatur des Alten und Neuen Testaments, hg. v. R. Bultmann, N. F. H. 58), Göttingen 1960.

K a l s b a c h , A., Die altkirchliche Einrichtung der Diakonissen bis zu ihrem Erlöschen (Römische Quartalschrift für christliche Altertumskunde und für Kirchengeschichte, 22. Supplementheft), Freiburg 1926.

K a s e r , M., Das römische Privatrecht (1. Abschnitt: Das altrömische, das vorklassische und klassische Recht, München 1955; 2. Abschnitt: Die nachklassischen Entwicklungen, München 1959) (zit.: Privatrecht I bzw. II).

K ö h l e r , L., Theologie des Alten Testaments (Neue theologische Grundrisse, hg. v. R. Bultmann), 4. Aufl. Tübingen 1966 (zit.: Theologie).

K u t t n e r , St., Repertorium der Kanonistik (1140–1234). Prodromus corporis glossarum I (Studi e Testi 71), Vatikanstadt 1937 (zit.: Repertorium).

— Kanonistische Schuldlehre von Gratian bis auf die Dekretalen Gregors IX. (Studi e Testi 64), Vatikanstadt 1935 (zit.: Schuldlehre).

L e i p o l d t , J., Die Frau in der antiken Welt und im Urchristentum, Leipzig 1954.

L o r e t z , O., Schöpfung und Mythos. Mensch und Welt nach den Anfangskapiteln der Genesis (Stuttgarter Bibelstudien, hg. v. H. Haag, R. Kilian, W. Pesch, Bd. 32), Stuttgart 1968.

M a a s s e n , F., Geschichte der Quellen und der Literatur des canonischen Rechts im Abendlande, Bd. 1, Graz 1870, Neudruck: Graz 1956.

M e e r , H. van der, Priestertum der Frau? Eine theologie-geschichtliche Untersuchung (Quaestiones disputatae Bd. 42), Freiburg–Basel–Wien 1969.

M e t z , R., Recherches sur la condition de la femme selon Gratien, in: Studia Gratiana XII, 1967, S. 377–396 (zit.: Recherches).

—, Le statut de la femme en droit canonique médiéval, in: Recueils de la Société Jean Bodin XII/2, Brüssel 1962, S. 59–113 (zit.: Statut).

M ö r s d o r f , K., Lehrbuch des Kirchenrechts auf Grund des Codex Juris Canonici (begründet von E. Eichmann, fortgeführt von K. Mörsdorf)
Bd. 1, 11. Aufl. München–Paderborn–Wien 1964
Bd. 2, 11. Aufl. München–Paderborn–Wien 1967
Bd. 3, 10. Aufl. München–Paderborn–Wien 1964.

M o r a n t , P., Die Anfänge der Menschheit. Eine Auslegung der ersten 11 Genesis-kapitel, Luzern 1960.

M u n d l e , W., Die Exegese der paulinischen Briefe im Kommentar des Ambrosiaster (Diss., ev.-theol. Fak.), Marburg 1919.

M u n i e r , Ch., Les sources patristiques du droit de l'Eglise du VIIIᵉ au XIIIᵉ siècle, Mulhouse 1957 (zit.: Sources patristiques).

M u s c h a l e k , H., Urmensch-Adam. Die Herkunft des menschlichen Leibes in naturwissenschaftlicher und theologischer Sicht, Berlin 1963.

M u ß n e r , F., Christus, das All und die Kirche. Studien zur Theologie des Epheserbriefes (Trierer theologische Studien Bd. 5), Trier 1955.

P e r s s o n , P. E., Repraesentatio Christi. Der Amtsbegriff in der neueren römisch-katholischen Theologie (Kirche und Konfession Bd. 10), Göttingen 1966.

P e t e r s , J., Die Frau im kirchlichen Dienst, in: Concilium 4, 1968, S. 293–299.

Phillips, G., Kirchenrecht, Bd. 1, 3. Aufl. Regensburg 1855.

Plöchl, W., Das Eherecht des Magisters Gratianus (Wiener staats- und rechtswissenschaftliche Studien, hg. v. H. Kelsen, Bd. 24), Leipzig 1935 (zit.: Eherecht).

—, Geschichte des Kirchenrechts, 2 Bde., 2. Aufl. Wien 1960–1962 (zit.: Geschichte).

Premm, M., Katholische Glaubenskunde. Ein Lehrbuch der Dogmatik, Bd. III/2, Wien 1955.

Procksch, O., Die Genesis (Kommentar zum Alten Testament, hg. v. E. Sellin, Bd. 1), 2. und 3. Aufl. Leipzig 1924.

Rad, G. v., Das erste Buch Mose (Das Alte Testament Deutsch [Neues Göttinger Bibelwerk, hg. v. V. Herntrich und E. Weiser] Bd. 1), Göttingen 1949.

Remberger, F. X., Priestertum der Frau?, in: Theologie der Gegenwart 9, 1966, S. 130–136.

Renckens, H., Urgeschichte und Heilsgeschichte. Israels Schau in die Vergangenheit nach Gen. 1–3, Mainz 1959.

Ringeling, H., Die Frau zwischen gestern und morgen. Der sozialtheologische Aspekt ihrer Gleichberechtigung, Hamburg 1962.

Ritter, A. M. – G. Leich, Wer ist die Kirche? Amt und Gemeinde im Neuen Testament, in der Kirchengeschichte und heute, Göttingen 1968.

Sägmüller, J. B., Lehrbuch des katholischen Kirchenrechts, Bd. 1, 4. Aufl. Freiburg 1925.

Schäfer, K. H., Kanonissen und Diakonissen, in: Römische Quartalschrift für christliche Altertumskunde und für Kirchengeschichte 24, 1910, S. 49–80 (zit.: Kanonissen und Diakonissen).

—, Die Kanonissenstifter im deutschen Mittelalter. Ihre Entwicklung und innere Einrichtung im Zusammenhang mit dem altchristlichen Sanktimonialentum (Kirchenrechtliche Abhandlungen, hg. v. U. Stutz, H. 43/44), Stuttgart 1907, Neudruck: Amsterdam 1965 (zit.: Kanonissenstifter).

Schaller, J. B., Gen. 1.2 im antiken Judentum. Untersuchungen über Verwendung und Deutung der Schöpfungsaussagen von Gen. 1.2 im antiken Judentum (masch.-schriftl. Diss., ev.-theol. Fak.), Göttingen 1961.

Schmidt, W. H., Die Schöpfungsgeschichte der Priesterschrift. Zur Überlieferungsgeschichte von Genesis 1,1–2,4 a und 2,4 b–3,24 (WMANT Bd. 17), 2. Aufl. Neukirchen–Vluyn 1967.

Schüßler, E., Der vergessene Partner. Grundlagen, Tatsachen und Möglichkeiten der beruflichen Mitarbeit der Frau in der Heilssorge der Kirche, Düsseldorf 1964.

Schulte, J. F. v., Die Geschichte der Quellen und Literatur des canonischen Rechts von Gratian bis auf die Gegenwart, Bd. 1 u. 2, Stuttgart 1875 u. 1878, Neudruck: Graz 1956 (zit.: Geschichte).

Schulz, F., Prinzipien des römischen Rechts. Vorlesungen, Berlin 1954.

Schwegler, Th., Die biblische Urgeschichte im Lichte der Forschung, München 1960.

Semmelroth, O., Das geistliche Amt. Theologische Sinndeutung, Frankfurt 1958 (zit.: Amt).

—, Maria oder Christus? Christus als Ziel der Marienverehrung. Meditationen, Frankfurt 1954 (zit.: Maria).

Sohm, R., Institutionen. Geschichte und System des römischen Privatrechts (bearb. v. L. Mitteis, hg. v. L. Wenger), 17. Aufl. München 1923.

Stickler, A. M., Historia juris canonici latini Bd. 1 (Historia fontium), Turin 1950.

Stier, F., Art. Adam, in: HthG I 13–25.

Strack, H. – P. Billerbeck, Kommentar zum Neuen Testament aus Talmud und Midrasch, Bd. 1–4, München 1922–1928.

Stutz, U., Der Geist des Codex juris canonici. Eine Einführung in das auf Geheiß Papst Pius X. verfaßte und von Papst Benedikt XV. erlassene Gesetzbuch der katholischen Kirche (Kirchenrechtliche Abhandlungen, hg. v. U. Stutz, H. 92/93), Stuttgart 1918.

Thraede, K., Art. Frau, in: RAC VIII 1970, Sp. 197–269.

Vaerting, M., Wahrheit und Irrtum in der Geschlechterpsychologie, 2. Aufl. Weimar 1931.

Weber, M., Ehefrau und Mutter in der Rechtsentwicklung, Tübingen 1907.

Weiß, J., Der erste Korintherbrief (Kritisch-exegetischer Kommentar über das Neue Testament, begr. v. H. A. W. Meyer, 5. Abt.), 10. Aufl. Göttingen 1925.

Wendland, H.-D., Die Briefe an die Korinther (Das Neue Testament Deutsch [Neues Göttinger Bibelwerk, hg. v. G. Friedrich] Bd. 7), 12. Aufl. Göttingen 1968.

Westermann, Cl., Genesis (Biblischer Kommentar, hg. v. M. Noth und H. W. Wolff), Neukirchen–Vluyn 1966 ff.

Zscharnack, L., Der Dienst der Frau in den ersten Jahrhunderten der christlichen Kirche, Göttingen 1902.

EINLEITUNG

Zu den Fragen und Forderungen, die während des Zweiten Vatikanischen Konzils im Raum der Kirche spontan aufbrachen, gehört auch die nach einer zeitgemäßen Stellung der Frau in der Kirche. Erstmalig wurde die völlige Abwesenheit der Frau auf dem Konzil, das sich anfänglich als reine Männerversammlung konstituiert hatte, mit Befremden festgestellt und als Mangel empfunden, darüber hinaus befaßten sich mehrere Konzilsansprachen und -interventionen mit der Reformbedürftigkeit der Stellung der Frau in Gesellschaft und Kirche und unterbreiteten Richtlinien und Vorschläge für eine Verbesserung derselben [1]. Auch außerhalb der Konzilsversammlung wurden Wertung und Stellung der Frau in der Kirche einer kritischen Prüfung unterzogen und Änderungswünsche in verschiedenen Konzilseingaben und Veröffentlichungen vorgetragen [2]. In der postkonziliaren Zeit ist die Frage nach einer Reform der Situation der Frau in der Kirche keineswegs verstummt; sie gewinnt im Gegenteil zunehmend an Gewicht und Aktualität [3].

---

[1] Vgl. W. S e i b e l – L. A. D o r n, Tagebuch des Konzils. Die Arbeit der zweiten Session, Nürnberg 1964, S. 92 f., 104; L. A. D o r n – G. D e n z l e r, Tagebuch des Konzils. Die Arbeit der dritten Session, Nürnberg 1965, S. 256 f., 262, 278; G. H e i n z e l m a n n, Die getrennten Schwestern. Frauen nach dem Konzil, Zürich 1967, S. 71–82.

[2] Die Beiträge erschienen größtenteils gesammelt in der von G. H e i n z e l m a n n herausgegebenen Broschüre ‚Wir schweigen nicht länger! Frauen äußern sich zum II. Vatikanischen Konzil', Zürich o. J.

[3] Das geht nicht nur aus der zunehmenden Zahl der Veröffentlichungen über diese Thematik hervor (vgl. dazu S. 3 Anm. 8 u. Dogmatischer Teil S. 201 Anm. 1), sondern auch aus der Tatsache, daß sich seit dem 2. Vatikanischen Konzil verschiedene Synoden mit der Stellung der Frau in der Kirche befassen, so das Holländische Pastoralkonzil, auf dessen 5. Sitzung ein von der Mehrheit unterstütztes Votum für die Integrierung der Frau in alle Formen des kirchlichen Dienstes, einbegriffen des priesterlichen, abgegeben wurde (vgl. Herder-Korrespondenz 24, 1970, 57, 130); die Thematik der Gemeinsamen Synode der Bistümer in der BRD bezieht ebenfalls die Fragestellung mit ein (vgl. Kirchliches Amtsblatt für die Diözese Münster 102, 1969, 126). Die Reformbedürftigkeit der Stellung der Frau in der Kirche war auch auf der 2. ordentlichen Bischofssynode in Rom im Herbst 1971 Gegenstand mehrerer Interventionen: Kard. F l a h i f f (Winipeg) stellte u. a. erstmalig die Frage nach einer Zulassung der Frau zum priesterlichen Dienstamt sowie zum kirchlichen Amt über-

Es sind verschiedene Faktoren, die diese kritische Fragestellung bedingen. Auf Grund der in vielen staatlichen Verfassungen als menschliches Grundrecht anerkannten und garantierten Gleichberechtigung der Frau, die ihr eine selbständige berufliche Existenz im profanen Bereich und damit die freie Entfaltung ihrer Person ermöglicht, wird sich die mündig gewordene Frau der Diskrepanz bewußt, die zwischen der kirchlichen und weltlichen Gesellschaftsordnung klafft, und nimmt in zunehmendem Maße Anstoß daran, daß sie in der Kirche nicht als gleichberechtigter Mensch respektiert wird. Allerdings erwächst die Frage nach der Zulassung der Frau zum kirchlichen Amt, in der sich u. a. die Forderung nach ihrer zeitgerechten Stellung konkretisiert[4], nicht nur aus einem Vergleich zwischen weltlicher und kirchlicher Gesellschaftsstruktur oder aus einem Vergleich zwischen der Rechtsordnung der katholischen Kirche und der der evangelischen Kirche, wo die Frau bereits in zahlreichen Gliedkirchen zum Amt zugelassen ist[5], sondern sie ist, tiefer gesehen, religiöser Art, da sich in ihr der Wunsch ausdrückt, einer Berufung zum priesterlichen Dienstamt Folge zu leisten. Diesem Bestreben steht allerdings eine fast zweitausendjährige Tradition kirchlicher Lehre und Rechtspraxis entgegen, die die Frau um ihres Geschlechtes willen vom priesterlichen Amt ausschließt und nach verbreiteter theologischer Lehrmeinung angeblich auf göttlichem Recht beruht[6] und daher unabänderlich ist. Eine solche Tradition freilich sowie die auf ihr gründende Rechtsordnung, die den religiösen Freiheitsraum von Menschen so tiefgreifend einengt, daß

---

haupt; im Namen der Kanadischen Bischofskonferenz empfahl er die Errichtung einer gemischten Kommission, die diese Frage eingehend prüfen solle (vgl. L'Osservatore Romano, deutsche Wochenausgabe, 1. Jg. Nr. 4, v. 29. 10. 1971, S. 9 f.). Seine Intervention wurde von Erzbischof Carter (Kingston, Jamaika) mit dem Hinweis darauf unterstützt, daß die früher gegen die Ordination der Frau zum priesterlichen Amt vorgebrachten „kulturellen, nicht theologischen Gründe heute nicht mehr zu Recht bestünden" (ebd., Nr. 5, 5. 11. 1971, S. 4; vgl. auch Herder-Korrespondenz 25, 1971, 534). Vgl. dazu auch unten S. 230 Anm. 24.

[4]) Vgl. dazu Anm. 3, ferner unten S. 230 Anm. 24.

[5]) Dazu vgl. die Dokumentation: Der Platz der Frau im Amt der nichtkatholischen christlichen Kirchen, in: Concilium 4, 1968, 309–319.

[6]) So u. a. nach E. Krebs, Katholische Lebenswerte V/2, 1. u. 2. Aufl. Paderborn 1925, S. 478; J. Pohle – M. Gierens, Lehrbuch der Dogmatik III, 9. Aufl. Paderborn 1937, S. 581; F. Diekamp – K. Jüssen, Katholische Dogmatik III, 11. u. 12. Aufl. Münster 1954, S. 372 f.; M. Premm, Katholische Glaubenskunde III/2, Wien 1955, S. 240; L. Ott, Grundriß der katholischen Dogmatik, 5. Aufl. Freiburg 1961, S. 548. Vgl. auch Dogmatischer Teil, unten S. 206 mit Anm. 21, 23 (dort Angabe weiterer Autoren, die diese Auffassung vertreten).

diesen die Ausübung des Priesterberufs, dem für den Heilsdienst der Kirche zweifellos eine große Bedeutung zukommt, um ebendieser Tradition willen grundsätzlich, und zwar um ihres Geschlechtes willen verweigert wird, müßte theologisch unanfechtbar sein und jeder kritischen Fragestellung standhalten können, wenn sie den Anspruch, göttlichen Ursprungs und damit unabänderlich zu sein, legitimerweise erheben wollte[7]. Ebendiese Voraussetzung erfüllt die von der katholischen Theologie bislang dargebotene Begründung für diese Tradition jedoch nicht. Wie auf Grund von mehreren theologischen Untersuchungen nachgewiesen werden konnte, sind die herkömmlichen Argumente exegetischer und dogmatischer Art für den Ausschluß der Frau vom Priesteramt nicht stichhaltig[8] und können somit diesen Ausschluß nicht rechtfertigen.

Zur weiteren Klärung des Problems möchte auch die vorliegende Arbeit, die die Frage vorwiegend unter rechtshistorischem Gesichtspunkt behandelt, einen Beitrag leisten, indem die Grundlagen der Bestimmung des geltenden kirchlichen Gesetzbuches (can. 968 § 1 CIC), derzufolge nur der (getaufte) Mann gültig ordiniert werden kann, die Frau also als weiheunfähig erklärt ist, einer näheren Untersuchung unterzogen werden[9]. Dabei wird das Hauptgewicht der Untersuchung auf die Sichtung und kritische Prüfung der im Corpus Iuris Canonici, der bedeutendsten Quellengrundlage für das geltende

---

[7]) H. v. d. M e e r , Priestertum der Frau? (Quaestiones disputatae Bd. 42) Freiburg–Basel–Wien 1969, S. 128 f. weist mit Recht darauf hin, daß die Beweislast für die Aufrechterhaltung der These, daß die Frau grundsätzlich und für immer vom priesterlichen Amt auszuschließen sei, bei ihren Verteidigern liege.

[8]) Außer auf die in Anm. 7 angegebene Untersuchung von H. v. d. M e e r ist vor allem auf folgende Literatur hinzuweisen: V. E. H a n n o n , The question of women and the priesthood. Can women be admitted to holy orders? London 1967; R. J. A. v. E y d e n , Die Frau im Kirchenamt, in: Wort und Wahrheit 22, 1967, S. 350–362; M. D a l y , Kirche, Frau und Sexus, Olten-Freiburg i. Br., 1970; s. auch Dogmatischer Teil, unten S. 201 Anm. 1 (dort weitere Literaturangaben).

[9]) Eine eingehende rechtshistorische Bearbeitung des Problems liegt noch nicht vor; folgende Untersuchungen bieten entweder lediglich einen summarischen Überblick der geschichtlichen Entwicklung der Stellung der Frau in der Kirche oder behandeln einen sehr begrenzten Zeitabschnitt derselben: R. M e t z , Recherches sur le statut de la femme en droit canonique: bilan historique et perspectives d'avenir in: L'Année canonique 12, 1968, 85–113; d e r s . , Le statut de la femme en droit canonique médiéval, in: Recueils de la Société Jean Bodin XII/2, Brüssel 1962, 59–113; d e r s . , Recherches sur la condition de la femme selon Gratien, in: Studia Gratiana XII, 1967, 377–396; F. G i l l m a n n , Weibliche Kleriker nach dem Urteil der Frühscholastik, in: AkKR 93, 1913, 239–253.

kirchliche Gesetzbuch, vorhandenen Stützen des Kanons gelegt; die Quellen werden nicht nur unter dem Aspekt ihrer inhaltlichen Beziehung zu can. 968 § 1 und sachlich damit zusammenhängender Kanones untersucht, sondern auch nach der ihnen zugrunde liegenden Vorstellung von der Frau befragt – ermöglicht und gewährleistet doch die Berücksichtigung dieser Komponente erst eine sachgerechte Beurteilung der die Frau betreffenden Verbote und Rechtsbeschränkungen. Die für die Interpretation und Auswertung der im Corpus Iuris Canonici enthaltenen Quellen aufschlußreichen und damit für die kirchliche Rechtsentwicklung bedeutsamen Werke der mittelalterlichen Kanonisten wurden, soweit zugänglich, für die Untersuchung ebenfalls herangezogen.

In einem dem rechtshistorischen Teil der Arbeit angefügten exegetischen Exkurs wird der im Corpus Iuris Canonici, näherhin im Dekretbuch Gratians angewandte (patristische) Schriftbeweis für den Stand der Unterordnung der Frau mit den Methoden historisch-kritischer Exegese auf seine Stichhaltigkeit hin geprüft, da die patristische Interpretation bestimmter Bibelstellen (Gen 2,18–24; 3; 1 Kor 11,3–9; 14,34 f.; Eph 5,22–33 u. a.) eine wesentliche Stütze für die inferiore Stellung der Frau nach kirchlichem Recht bildet.

Im Sinne einer Ergänzung der bereits vorliegenden exegetisch-dogmatischen Untersuchungen [10] ist die im dogmatischen Teil der Arbeit vorgenommene kritische Auseinandersetzung mit der traditionellen Auffassung von Amt und Stellvertretung zu verstehen, auf Grund deren ebenfalls gegen die Zulassung der Frau zum Amt argumentiert wird. In der vorhandenen Literatur wird die erwähnte Argumentation m. E. nicht hinreichend berücksichtigt.

Unter Zugrundelegung der erbrachten Untersuchungsergebnisse wird abschließend nachgewiesen, daß in dem Ausschluß der Frau von der Ordination und damit vom kirchlichen Amt um ihres Geschlechtes willen eine die Würde der Person der Frau verletzende und vor Gott nicht zu verantwortende Freiheitsbeschränkung liegt, deren Aufhebung um der Gerechtigkeit willen geboten ist, damit die der Frau verliehenen Charismen in der Kirche ungehindert zur Entfaltung kommen können.

---

[10]) Vgl. die in Anm. 8 angegebene Literatur.

RECHTSHISTORISCHER TEIL

DIE GRUNDLAGEN VON KANON 968 § 1
DES CODEX IURIS CANONICI IM
CORPUS IURIS CANONICI

Das geltende Recht des Codex Iuris Canonici wahrt weitgehend den Zusammenhang mit dem überlieferten, zu einem großen Teil im Corpus Iuris Canonici niedergelegten Kirchenrecht[1]. Der Codex nahm den massenhaften Rechtsstoff des Corpus in sich auf, soweit er eben bei seiner Abfassung zur „vigens ecclesiae disciplina" gehörte, und reduzierte ihn auf eine knappe, komprimierte Form[2]. Die im „Regelfalle" also vorhandene „Übereinstimmung" des bisherigen Rechts mit dem Recht des Codex[3] trifft auch auf can. 968 § 1 CIC[4] zu, wonach nur der getaufte Mann gültig ordiniert werden kann, die Frau also, auch die getaufte, vom Empfang der Weihen ausgeschlossen ist. Aus den von Kardinal Gasparri[5] zu dieser Vorschrift angeführten Quellenbelegen aus dem Corpus Iuris Canonici wird allerdings nicht ersichtlich, daß das Erfordernis des männlichen Geschlechtes für die Ordination im alten Recht seine Grundlage hat, da diese ausschließlich auf das Erfordernis der Taufe für die gültige Ordination Bezug nehmen[6].

---

[1]) Vgl. S t u t z S. 51 f., 163 f., 177; S ä g m ü l l e r I 267; s. auch CIC can. 6, der das Verhältnis des geltenden zum alten Recht regelt und in n. 2, 3 und 4 vorschreibt, daß die Kanones des CIC unter bestimmten Voraussetzungen im Sinne des alten Rechts auszulegen sind.

[2]) Vgl. S t u t z S. 161, 164.

[3]) S t u t z S. 163.

[4]) „Sacram ordinationem valide recipit solus vir baptizatus . . . ". In der Sprache des Codex umfassen die Ausdrücke ordinare, ordo, ordinatio, sacra ordinatio alle Weihestufen, einschließlich der Bischofsweihe und der ersten Tonsur, wenn sich nicht aus der Natur der Sache oder aus dem Kontext etwas anderes ergibt, vgl. CIC can. 950.

[5]) Als Leiter der Arbeit der sog. Kodifikationskommission war P. Gasparri maßgeblich an der Entstehung des Codex beteiligt, vgl. dazu S t u t z S. 10 f.; M ö r s d o r f I 30.

[6]) Als „fontes" aus dem Corpus sind angegeben: C. 1 q. 1 cc. 52, 60; Extra 3, 43, cc. 1, 3 (CIC S. 322 Anm. 4). Die weiteren, nicht dem Corpus Iuris Canonici entnommenen Quellenbelege betreffen die für den erlaubten Weiheempfang erforderlichen Eigenschaften des Ordinanden.

Die mangelhafte Quellenangabe mag durchaus darin begründet sein, daß die Vorschrift bezüglich des männlichen Geschlechts des Ordinanden als so selbstverständlich betrachtet wurde, daß Gasparri einen Quellenbeleg für überflüssig hielt, jedenfalls aber berechtigt sie nicht zu der Schlußfolgerung, daß die Vorschrift, wenngleich sie sich – bemerkenswerterweise – auch nicht auf ein ius divinum beruft[7], keinerlei Stützen im klassisch-kanonischen Recht habe. Eine Untersuchung des Corpus Iuris Canonici unter diesem Gesichtspunkt beweist eher das Gegenteil: aus zahlreichen Bestimmungen des Corpus über die kirchliche Stellung der Frau, die ihrerseits wiederum zum Teil die Grundlage für andere, freilich mit can. 968 § 1 innerlich zusammenhängende bzw. von ihm abhängige Kanones des Codex bilden, wird deutlich, daß die in dem genannten Kanon enthaltene Bestimmung (*sacram ordinationem valide recipit solus vir baptizatus*) zwar nicht der Form, jedoch der Tendenz und dem Inhalt nach auf Sätze des klassisch-kanonischen Rechts zurückgeht und damit die Tradition in dieser Hinsicht konserviert. – Die zu berücksichtigenden Quellen (und weitere, zu deren Erläuterung beigezogene Texte) des Corpus Iuris Canonici gewähren darüber hinaus auch einen Einblick in die ihnen zugrunde liegende Einschätzung und Wertung der Frau[8], anders und deutlicher als die knapp formulierten Kanones des Codex, die nur noch gewissermaßen den Extrakt jener Quellen darstellen. Dieser Einblick erweist sich aber für die Interpretation und Beurteilung der Rechtsquellen sowie des can. 968 § 1 CIC, der sich aus ihnen herleitet, als unentbehrlich, wird doch dadurch das Motiv der Vorschriften überhaupt erst aufgedeckt und geklärt.

---

[7]) Der Kanon sagt nichts darüber aus, ob der Ausschluß der Frau von der Ordination nach der Auffassung des Gesetzgebers auf göttlichem oder menschlichem Recht (ius mere ecclesiasticum) basiert. Daß keine Festlegung im Sinne eines göttlichen Rechts erfolgte, ist in Anbetracht dessen, daß die Dogmatiker bislang im allgemeinen ein ius divinum in dieser Frage annahmen (vgl. dazu v. d. Meer S. 9 f., 14), und im Hinblick darauf, daß der Codex selbst den Begriff wiederholt verwendet (vgl. J. A. Faßbender, Das göttliche Recht im Codex Iuris Canonici. Eine Untersuchung zur Kodifikationstechnik des CIC. Masch.-schriftl. Diss., kath.-theol. Fak., Bonn 1947, S. 232), immerhin beachtenswert. Nach Faßbender a.a.O. S. 118 finden sich allerdings im CIC viele Rechtssätze, die – nach Meinung des Gesetzgebers – dem Naturrecht oder dem Offenbarungsrecht zugerechnet werden müssen, jedoch keine formelle Bezugnahme darauf enthalten. – Im vorliegenden Fall könnte aber das Fehlen einer formellen Bezugnahme auf das göttliche Recht m. E. auch darauf zurückzuführen sein, daß eine definitive Stellungnahme des kirchlichen Lehramtes (magisterium extraordinarium) in dieser Frage nicht vorliegt.

I. In Gratians *Concordia discordantium canonum*

A. Der Inhalt des Dekretbuchs

1. Die von Gratian gesammelten Quellen

Bedeutsames Quellenmaterial für unsere Frage enthält das Dekretbuch[9] Gratians, die *Concordia discordantium canonum*[10]. In diesem
um die Mitte des 12. Jahrhunderts (etwa um 1140)[11] von dem Kamal-
dulensermönch und Magister Gratian zu Bologna verfaßten, nach
scholastischer Methode geschriebenen Lehrbuch des Kirchenrechts ist
ein massenhafter Quellenstoff, der zum großen Teil aus älteren Sammlungen entnommen wurde, systematisch verarbeitet[12]. Im Laufe der
Zeit, schon gegen Ende des 12. Jahrhunderts, vergaß man den privaten
„Charakter des Dekrets und sah es für das ältere Recht bis auf dessen
Zeit als ‚Corpus iuris canonici' an"[13]. – Aus dieser Sammlung kommen
folgende Stellen in Betracht: 1) das Kapitel 25 der Distinctio 23 mit
dem Verbot für die Frau, bestimmte Kulthandlungen zu vollziehen,
nämlich die geweihten Gefäße und Tücher zu berühren und den Altar
zu inzensieren; 2) aus der Distinctio 1 de consecratione die Kapitel 41
und 42, die den Umgang mit den eben genannten Gegenständen den

---

[8]) Dieser Aspekt der Rechtsquellen findet in der sonst sehr bemerkenswerten
Studie von G i l l m a n n , Weibliche Kleriker ... leider keine Berücksichtigung. Eine
ganzheitliche Orientierung über die Frage erfordert es aber, die den Texten zugrunde liegende Wertung der Frau mit in Betracht zu ziehen.

[9]) Der Ausdruck stammt von F. H e y e r (im „Staatslexikon" der Görres-Gesell-
schaft, 5. Aufl., hg. von H. Sacher, Bd. 1, 1926, Sp. 1545).

[10]) Dieser Titel ist in der Mehrzahl der Handschriften des Dekretbuchs und bei
frühen Dekretisten bezeugt und stammt wahrscheinlich von Gratian selbst. Vgl.
dazu F. H e y e r , Der Titel der Kanonessammlung Gratians, in: ZRG Kan. Abt. 2,
1912, S. 336–342; d e r s . , Namen und Titel des Gratianischen Dekretes, in: AkKR
94, 1914, S. 501–517. – Der Titel weist auf den Zweck des Werkes hin, „die vielfachen in den früheren Sammlungen vorfindlichen Widersprüche" aufzulösen
(v. S c h u l t e , Geschichte I 60) und dadurch „Einheitlichkeit in das kirchliche Recht
zu bringen" (S ä g m ü l l e r I 235).

[11]) Vgl. S t i c k l e r I 204; F e i n e S. 276.

[12]) Vgl. S t i c k l e r I 201 f.; S ä g m ü l l e r I 233 ff.

[13]) S c h u l t e , Geschichte I 67.

geweihten männlichen Personen vorbehalten und damit die Frau, wenn nicht ausdrücklich so doch indirekt, davon ausschließen; 3) das in Kapitel 29 der Distinctio 2 de cons. ausgesprochene Verbot, die Krankenkommunion durch eine Frau überbringen zu lassen; 4) das in Kapitel 29 der Distinctio 23 und in Kapitel 20 der Distinctio 4 de cons. enthaltene Lehrverbot für die Frau, das in der letztgenannten Stelle mit dem Taufverbot verquickt ist; 5) schließlich die Vorschrift D. 32 c. 19, wonach keine sog. Presbyterae in der Kirche eingesetzt werden dürfen. 6) Außer den genannten capitula, die ausschließlich Verbote einer liturgisch-kultischen Tätigkeit der Frau beinhalten, sind noch einige Quellen zu berücksichtigen, die die Diakonisse erwähnen, vor allem das Kapitel 23 in der Quaestio 1 der Causa 27, dann noch die Kapitel 38, C. 11 q. 1 und 30, C. 27 q. 1.

Die zunächst zu behandelnde Stelle D. 23 c. 25 ist in einen für die vorliegende Frage bemerkenswerten Zusammenhang eingeordnet, den es daher zu berücksichtigen gilt. Gemäß dem einleitenden Paragraphen [14] wird in der Distinctio 23 die Ordination sämtlicher Kleriker beschrieben, von der höchsten Stufe angefangen bis zur untersten. Die Weihevorschriften für die einzelnen klerikalen Grade, auch die für die sog. niederen Weihen, setzen nur männliche Ordinanden voraus; darin liegt ein deutlicher Hinweis darauf, daß das kanonische Recht zur Zeit Gratians nur noch einen ausschließlich männlichen Klerus kannte – die Diakonisse wird nirgend erwähnt [15]. Abgesehen von Kap. 24, einer Vorschrift, die sich auf die Kleidung der Klosterfrau (sanctimonialis virgo) bei ihrer Konsekration bezieht, enthält die Distinctio für die Frau nur Verbote. Daß es sich dabei um Bestimmungen des zur Zeit Gratians verbindlichen Rechts handelt, ergibt sich klar aus dem Aufbau der Distinctio [16]; ferner dürfte das (für Kap. 25) auch aus dem Paragraphus Gratiani hervorgehen: „Gottgeweihten Frauen ist es verboten (prohibentur), die geweihten Gefäße und Altartücher zu berüh-

---

[14] „Nunc a summo incipientes, et usque ad ultimum gradum descendentes, qualiter quisque eorum debeat ordinari, sanctorum auctoritatibus ostendamus" (Corpus, ed. Friedberg, I 76).

[15] Die weiter unten S. 35 ff. behandelten Kapitel, die sich auf die Diakonisse beziehen, beinhalten kein zur Zeit Gratians geltendes Recht.

[16] Die Distinctio weist nicht die sonst von Gratian häufig angewandte scholastische Methode auf, derzufolge inhaltlich sich widersprechende auctoritates in dialektischer Manier einander gegenübergestellt werden, für die Gratian anschließend unter Zugrundelegung bestimmter Prinzipien eine Harmonisierung sucht (vgl. dazu Schulte, Geschichte I 60 f. und Stickler I 208–210).

ren und Weihrauch um den Altar zu tragen"[17], der sich der Inscriptio zu Kap. 25 zufolge[18] auf einen Abschnitt aus einem Schreiben des Papstes Sother an die Bischöfe Italiens stützt, der folgenden Wortlaut hat: „Dem Apostolischen Stuhl ist überbracht worden, daß gottgeweihte Frauen oder Nonnen bei euch geweihte Gefäße oder Pallen berühren und Weihrauch um den Altar tragen. Daß dies jeglichen Tadel und Zurechtweisung verdient, daran zweifelt kein wahrhaft Einsichtiger. Daher verordnen wir auf Grund der Autorität dieses Heiligen Stuhles, daß ihr diesem Treiben von Grund auf und so schnell wie möglich ein Ende setzt. Und damit sich diese Seuche nicht weiter in allen Provinzen ausbreitet, befehlen wir, daß sie schnellstens beseitigt werde"[19]. Diese von Gratian als päpstliche auctoritas angezogene Belegstelle ist in Wirklichkeit ein Teil aus der (2.) pseudoisidorischen epistola decretalis des Sother[20], also eine Fälschung, die jedoch, wie überhaupt die pseudoisidorische Sammlung, von Gratian in Übereinstimmung mit der herrschenden Meinung des Mittelalters als echt betrachtet wurde[21]. Bereits Haye van der Meer[22] berücksichtigte die Tatsache, daß es sich bei diesem Text und noch bei weiteren (inhaltlich ähnlichen, aber nicht ins Corpus Iuris Canonici aufgenommenen) Dekretalen um Fälschungen handelt, und wandte sich damit berechtigterweise gegen ihre unkritische Verwendung als Traditionsbeweise für den Ausschluß der Frau vom Ordo[23]. Unabhängig von dem zweifellos

---

[17]) „Vasa sacrata et uestimenta altaris mulieres Deo dedicatae contingere, et incensum circa altaria deferre prohibentur" (Corpus, ed. Friedberg, I 85f.).

[18]) „Unde Sother Papa Episcopis Italiae" (Corpus, ed. Friedberg, I 86).

[19]) „Sacratas Deo feminas uel monachas sacra uasa uel sacratas pallas penes uos contingere, et incensum circa altaria deferre, perlatum est ad apostolicam sedem: que omnia uituperatione et reprehensione plena esse, nulli recte sapientum dubium est. Quapropter huius sanctae sedis auctoritate hec omnia uobis resecare funditus, quanto citius poteritis, censemus. Et ne pestis hec latius diuulgetur, per omnes prouincias abstergi citissime mandamus" (Corpus, ed. Friedberg, I 86).

[20]) Friedberg, Corpus I 86 Anm. 324 mit Hinweis auf Hinschius, Decretales S. 124.

[21]) Vgl. Sägmüller I 225 (Man schrieb „die ... für echt gehaltene Sammlung Jahrhunderte hindurch Isidor von Sevilla zu und entnahm ihr unbedenklich Rechtsstoff, so auch Gratian"); Feine, Rechtsgeschichte S. 276f. Über Isidor von Sevilla (560–636) s. K. Baus, Art. Isidor, LThK V 786f.

[22]) Vgl. v. d. Meer S. 112f., 115.

[23]) v. d. Meers Kritik richtet sich (S. 112, 124) gegen die Studie von Santiago Giner Sempere, La mujer y la potestad de orden; incapacidad de la mujer (in: Revista Española de derecho canónico 9, 1954, 841–869), in der Fälschungen nicht von authentischen Quellen unterschieden seien; so werde der Eindruck erweckt, als gebe es eine Fülle von Traditionsbeweisen gegen die Zulassung der Frau zum Ordo.

unechten Charakter dieser sog. epistola Sotheri stellt sich aber dennoch die Frage nach ihrem historischen Wert. Hinschius[24] – und ihm folgend Friedberg[25] – gibt als Quelle für den bei Gratian als c. 25 in D. 23 erscheinenden Abschnitt der Dekretale das Kapitel 2 der Vita Sotheri im „Liber pontificalis" an, demzufolge Sother anordnete, daß kein Mönch (*nullus monachus*) eine geweihte Palla berühren und in der Kirche inzensieren durfte[26]. Warum dieses Kapitel trotz des *nullus monachus* anstelle des zu erwartenden *nulla monacha* als Quelle für den Dekretalenabschnitt dienen konnte, geht aus einer Anmerkung von Duchesne zur Stelle hervor: „Ce décret revient dans la notice de Boniface I[er][27], mais appliqué aux monachae. Ici meme les mots ‚nullus monachus' ont été changés dans beaucoup de manuscrits en ‚nulla monacha'... L'auteur du L. P. est un clerc; il en sera de même des continuateurs; leur principe est toujours, les moines à la prière, les clercs au service de l'autel"[28]. In vielen Handschriften ist demnach *nullus monachus* abgeändert in *nulla monacha*, zweifellos aus einer damals zumal in Klerikerkreisen verbreiteten Verachtung der Frau. Darüber hinaus ist der Liber pontificalis selbst, wie Duchesne bemerkt, als Werk eines (römischen) Klerikers nicht frei von einer tendenziösen Darstellungsweise, die selbstverständlich seinen historischen Wert beeinträchtigt; sein erster Teil (d. h. die Aufzeichnungen bis zum Jahr 496) wird als im allgemeinen unzuverlässig beurteilt; das gilt zwar nicht für alle Notizen, jedoch wohl für jene über Disziplin und Liturgie, die daher mit Vorsicht zu verwenden sind[29]. – Als Ergebnis ist also festzuhalten, daß der bei Gratian in D. 23 c. 25 als auctoritas verwertete Abschnitt aus der pseudoisidorischen Dekretale Sothers auf keiner tragfähigen historischen Basis steht und infolgedessen nicht

---

[24]) Decretales S. 124.

[25]) Corpus I 86 Anm. 324.

[26]) Lib. pont. I 135.

[27]) Lib. pont. I 227 („Hic Bonifatius constituit ut nulla mulier aut monacha pallam sacratam contingere aut lavare aut incensum ponere in ecclesia nisi minister" [ein Teil der Hss. hat richtig: „... contingeret aut lavaret" etc.]); s. dazu Anm. 11 (S. 229): „On sait que les femmes, même les diaconesses, étaient rigoureusement exclues du ministère de l'autel (Gélase, ep. ad episcopos Lucaniae, c. 26); quant aux fonctions dont il est ici question, ce sont celles des bas clercs, des ostiaires ou des sacristains. La seconde épître apocryphes de Clément à Jacques (Migne, PG t. I, p. 483) les décrit longuement, supposant toujours qu'elles sont remplies par des clercs".

[28]) Lib. pont. I 135 Anm. 3.

[29]) Vgl. A. Stuiber, Art. Liber pontificalis, LThK VI 1016 f.; G. Chr. Hansen, Art. Liber pontificalis, RGG IV 343 f.

unkritisch, d. h. ohne Berücksichtigung dieses Sachverhalts als Traditionsbeweis für den Ausschluß der Frau von liturgischen Funktionen verwandt werden kann. – Überdies lassen Inhalt und Sprache der Epistola erkennen, daß dem Verbot eine geringschätzige Auffassung von der Frau zugrunde liegt. Was der Frau (bes. der Diakonisse) in früherer Zeit und an verschiedenen Orten der Kirche gestattet war: der Zutritt zum Altarraum, das Auflegen des Weihrauchs beim Gottesdienst – es ging teilweise über das in der Dekretale Verbotene noch hinaus, z. B. das Austeilen der hl. Kommunion[30] – wird hier in scharfer Form als tadelnswertes Benehmen (*quae omnia uituperatione et reprehensione plena esse*) verurteilt; die angeschriebenen Bischöfe sollen diese widerliche Seuche (*pestis*) so schnell wie möglich gründlich beseitigen[31]. Dieses unerbittliche Vorgehen gegen den Dienst der Frau im Altarraum wird in dem an den oben (S. 9) zitierten Passus sich unmittelbar anschließenden, von Gratian aber nicht aufgenommenen Kontext der Dekretale folgendermaßen motiviert: „ ... sagt doch der Apostel[32]: ‚Ich habe euch einem Manne verlobt, um euch als keusche Jungfrau Christus darzubieten‘. Jene ist nämlich die Jungfrau Kirche, die Braut des einen Mannes Christus, die es nicht duldet, durch irgend einen Irrtum oder unehrenhaften Tadel geschändet zu werden, damit sie in der ganzen Welt für uns die eine Unversehrtheit der einen keuschen Gemeinschaft verkörpert"[33]. Solcher Argumentation liegt offensichtlich die Vorstellung zugrunde, daß die Keuschheit und Reinheit der *virgo ecclesia* durch ein kultisch-liturgisches Wirken der Frau schweren Schaden leidet – ein Denken, das sich nur dadurch erklären läßt, daß die Frau als unreines Geschöpf im Sinne der alttestament-

---

[30]) Über diese und andere Funktionen der altkirchlichen Witwe und der Diakonisse s. Kalsbach S. 45, 57 f., 65; J. Funk S. 274 ff., 278; Schäfer, Kanonissenstifter S. 32, 58 f.; Zscharnack S. 130 ff.

[31]) Eine ähnlich schroffe Ablehnung der liturgischen Betätigung der Frau findet man allerdings auch in authentischen Texten, so z. B. in einer Dekretale des Papstes Gelasius I. an die Bischöfe Lukaniens (aus dem Jahre 494) mit folgendem Wortlaut: „Nihilo minus impatienter audivimus, tantum divinarum rerum subiisse despectum, ut foeminae sacris altaribus ministrare ferantur et cuncta, quae non nisi virorum famulatui deputata sunt, sexum, cui non competit, exhibere" (Mansi VIII 44 cap. 26). Der liturgische Dienst der Frau wird demzufolge als Mißachtung göttlicher, heiliger „Dinge" betrachtet.

[32]) 2 Kor 11, 2 b.

[33]) „ ... ait enim apostolus: Despondi vos uni viro virginem castam exhibere Christo. Illa est enim virgo aeclesia, sponsa unius viri Christi, quae nullo se patitur errore vel inhonesta reprehensione vitiari, ut per totum mundum una nobis sit unius castae communionis integritas" (Hinschius, Decretales S. 124).

lichen Reinheitsvorschriften (vgl. Lev 12,1 ff.; 15,19 ff.)³⁴ oder aber als Quelle der Verführung für den Mann abgewertet ist.

Um Abschnitte aus pseudoisidorischen Dekretalen, also Fälschungen, handelt es sich ebenfalls bei den Kapiteln 41 und 42 der Distinctio 1 de consecratione³⁵ im dritten Teil des Dekretbuchs. Sie enthalten wie die oben behandelte Stelle D. 23 c. 25 Verbote für die Frau, die geweihten Gefäße und Altartücher zu berühren, allerdings in impliziter Form. Den Summaria zu den Kapiteln zufolge³⁶ scheint lediglich das *insacratum esse*, der Zustand des Nichtgeweihtseins, den Grund für das Verbot abzugeben, aber der Inhalt (und Kontext) von Kap. 41 läßt erkennen, daß die Weihe nur ein zusätzliches Erfordernis für die betreffenden kultischen Funktionen darstellt, das männliche Geschlecht aber die grundlegende Voraussetzung dafür bildet. Der Text von Kap. 41 ist folgender: „Vom heiligen Apostolischen Stuhl ist angeordnet, daß die geweihten Gefäße nicht von anderen als nur von geheiligten, dem Herrn geweihten Männern (*hominibus*) berührt werden dürfen, damit nicht Gott sein Volk aus Zorn wegen derartiger Übertretungen mit Unglück bestraft und sogar diejenigen, die nicht (gegen dieses Gebot) gesündigt haben, zugrunde gehen – kommt doch der Gerechte sehr oft anstelle des Gottlosen um"³⁷. Aus dem unmittelbar an *hominibus* sich anschließenden (von Gratian ausgelassenen, aber in der sog. Editio Romana³⁸ des Gratianischen Dekretbuchs aufgenommenen) Text der

---

³⁴) Vgl. dazu B r o w e S. 1–35; R. K o t t j e , Studien zum Einfluß des Alten Testamentes auf Recht und Liturgie des frühen Mittelalters (6.–8. Jahrhundert), Bonner historische Forschungen, hg. von M. Braubach, Bd. 23, Bonn 1964, S. 69–83.

³⁵) Kap. 41 ist der 2. epistola Sixti I. entnommen; der 1. Teil des Briefabschnittes geht auf die vita Sixti I. c. 2 (Lib. pont. I 128) zurück, vgl. F r i e d b e r g , Corpus I 1304 Anm. 451 mit Hinweis auf H i n s c h i u s , Decretales S. 108. – Kap. 42 ist ein Abschnitt aus der 1. epistola Stephani I. und stützt sich auf die vita Stephani I. c. 3 (Lib. pont. I 154), vgl. F r i e d b e r g , Corpus I 1305 Anm. 465 mit Hinweis auf H i n s c h i u s S. 183.

³⁶) „Sacra uasa non nisi a sacratis contrectentur hominibus" (zu c. 41; Corpus, ed. F r i e d b e r g , I 1304). „Non nisi a sacratis hominibus uestimenta sacra ferentur" (zu c. 42; Corpus, ed. F r i e d b e r g , I 1305).

³⁷) „In sancta apostolica est statutum est, ut sacra uasa non ab aliis, quam a sacratis Dominoque dicatis contrectentur hominibus. Ne pro talibus presumptionibus iratus Dominus plagam inponat populo suo, et hi etiam, qui non peccauerunt, pereant, quia perit iustus sepissime pro inpio" (Corpus, ed. F r i e d b e r g , I 1304 f.).

³⁸) Diese kritische Ausgabe des Dekretbuchs wurde von einer von Pius V. im Jahre 1566 eingesetzten, aus mehreren Doktoren und Kardinälen, den sog. Correctores Romani, bestehenden Kommission hergestellt; sie erschien im Jahre 1582 und wurde durch die Konstitution Gregors XIII. „Cum pro munere" (vom Jahre 1580) als authentische und einzig statthafte erklärt, vgl. v. S c h u l t e , Geschichte I 72 f.; S ä g m ü l l e r I 238 f.

pseudoisidorischen Dekretale: „Denn es ist höchst ungeziemend, daß irgendwelche heiligen Gefäße des Herrn menschlichen Bedürfnissen dienen oder von anderen berührt werden als von Männern (*viris*), die im Dienst des Herrn stehen und ihm geweiht sind"[39] geht eindeutig hervor, daß unter den *homines*, entsprechend dem damals verbreiteten Sprachgebrauch[40], nur Männer zu verstehen sind. In der inhaltlich ähnlichen Vorschrift von Kap. 42, wonach nur den *sacrati homines* erlaubt ist, die geweihten Altartücher zu berühren[41], ist *homines* ebenfalls als auf den Mann eingeschränkt zu verstehen. – Wenngleich diese Texte nicht als authentische Zeugnisse der Tradition gelten können – handelt es sich doch, wie oben bemerkt, auch hierbei um Fälschungen –, so sind sie aber doch, im Zusammenhang mit der oben behandelten Stelle D. 23 c. 25 betrachtet, wiederum sehr aufschlußreich für die Wertung der Frau im kirchlichen Bereich. Während nämlich beim Mann eine Form der *consecratio*[42] durchaus als hinreichende Qualifikation für die genannten kultischen Funktionen anerkannt wird – charakteristisch für das Denken jener Zeit ist allerdings, daß nicht die Taufe als solche gilt, obwohl sie doch in Verbindung mit dem Glauben die christliche Existenz allererst begründet[43] –, ist das hingegen bei der Frau nicht der Fall: die ,gottgeweihte Frau' (*sacrata Deo femina*, vgl. oben S. 9) steht auf derselben Stufe wie die ,nichtgeweihten Männer' (*viri insacrati*), ihr wie diesen ist der Zugang zum Altarraum und das Berühren der geweihten Gegenstände untersagt. Daraus ergibt sich, daß

---

[39]) „Indignum enim valde est, ut sacra Domini vasa, quaecunque sint, humanis usibus serviant, aut ab aliis, quam a Domino famulantibus eique dicatis tractentur viris" (Corpus, ed. F r i e d b e r g, I 1304 nota c zu c. 41).
[40]) Vgl. Mittellateinisches Glossar, hg. von E. H a b e l, 2. Aufl. Paderborn 1959, Sp. 178; D u C a n g e, Glossarium mediae et infimae latinitatis, Graz 1954 (Nachdruck der Ausgabe von 1883–1887) IV 224–226.
[41]) „Vestimenta ecclesiae ... nec ab aliis debent contingi aut offerri, nisi a sacratis hominibus" (Corpus, ed. F r i e d b e r g, I 1305).
[42]) Welche Art der Weihe gefordert ist, geht aus den angegebenen Kapiteln nicht hervor; es dürfte aber vermutlich eine klerikale Weihe (nicht aber unbedingt: Priesterweihe) gemeint sein; denn nach D. 23 cc. 31, 32 z. B. sind der Akoluthat oder der Subdiakonat für die erwähnten liturgischen Funktionen erforderlich.
[43]) Die darin sich ausdrückende Überbewertung der Weihen auf Kosten des Taufsakramentes dürfte in der die behandelten Kapitel kennzeichnenden übersteigerten Form der Sakralisierung des Kultes und Tabuisierung geweihter Gegenstände begründet sein, die bis heute auf liturgischem Gebiet noch beträchtliche Auswirkungen hat; vgl. die kritische Stellungnahme zur Dritten Instruktion über die ordnungsgemäße Ausführung der Liturgiekonstitution (vom 5. Nov. 1970): „Ist die Liturgiereform für Rom beendet?", in: Herder-Korrespondenz 24, 1970, S. 557–559; s. auch unten Anm. 45.

nicht das religiöse Moment der Übergabe an Gott, sondern das männliche Geschlecht – eine an und für sich für das Religiöse irrelevante Komponente – als Grundbedingung für die kultische Betätigung betrachtet wird. Die Frau gilt demgegenüber als mit solchem schweren Makel behaftet, daß keine Art religiöser Weihe ihn tilgen könnte. Diese Auffassung ist wesentlich durch das Fortwirken alttestamentlicher kultischer Reinheitsvorschriften bedingt, die den christlichen Gottesdienst in der Gefangenschaft des alttestamentlichen Gesetzes halten und neben andern Ursachen den Zugang der Frau zum kultischen Dienst abgeschnitten haben[44].

Obwohl die behandelten Texte D. 23 c. 25 und D. 1 de cons. cc. 41, 42 ein deutlicher Ausdruck der Abwertung der Frau und zudem noch Fälschungen sind, wurden sie dennoch als Quellen für das Recht des Codex verwertet[45].

---

[44]) B r o w e S. 3 bemerkt auf Grund von Quellenbelegen: „Bei diesen Anschauungen versteht man, daß man den Frauen nicht nur die Berührung geweihter Gegenstände, wie Kelch, Altar u. a., untersagte – dieses Verbot galt, allerdings weniger streng, auch für Nichtkleriker –, sondern daß man es zuweilen auch mit ihrer Schwäche und Unreinheit begründete" (s. auch S. 64 f.). Wie stark sich die erwähnten alttestamentlichen Bestimmungen u. a. auf Synodalbeschlüsse auswirkten, geht z. B. aus folgenden Kanones der Diözesansynode von Auxerre/Frankreich (im Jahre 585 oder 578) hervor; c. 36 („Keine Frau darf mit unbedeckter Hand die hl. Eucharistie empfangen"); c. 37 („Sie darf auch die Palla nicht berühren"); c. 42 („Jede Frau muß bei der Kommunion ihr Dominicale haben"), H e f e l e III 45 f. (nach D u c h e s n e , Worship S. 224 ist das sog. Dominicale ein Leinentuch, womit die Hand bedeckt sein soll). – Im Dekretbuch Gratians zeigen sich Auswirkungen der alttestamentlichen Reinheitsvorschriften auch noch in folgenden (die vorliegende Frage allerdings nicht betreffenden) Bestimmungen: D. 2 de cons. cc. 21, 23 § 2; D. 23 c. 33; C. 33 q. 4 cc. 2–11. Gratian distanziert sich von diesen Anschauungen insoweit, als er sich in Anlehnung an mehrere auctoritates (D. 5 pr. § 2; Corpus, ed. F r i e d b e r g , I 7) dahingehend äußert, daß der menstruierenden Frau der Besuch der Kirche sowie der Empfang der hl. Kommunion nicht untersagt sei; auch nach der Geburt eines Kindes sei es ihr nicht verboten, die Kirche zu betreten (vom Sakramentenempfang ist jedoch in diesem Zusammenhang nicht die Rede). Die von Gratian als verbindlich betrachtete Vorschrift D. 5 c. 4 setzt aber noch den Purifikationsritus voraus, wie aus dem summarium zu c. 4 hervorgeht: „Antequam puer ablactetur, uel mater purificetur, ad eius concubitum uir non accedat" (Corpus, ed. F r i e d b e r g , I 8). Vgl. dazu F r e i s e n S. 849 ff.

[45]) Die genannten Kapitel stützen CIC can. 1306 § 1, der vorschreibt, daß Kelche und Patenen sowie die bei der heiligen Messe verwendeten Purifikatorien, Pallen und Korporalien vor deren Waschung nur von Klerikern oder von denen, die für deren Aufbewahrung verantwortlich sind, berührt werden dürfen (vgl. CIC S. 445 Anm. 1). Nach can. 1306 § 2, der in diesem Zusammenhang ebenfalls zu nennen ist, darf die erste Waschung der Purifikatorien etc. nur von einem Kleriker der höheren Weihen vorgenommen werden. – Das Motu proprio „Pastorale munus" Papst P a u l VI. vom 30. Nov. 1963 trägt allerdings der gewohnheitsrechtlich schon län-

Wird die Frau den behandelten Texten zufolge schon nicht für würdig befunden, die geweihten Tücher und Gefäße zu berühren, so ist, wie dem Kapitel 29 in D. 2 de cons. zu entnehmen ist, erst recht ausgeschlossen, daß ihr der Leib des Herrn anvertraut wird, sei es auch nur, um ihn zu den Kranken hinzutragen. Der streng verpflichtende Charakter des Verbots wird durch die Schärfe der Formulierung unterstrichen: „Es ist uns zu Ohren gekommen, daß gewisse Priester die göttlichen Mysterien derart mißachten, daß sie einem Laien oder einer Frau den heiligen Leib des Herrn übergeben, damit sie ihn zu den Kranken tragen; jenen also, denen verboten ist, das Heiligtum zu betreten und sich dem Altar zu nähern, wird das Allerheiligste anvertraut. Daß dies ebenso entsetzlich wie verabscheuungswürdig ist, ist allen Gottesfürchtigen einsichtig. Daher verbietet es die Synode aufs schärfste, damit solche unverantwortliche und widergesetzliche Handlungsweise nicht sonst noch geschehe. In jedem Fall bringe der Priester selbst dem Kranken die Kommunion. Wenn jemand anders handelt, läuft er Gefahr, degradiert zu werden[46].

Der Inscriptio zufolge handelt es sich bei diesem Kapitel um can. 2 einer Synode zu Reims; es dürfte die von Hefele-Leclerq zwischen 624 und 625 angesetzte gemeint sein[47]. Allerdings findet man die oben zitierte Vorschrift nicht unter den 25 in der Konziliengeschichte angeführten Kanones dieser Synode. Nach Hefele-Leclercq werden aber von Burchard von Worms und Ivo von Chartres, auf deren Quellensammlungen sich Gratian u. a. stützt[48], der Synode von Reims noch

---

ger bestehenden Situation Rechnung, indem es in n. 28 den Ortsbischöfen das Recht einräumt, Klerikern der niederen Weihen, (männlichen) Laienreligiosen und auch frommen Frauen die erste Waschung der Pallen, Korporalien und Purifikatorien zu gestatten („permittendi clericis minoribus, religiosis laicis, necnon piis mulieribus ut pallas, corporalia et purificatoria prima quoque ablutione extergere possint"; AAS 56, 1964, 10). Die (an sich überflüssige) besondere Erwähnung der Frau neben den Laien in dieser Vorschrift ist aufschlußreich: sie ist ein Reflex der früheren Rechtslage, die der Frau solche Betätigung nicht gestattete.

[46]) Peruenit ad notitiam nostram, quod quidam presbiteri in tantum paruipendant diuina misteria, ut laico aut feminae sacrum corpus Domini tradant ad deferendum infirmis, et quibus prohibetur, ne sacrarium ingrediantur, nec ad altare appropinquent, illis sancta sanctorum committuntur. Quod quam sit horribile quamque detestabile, omnium religiosorum animaduertit prudentia. Igitur interdicit per omnia sinodus, ne talis temeraria presumptio ulterius fiat; sed omnimodis presbiter per semetipsum infirmum communicet. Quod si aliter fecerit, gradus sui periculo subiacebit" (Corpus, ed. Friedberg, I 1323 f.).

[47]) Vgl. Hefele-Leclercq III/1 S. 261.
[48]) Vgl. Friedberg, Corpus I Sp. XLV ff., LIV ff.

16

weitere Kanones zugeschrieben[49], und zu diesen gehört auch der obige Kanon[50]. Friedberg macht zwar keine Angabe über die Herkunft des Kanons, verweist aber auf einen Beschluß der Synode zu Rouen (aus dem Jahre 650)[51] mit ähnlichem Inhalt: Frauen und Laien soll die hl. Eucharistie keineswegs in die Hand gegeben werden zum Kommunizieren, sondern nur in den Mund. Ein Übertreten dieses Verbots wird als Verachtung Gottes bezeichnet und entsprechend bestraft[52]. Nach D. 2 de cons. c. 29 ist es ebenfalls eine grobe Mißachtung der göttlichen Mysterien, (männlichen) Laien und Frauen den Leib des Herrn zu übergeben, damit sie ihn zu Kranken hintragen; als solche, denen es verboten ist, an den Altar heranzutreten[53], gelten sie als nicht würdig, die *sancta sanctorum* in Händen zu halten. Nun darf zwar nicht übersehen werden, daß dem *laicus* dasselbe untersagt ist wie der Frau. Wenn aber neben dem Laien noch ausdrücklich die Frau genannt wird, so darf in dieser (an sich unnötigen) auch noch in anderen Texten[54]

---

[49]) Vgl. Hefele-Leclercq III/1 S. 264.
[50]) Vgl. Friedberg, Corpus I 1323 Anm. 369.
[51]) Vgl. Corpus I 1323 Anm. 369.
[52]) Der betreffende Kanon der Synode zu Rouen lautet: „Dictum est nobis quod quidam presbyteri celebrata missa dectrectantes ipsi sumere divina mysteria quae consecrarunt, calicem domini mulierculis quae ad missas offerunt tradant vel quibusdam laicis qui dijudicare corpus domini nesciunt, ... quod quantum sit omni ecclesiasticae religioni contrarium pietas fidelium novit: unde omnibus presbyteris interdicimus ut nullus in posterum hoc facere praesumat, sed ipse cum reverentia sumat et diacono aut subdiacono qui ministri sunt altaris colligenda tradat ... nulli autem laico aut foeminae eucharistiam in manibus ponat, sed tantum in os eius. ... Si quis haec transgressus fuerit, quia deum omnipotentem contemnit et quantum in ipso est inhonorat, ab altari removeatur" (Bruns II 268 f.).
[53]) Dieses Verbot wurde für die Frau erstmalig auf der Synode von Laodicea (zw. 347 u. 381 n. Chr.) in can. 44 ausgesprochen: „Frauen ist es nicht erlaubt, den Altarraum zu betreten" (vgl. Hefele-Leclercq I/2 S. 1020). Der Kanon wurde von vielen späteren Synoden wieder aufgegriffen, vgl. v. d. Meer S. 114.
[54]) So z. B. in D. 23 c. 29 („Mulier, quamuis docta et sancta, uiros in conuentu docere non presumat. Laicus autem presentibus clericis [nisi ipsis rogantibus] docere non audeat", Corpus, ed. Friedberg, I 86; vgl. auch oben Anm. 52. Ferner ist hinzuweisen auf das Kapitulare des Bischofs Theodulf von Orléans (750 od. 760 bis 821), wo es im 6. Kapitel heißt: „Feminae, missam sacerdote celebrante, nequaquam ad altare accedant, sed locis suis stent, et ibi sacerdos earum oblationes Deo oblaturus accipiat. Memores enim esse debent feminae infirmitatis suae, et sexus imbecillitatis: et idcirco sancta quaelibet in ministerio ecclesiae contingere pertimescant. Quae etiam laici viri pertimescere debent, ne Ozae poenam subeant, qui dum arcam Domini extraordinarie contingere voluit, Domino percutiente interiit" (Mansi XIII 996).

anzutreffenden Unterscheidung eine bewußte Formulierung gesehen werden, die zum Ausdruck bringen will, daß der (männliche) Laie *qua laicus*, d. h. um seines (zumal für die damalige Auffassung) niedrigen kirchlichen Standes willen die Krankenkommunion nicht überbringen darf, die Frau hingegen nicht, nicht weil sie Laie ist, sondern *qua femina*, d. h. wegen ihres mißachteten Geschlechts[55]. Daß diese Interpretation nicht abwegig ist, beweist die Glossa ordinaria zur Stelle, wie hier vorgreifend schon erwähnt werden soll: Für den Fall, daß der Priester verhindert ist, die Krankenkommunion selbst zu überbringen, wozu er ja der Anordnung zufolge streng gehalten ist, sieht die Glosse als Lösung vor, daß außer einem Diakon auch ein *laicus catholicus* stellvertretend für den Priester eintreten kann[56]; darunter ist zweifellos nur ein männlicher Laie zu verstehen; denn nach Auffassung einiger Dekretisten könnte sogar ein *puer catholicus*, also ein Knabe die Aufgabe des verhinderten Priesters übernehmen[57]. Die Frau aber, und sei sie auch gottgeweiht, wird selbst in einer Notlage als nicht würdig befunden, diesen Dienst auszuüben[58]. Daraus wird deutlich, daß die kirchliche Disziplin des Mittelalters die Frau nicht eigentlich und ausschließlich unter dem Gesichtspunkt ihres Laienstandes rechtlich einordnete; um ihres Geschlechtes willen erfuhr sie vielmehr eine Sonderbehandlung, d. h. Benachteiligung, und wurde ihr ein Status zugewiesen, der unter dem Niveau der Stellung des männlichen Laien lag. Darin ist auch der Grund dafür zu sehen, daß sich die Aufwertung des Laien, die sich im Laufe der Zeit vollzog, im wesentlichen nur auf den männlichen Laien beschränkte (z. B. die Zulassung zum Ministranten- und Lektorendienst).

Die Vorschrift des Kapitels 29 in D. 2 de cons. bildet die Grundlage von CIC can. 845, demzufolge die Spendung der hl. Kommunion

---

55) Vgl. die oben S. 14 Anm. 44 und S. 16 Anm. 54 angeführten Belege.

56) Dazu s. unten S. 112.

57) Vgl. unten S. 88, 92.

58) Eine für die Frau derart ungünstige und niedrige Stellung hat in dieser Hinsicht nicht immer bestanden: Nach dem Testamentum Domini, welches in seinen älteren Bestandteilen vielleicht noch auf das 2. oder 3. Jahrhundert zurückgeht, ist es die Pflicht der Diakonisse, kranken Frauen die hl. Kommunion zu reichen. Für die monophysitische Diakonisse ist das Recht der Kommunionausteilung ebenfalls quellenmäßig belegt. Im Abendland scheinen Diakonissen bzw. Sanktimonialen bis ins 9. Jahrhundert hinein diesen Dienst ausgeübt zu haben, aber die Amtskirche schritt streng dagegen ein. Vgl. S c h ä f e r , Kanonissenstifter S. 32, 59 f.; K a l s b a c h S. 45, 57.

durch Laien ausgeschlossen ist[59]. In der nachkonziliären Zeit ist allerdings eine gewisse Lockerung des Verbots eingetreten, die – bezeichnenderweise – zunächst nur die männlichen Laien, in Sonderfällen auch Ordensfrauen betraf[60] und später erst auch auf weibliche Laien ausgedehnt wurde[61].

Zwei weitere Verbote, die ähnlich wie die bisher erörterten Bestimmungen das Ziel verfolgen, die Frau von jeder offiziellen religiösen Tätigkeit und liturgischen Funktion auszusperren, sind in Kap. 29 in D. 23 und in Kap. 20 in D. 4 de cons. ausgesprochen. (Da eines der beiden Verbote, nämlich das Lehrverbot, beiden capitula gemeinsam

---

[59]) Vgl. CIC S. 283 Anm. 4. Der Kanon hat folgenden Wortlaut: „Minister ordinarius sacrae communionis est solus sacerdos (§ 1). Extraordinarius est diaconus, de Ordinarii loci vel parochi licentia, gravi de causa concedenda, quae in casu necessitatis legitime praesumitur" (§ 2). – Über die unmenschlichen Folgen, die die Vorschrift für die Frau nach sich zog, s. Heinzelmann, Schwestern S. 67 f.

[60]) Auf Grund von Reskripten der Sakramentenkongregation (vom 28. Nov. 1967 und vom 14. Febr. 1968) erhielt die Deutsche Bischofskonferenz – ähnliches galt auch für andere Gebiete – für die Dauer von 3 Jahren die Vollmacht, männliche Laien (viri probati) unter bestimmten Bedingungen zur Austeilung der hl. Kommunion zuzulassen. Die Erlaubnis zur Kommunionspendung konnte nach dieser (vorläufigen) Regelung auch Oberinnen klösterlicher Gemeinschaften für den Fall erteilt werden, wenn der zuständige kirchliche Amtsträger einige Tage abwesend war (vgl. Kirchliches Amtsblatt für die Diözese Münster, Jg. 102, 1968, S. 37 f.).

[61]) Auf Grund der am 30. April 1969 von der Sakramentenkongregation erlassenen allgemeinen Instruktion über außerordentliche Kommunionspender „Fidei custos" (Vorlagen der Liturgischen Kommission der Deutschen Bischofskonferenz für die Vollversammlung der Bischofskonferenz Februar 1970, S. 44–47) können – neben Ordensfrauen – grundsätzlich auch weibliche Laien unter bestimmten Voraussetzungen zur Kommunionspendung ermächtigt werden. Nach der in Nr. 3 der Instruktion vorgeschriebenen Reihenfolge bei der Auswahl der außerordentlichen Spender stehen die weiblichen Laien jedoch an letzter Stelle; sie sind gemäß Nr. 5 der Instr. nur in Notfällen heranzuziehen, wenn eine andere geeignete Person (das kann nur heißen: ein Mann oder mindestens eine Ordensfrau!) nicht gefunden werden kann („... Mulier spectatae pietatis, in casibus necessitatis seligatur, quoties scilicet alia persona idonea inveniri nequeat"; ebd. S. 46). Mit Reskript der Sakramentenkongregation vom 13. Nov. 1969 wurde dem Antrag der Deutschen Bischofskonferenz, von der allgemeinen Regelung („Fidei custos") auch in ihrem Gebiet Gebrauch zu machen, für die Dauer von 3 Jahren stattgegeben (vgl. Kirchliches Amtsblatt für die Diözese Münster, Jg. 103, 1970, S. 51 f.). Eine gewisse Zurücksetzung des weiblichen gegenüber dem männlichen Laien ergibt sich aus der Vorschrift der (im Vergleich zur römischen Instruktion an und für sich positiveren) Ausführungsbestimmungen der Dt. Bischofskonferenz, wonach männliche Laien bei der Kommunion-Austeilung Talar mit Chorrock oder Albe, Frauen dagegen „eine dezente und möglichst unauffällige Zivilkleidung" tragen sollen (ebd. S. 51). Aus dieser Regelung läßt sich schließen, daß der kirchliche Dienst der Frau, wenn er überhaupt zugelassen wird, doch einen inoffiziellen Charakter behalten soll.

ist, ist es zweckmäßig, die Texte im Zusammenhang zu behandeln.) Der Wortlaut ist folgender: „Mag eine Frau auch gebildet und heilig sein, so darf sie sich dennoch nicht herausnehmen, Männer in der (Gemeinde-)Versammlung zu lehren. Ein (männlicher) Laie hingegen wage es nicht, in Gegenwart von Klerikern zu lehren (außer er werde von ihnen darum gebeten)" [62] und „Mag eine Frau auch gebildet und heilig sein, so darf sie sich dennoch nicht herausnehmen, zu taufen oder Männer in der (Gemeinde-)Versammlung zu lehren" [63]. Der jeweiligen Inscriptio zufolge sind beide Kapitel Beschlüsse eines Konzils von Karthago [64]. Es liegt jedoch in Wahrheit in beiden Fällen eine Komposition vor aus jeweils 2 Kanones der „Statuta Ecclesiae Antiqua" [65], einer Sammlung von 102 Kapiteln über die kirchliche Disziplin, die in der Collectio Hispana (bzw. Isidoriana) [66], nach der die Statuta lange Zeit hindurch allein bekannt waren, unter dem Titel eines (und zwar des 4.) Konzils von Karthago vom Jahre 389 stehen [67]. Von dort aus gelangten sie (durch Vermittlung der Hispana Gallica Augustodunensis) als Kanones dieses Konzils in die pseudoisidorische Sammlung [68], die ihrerseits wiederum den mittelalterlichen Kanonessammlungen, vor allem dem Gratianischen Dekretbuch, als Quellengrundlage diente, auch in bezug auf diese Kanones [69]. Die Statuta fanden auf diese Weise eine weite Verbreitung und galten, was noch entscheidender ist, lange Zeit

---

[62]) „Mulier, quamuis docta et sancta, uiros in conuentu docere non presumat. Laicus autem presentibus clericis (nisi ipsis rogantibus) docere non audeat" (Corpus, ed. Friedberg, I 86).

[63]) „Mulier, quamuis docta et sancta, baptizare aliquos uel uiros docere in conuentu, non presumat" (Corpus, ed. cit. I 1367).

[64]) D. 23 c. 29 wird von Gratian dem 4., D. 4 de cons. c. 20 dem 5. Konzil von Karthago zugeordnet.

[65]) D. 23 c. 29 ist aus cc. 36 und 37, D. 4 de cons. c. 20 aus cc. 37 und 41 der angegebenen Sammlung zusammengesetzt, vgl. Friedberg, Corpus I 86 Anm. 344 und I 1367 Anm. 242.

[66]) Die Hispana, altes Traditionsgut der spanischen Kirche, enthält Konzilskanones und päpstliche Dekretalen; sie gehört zu den bedeutendsten Rechtssammlungen des ersten Jahrtausends und wurde seit dem 9. Jahrhundert fälschlich Isidor v. Sevilla zugeschrieben. Vgl. A. M. Stickler, Art. Hispana collectio, LThK V 390; Sägmüller I 212.

[67]) Vgl. Maassen I 382 f.; Hefele-Leclercq II/2 S. 102 ff. – Die kritische Edition der Statuta, auf die ich mich im Folgenden stütze, wurde von Ch. Munier besorgt (Les Statuta Ecclesiae Antiqua, édition – études critiques, Bibliothèque de l'institut de droit canonique de l'université de Strasbourg 5, Paris 1960).

[68]) Vgl. Sägmüller I 224; Duchesne, Worship S. 350 Anm. 2.

[69]) Vgl. Munier, Statuta S. 70. Gratian rezipierte eine beträchtliche Anzahl von Kanones aus den Statuta, vgl. Friedberg, Corpus I Sp. XXI.

als Bestimmungen des 4. Konzils von Karthago[70]. Auch die Editio
Romana des Decretum Gratiani von 1582 weist die von Gratian rezipierten Kanones der Statuta diesem Konzil zu[71]. Auf Grund von Forschungsergebnissen steht jedoch seit längerem fest[72], daß die Statuta
weder dem (historisch nicht nachweisbaren[73]) 4. Konzil von Karthago
(angeblich vom Jahre 398), noch einem späteren (vom Jahre 418) zuzuordnen sind[74]. Als Quelle ihrer Entstehung kommt überhaupt kein
Konzil in Frage; die Statuta sind vielmehr das Werk eines anonymen
Verfassers bzw. Kompilators, und zwar, wie Munier nachweisen
konnte, des Presbyters Gennadius von Marseille[75]. Die Abfassung der
Sammlung ist zwischen 476 und 485 anzusetzen[76].

Hier interessiert vor allem, welche Vorlagen und Quellen Gennadius
in seiner Kompilation verarbeitete. Auch über diese Frage geben die
Untersuchungen Muniers Aufschluß[77]. Danach gehen die Statuta als
Komposition unterschiedlicher Teile auf mehrere Quellengrundlagen
zurück. Die disziplinären Vorschriften der Statuta, zu denen die oben
(S. 19) angeführten capitula des Gratianischen Dekretbuchs gehören,
sind hauptsächlich von den sog. Apostolischen Konstitutionen, der
bedeutendsten pseudoapostolischen Sammlung kirchenrechtlich-liturgi-
schen Inhalts aus dem 4. Jahrhundert[78], abhängig[79]. Der Zusammenhang zwischen den Statuta und den Konstitutionen ist im Falle der bei

---

[70]) Vgl. M u n i e r a. a. O. S. 70, 101; D u c h e s n e, Worship S. 350 Anm. 2 („it
[scil. die Kollektion der Statuta] is still quoted by many under the latter title [scil.
Conc. Carth. IV], and, what is more serious, pronounced as an authority for African
ecclesiastical usages in the fourth century").

[71]) Vgl. ed. F r i e d b e r g, Corpus I 1367 nota a zu D. 4 de cons. c. 20.

[72]) Die durch kritisch-historische und kanonistische Forschungen berühmten Brüder Ballerini lehnten als erste (um die Mitte des 18. Jahrhunderts) die Zuweisung der
Statuta an ein Konzil von Karthago ab und erkannten den südgallischen Ursprung
der Sammlung, vgl. M u n i e r, Statuta S. 24 f., 101.

[73]) Vgl. H e f e l e - L e c l e r c q II/1 S. 102 ff.

[74]) Vgl. M a a s s e n I 387 ff.; M u n i e r, Statuta S. 24, 101, 209.

[75]) M u n i e r, Statuta S. 209 ff. Nach H. L e n t z e, ÖAKR 12, 1961, S. 174 und
G. M a y, ZRG Kan. Abt. 48, 1962, S. 381 f. sind die Ausführungen Muniers zur
Verfasserfrage überzeugend. Die Anonymität des Verfassers ist in der Absicht be-
gründet, der Sammlung die Autorität der Tradition zu verschaffen, da sie als Re-
formschrift konzipiert war (vgl. M u n i e r S. 242). Zur Person des Verfassers s. auch
T h. P a y r, Art. Gennadius, LThK IV 677 f.

[76]) Vgl. M u n i e r a. a. O. S. 242.

[77]) Vor allem das Kapitel „Les sources des Statuta Ecclesiae Antiqua" (M u n i e r
a. a. O. S. 105–185).

[78]) Vgl. H. R a h n e r, Art. Apostolische Konstitutionen, LThK I 759; J.
Q u a s t e n, Art. Kirchenordnungen, LThK VI 239.

[79]) Vgl. M u n i e r, Statuta S. 127 f.

Gratian aufgenommenen (die Frau betreffenden) capitula 37 und 41 der Statuta ganz offensichtlich[80]. Das Lehrverbot (c. 37, oben S. 19) basiert auf einer entsprechenden ausführlichen Bestimmung der Apostolischen Konstitutionen (III 6) und reduziert sie auf eine knappe Formel. Allerdings läßt sich die spezielle Tendenz des Verbots, daß nämlich die Frau sich nicht anmaßen dürfe, *viros in conventu docere*, weder ohne weiteres aus den Konstitutionen herleiten noch aus der diesen zugrunde liegenden syrischen Didaskalia, einer ebenfalls pseudoapostolischen Schrift aus den ersten Jahrzehnten des 3. nachchristlichen Jahrhunderts[81]. Möglicherweise soll das so präzisierte Verbot dem Schutz des Zölibats der Kleriker (oder Mönche) dienen, zumal auch noch weitere capitula der Statuta diesen Zweck verfolgen[82]. Für die vorliegende Frage läßt sich daraus die Folgerung ziehen, daß im Zusammenhang mit zölibatären Schutzmaßnahmen Verbote religiös-kultischer Tätigkeit für die Frau vorkommen, wie im Laufe der weiteren Untersuchung noch öfter deutlich wird. Mit größerer Wahrscheinlichkeit ist jedoch anzunehmen, daß sich das Verbot gegen die Ausübung öffentlicher religiöser Lehrtätigkeit durch eine Frau in der (vorwiegend aus Männern bestehenden) Gemeindeversammlung[83] richtet, wobei das Motiv bestimmend ist, ein vermeintliches Herrschenwollen der Frau über den Mann, eine Umkehrung der „Schöpfungsordnung"[84] auf diese Weise zu verhindern. Dieser Aspekt bestimmt

---

[80]) Vgl. M u n i e r a. a. O. S. 137 f.

[81]) Vgl. J. A. J u n g m a n n, Art. Didaskalia, LThK III 371 f.; H. R a h n e r, Art. Apostolische Konstitutionen, LThK I 759 („die ersten 6 Bücher [scil. der Apost. Konst.] sind eine auf die Zeitverhältnisse gebrachte Erweiterung der syr. Didaskalia [um 250]").

[82]) So z. B. cc. 27 und 68 (ed. M u n i e r S. 84, 91). Nach M u n i e r S. 202 f., 238 wußte sich Gennadius den aszetischen Idealen eines durch orientalisches Gedankengut geprägten Mönchtums verpflichtet.

[83]) Nach S l e u m e r S. 241 kann „conventus" u. a. sowohl die Bedeutung „Gemeinde(versammlung)" i. a. als auch die spezielle Bedeutung „Klostergemeinde" haben.

[84]) Dieser Begriff wird auch noch in unserer Zeit gebraucht, um die durch Machtstreben hervorgerufene Un-Ordnung im Geschlechterverhältnis durch „göttliche Autorität" zu sanktionieren, so z. B. bei C o n c e t t i S. 89–101, bes. S. 99. Daß die Herrschaftsstellung des Mannes der Frau gegenüber – eben weil sie ungerecht ist – durch solche und ähnliche unlautere Mittel gestützt wurde und wird, geben verschiedene (männliche) Autoren freimütig zu; so z. B. J. L e c l e r c q, Familie im Umbruch. Ehe und Familie im Strukturwandel unserer Gesellschaft, Luzern 1965, S. 61 („Man hielt die Frau für fähig, alles zu tun, was der Mann wünschte, daß sie tue; man hielt sie aber für unfähig, zu tun, wovon der Mann wünschte, daß sie es nicht tue") S. 63 („In der Ehe galt als Haupt t u g e n d der Frau, dem Manne unter-

jedenfalls eindeutig die Vorlage des bei Gratian aufgenommenen c. 37 der Statuta, das Lehrverbot der Apostolischen Konstitutionen, das folgenden Wortlaut hat: „Wir gestatten nicht, daß Frauen das Lehramt in der Kirche ausüben (διδάσκειν ἐν ἐκκλησίᾳ), sondern sie sollen nur beten und die Lehrer anhören. Denn unser Lehrer und Herr Jesus selbst hat nur uns Zwölf gesendet, das Volk (Israel) und die Heiden zu belehren, niemals aber Frauen, obwohl sie nicht mangelten; denn es war mit uns die Mutter des Herrn und ihre Schwestern und noch Maria Magdalena und Maria Jakobi und Martha und Maria, die Schwester des Lazarus, Salome und einige andere. Wenn es also für Frauen geziemend gewesen wäre, die Lehre Jesu zu verkünden, so würde er selbst sie zuerst berufen haben, mit uns das Volk zu unterweisen. Denn wenn der Mann das Haupt des Weibes, so ist's nicht schicklich, daß der übrige Leib das Haupt beherrsche. Es soll also die Wittwe das Bewußtsein in sich tragen, daß sie Opferaltar[85] Gottes ist, und sie soll zu Hause bleiben und unter keinem Vorwand in die Wohnungen der Gläubigen gehen, um Etwas zu empfangen, denn der Altar Gottes wandelt nicht umher, sondern steht fest an einem bestimmten Orte"[86]. Mit dem Satz der Konstitutionen „Denn wenn der Mann das Haupt des Weibes" etc. ist die sog. Schöpfungsordnung umschrieben; der Verfasser stützt sich dabei deutlich auf 1 Kor 11,3 und Eph 5,23.28 f.[87]. Der andere als Rechtfertigung für das Lehrverbot

---

tan zu sein"); s. auch Metz, Statut S. 65, der den Versuch, den Ausschluß der Frau von liturgischen Funktionen zu begründen und zu rechtfertigen, folgendermaßen kommentiert: „l'imagination de l'homme est féconde, quand la défense de ses intérêts est en jeu".

[85]) Die kirchliche Witwe der christlichen Frühzeit, an die sich dieses Lehrverbot richtet, wurde deswegen „Altar Gottes" genannt, weil sie die Gaben der Gemeinde für ihren Lebensunterhalt regelmäßig empfing, vgl. Achelis-Flemming S. 274. – Wenn C. Bamberg, Die Aufgabe der Frau in der Liturgie, in: Anima 19, 1964, S. 312 das Praedikat „Altar Gottes" zur Beschreibung „echt-fraulichen Wesens" verwendet und damit gegen die Zulassung der Frau zum priesterlichen Amt argumentiert („Die Frau ist nicht Priester, sie ist Altar!"), so hat sie den Begriff unzulässigerweise völlig von seinem geschichtlichen Hintergrund abgelöst und ihn in einer ebenso unangemessenen Weise mystifiziert, wie auch der Schleier der Frau (vgl. 1 Kor 11, 5 ff.) – in Wirklichkeit ein Zeichen der Inferiorität der Frau (vgl. dazu Exegetischer Exkurs, unten S. 192) – zum Symbol der „sponsa Christi" glorifiziert und mystifiziert wurde.

[86]) Ap. Konst. (BKV 63, 1874, 115 f.); vgl. Did. et Const. Ap. (ed. F. X. Funk) I 191. Das Lehrverbot der Didaskalia unterscheidet sich nur wenig von dem der Konstitutionen, vgl. ed. Funk I 190.

[87]) Über die Abhängigkeit dieser paulinischen Stellen von rabbinischer Denkart und Schriftexegese s. Exegetischer Exkurs, unten S. 189 ff., 195 ff.

dienende und noch heute beliebte[88] Hinweis darauf, daß Jesus keine
Frau mit einem öffentlichen Verkündigungsauftrag ausgesandt habe,
wird durch die Vorlage der Konstitutionen, die Didaskalia, selbst klar
widerlegt, wenn es (unmittelbar vor dem Lehrverbot) Did. III 5 heißt:
(die Witwe) „soll die, welche sich unterrichten wollen, zu den Vorstehern
schicken ... Über die Zerstörung der Idole aber und darüber, daß Gott
nur einer ist ... über das Reich des Namens des Christus und über seine
Führerschaft ist keine Witwe und auch kein Laie verpflichtet zu reden.
Indem sie nämlich ohne Kenntnis der Lehre reden, bringen
sie Verleumdung über das Wort ... Wenn nämlich die Heidenvölker,
die belehrt werden, das Wort Gottes hören, ohne daß es ihnen ord-
nungsgemäß, wie es sich gebührt, verkündet wird zum Bau des ewigen
Lebens, zumal weil ihnen von einer Frau vorgetragen wird,
wie unser Herr mit dem Leibe bekleidet war, und über das Leiden
Christi, so lachen und spotten sie, anstatt das Wort der Lehre
zu preisen, und jene macht sich des großen Gerichts der Sünde schuldig"[89]. Hier ist – zweifellos unbeabsichtigt – zum Ausdruck gebracht,
daß die gesellschaftlichen Vorurteile der Frau gegenüber im frühen
3. Jahrhundert n. Chr. (Entstehungszeit der Didaskalia) so stark ausgeprägt waren, daß sie als Lehrerin im öffentlichen Bereich überhaupt
nicht auftreten konnte; um ihres verachteten Geschlechtes willen und
auch wegen ihrer mangelnden Bildung wurde ihr Wort von vornherein
nicht akzeptiert und ernst genommen. Da die syrische Didaskalia, was
die Schilderung der Gemeindeverhältnisse anbetrifft, als wertvolle
Geschichtsquelle gilt[90], so darf angenommen werden, daß die in Did.
III 5 beschriebene gesellschaftliche Wertung und Stellung der Frau den
damaligen Zuständen entspricht. Nun war aber die Lage der Frau zur

---

[88]) Vgl. z. B. Concetti S. 99; Remberger S. 133; ders. (gegen die Auffassung von v. d. Meer), Priestertum der Frau? Zu einer neuen Untersuchung, in:
Theologie der Gegenwart 13, 1970, S. 93 f., 98 f.
[89]) Achelis-Flemming S. 76 f. – In ähnlicher Form, jedoch zurückhaltender,
äußert sich der Verfasser der Apostolischen Konstitutionen: „Wenn Jemand in der
Religionslehre unterrichtet werden will, so weise sie (scil. die Witwe) ihn an die
Vorsteher; sie soll nur von dem Irrthum der Vielgötterei abzuwenden suchen und
auf die Lehre von der Einheit Gottes hinweisen, im Übrigen aber sie keine
voreilige Antwort geben, damit sie nicht Thörichtes rede und dem Worte Gottes
eine Makel zufüge.... Denn wenn die Ungläubigen die Christuslehre nicht in ent-
sprechender, sondern mangelhafter Weise vernehmen, – zumal die Lehre von seiner
Menschwerdung und seinem Leiden, – so werden sie dieselbe anstatt zu verherrlichen
vielmehr mit Nasenrümpfen bespötteln ... " (BKV 63, 115).
[90]) Vgl. Achelis-Flemming S. 266 f.

Zeit Jesu keineswegs günstiger, wie gleichfalls feststeht [91]. Jesus tat das zu seiner Zeit Mögliche für die Frau; sein Beispiel und seine Lehre geben davon ein eindrucksvolles Zeugnis [92]. Indem er auch die Frau als eine von Gott unmittelbar angerufene und begnadete Person anerkannte, schuf er die inneren Ansätze und die Grundlage ihrer Emanzipation aus ihrem Stand der Unterordnung unter den Mann, was allerdings schon von der dem Gedankengut des Rabbinismus noch verhafteten frühen Kirche übersehen wurde [93]. Als Apostel, d. h. als amtliche Zeugen des Evangeliums konnte Jesus die Frauen jedoch nicht senden; das verboten die damaligen Zeitverhältnisse. So urteilt auch mit Recht René Metz: „... l'eût-il voulu, le Christ ne pouvait pratiquement pas agir d'une autre manière. C'eût été trop demander à son entourage, dont il ne pouvait brusquer à ce point les susceptibilités: une femme-apôtre était inconcevable dans le milieu juif de l'époque" [94]. Aus dem nur allzu verständlichen, weil von der Situation gebotenen Schweigen Jesu in dieser Sache konstruieren aber die Didaskalia und ihr folgend die Apostolischen Konstitutionen ein Verbot seinerseits; (diese Methode wird selbst heute noch angewandt [95]).

Das Lehrverbot der Didaskalia und der Apostolischen Konstitutionen, das dem der Statuta als Vorlage dient, greift eine Tradition auf, die durch die an rabbinischen Vorschriften und Vorstellungen orientierten [96] Aussagen 1 Kor 14,34 f. und 1 Tim 2,11 f. grundgelegt wurde (die teilweise wörtliche Anlehnung an die genannten Schriftstellen ist

---

[91]) Dazu s. Jeremias S. 395–413; Umwelt des Urchristentums I (Darstellung des neutestamentlichen Zeitalters), hg. von J. Leipoldt und W. Grundmann, Berlin 1965, S. 173–178.

[92]) Vgl. dazu Jeremias S. 413; Leipoldt S. 117–145.

[93]) Vgl. Metz, Statut S. 63 ff.; v. d. Meer S. 50 ff.

[94]) Statut S. 62 f.; vgl. auch v. d. Meer S. 15–20. – Die Tatsache, daß es der Frau nach jüdisch-rabbinischer Vorschrift untersagt war, in der Synagoge öffentlich lehrend aufzutreten (vgl. unten Anm. 96), bildete allein schon einen wesentlichen Hinderungsgrund für die amtliche Aussendung von Frauen, wird doch von den Aposteln wiederholt berichtet, daß sie ihre Verkündigungstätigkeit in den Synagogen ausübten, vgl. Apg. 9,20; 13,14 ff.; 14,1; 17,1 f.

[95]) So bei Concetti S. 89 f.; ähnlich Remberger S. 133 f.; ders. (vgl. Anm. 88) in: Theologie der Gegenwart 13, 1970, S. 93 f., 98.

[96]) Vgl. die bei Strack-Billerbeck III 467–469 zu 1 Kor 14,34 f. angeführten Quellenbelege aus Talmud und Midrasch (z. B. TMeg 4,11 [226]: „... Man läßt eine Frau nicht vor das Lesepult kommen, um öffentlich vorzulesen"; Meg 23a Bar: „Eine Frau soll aus der Tora nicht vorlesen wegen der Ehre der Gemeinde"; Chag 3a Bar: „... die Frauen kommen um zuzuhören").

nicht zu übersehen[97]). – Damit ist das bei Gratian als verbindliche
Norm verwertete Lehrverbot der Statuta über seine entwicklungsgeschichtlichen Zwischenstufen in den Apostolischen Konstitutionen und
in der Didaskalia bis auf seinen Ursprung zurückverfolgt; es gründet
letztlich in der Auffassung vom seinsmäßigen und ethischen Minderwert der Frau, wie aus der Motivierung des Lehrverbots in 1 Tim 2
klar hervorgeht: „Daß eine Frau lehre, gestatte ich nicht ... Es wurde
ja Adam als erster geschaffen und dann Eva. Und Adam wurde nicht
verführt, doch die Frau ließ sich verführen und kam zu Fall" (1 Tim 2,
12–14).

Das Taufverbot der Statuta (*Mulier baptizare non praesumat*, c. 41),
das bei Gratian (in Verbindung mit dem Lehrverbot) als Kap. 20 in
D. 4 de cons. erscheint (s. oben S. 19), hat nach Munier[98] in den Apostolischen Konstitutionen III 9 seine Vorlage. Beide Verbote sind allgemein gehalten; die Motivierung in den Konstitutionen ist überdies
von einer solch prinzipiellen Art, daß die Vorschrift kaum in dem
Sinne interpretiert werden kann, daß sie nur die Spendung der feierlichen bzw. offiziellen Taufe verbiete, nicht aber die Spendung der sog.
Nottaufe[99]. Eine Ausnahmebestimmung über die Zulassung der Frau
zu letzterer soll sich übrigens auch erst bei Papst Urban II. (1088 bis
1099) nachweisen lassen[100]. Das Taufverbot der Konstitutionen ist
besonders in seiner Begründung wiederum sehr aufschlußreich im Hinblick auf die Wertung der Frau; es darf als Kontext und Hintergrund
der knappen Formulierung des Kapitels 41 der Statuta aufgefaßt

---

[97]) Vgl. M u n i e r, Statuta S. 137, wo ausdrücklich auf die Abhängigkeit des
Lehrverbots der Konstitutionen von 1 Kor 14,34 hingewiesen wird („Les Constitu-
tions apostoliques citent, à l'appui de cette interdiction ... I. Cor. XIV 34 ,Mulieri-
bus ut in ecclesia doceant non permittimus'"). Über den Zusammenhang zwischen
der Didaskalia (und damit den Konstitutionen) und dem 1. Timotheusbrief s. E.
S c h w a r t z, Über die pseudoapostolischen Kirchenordnungen, in: Gesammelte
Schriften Bd. 5, Berlin 1963, S. 193 („Die Didaskalia ist im Grunde nichts als eine
Erweiterung des 1. Timotheusbriefes").

[98]) Statuta S. 138.

[99]) H i n s c h i u s, Kirchenrecht IV 29 Anm. 4 nimmt von dem Verbot der Statuta
(und anscheinend, weil in demselben Zusammenhang genannt, auch von dem der
Konstitutionen) an, daß es auch auf den Notfall zu beziehen ist. Ebenso P l ö c h l,
Geschichte I 210.

[100]) Vgl. Z s c h a r n a c k S. 93. Die betreffende epistola decretalis des Papstes
Urban ist von Gratian als Kap. 4 in C. 30 q. 3 aufgenommen („Super quibus con-
suluit nos tua dilectio, hoc uidetur nobis ex sentencia respondendum, ut et baptismus sit, si instante necessitate femina puerum in nomine Trinitatis baptizauerit...";
Corpus, ed. F r i e d b e r g, I 1101).

werden: „Über die Spendung der Taufe durch Frauen thun wir euch kund, daß jene, welche sich diese Handlung anmaßen, in einer nicht kleinen Gefahr schweben; deßwegen raten wir nicht dazu; denn es ist gefährlich, ja sogar unerlaubt und gottlos. Wenn nämlich der Mann das Haupt des Weibes ist und er zum Priesterthum befördert wird, so widerstreitet es der Gerechtigkeit, die Ordnung des Schöpfers zu zerstören und den dem Manne eingeräumten Vorrang an das unterste Glied abzutreten. Denn die Frau ist der Leib des Mannes, sie ist aus seiner Rippe und ihm unterworfen, weßwegen sie auch zum Gebären der Kinder auserwählt ist. Der Herr sagt: ‚Er wird über sie herrschen‘. Es hat aber der Mann die Herrschaft über das Weib, da er auch ihr Haupt ist. Wenn wir aber im Vorhergehenden den Frauen das Predigen nicht erlaubt haben, wie möchte ihnen Jemand unnatürlicherweise priesterlichen Dienst gestatten? Denn aus den Weibern Priesterinnen zu nehmen, ist ein Irrthum der heidnischen Gottlosigkeit, nicht aber Christi Anordnung. Wenn aber auch Frauen taufen dürften, so wäre fürwahr auch der Herr von seiner eigenen Mutter getauft worden und nicht von Johannes, und er hätte bei unserer Aussendung zum Taufen zugleich mit uns auch Frauen zur Spendung der Taufe ausgeschickt. Nun aber hat der Herr niemals eine derartige Anordnung getroffen oder schriftlich hinterlassen, da er als Schöpfer der Natur und Begründer der Ordnung die natürliche Stufenfolge und das, was schicklich sei, kannte"[101]. Mit unleugbarer Evidenz geht aus dem Text hervor, daß das Taufverbot und damit zusammenhängend der Ausschluß der Frau vom Priesteramt auf einer ausgeprägten Geringachtung der Frau („das unterste Glied [τὸ ἔσχατον σῶμα] ... der Leib des Mannes, ... aus seiner Rippe und ihm unterworfen") und auf ihrer Einstufung als bloßes Gattungs- und Geschlechtswesen („zum Gebären der Kinder auserwählt") beruhen. In einer Teilhabe der Frau am Priesteramt sieht der Verfasser der Konstitutionen eine Zerstörung der „Ordnung des Schöpfers"; sie zu erhalten, bietet er allen Eifer auf, wobei allerdings die Fragwürdigkeit seiner Motive deutlich wird: gewährt doch diese „Ordnung" dem Mann einen Vorrang und eine Machtstellung der Frau gegenüber! Das als Stütze seiner Argumentation verwandte Schriftwort

---

[101]) Ap. Konst. (BKV 63, 120); vgl. Did. et Const. Ap.(ed. F. X. Funk) I 199/201. Die Didaskalia enthält dieselbe Vorschrift (ed. cit. I 198/200), jedoch in einer kürzeren und weniger scharfen Formulierung, vgl. die Anmerkungen des Herausgebers zu Did. III 9,1 und zu Const. Ap. III 9,1.

Gen 3,16 („er aber wird herrschen über dich") wird als göttliche Sanktion der Vorherrschaft des Mannes interpretiert und damit mißdeutet[102]. Ein Miteinander von Männern und Frauen im priesterlichen Amt und Dienst kommt dem Verfasser der Konstitutionen infolge seiner von einer patriarchalischen Umwelt durchgreifend geprägten Denkweise gar nicht ins Blickfeld; der ausgeprägte Wille zum Herrschen, der sich in dem wiederholten Gebrauch dieses Ausdrucks verrät und sowohl das Lehramt (vgl. Lehrverbot, S. 22) wie das Priesteramt als Form von Herrschaft und Machtausübung grundlegend mißversteht, schließt eine solche Möglichkeit von vornherein aus. Das im Anschluß an die Didaskalia von den Konstitutionen angeführte weitere Argument, daß Jesus nicht von Maria, sondern von Johannes die Taufe empfing, zeugt von einem zeitbedingten, noch unterentwickelten theologischen Denken und ist insofern ebenfalls unhaltbar. Demgegenüber ist darauf hinzuweisen, daß Johannes der von Gott berufene Bußtäufer jener Zeit war, von dem auch Jesus sich taufen lassen wollte in Solidarität mit den sündigen Menschen, deren Schuld er stellvertretend auf sich nahm. Eine Taufe Jesu durch Maria wäre ohne jeden heilsgeschichtlichen Sinn und Zusammenhang gewesen[103].

Das Taufverbot (ebenso das Lehrverbot) der Didaskalia richtet sich ausdrücklich gegen die kirchliche Witwe. Sie hatte die Taufe offenbar bisher auf Grund ihrer Eigenschaft als Charismatikerin gespendet[104]. Aus dem Verbot läßt sich jedenfalls die Ausübung dieser Funktion erschließen[105]. Die Drosselung der kirchlichen Rechte und Tätigkeiten der Witwe ist nach Achelis-Flemming auf das Erstarken des monarchischen Episkopats zurückzuführen, für den der Verfasser der Didaskalia betont eintritt[106]. An die Stelle des charismatisch geprägten Witweninstituts, das auf das stille Gebet, allenfalls noch auf die Krankenpflege beschränkt wird[107], setzt die Didaskalia das weibliche Dia-

---

[102]) Daß die genannte Schriftstelle nicht die Legitimierung der Herrschaft des Mannes über die Frau, sondern die aus der Sünde resultierende Unordnung im Geschlechterverhältnis ausdrückt, wird mit Recht von der modernen Bibelexegese betont, vgl. dazu Exegetischer Exkurs S. 187 f.

[103]) Dadurch wird freilich die Würde der Berufung Marias nicht im geringsten geschmälert, was allerdings die Meinung der Didaskalia und der Konstitutionen zu sein scheint.

[104]) Vgl. Achelis-Flemming S. 279 f.

[105]) Vgl. Achelis-Flemming S. 276, 281.

[106]) Vgl. Achelis-Flemming S. 276, 280 f., 269.

[107]) Vgl. Achelis-Flemming S. 280; Kalsbach S. 29, 25.

konatsamt als gefügiges Organ in der Hand des Bischofs mit einem festen Platz in der kirchlichen Hierarchie [108]. Einige Funktionen, die die Witwe ausübte, werden der Diakonisse übertragen [109]; von der ehemaligen Tauffunktion der Witwe verbleiben ihr aber nur gewisse Handreichungen bei der Immersionstaufe von Frauen (z. B. die Körpersalbung aus Schicklichkeitsgründen), während die Salbung des Hauptes und der Taufakt selbst dem Bischof – nach ihm und an seiner Stelle dem Presbyter und dem Diakon – also ausschließlich männlichen Klerikern vorbehalten ist [110]. Die in der syrischen Didaskalia eingeschlagene Entwicklung bezüglich des Witwenstandes und Diakonissenamtes hat in den etwa 100 Jahren später entstandenen Apostolischen Konstitutionen ihren Abschluß erreicht [111].

Was nun das Taufverbot der Statuta anbetrifft, so ist zu vermuten, daß es sich an die kirchliche Witwe und an die Ordensfrau richtet, zumal diesen gemäß c. 100 der Statuta [112] die Vorbereitung der weiblichen Katechumenen auf die Taufe und deren Unterweisung in den Grundlagen der christlichen Lebensführung übertragen wird. Daß nicht die Diakonisse angesprochen sein kann, geht daraus hervor, daß die Statuta dieses Amt gar nicht erwähnen, was nicht verwunderlich ist, wenn man bedenkt, daß sich das weibliche Diakonatsamt zur Zeit der Abfassung der Statuta (zweite Hälfte des 5. Jahrhunderts) in Gallien bereits dem Untergang näherte [113]. Aber auch die kirchliche Witwe wird nach den Statuta nicht mehr zur kirchlichen Hierarchie gerechnet [114]. Bereits die Apostolischen Konstitutionen hatten angeordnet,

---

[108]) Vgl. Achelis-Flemming S. 281 f.

[109]) Vgl. Kalsbach S. 28 („In der Didascalia ist die Arbeit, das ministerium, vom Viduate losgelöst und im Diakonissenamte verselbständigt") u. S. 29.

[110]) Vgl. Did. III 12,2.3 (ed. F. X. Funk I 208/210); Achelis-Flemming S. 281, 290. Kalsbach S. 27 weist darauf hin, daß, obwohl die Amtsbezeichnung für Diakon und Diakonisse nach der Didaskalia dieselbe sei, die Diakonisse aber in bezug auf die Taufspendung hinter dem Diakon zurückgesetzt sei.

[111]) Vgl. Kalsbach S. 28 ff. (dort auch genauere Charakterisierung des Viduats und des Diakonissenamtes nach den Konstitutionen im Vergleich zur Didaskalia; der Taufdienst der Diakonisse nach den Konstitutionen entspricht dem der Didaskalia: Salbung des weiblichen Körpers vor der Taufspendung).

[112]) „Viduae vel sanctimoniales, quae ad ministerium baptizandarum mulierum eliguntur, tam instructae sint ad id officium, ut possint aperto et sano sermone docere imperitas et rusticanas mulieres, tempore quo baptizandae sunt, qualiter baptizatoris ad interrogata respondeant, et qualiter, accepto baptismate, vivant" (ed. Munier S. 99 f.).

[113]) Vgl. Munier, Statuta S. 136. Dazu vgl. auch die Ausführungen unten S. 42.

[114]) Vgl. Munier a. a. O. S. 136.

daß die Witwe – im Gegensatz zur Diakonisse – keine Weihe mit Handauflegung erhalten solle; nur durch Gelübde wurde sie (wie die virgo sacrata) in ihren Stand versetzt[115]. Der Niederschlag dieser Entwicklung ist in den Statuta anzutreffen: auch hier die Zusammenordnung von Witwen und Klosterfrauen (vgl. c. 100) wie in den Konstitutionen, die Verweisung der Witwe auf das Gebet (vgl. c. 102)[116], ihr Ausschluß von der offiziellen Lehrfunktion (c. 37) und von der Spendung der Taufe (c. 41).

Bei Gratian erfährt das Taufverbot der Statuta insofern eine Abschwächung, als er es im Notfall als nicht bindend betrachtet[117]; er beruft sich dabei auf die (oben S. 25) schon erwähnte Dekretale Urbans II. *Super quibus* (C. 30 q. 3 c. 4), nach die Spendung der Nottaufe durch eine Frau gestattet und als gültig anzuerkennen ist.

Beide Vorschriften, das Lehr- und Taufverbot des Dekretbuchs, haben sich auf das geltende Recht der Kirche ausgewirkt: Can. 1342 § 2 CIC verbietet allen Laien, auch den Religiosen, in der Kirche zu predigen[118]; als Rechtsquelle wird u. a. D. 4 de cons. c. 20 angeführt[119]. Der Kanon betrifft zwar die Laien insgesamt, hat aber vor allem für die Frau praktische Konsequenzen. Obwohl nämlich die Bestimmung durch Art. 35 Nr. 4 der Konstitution „Über die heilige Liturgie"[120] des II. Vaticanum dahingehend eingeschränkt wurde, daß die Leitung eines Wortgottesdienstes (der eine Ansprache möglichst mit

---

[115]) Vgl. Const. Ap. VIII 25,2 (VIII 24,2 enthält die gleiche Anordnung für die Jungfrau bezüglich der Unterlassung der Handauflegung), ed. F. X. F u n k I 529; s. dazu K a l s b a c h S. 28 f. Die Witwe der Didaskalia dagegen gehört nach A c h e - l i s - F l e m m i n g S. 278, 280 f. noch zum Klerus und ist Inhaberin eines freilich sehr bescheidenen Amtes. Nach K a l s b a c h S. 22 jedoch ist ihre Stellung „nach der Seite des Klerus hin ebenso deutlich abgegrenzt wie nach der der Laien". Vgl. zur Frage auch F u n k I 197 in der Anmerkung zu Const. Ap. III 8,1 („Vidua cum in illa scriptura [sc. Didascalia] eadem esse videatur ac diaconissa, in hac [sc. Const. Ap.] diaconissae subicitur. Didascalia porro viduae manus impositionem attribuit, quam Constitutor non agnoscit").

[116]) Vgl. M u n i e r, Statuta S. 137.

[117]) Zu D. 4 de cons. c. 20 (Taufverbot) bemerkt er: „Nisi necessitate cogente" (Corpus, ed. F r i e d b e r g, I 1367). Die Einschränkung des Taufverbots für die Frau läßt sich in dieser Form (nach P l ö c h l, Geschichte I 210) bereits bei Isidor von Sevilla nachweisen.

[118]) „Concionari in ecclesia vetantur laici omnes, etsi religiosi".

[119]) CIC S. 458 Anm. 4.

[120]) „Foveatur sacra Verbi Dei celebratio ... maxime in locis quae sacerdote carent: quo in casu celebrationem diaconus vel alius ab Episcopo delegatus dirigat" (AAS 56, 1964, 109).

einschließen soll[121]) auch einem vom Bischof beauftragten Laien übertragen werden kann, wurde diese Möglichkeit Frauen bisher nur in eigentlichen Notstandsgebieten der Kirche, z. B. in Lateinamerika, eingeräumt[122]. Weiter wurde während des Konzils mehreren männlichen Laien gestattet, in der Konzilsaula eine Ansprache zu halten, jedoch keiner einzigen Frau[123]. Selbst das Lektorenamt wurde der Frau noch in der nachkonziliaren Zeit zunächst streng verweigert[124]; erst auf Grund neuerer Verordnungen wurde es ihr schließlich – allerdings nur zögernd und mit Einschränkungen – zugestanden[125]. – Das Tauf-

---

[121]) Vgl. Die Konstitution des zweiten Vatikanischen Konzils über die heilige Liturgie, lateinisch-deutscher Text mit einem Kommentar von E. J. L e n g e l i n g, in: Lebendiger Gottesdienst H. 5/6, Münster 1964, S. 79.

[122]) Vgl. D a l y S. 122; „Frau und Beruf" (März/April 1967) S. 7, 32.

[123]) Dazu H e i n z e l m a n n, Schwestern S. 5: „Die bezüglichen zahlreichen Bemühungen der männlichen Auditoren" (auch der Frau das Wort zu erteilen) „welche die Unterstützung mehrerer Kardinäle gefunden hatten, blieben ohne Erfolg". – Als ein Zeichen des sich allmählich vollziehenden Wandels in der Einstellung zur Frau ist es daher zu werten, daß auf der zweiten ordentlichen Bischofssynode i. J. 1971 erstmalig eine Frau eine Ansprache vor den Synodalen hielt, Barbara Ward, Prof. für Nationalökonomie und Mitglied der Päpstlichen Kommission Iustitia et Pax (KNA, Nr. 45, 3. Nov. 1971, S. 3).

[124]) Auf die bescheidene Anfrage hin, ob eine entsprechend vorgebildete Frau das Lektorenamt in einer hl. Messe, an der nur Frauen teilnehmen, übernehmen könne, erteilte das so befragte „Consilium ad exsequendam Constitutionem de sacra Liturgia" im Jahre 1965 eine abschlägige Antwort: das Amt des Lektors sei ein liturgischer Dienst, welcher nur Männern übertragen werde; die Epistel sei daher im betreffenden Fall vom Zelebranten zu lesen (vgl. Notitiae, hg. v. Consilium ad exsequendam Constitutionem de sacra Liturgia, 1, 1965, 139 f. zu nn. 41 u. 42).

[125]) Nach der (im Jahre 1969 erlassenen) ‚Allgemeinen Einführung in das Römische Meßbuch' (Institutio generalis Missalis Romani) Kap. 3 Art. 66 kann die Bischofskonferenz die Erlaubnis geben, daß Frauen außerhalb des Altarraumes die dem Evangelium vorausgehenden Lesungen vortragen, falls kein für den Dienst des Lektors geeigneter Mann da ist („Conferentia Episcopalis permittere potest ut, quando vir aptus ad exercendum munus lectoris non adsit, mulier idonea, extra presbyterium consistens, lectiones quae precedunt Evangelium proferat", Missale Romanum, Typis Polyglottis Vaticanis 1970, S. 45). Die in der Vorschrift enthaltene Diskriminierung der Frau ist nicht zu übersehen: sie ist nur im Notfalle zur Lektorenfunktion zugelassen, der Altarraum bleibt weiterhin tabu für sie (vgl. dazu die kritischen Anmerkungen von E. J. L e n g e l i n g, Die neue Ordnung der Eucharistiefeier. Allgemeine Einführung in das römische Meßbuch... [Einleitung und Kommentar], Lebendiger Gottesdienst, hg. v. H. Rennings, H. 17/18, Münster 1970, S. 259). – Einen allerdings nur geringen Fortschritt brachte demgegenüber die ‚Dritte Instruktion über die ordnungsgemäße Ausführung der Liturgiekonstitution' vom 5. Nov. 1970, indem sie in Nr. 7 a festlegt, daß die Bischofskonferenzen darüber entscheiden können, von wo aus die Frau die Lesungen vortragen soll („Mulieribus autem licet secundum normas de his rebus latas: a) lectiones proferre, Evangelio excepto... Conferentiae Episcopales pressius determinare possunt locum congruum, e quo verbum Dei mulieres in coetu liturgico annuntient" [AAS 62, 1970, 700]).

verbot (in Kap. 20 der Dist. 4 de cons.) wird zwar unter den „fontes"
der über den Taufspender handelnden Bestimmungen des Codex nicht
aufgeführt, es hat aber fraglos den Inhalt von CIC can. 742 § 2 beeinflußt. Danach soll bei der Spendung der Nottaufe, die nach § 1 des
Kanons jeder Mensch vollziehen kann, einem Kleriker (wenn anwesend) vor einem Laien, unter diesen einem Mann vor einer Frau der
Vorzug als Taufspender gegeben werden[126]. Nach Hinschius[127] erfolgte diese Zurückweisung der Frau auf den letzten Platz der „Hierarchie" von möglichen Spendern u. a. in Anlehnung an die Apostolischen Konstitutionen III 9 und an c. 41 der Statuta, also an die oben
behandelten Taufverbote für die Frau. Im übrigen erinnert die Rang-
folge von can. 742 § 2 CIC auch deutlich an 1 Kor 11,3, wonach die
Frau an Würde unter dem Mann steht und ihr die unmittelbare Unterordnung unter Christus abgesprochen wird (vgl. dazu Exegetischer
Exkurs S. 191 f.).

Die sog. *presbytera* ist Gegenstand eines als Kap. 19 in Dist. 32 aufgenommenen Verbotes; es handelt sich dabei um can. 11 der Synode
von Laodicea[128]. Der Kanon erscheint bei Gratian in der vom griechischen Original[129] abweichenden Version der Hispana[130], nach der er
folgenden Wortlaut hat: „Jene Frauen, die bei den Griechen Presbytiden (*presbyterae*), bei uns hingegen Witwen, Älteste, *univirae* und
matricuriae genannt werden, dürfen in der Kirche nicht als Ordinierte

---

[126]) „Si tamen adsit sacerdos, diacono praeferatur, diaconus subdiacono, clericus
laico et vir feminae, nisi pudoris gratia deceat feminam potius quam virum baptizare, vel nisi femina noverit melius formam et modum baptizandi" (can. 742 § 2).
Eine Ausnahme von der angeordneten Bevorzugung des Mannes als minister bapti-
mi ist also nur in zwei Fällen gestattet: wenn Schicklichkeitsgründe es nahelegen,
daß eine Frau tauft, oder wenn die Frau über Form und Weise der Taufspendung
besser Bescheid weiß.
[127]) Kirchenrecht IV 29 mit Anm. 4.
[128]) Der Zeitpunkt der Synode ist umstritten. Hefele-Leclercq I/2 S. 995
setzen sie zwischen 343 (Synode von Sardika) und 381 (Konzil von Konstantinopel)
an und verzichten damit auf eine genauere Datierung; dazu vgl. F. X. Funk,
Kirchengeschichtliche Abhandlungen und Untersuchungen II, Paderborn 1899, S. 369
(„So viel man aus inneren Gründen ersehen kann, fällt sie eher an das Ende als an
den Anfang dieses Zeitraumes"). Vgl. auch B. Kötting, Art. Laodiceia, LThK VI
794.
[129]) Dessen Wortlaut ist folgender: Περὶ τοῦ, μὴ δεῖν τὰς λεγομένας πρεσβύτιδας,
ἤτοι προκαθημένας, ἐν τῇ Ἐκκλησίᾳ καθίστασθαι (Hefele-Leclercq I/2 S. 1003);
übersetzt (nach Hefele I 756): „Daß die sog. Presbytiden oder Vorsteherinnen
nicht in der Kirche bestellt werden sollen".
[130]) Dazu vgl. oben S. 19 mit Anm. 66.

eingesetzt werden"[131]. Der einleitende Paragraphus Gratiani (*Presbiteram uero quam debeamus accipere, Laudicense Concilium ostendit, dicens*) sowie das sich daran anschließende Summarium zur Stelle (*Viduae uel seniores presbiterae appellantur*)[132] lassen erkennen, daß das Kapitel im Zusammenhang der Distinctio lediglich die Funktion hat, den im unmittelbar voraufgehenden Kapitel (18) vorkommenden Begriff *presbitera* (der dort die Bedeutung von Ehefrau eines Presbyters – *uxor presbiteri* – hat) näher zu erläutern und zu bestimmen. Durch diese Art der Verwendung der auctoritas durch Gratian wird aber deren Verbotscharakter nicht aufgehoben; denn es gilt der Grundsatz, daß die einzelnen Quellenbelege im Dekretbuch jene Geltung und Autorität haben, „welche ihnen an und für sich, abgesehen von ihrer Aufnahme ins Dekretum, zukommt"[133]. Die Frage ist also, was der Kanon eigentlich verbietet. Wie Hefele[134] ausführt, hat die Bestimmung verschiedene Auslegungen erfahren, was dadurch bedingt war, daß die Bedeutung von πρεσβύτιδες (Presbytiden) und προκαθημέναι (Vorsteherinnen) einerseits und die von ἐν Ἐκκλησίᾳ καθίστασθαι (in der Kirche eingesetzt werden) andererseits nicht klar und eindeutig ist. Auf Grund der Abhandlung des Epiphanius gegen die Kollyridianerinnen[135] gelangt Hefele zu der Auffassung, daß es sich bei den Presbytiden um die ältesten unter den Diakonissen handele[136], welche möglicherweise die Vorsteherinnen (προκαθημέναι) der übrigen Diakonissen gewesen seien. Demzufolge könne der Kanon dahingehend verstanden werden, daß in Zukunft keine solche „Oberdiakonissen" oder Presbytiden mehr ein-

---

131) „Mulieres que apud Grecos presbiterae appellantur, apud nos autem uiduae, seniores, uniuirae et matricuriae appellantur, in ecclesia tamquam ordinatas constitui non debere" (Corpus, ed. F r i e d b e r g, I 122).

132) Corpus (ed. F r i e d b e r g) I 122.

133) S c h u l t e, Geschichte I 69.

134) H e f e l e I 757.

135) Adversus Haereses 79, 3.4 (PG 42, 743 ff.).

136) Den Ausführungen des Epiphanius zufolge sind die Presbytiden jedoch nicht, wie Hefele interpretiert, die ältesten unter den Diakonissen, sondern die ältesten unter den Witwen („Illud vero diligenter observandum est, solum diaconissarum officium ad ecclesiasticum ordinem necessarium fuisse; ac viduas quidem nominatim expressas, et inter illas, quae anus essent presbytidas vocatas, nunquam presbyteridas aut sacerdotissas esse factas", PG 42, 746). Vgl. auch K a l s b a c h S. 52 z. St. Von einem Vorsteheramt der Presbytiden im Hinblick auf die Diakonissen ist in dem Zusammenhang bei Epiphanius nicht die Rede, sondern nur von dem Dienst der Diakonissen (bzw. Witwen) an den Frauen, z. B. bei der Taufe. – Wohl hatte die Witwe des „Testamentum Domini" (darüber K a l s b a c h S. 41–45) gewisse Leitungsbefugnisse über die Diakonissen.

gesetzt werden sollen [137]. Nach einer anderen Deutung [138] sind in den πρεσβύτιδες einfache Diakonissen zu sehen (ihre Bezeichnung als „Vorsteherinnen" erkläre sich daraus, daß ihnen die Aufsicht über die Frauen in der Gemeinde übertragen wurde, die Bezeichnung „Presbytiden" aus der wiederholten Anordnung, nur ältere Frauen zum Diakonatsamt zuzulassen); ‹ μὴ δεῖν.... › ἐν τῇ Ἐκκλησίᾳ καθίστασθαι sei in dem Sinne aufzufassen, daß keine Diakonissen mehr in der Kirche feierlich geweiht werden sollen. Demgegenüber weist Hefele aber darauf hin, daß zwar mehrere spätere Synoden [139] die ältere Praxis, Diakonissen zu ordinieren, entschieden unterbunden hätten, eine Weihe jedoch, ein χειροτονεῖσθαι der Diakonissen, habe in der griechischen Kirche wenigstens noch zur Zeit des Trullanum (im Jahre 692; can. 14) stattgefunden; außerdem spreche der Kanon gar nicht von feierlicher Weihe, ja überhaupt nicht von Ordination, sondern nur von einem καθίστασθαι. Einer dritten und letzten Erklärung zufolge [140] sind die Presbytiden nicht Oberdiakonissen, sondern ältere Frauen aus dem Volk, denen man die Aufsicht über die Frauen in der Kirche übertragen habe. Diese Einrichtung sei durch die Synode von Laodicea abgeschafft worden. Die Römischen Korrektoren [141] schlossen sich dieser Interpretation des Kanons an [142]. Die von Gratian rezipierte Version des Kanons (vgl. oben S. 31 f.) scheint auf eine andere, eigentümliche Art des Verständnisses hinzuweisen, indem sie den Begriff πρεσβύτιδες der griechischen Version durch eine ganze Anzahl (lateinischer) Bezeichnungen (*viduae, seniores, univirae* und *matricuriae*) er-

---

[137]) H e f e l e I 757.
[138]) Vgl. ebd. I 757 f.
[139]) So – nach H e f e l e I 758 – die erste Synode von Orange (im Jahre 441) in can. 26 („Diaconae omnimodis non ordinandae; si quae iam sunt, benedictioni quae populo impenditur, capita submittant"); die Synode von Epaon (im Jahre 517) in can. 21 („Viduarum consecrationem, quas diaconas vocitant, ab omni regione nostra penitus abrogamus, sola eis poenitentiae benedictione, si converti ambiunt, imponenda"); die zweite Synode von Orléans (im Jahre 533) in can. 18 („Placuit etiam, ut nulli postmodum foeminae diaconalis benedictio pro conditionis huius fragilitate credatur"). Vgl. auch K a l s b a c h S. 86 f.
[140]) H e f e l e (s. vorige Anm.) nennt Zonaras und Balsamon, berühmte Kanonisten der orthodoxen Kirche aus dem 12. Jahrhundert, als Vertreter dieser Auffassung. K a l s b a c h S. 53 schließt sich in der Interpretation des Kanons ausdrücklich an Balsamon an („Schwerlich richtet sich ein Kanon gegen eine bloße Altersehrung durch Einräumen eines Ehrenplatzes in der Kirche. Balsamon las aus ihm richtiger, indem er das ἐν ἐκκλησίᾳ statt mit καθίστασθαι mit προκαθημένας verband, ein Verbot, Ältestinnen mit Disziplinarbefugnissen über ihr Geschlecht auszurüsten").
[141]) Dazu vgl. oben S. 12 mit Anm. 38.
[142]) Vgl. ihre Note zu v. ‚Mulieres' (Corpus, ed. F r i e d b e r g, I 122).

setzt (woraus geschlossen werden darf, daß das Amt der πρεσβῦτις in der lateinischen Kirche nicht bekannt war oder eine andere Ausprägung hatte) und das καθίστασθαι im Sinne von Ordination auffaßt (*in ecclesia tamquam ordinatas constitui non debere*)[143]. Wenngleich sich die genaue Bedeutung des Kanons schwerlich feststellen läßt, wie die verschiedenen Interpretationsversuche gezeigt haben dürften, so ist aber doch soviel sicher, daß durch die Bestimmung ein gewisser noch bestehender Funktionsbereich, ein Amt sozusagen, für die Frau gesperrt wurde. Aus welchen Gründen es geschah, bleibt unausgesprochen. Da aber die Synode von Laodicea in ihren disziplinären Vorschriften eine strenge aszetische Ausrichtung bezüglich des Geschlechterverhältnisses erkennen läßt[144] und sie sich um die „Straffung der hierarchischen Ordnung" bemüht zeigt[145], darf mit Recht angenommen werden, daß hierin – und vor allem in dem erstgenannten Faktor – der Grund für die Aufhebung des kirchlichen Frauenamtes durch can. 11 liegt. Die so motivierte, im Effekt antifeministische Einstellung zeigt sich auch besonders deutlich in can. 44 derselben Synode, der die Frau erstmalig generell vom Altarraum ausschließt[146] und damit einen durch die Jahrhunderte bis heute geltenden Zustand geschaffen hat, an dem die Diskriminierung der Frau in der Kirche geradezu augenfällig deutlich wird.

Die im Voraufgehenden behandelten Bestimmungen, die den Ausschluß der Frau von jeglicher offiziellen Funktion in der Kirche verfügten und sich, wie aufgewiesen wurde, noch auf das geltende Kirchenrecht infolge seiner starken Bindung an das klassisch-kanonische Recht ausgewirkt haben, setzten einer Entwicklung ein Ende, die auf eine aktive Beteiligung der Frau an kirchlichen Aufgaben hintendierte. Auf eine ehemals günstigere kirchliche Stellung der Frau, die aus den Verboten nur noch indirekt zu erschließen ist, weist neben zwei unbedeutenderen Texten besonders eine bei Gratian aufgenommene Quelle – eine Bestimmung über die Diakonisse – in ausdrücklicher Form hin. Die Art indessen, wie Gratian diese Quelle verwertet, zeigt, daß es sich hierbei – im Gegensatz zu den oben behandelten Verboten –

---

[143]) Vgl. Hefele I 759.
[144]) Vgl. z. B. can. 30 (Verbot gemeinschaftlichen Badens von Klerikern und männlichen Laien mit Frauen); can. 52 (Verbot von Hochzeiten in der Fastenzeit); can. 53 (Verbot des Tanzes auf Hochzeiten); can. 54 (Verbot für Kleriker, sich bei Hochzeiten oder Gastmählern Schauspiele anzusehen); vgl. Hefele I 768 ff.
[145]) B. Kötting, Art. Laodiceia, LThK VI 794.
[146]) Vgl. dazu oben S. 16 Anm. 53.

nicht mehr um eine Bestimmung des damals geltenden Rechts handelt. Darin dürfte auch der Grund liegen, weshalb sie auf das Recht des Codex ohne jeglichen Einfluß blieb.

Die erwähnte die Diakonisse betreffende Anordnung – ein Beschluß des Konzils von Chalcedon (im Jahre 451) – ist bei Gratian als Kap. 23 in C. 27 q. 1, also im eherechtlichen Teil seiner Quellensammlung aufgenommen und hat folgenden Wortlaut: „Zur Diakonisse soll keine Frau geweiht werden, bevor sie 40 Jahre alt ist, und dann erst nach sorgfältiger Prüfung. Wenn sie aber, nachdem sie die Weihe empfangen und einige Zeit lang ihr Amt ausgeübt hat, heiratet, die Gnade Gottes geringschätzend, so soll sie, zusammen mit dem, der mit ihr die Ehe eingegangen ist, mit dem Bann belegt werden"[147]. Der Kanon ist als Beleg verwandt für den die Quaestio 1 einleitenden Paragraphen: „Diejenigen, die ein Gelübde (der Ehelosigkeit) ablegen, können nicht heiraten"[148]. Daraus geht hervor, daß der erste (an und für sich bedeutsame) Teil des Kanons, die Vorschrift über die Altersgrenze von 40 Jahren für die Zulassung zur Diakonatsweihe[149], für Gratian als unerheblich galt und allein der zweite Teil, der über die Verpflichtung der Diakonisse zur Ehelosigkeit handelt, den Grund für die Rezeption des Kanons abgab, sucht man die Vorschrift doch auch vergeblich in der Distinctio 23, in der sich Bestimmungen für sämtliche kirchliche Amtspersonen finden[150]. Während Gratian die in dem Kanon angeordnete *ordinatio* der Diakonisse dem Einleitungsparagraph zufolge anscheinend als Gelübde betrachtet, vergleichbar (oder identisch) mit dem der

---

[147] „Diaconissam non debere ante annos quadraginta ordinari statuimus, et hoc cum diligenti probatione. Si uero susceperit ordinationem, et quantocumque tempore obseruauerit ministerium, et postea se nuptiis tradiderit, iniuriam faciens gratiae Dei, hec anathema sit cum eo, qui in illius nuptiis conuenerit" (Corpus, ed. Friedberg, I 1055).

[148] „Quod uero uouentes matrimonia contrahere non possunt . . . " (Corpus, ed. cit., I 1047).

[149] Das Concilium Trullanum (im Jahre 692) wiederholte diese Vorschrift in can. 14, vgl. Hefele-Leclercq III/1 S. 565; sie brachte eine gewisse Lockerung eines im Jahre 390 in Anlehnung an 1. Tim 5,9 erlassenen Gesetzes des Kaisers Theodosius d. Gr., das als Mindestalter für die Zulassung von Frauen zum Diakonatsamt 60 Jahre festsetzte, vgl. Hefele-Leclercq II/2 S. 803; Kalsbach S. 63. – Für die Altersbestimmung von 40 Jahren in can. 15 von Chalcedon gibt Balsamon im Anschluß an Zonaras folgende die Auffassung vom Minderwert der Frau klar dokumentierende Begründung: „Cum mulieres aut capi fraudibus, aut sponte ad deteriora labi facillimum sit, idcirco minorem quadraginta annis diaconissam eligi, huius canonis sanctione vetitum est" (PG 137, 442 f.).

[150] Vgl. dazu oben S. 8.

Witwe und der gottgeweihten Jungfrau[151], handelt es sich dabei in Wirklichkeit um eine klerikale Weihe; die Originalfassung des Kanons verwendet dafür den terminus technicus χειροθεσία bzw. χειροτονία[152]. Das uns überlieferte Weiheformular[153] bezeugt, daß sich die Weihe der Diakonisse im byzantinisch-kleinasiatischen Raum parallel zu der des Diakons vollzog; die Diakonisse wurde wie der Diakon durch den Bischof unter Handauflegung und Gebet ordiniert. Das Weihegebet geht in seinem ersten Teil auf das in den Apostolischen Konstitutionen (VIII 20) aufgezeichnete zurück[154]; es bildet dort – ebenfalls zusammen mit der χειροτονία des Bischofs – den Weiheritus der Diakonisse, der zwischen dem des Diakons und des Subdiakons eingereiht ist[155]. In dem über die Vorlage (in den Konstitutionen) hinausgehenden Gebetstext des byzantinischen Weiheformulars heißt es von der Diakonisse, daß sie durch Gottes Gnade in den *ordo ministrorum* aufgenommen werde; Gott wird für die Ordinandin um die Gnade des Diakonsdienstes (*ministerii diaconici gratia*) angefleht, die er auch der Diakonin Phoebe (vgl. Röm. 16,1) zuteil werden ließ[156]. Die Weihe erfolgte in Verbindung mit der Meßliturgie. Im Anschluß an die Weihe wurde der Diakonisse die Stola umgelegt und der Kelch überreicht, den sie selbst auf den Altar zurückstellte. In Anbetracht des so ausgebildeten Weiheritus – er ist keineswegs nur für die byzantinische Diakonisse, sondern in ähnlicher Form auch für das Amt in anderen Gebieten bezeugt[157] – haben sich mehrere Autoren dahingehend ge-

---

[151]) Von diesen ist nämlich die Rede in den übrigen Kapiteln der Quaestio 1 in C. 27, soweit sie die Frau betreffen.

[152]) B r u n s I 29 mit Anm. 14; vgl. auch can. 14 des Concilium Trullanum (bei B r u n s I 42), wo der Begriff χειροτονεῖσθαι sowohl für die Diakonissenweihe als auch für die Presbyterats- und Diakonsweihe verwandt wird.

[153]) Vgl. die lateinische Fassung des Formulars bei J. A. A s s e m a n i, Codex liturgicus XI, Rom 1763, 115 und ein Auszug desselben bei M. B l a s t a r e s, Syntagma alphabeticum lit. Γ c. XI (PG 144, 1173), beide abgedruckt bei K a l s b a c h S. 69 ff.

[154]) Vgl. K a l s b a c h S. 71.

[155]) Vgl. Did. et Const. Ap. (ed. F. X. F u n k) I 522 ff.

[156]) „Here Domine, qui non repellis mulieres, consecrantes seipsas et volentes, ut decet, ministrare sanctis domibus tuis, sed eas in ordine ministrorum recipis, largire gratiam S. tui Spiritus, et huic ancillae tuae, quae vult seipsam tibi consecrare, ministeriique diaconici gratiam adimplere ut largitus es Phoebae ministerii tui gratiam, quam vocasti ad opus huius administrationis..." (Codex liturgicus XI 115, zitiert nach K a l s b a c h S. 70 f.).

[157]) Vgl. K a l s b a c h S. 109 („Die χειροτονία der Diakonisse mit ihren Zeremonien bildet sich parallel der des Diakons, alle Weiheformulare, von denen der Const. Apost. und des Testamentum bis zu denen der Monophysiten und Nestorianer und dem von Matthaeus Blastares überlieferten legen Zeugnis dafür ab"); J. F u n k S. 278, 280; D a n i é l o u S. 95.

äußert, daß der Diakonissenweihe der klerikale Charakter nicht abgesprochen werden könne; einige ordnen sie den niederen klerikalen Weihen zu[158], andere zählen sie jedoch zu den höheren Weihen[159]. Es fehlt daneben freilich nicht an Vertretern der gegenteiligen Meinung, die die Diakonissenordination für eine bloße Benediktion halten[160]. Sie begründen zum Teil diese Auffassung durch den Hinweis auf die,

---

[158]) So A. Ludwig, Weibliche Kleriker in der altchristlichen und frühmittelalterlichen Kirche, in: Theologisch-praktische Monatsschrift 20, 1910, S. 548–557, 609–617; 21, 1911, S. 141–149; schon längst vor Ludwig J. Morinus, Commentarius de sacris ecclesiae ordinationibus, Antwerpen 1695, P. III. ex. X. f. 143 ff.; Kalsbach, Diakonissen S. 109 (die Witwe-Diakonisse steht nach seiner Meinung allerdings zwischen den Klerikern der niederen und höheren Weihegrade); Plöchl, Geschichte I 69; Daniélou S. 86.

[159]) So z. B. Schäfer, Kanonissenstifter S. 48–50; ders., Kanonissen und Diakonissen S. 67 f.; J. Funk S. 278 (S. 280 in bezug auf die Weihe der römischen Diakonisse). Der sakramentale Charakter der Diakonissenweihe wird von den genannten Autoren nicht ausgeschlossen, ebenfalls nicht von Ch. R. Meyer, Ordained women in the early church, in: The catholic citizen (organ of St. Joan's Alliance) 53, 1967, 118 („To push the argument against the sacramentality of the ordination of deaconesses too far would be in fact to deny the sacramentality of the ordination of deacons"). Zscharnack S. 113, 117, 149 spricht von dem klerikalen Charakter der Diakonissenweihe und des Diakonissenamtes, ohne genauer zu differenzieren.

[160]) So J. Pohle, Lehrbuch der Dogmatik (neu bearbeitet von M. Gierens) III, 9. Aufl. Paderborn 1937, S. 582 („Obgleich die Diakonissen durch einen kirchlichen Ritus eingesegnet wurden, bei den Griechen sogar durch Handauflegung [s. Const. Apost. VIII 19 sq.], so lag darin doch keine Weihe ... ". Der Schluß scheine „wohl übereilt, daß die Diakonissenweihe ehemals zu den Ordines minores ... oder gar zu den Ordines maiores gerechnet worden sei"). Ähnlich Premm III/2 S. 242; Th. Specht, Lehrbuch der Dogmatik II, 2. Aufl. Regensburg 1912, S. 397; J. Brinktrine, Die Lehre von den heiligen Sakramenten der katholischen Kirche II, Paderborn 1962, S. 196; E. Friedberg, Lehrbuch des katholischen und evangelischen Kirchenrechts, 6. Aufl. Leipzig 1909, S. 165 Anm. 2; Phillips I 449 f. – Einige der erwähnten Autoren (z. B. Pohle-Gierens, Specht, Brinktine, Friedberg, Phillips) gehen bei ihrer Behauptung von 1 Kor 14,34 f. und 1 Tim 2,11 ff. aus und beurteilen auf diese Weise die Quellen über die Diakonisse nicht vorurteilsfrei; andere (z. B. Premm) stützen sich auf can. 19 des Konzils von Nicaea, den sie dahingehend interpretieren, daß die Diakonisse keine Handauflegung erhielt und infolgedessen zu den Laien zählte. Über die Bedeutung des fraglichen Kanons herrscht jedoch Meinungsverschiedenheit, vgl. dazu Kalsbach S. 46 ff.; nach J. Funk S. 227, Morinus a.a.O. f. 148, Daniélou S. 86 u. a. läßt er eine andere Deutung zu. Abgesehen davon wird die Handauflegung der Diakonisse von späteren Konzilien ausdrücklich angeordnet, vgl. can. 15 des Konzils von Chalcedon, can. 14 des Trullanum. Mit Recht wendet sich deshalb Morinus f. 143 sq. gegen die Auffassung der Theologen, die jede Ordination(sfähigkeit) von Frauen bestreiten wollen: „Si aliquis tam austerus et tetricus fuerit, ut nihil quod ad ordinationem Ecclesiasticam spectet, mulieribus concedi posse contendat, facile antiquissima multorum seculorum traditione revincetur, eiusque tetricitas retundetur".

gemessen an den Vollmachten des Diakons, geringeren Befugnisse der
Diakonissen[161]. Wenn auch von einer Gleichstellung der Diakonisse
mit dem Diakon nicht in jeder Hinsicht die Rede sein kann[162], so
beruht doch diese Zurücksetzung der Diakonisse zweifellos auf ihrer
Minderbewertung als Frau – nicht ohne weiteres auf einer geringeren
Qualität ihrer Weihe. Die Diskriminierung der Frau ist ja auch die
Ursache dafür, daß das Amt selbst während der Zeit seines Bestehens
nicht unangefochten und schließlich ganz zum Untergang verurteilt
war[163]. Aus Unkenntnis oder Nichtbeachtung dieser Zusammenhänge
wird m. E. allzu voreilig geschlossen, es handle sich bei der Diakonissenweihe nicht um eine eigentliche klerikale Weihe. Für den klerikalen
Charakter der Weihe spricht auch die in dem obigen Kanon (C. 27
q. 1 c. 23) ausgedrückte strenge Verpflichtung zum Zölibat, die sich für
die Diakonisse wie beim Klerus der höheren Weihestufen aus der Ordination ergab[164]. Eine Untreue diesem Gesetz gegenüber gilt dem Kapitel zufolge als eine Beleidigung der Gnade Gottes (*iniuriam faciens
gratiae Dei*); auch darin könnte ein Hinweis auf eine gnadenvermit-
telnde klerikale Weihe liegen. – Wie dem Kanon ferner zu entnehmen
ist, wurde der Diakonin ein kirchliches Amt (*ministerium*; der Originaltext verwendet λειτουργία) übertragen. Es bestand für die Diakonisse im byzantinisch-kleinasiatischen Raum vor allem in Tauf-

---

[161]) So **Pohle-Gierens** a.a.O. S. 582; **Premm** III/2 S. 242; **Brinktine**
a.a.O. S. 196. **Friedberg** a.a.O. S. 165 Anm. 2 spricht – nicht quellengerecht –
nur von einer Beschäftigung der Diakonisse in der Kranken- und Armenpflege (dagegen **Zscharnack** S. 137: „der Kern ihres Amtes ist die Krankenpflege sicherlich
nie gewesen und nicht geworden"). Keiner der erwähnten Autoren spricht von der
Berechtigung der Diakonisse in einigen Gebieten, die hl. Kommunion auszuteilen.

[162]) Zur minderberechtigten Stellung der Diakonisse im Vergleich zu der des
Diakons bei der Taufspendung vgl. oben S. 28 mit Anm. 110. Aus Const. Ap. VIII
28,4–6 (ed. F. X. **Funk** I 530 f.) ergibt sich gleichfalls eine Zurücksetzung der Diakonisse in liturgischer Hinsicht. Ferner sei hingewiesen auf den nestorianischen ,Ordo
chirotoniae mulierum diaconissarum' (bei H. **Denzinger**, Ritus Orientalium
Coptorum Syrorum et Armenorum in administrandis sacramentis, Würzburg 1863/
64 [Neudruck: Graz 1961] II 261), zu dem in einer Randnote vermerkt wird: „Ad
altare autem (diaconissa) non accedit, quoniam mulier est" (**Denzinger** I 123).

[163]) Vgl. dazu oben Anm. 162, ferner S. 14 Anm. 44 u. S. 16 Anm. 54. Kanon 18
der Synode von Orléans (i. J. 533) bestimmt: „Placuit etiam, ut nulli postmodum
foeminae diaconalis benedictio pro **conditionis huius fragilitate** credatur"
(Mansi VIII 835); s. auch S. 39.

[164]) Vgl. **Kalsbach** S. 66, der in dem Zusammenhang (S. 66 Anm. 5, S. 68)
darauf hinweist, daß das Chalcedonense strenger über die Ehe der Diakonisse als
über die der gottgeweihten Jungfrau urteile, wie aus can. 16 des Chalcedonense
hervorgehe.

hilfe[165]. Diese Funktion sowie der Unterricht der getauften Frauen in der christlichen Lebensführung sind auch in anderen Bereichen des Orients für die Diakonisse bezeugt, mancherorts darüber hinaus noch das Austeilen der hl. Kommunion an Frauen und Kinder, daneben auch außerliturgische Tätigkeiten, wie Krankenpflege[166]. Nach der Angabe Theodor Balsamons, des berühmten Kanonisten der orthodoxen Kirche aus dem 12. Jahrhundert[167], der mit dem Diakonissenamt in Byzanz noch eine – wenn auch durch Überlieferung geprägte – lebendige Vorstellung verbinden konnte, war es der Diakonin gestattet, wie die Diakone am Altar zu wirken; nach dem Charakter des Diakonissenamtes befragt, gibt er folgende aufschlußreiche Antwort, die zugleich auch Auskunft über die Ursache der Aufhebung des Amtes gibt: „Einstmals war der Ordo der Diakonissen den kirchlichen Gesetzen zufolge bekannt; sie selbst hatten Zutritt zum Altar. Infolge ihrer allmonatlichen Verunreinigung wurde ihr Amt jedoch aus dem Kultbereich und vom heiligen Altar verdrängt. In der ehrwürdigen Kirche von Konstantinopel werden zwar (noch) Diakonissen ausgewählt, einen Zugang zum Altar(dienst) haben sie aber nicht (mehr). An mehreren Orten haben sie Konvente und leiten dort eine Frauengemeinschaft nach kirchlicher Vorschrift"[168]. Von dem ehemaligen

---

[165]) Vgl. K a l s b a c h S. 65 über die byzantinische Diakonisse („Das Beweismaterial ist erdrückend, das die Diakonisse als Angestellte der Kirche, ihre Aufgabe, die im wesentlichen Taufhülfe ist, als kirchlichen Dienst bezeichnet, sie unter die kirchlichen Beamten einreiht"); J. F u n k S. 276.

[166]) Darüber s. K a l s b a c h S. 29 f., 45, 57 f.; d e r s., Art. Diakonisse, RAC III 919 ff.; S c h ä f e r, Kanonissenstifter S. 32, 58 f.; Z s c h a r n a c k S. 137–139. – Ähnliche Funktionen übten Diakonissen bzw. Witwen und Sanktimonialen auch in bestimmten Gebieten der westlichen Kirche aus, sie wurden ihnen aber schon früh streitig gemacht, vgl. S c h ä f e r S. 32, 59 f.; J. F u n k S. 279 ff.; H e i n z e l m a n n, Schwestern S. 55.

[167]) Dazu s. E. H e r m a n, Art. Balsamon, DDC II 76–83.

[168]) „Olim aliquando ordines diaconissarum canonibus cogniti fuere, habebantque ipsae gradum ad altare. Menstruorum autem inquinatio ministerium earum a divino et sancto altari expulit. In sanctissima autem Ecclesia sedis Constantinopolitanorum diaconissae deliguntur, unam quidem communicationem non habentes ad altare, in multis autem habentes conventum, et muliebrem coetum ecclesiastice dirigentes" (Responsa ad interrogationes Marci [Interr. 35], PG 138, 987). Ähnlich M. B l a s t a r e s (griech. Kanonist aus der ersten Hälfte des 14. Jh.), Syntagma Alphabeticum Γ cap. XI, PG 144, 1174 („Quale autem ministerium diaconissae tunc temporis in clero implebant, omnibus fere hodie ignotum est. Sunt qui dicunt, quod mulieribus baptizandis ministrabant . . . Dicunt autem alii, quod ad sanctum altare ingredi iis permissum erat, et diaconorum officia prope illos exsequi. Verum prohibuerunt postea Patres eas illuc ascendere, et illo ministerio defungi, propter involuntarium catameniorum fluxum").

ministerium liturgicum war also im 12. Jahrhundert nichts mehr übrig geblieben; lediglich die Leitung von religiösen Frauengemeinschaften hatte die Diakonisse zu der Zeit noch inne – eine Aufgabe, die sie früher z. T. außer dem kirchlichen Dienst noch besaß[169]. Die Diakonisse wurde also auf das klösterliche Leben zurückgedrängt und auf diese Weise vom Gemeindedienst ausgeschlossen; dieser Vorgang vollzog sich nicht nur im byzantinischen Raum, sondern auch sonst im Orient wie im Westen und ist auf das siegreiche Vordringen des Mönchtums zurückzuführen[170]. Auch der Kommentar Balsamons zu dem bei Gratian aufgenommenen can. 15 von Chalcedon über die Diakonisse bezeugt, daß die Vorschrift zu seiner Zeit kein geltendes Recht mehr war, weil ein entgegenstehender Kanon der Frau den Zugang zum Altar verwehrte[171].

Zwei weitere bei Gratian verwertete Quellen, die die Diakonisse erwähnen, sind den kaiserlichen Gesetzen entnommen; sie kennzeichnen die Diakonisse als kirchliche Amtsperson, die die vom staatlichen Gesetz anerkannten Sonderrechte der kirchlichen Personen genießt und unter staatlichem Schutz steht. In einer epistola Papst Gregors d. Gr. an einen gewissen Defensor Johannes, deren erster Teil bei Gratian als Kap. 38 in C. 11 q. 1 aufgenommen ist, wird wörtlich Bezug genommen auf das Prooemium von c. 21 der Novelle 123[172], das der Diakonisse neben andern kirchlichen Personen das privilegium fori einräumt; ihr Gerichtsherr ist der Bischof[173]. Nach C. 27 q. 1 c. 30, entnommen Julians Epitome Novellarum, Const. 115 c. 67[174], ist die

---

[169]) Vgl. S c h ä f e r , Kanonissenstifter S. 58; K a l s b a c h S. 57, 68 („Balsamon kennt noch das richtige Verhältnis, wenn er die Laiendiakonisse als das Gewöhnliche, die Nonnendiakonisse als das Außergewöhnliche ansieht").

[170]) Vgl. S c h ä f e r S. 55 ff.; Z s c h a r n a c k S. 153 f., 156 („Das Urchristentum und die alte Kirche, sie beide waren willens, den Frauendienst zu legitimieren und zum Bau der Kirche ... zu verwenden; da wurden Häresie, Hierarchie, Mönchtum die bösen Feinde, die die Saat erstickten").

[171]) „Quae in praesenti canone tractantur, omnino exolevere. Diaconissa enim hodie non ordinatur, etiamsi quaedam ascetriae abusive diaconissae dicantur. Est enim canon, qui statuit mulieres in sacrum tribunal non debere ingredi. Quae ergo ad sanctum altare accedere non potest, quomodo diaconatus officium exercebit?" (In Canones SS. Apostolorum, Conciliorum commentaria [in can. 15 Conc. Chalced.], PG 137, 442).

[172]) Vgl. Corpus (ed. F r i e d b e r g) I 637 mit Anm. 397; Corpus Iuris Civilis III 609.

[173]) Vgl. K a l s b a c h S. 66 mit Anm. 4.

[174]) Vgl. F r i e d b e r g , Corpus I 1057 Anm. 403; Juliani epitome latina Novellarum Justiniani, ed. G. Haenel, Leipzig 1873, S. 162 f.

Diakonisse, außer ihr auch die Aszetin[175] und die Nonne, auf Grund kaiserlicher Gesetze geschützt vor Raub, Verführung und Schändung. – Nun besagen zwar die zuletzt genannten Kapitel für die Zugehörigkeit der Diakonisse zum Klerikat nicht viel, da außer ihr auch der Klosterfrau diese Privilegien eingeräumt werden; andere von Gratian nicht aufgenommene Texte aus der kaiserlichen Gesetzgebung des oströmischen Reiches bezeugen aber sowohl die Ordination als auch den klerikalen Stand der Diakonisse[176].

2. Das Urteil Gratians

Da das Dekretbuch Gratians nicht nur als Quellensammlung zu berücksichtigen ist, sondern auch als Lehrbuch[177] Anspruch auf Beachtung hat, stellt sich die Frage, wie der Magister Gratian selbst über die Möglichkeit der Ordination der Frau geurteilt hat[178]. Zwar weisen die von ihm gesammelten (im voraufgehenden Abschnitt behandelten) Quellen schon in eine bestimmte Richtung; denn die Auswahl dieser Rechtstexte und die Weise ihrer Einordnung in das Dekretbuch sind zweifellos von seiner Meinung in dieser Frage mitbestimmt. So überrascht denn auch keineswegs die einzige diesbezügliche Äußerung Gratians (C. 15 q. 3 princ.): „Frauen aber können weder zum Priestertum, noch selbst zum Diakonat gelangen...“[179]. Es bleibt allerdings unklar, ob Gratian das *non posse provehi*, die Tatsache also, daß die Frau keinen Zugang zu Diakonat und Amtspriestertum hat, als Auswirkung eines nur kirchlichen Gesetzes versteht (dann ist es jedoch unverständlich, warum er nicht alle klerikalen Grade anführt), oder aber als Folge einer göttlichen bzw. unveränderlichen apostolischen Anordnung; auf die letztere mögliche Bedeutung scheinen einige Bemerkungen im weiteren Kontext der Aussage hinzuweisen[180].

---

[175]) Nach K a l s b a c h S. 67 handelt es sich bei den Aszetinnen (ascetriae) um Frauen, die in freierer Gemeinschaftsform leben als die klösterlichen Nonnen.

[176]) Vgl. K a l s b a c h S. 65; J. F u n k S. 276 f.; H e i n z e l m a n n, Schwestern S. 63 f.

[177]) Vgl. v. S c h u l t e, Geschichte I 61 f.; S t i c k l e r I 210.

[178]) Nach v. S c h u l t e, Geschichte I 70 kommt den dicta Gratiani zwar kein gesetzliches Ansehen zu, wohl aber eine bedeutende doktrinelle Autorität, insofern sie nicht von der Schule ausdrücklich reprobiert seien; Gratians Erörterungen seien „ein sehr gewichtiges, ja gewisses Zeugnis für die Auffassung seiner Zeit"; vgl. auch S t i c k l e r I 212.

[179]) „Mulieres autem non solum ad sacerdotium, sed nec etiam ad diaconatum prouehi possunt..." (Corpus, ed. F r i e d b e r g, I 750).

[180]) Dazu s. unten S. 44 ff.

Daß Gratian die Möglichkeit des Zugangs der Frau zum Diakonat so entschieden wie die zum Presbyterat verneint, ist insofern verwunderlich, als er Rechtsquellen kennt und verwertet, die sich auf das weibliche Diakonatsamt beziehen, vor allem can. 15 des Konzils von Chalcedon. Dieser Widerspruch läßt sich einerseits daraus erklären, daß es zur Zeit Gratians (12. Jahrhundert) in der Westkirche keine Diakonissen mehr gab. Zwar sprechen immerhin noch einige päpstliche Dekretalen aus dem 11. Jahrhundert[181] sowie die Ordines Romani[182] von der dem Bischof reservierten Weihe der Diakonissen, die durch Handauflegung geschah und zu den höheren Klerikerweihen zählte[183]; diese Anordnungen waren aber auf die Stadt Rom beschränkt[184]. In anderen Bereichen der westlichen Kirche ging das weibliche Diakonatsamt schneller unter; mehrere gallikanische Synoden des 4.–6. Jahrhunderts verboten ausdrücklich die Diakonissenordination[185]. Eine so ausgedehnte Verbreitung und ein so relativ fester Bestand des Diakonissenamtes wie in der Ostkirche, wo es (z. B. in Byzanz) noch im 11. Jahrhundert nachweisbar ist[186], sind in der Westkirche nicht bezeugt[187]. Bereits aus dem 10. Jahrhundert ist eine Quelle überliefert, wonach zu dieser Zeit nur noch unklare Vorstellungen über die Diakonin herrschten[188]. Der stellenweise frühe Niedergang des Amtes in der lateinischen Kirche sowie seine dort bereits anfänglich weniger starke und vielleicht auch andersartige[189] Ausprägung könnten also die Ursache sein, daß Gratian eine Ordination der Frau zum Diakonat

---

[181]) Nach J. Funk S. 280 handelt es sich um die Dekretalen Benedikts VIII. (1012–1024), PL 139, 1621; Johannes XIX. (1024–1032), PL 78, 1056 und Leos IX. (1049–1054), PL 143, 602.

[182]) Vgl. dazu Schäfer, Kanonissenstifter S. 50 mit Anm. 1.

[183]) So Schäfer a.a.O. S. 50; ebenfalls J. Funk S. 280.

[184]) Vgl. Schäfer a.a.O. S. 49 f.

[185]) Vgl. J. Funk S. 279 f.; Kalsbach S. 85 ff.; Schäfer, Kanonissenstifter S. 56 f.; Zscharnack S. 122.

[186]) Vgl. Kalsbach S. 65, 110; Schäfer a.a.O. S. 57 Anm. 1.

[187]) Vgl. Kalsbach S. 72, 99; Schäfer, Kanonissenstifter S. 57; Heinzelmann, Schwestern S. 55, 66 f.

[188]) Über diese Quelle – die epistola 8 des Bischofs Atto von Vercelli (gest. 960) – s. Kalsbach S. 92 f.

[189]) Nach Kalsbach S. 80 f., 110 ff. herrschte im Westen (d. h. in Rom, nicht jedoch in Gallien) eine vom Orient abweichende Form des weiblichen Diakonats: die römische bzw. italienische Diakonisse sei lediglich Gottgeweihte, nicht aber (wie die orientalische und gallische) Inhaberin eines Amtes gewesen; ders., Art. Diakonisse, RAC III 926. Kalsbach bestreitet damit die Auffassung Schäfers, Kanonissenstifter S. 47 f., 50 Anm. 1, wonach auch die abendländische Diakonisse ein Amt innegehabt hat.

verneint. Ähnlich begründen auch einige Dekretisten seine Äußerung: Gratian erwähne ausdrücklich den Diakonat, weil der Zugang der Frau zu diesem Ordo möglich scheine, insofern es f r ü h e r Diakonissen gegeben habe; zu s e i n e r Zeit jedoch habe dieses Amt nicht mehr in der Kirche bestanden[190]. Andererseits könnte die Aussage Gratians auch darauf zurückzuführen sein, daß der Magister den frühchristlichen weiblichen Diakonat vermutlich nicht für einen Diakonatsordo im strengen Sinne gehalten hat[191]. Diese Auffassung vertreten nämlich mehrere Dekretisten in Unkenntnis der historischen Quellenbelege über die Diakonissenweihe und das damit verbundene Amt[192]; sie stützen sich dabei auf einen fälschlich Ambrosius zugeschriebenen Text des Ambrosiaster, wonach die Diakonissenordination als gegen die autoritative (apostolische) Bestimmung verstoßend und damit als unzulässig bezeichnet wird[193]. Daß Gratian diese gegen die Diakonisse gerichtete auctoritas patrum bekannt war, ist anzunehmen, zumal die Lehre der Väter bei ihm in hohem Ansehen steht und in vielfältiger Hinsicht in seiner Quellensammlung Verwendung findet.

3. Die Ursache der Rechtsbeschränkung: die Minderbewertung der Frau

Eine sachgerechte Beurteilung der im Voraufgehenden behandelten Quellen sowie der Aussage Gratians über den Ausschluß der Frau vom Amt in der Kirche erfordert notwendig eine eingehendere Untersuchung darüber, welche Vorstellung von der Frau sie implizieren oder voraussetzen[194]; denn die Art und Weise, wie die Frau eingeschätzt wird, gibt eindeutigen Aufschluß über die Begründet- oder Unbegrün-

---

[190]) Vgl. die Ausführungen unten S. 91, 94.

[191]) Das könnte auch aus der Art, wie Gratian den die Diakonisse betreffenden Kanon 15 des Konzils von Chalcedon (C. 27 q. 1 c. 23) einordnet und verwertet, geschlossen werden, vgl. dazu oben S. 35.

[192]) Als erster der Dekretisten bestreitet R u f i n – in Anlehnung an ihn dann auch die Dekretisten der Folgezeit – ausdrücklich die Sakramentalität der Diakonissenweihe, dazu vgl. unten S. 85.

[193]) Vgl. unten S. 84 f. mit Anm. 68.

[194]) Während dieser Aspekt, wie bereits (oben S. 7 Anm. 8) erwähnt, bei G i l l m a n n unberücksichtigt bleibt, widmet R. M e t z mit Recht einen erheblichen Teil seiner Studie „Le statut de la femme en droit canonique médiéval" der Frage nach der Wertung der Frau (s. Abschnitt: Les fondements du statut de la femme, a.a.O. S. 61–82); auch v. d. M e e r befaßt sich S. 123–127 eingehend mit diesem Problem und fordert (S. 12) eine Untersuchung der die Frau betreffenden Verbote auf ihre Zeitgebundenheit hin.

detheit der Rechtsbestimmungen. Aus den Verboten der kultisch-liturgischen Betätigung der Frau konnte bereits eine ihnen zugrunde liegende geringschätzige Auffassung von der Frau erschlossen werden. Weitere Texte des Gratianischen Dekretbuchs, die z. T. über unsere spezielle Fragestellung hinausgehen, bezeugen diese Auffassung vom Minderwert der Frau mit aller Klarheit; die abwertenden Aussagen über die Frau stehen darin häufig in einem ursächlichen Zusammenhang mit Rechtsbeschränkungen und Verboten für sie, die andere Lebensbereiche betreffen.

a. Die Vorstellung Gratians und seiner Zeit vom Minderwert der Frau und ihrer dadurch bedingten Unterordnung (status subiectionis)

In Anlehnung an eine lange Tradition läßt sich der Verfasser des Dekretbuchs bei der Darstellung und Motivierung des Rechtsstatus der Frau von einem sehr geringschätzigen Denken über die Frau leiten und bestimmen[195], das an mehreren Stellen des Werkes explizit wird; so auch in dem die 3. Quaestio in C. 15 einleitenden dictum[196], also im Kontext der bereits erwähnten Äußerung Gratians, daß die Frau weder zum Amtspriestertum noch zum Diakonat Zugang habe. Gratian behandelt hier die Frage, ob eine Frau als Anklägerin gegen einen Priester vor Gericht auftreten könne (an mulier sacerdotem accusare ualeat). Nach kanonischem Recht, bemerkt Gratian, scheine das gänzlich ausgeschlossen zu sein; in einem Dekret des Papstes Fabian (C. 2 q. 7 c. 6)[197] sei nämlich generell angeordnet, daß gegen die Priester des Herrn von seiten derer, die sui ordinis non sunt, nec esse possunt, also nicht auf der gleichen Stufe mit ihnen stehen (können), weder Anklage noch Zeugnis erhoben werden könne. Diese allgemeine Vorschrift appliziert Gratian wie folgt auf die Frau: „Frauen aber können weder zum Priestertum, noch selbst zum Diakonat gelangen; deshalb können sie gegen Priester weder Anklage erheben noch Zeugnis ablegen vor Gericht"[198]. Bei seiner Beweisführung stützt sich Gratian

---

[195]) Dazu vgl. auch M e t z , Statut S. 73 ff.; d e r s ., Recherches S. 379–396.

[196]) Corpus (ed. F r i e d b e r g) I 750 f.

[197]) Nach F r i e d b e r g, Corpus I 484 Anm. 37 handelt es sich dabei um einen Abschnitt aus einer epistola pseudoisidoriana, vgl. H i n s c h i u s , Decretales S. 162.

[198]) „Mulieres autem non solum ad sacerdotium, sed nec etiam ad diaconatum prouehi possunt, unde nec sacerdotes accusare, nec in eos testificari ualent" (Corpus, ed. cit., I 750).

allerdings nicht nur auf das kanonische Recht (*sacri canones*), sondern auch auf die *leges*, d. h. auf das römische Recht[199]; danach sei der Frau ebenfalls die Anklage vor Gericht untersagt, und zwar wegen der dem weiblichen Geschlecht geziemenden Schüchternheit (*ob uerecundiam sui sexus*), außer sie wolle ein ihr oder ihren Angehörigen angetanes Unrecht gerichtlich verfolgen[200]. Daraus ergebe sich, daß die Frau, für die dieser Ausnahmefall nicht zutreffe, zur Anklage eines Priesters nicht zugelassen werden dürfe. In dialektischer Manier stellt Gratian diesem durch kirchliches und weltliches Gesetz gestützten vorläufigen Ergebnis folgenden Einwand entgegen: Wer das Richteramt auszuüben imstande sei, dürfe vom Amt des Anklägers nicht ferngehalten werden. Frauen hätten aber im Alten Bund das Volk gerichtet, wie das Richterbuch eindeutig bezeuge (hier ist fraglos angespielt auf die prophetisch begabte Richterin Debora, von der das 4. Kapitel des Richterbuches berichtet). Man könne also nicht diejenigen von der Anklage ausschließen, so folgert Gratian, die die Funktion des Richters nachweislich öfter ausgeübt hätten und denen durch kein Schriftwort verboten werde, vor Gericht anzuklagen. Die Lösung dieses Problems, die Gratian anscheinend keinerlei Schwierigkeit bereitet, zeigt deutlich seine Befangenheit in einer von rabbinisch-paulinischem Gedankengut geprägten, die Freiheit der Frau unterdrückenden Ideologie. Er argumentiert nämlich wie folgt[201]: „Im Alten Bund war vieles erlaubt, was heute (d. h. im Neuen Bund) durch die Vollkommenheit der Gnade

---

[199]) Diese Methode wird von Gratian häufig angewandt; darüber sowie über die Bedeutung des römischen Rechts für die Wertung und Stellung der Frau in der Kirche s. die Ausführungen unten S. 63 f., 70 ff.

[200]) F r i e d b e r g, Corpus I 750 Anm. 3 führt als (von Gratian vermutlich gemeinte) römisch-rechtliche Quelle Dig. 50,17,2 an („Feminae ab omnibus officiis civilibus vel publicis remotae sunt et ideo nec iudices esse possunt nec magistratum gerere nec postulare nec pro alio intervenire nec procuratores existere", Corpus Iuris Civilis I 868). – Die vom römischen Recht aufgestellten Ausnahmefälle vom generellen Anklageverbot für die Frau sind von Gratian als cc. 1–4 in C. 15 q. 3 aufgenommen. Aus seinem dictum p. c. 4 (ibid.) § 2 geht hervor, daß das kanonische Recht sich an die im Regel- wie im Ausnahmefall geltenden römisch-rechtlichen Bestimmungen anschließt.

[201]) „His ita respondetur: In ueteri lege multa permittebantur, que hodie perfectione gratiae abolita sunt. Cum enim mulieribus permitteretur populum iudicare, hodie pro peccato, quod mulier induxit, ab Apostolo eis indicitur uerecundari, uiro subditas esse, in signum subiectionis uelatum caput habere. Que ergo his omnibus uiro subiecta ostenditur, cui pro alio postulare non conceditur, ad accusationem admittenda non uidetur" (Corpus, ed. F r i e d b e r g, I 750 f.).

abgeschafft ist. Wenn nämlich (im Alten Bund) Frauen erlaubt wurde, das Volk zu richten, so wird ihnen heute wegen der Sünde, die die Frau in die Welt brachte, vom Apostel geboten, sich scheuer Zurückhaltung zu befleißigen, dem Mann untertan zu sein und sich zum Zeichen der Unterwerfung zu verschleiern ... ". Nach der Meinung Gratians war also die Ausübung des Richteramtes durch die Frau im Alten Bund ein im Grunde unberechtigtes Zugeständnis, eine Unvollkommenheit, die durch den Neuen Bund überwunden wurde, dessen „perfectio gratiae" sich im Hinblick auf die Frau darin manifestiert, daß sie um der Erbsünde willen, deren Einbruch in die Menschheitsgeschichte ihr allein zur Last gelegt wird, in der Weise bestraft wird, daß sie die Freiheit des eigenständigen Menschseins verliert und in den Status der Unterworfenheit unter den Mann verwiesen wird. Diese Vorstellung von der Frau als einem von dem Makel der Sündenschuld und der Strafe dauernd gezeichneten, untergeordneten Wesen übernahm Gratian – vermutlich durch Vermittlung von patristischen Texten [202] – vor allem aus der dem Apostel Paulus zugeschriebenen Stelle 1 Tim 2,12–14, die deutlich rabbinische Denkart erkennen läßt [203], darüber hinaus konnte er sich (im Hinblick auf die von der Frau geforderte Unterordnung) auch auf Eph 5,22.24; Kol 3,18; 1 Kor 11, 7–10; 14,34 f. stützen. Der status subiectionis der Frau rechtfertigt nach Gratian weitere Rechtsbeschränkungen: dem dictum C. 15 q. 3 princ. zufolge ihren (auch im römischen Recht verfügten) Ausschluß vom Richteramt und vom Recht der Anklage vor Gericht; fraglos bildet der im Kontext erwähnte Ausschluß der Frau vom Diakonat und Presbyterat davon keine Ausnahme – er gründet ebenfalls in dem über die Frau verhängten Stand der Unterworfenheit.

Die Überzeugung Gratians vom sittlichen Minderwert der Frau, die ihn im dictum C. 15 q. 3 princ. dazu veranlaßte, die Frau als Urheberin der Sünde hinzustellen, kommt – in einem andern Zusammenhang und in anderer Nuancierung – auch sehr deutlich in dem an Kap. 18 in C. 32 q. 7 sich anschließenden dictum zum Ausdruck. Gratian setzt sich darin kritisch mit dem als Kap. 17 aufgenommenen, irrtümlich Ambrosius zugeschriebenen Kommentar des sog. Ambro-

---

[202] Die von Gratian als cc. 11–20 in C. 33 q. 5 aufgenommenen patristischen Texte weisen z. T. eine ähnliche Auffassung auf, vgl. dazu unten S. 61 f.
[203] Dazu vgl. Exegetischer Exkurs S. 193.

siaster[204] zu 1 Kor 7,10 f. auseinander, wonach die Frau, falls sie sich
von ihrem ehebrecherischen Mann getrennt hat, entweder unverhei-
ratet bleiben oder sich wieder mit ihrem Mann versöhnen soll, dem
Mann hingegen erlaubt wird, im Falle des Ehebruchs seiner Frau eine
andere zu heiraten[205]. Für den Magister besteht kein Zweifel darüber,
daß diese Auffassung, die dem Mann zu Lebzeiten seiner Frau eine
derartige Freiheit einräumt, mit der offiziellen kirchlichen Lehre und
Tradition im Widerspruch steht; er weist jedoch auf eine zeitgenössi-
sche Interpretation hin, die, um die Autorität des Ambrosius nicht
anzutasten, seine vermeintliche Auffassung mit der kirchlichen Lehre
dadurch in Übereinstimmung zu bringen sucht, daß sie die Aussage auf

---

[204]) Vgl. F r i e d b e r g, Corpus I 1144 Anm. 155. – Seit dem Frühmittelalter
wurde der älteste lateinische Kommentar zu den Paulinen, gen. „Ambrosiaster" (diese
Bezeichnung wird auch für den Verfasser des Kommentars verwandt, vgl. M u n d l e
S. 8 Anm. 1), fälschlich dem Kirchenvater Ambrosius zugeschrieben, bis Erasmus
von Rotterdam die Unechtheit nachwies; im Laufe des Mittelalters wurde die
Annahme, daß der Verfasser des Kommentars Ambrosius sei, derart dominierend,
daß sie alle Gegenzeugnisse überstimmte, vgl. B a r d e n h e w e r III 520. – Immerhin
bemerkt aber G r a t i a n, wahrscheinlich im Anschluß an P e t r u s L o m b a r d u s
(Sentenzen IV 35, ed. PP. Colleg. S. Bonaventurae, Ad Claras Aquas 1916, II 959):
„Sed illud Ambrosi a falsatoribus dicitur insertum" (dict. p. c. 18 in C. 32 q. 7;
Corpus, ed. F r i e d b e r g, I 1145). Diese Annahme der Möglichkeit einer Fälschung
des Ambrosiustextes tritt aber im nachfolgenden Text zurück.

[205]) Der von G r a t i a n in verkürzter Form als Kap. 17 (Corpus, ed. F r i e d -
b e r g, I 1144) aufgenommene Kommentar des Ambrosiaster zu 1 Kor 7,10 f. lautet
vollständig: „Uxorem a viro non discedere; quod si discesserit, manere innuptam'.
Hoc Apostoli consilium est, ut si discesserit propter malam conversationem viri, iam
innupta maneat. ,Aut viro suo reconciliari'. Quod si continere se, inquit, non potest,
quia pugnare non vult contra carnem, viro reconcilietur; non enim permittitur
mulieri, ut nubat, si virum suum causa fornicationis dimiserit, aut apostasiae …
Si tamen apostataverit vir, aut usum quaerat uxoris invertere, nec alii potest
nubere mulier, nec reverti ad illum. ,Et virum uxorem non dimittere'. Subauditur
autem, excepta fornicationis causa. Et ideo non subiecit (sc. Apostolus) dicens, sicut
de muliere; quod si discesserit, manere sic; quia viro licet ducere uxorem, si dimiserit
uxorem peccantem, quia non ita lege constringitur vir, sicut mulier; caput enim
mulieris vir est" (PL 17, 230). Die Art der Argumentation ist sehr bezeichnend:
das angebliche Hauptsein des Mannes wird vorgeschützt, um größere eherechtliche
Freiheiten für den Mann zu legitimieren! H e g g e l b a c h e r S. 127 f. bemerkt, daß
die Auffassung des Ambrosiaster vom römischen Recht beeinflußt sei, muß allerdings
zugeben (S. 127 Anm. 1), daß auch die kirchliche Disziplin in manchen Bereichen
dem Mann gewisse Vorrechte in der Ehe einräumte, indem z. B. die kleinasiatische
kirchliche Bußdisziplin lediglich die Untreue der F r a u als Ehebruch ansah und mit
15jähriger Buße bestrafte, während dasselbe Vergehen des M a n n e s nur mit der
für außerehelichen Geschlechtsverkehr geltenden 7jährigen Buße geahndet wurde.
Über den Einfluß der Auffassung des Ambrosiaster auf die kirchliche Disziplin vgl.
auch B. K u r t s c h e i d, Die christliche Ehe (Religiöse Quellenschriften, hg. von
J. Walterscheid, H. 54), Düsseldorf 1928, S. 20.

einen ganz bestimmten Fall von Ehebruch einengt, nämlich auf den Ehebruch mit Blutsverwandten. Diese Deutung wird von Gratian übernommen und im Sinne der kirchlichen Lehre korrigiert[206]. Damit war zwar eine gewisse Angleichung der patristischen Lehrmeinung an die kirchliche Eheauffassung erreicht, indessen bestand aber die Möglichkeit, daß der Mann dagegen Einspruch erhob, daß ihm nicht mehr Freiheiten in eherechtlicher Hinsicht eingeräumt würden als der Frau in gleicher Sachlage. Vorsorglich begegnet Gratian einem solchen möglichen Protest seitens des Mannes, und zwar in einer für seine Vorstellung von der Frau sehr bezeichnenden Weise: Der Mann solle sich dessen bewußt sein, daß die Bezeichnung *vir* (Mann) nach Ambrosius sich nicht vom Geschlecht, sondern von *virtus animi* (sittliche Kraft, Vollkommenheit) herleite, die Bezeichnung *mulier* (Frau) hingegen von *mollities mentis*, also von Schwäche und Weichlichkeit des Charakters[207]. Das Gefühl der Überlegenheit und höheren Werthaftigkeit auf Grund des männlichen Geschlechts tritt hier in krasser Form zutage und in einem Zuge damit das verächtliche Herabschauen auf das „schwache Geschlecht", dessen Charakteristikum nach Gratian die *mollities mentis* ist und für das darum die zur *mollities* im Gegensatz stehende[208], den Mann kennzeichnende *virtus animi* kaum erreichbar ist. Für Gratian – er macht sich damit fraglos nur die herrschende Auffassung seiner Zeit zu eigen – stehen der Begriff *mulier* und sittlicher Tiefstand in einem derart engen Zusammenhang, daß *mulier* als treffende Bezeichnung für Unzüchtige und Ehebrecher beiderlei Geschlechts

---

[206]) „Quidam uero, sentenciam Ambrosii seruare cupientes, non de qualibet fornicatione illud arbitrantur intelligi, ut ob quamlibet fornicationem uir licite dimittat uxorem, et uiuente dimissa aliam ducat, sed de incestuosa tantum fornicatione intelligitur ... ". Gratian korrigiert diese Interpretation folgendermaßen: „Sed quia nulla auctoritate permittitur, ut uiuente uxore alia superducatur, intelligitur illud Ambrosii in supradicto fornicationis genere: non tamen, quod uiuente dimissa aliam ducere possit, sed post mortem fornicariae uel fornicarii ... ille, qui a fornicatione mundus est, uir siue mulier aliis copulari possunt; adulteri autem, si superuixerint, nullo modo aliis copulari poterunt" (dict. p. c. 18 in C. 32 q. 7, ed. Friedberg, Corpus I 1145). Munier, Sources patristiques S. 188 weist darauf hin, daß die hier angewandte Methode, nämlich den Sinn eines Textes zu ändern, um die Autorität des Autors zu retten, bei den Kompilatoren des Mittelalters häufig anzutreffen sei, was als Beweis für ihre Autoritätshörigkeit anzusehen sei.

[207]) „Hic si quis contendat, non magis uiro, quam mulieri licitum esse, si uir alicuius eodem modo fornicetur, sciat, uirum ab Ambrosio appellatum non sexu, sed animi uirtute; mulierem quoque nominatam sentiat non sexu corporis, sed mollicie mentis" (Corpus, ed. Friedberg, I 1145).

[208]) Vgl. Georges II 985 f.

verwandt werden kann, wegen ihrer lasterhaften Verderbtheit: (*fornicaria vel fornicarius*), *quorum uterque ... a corruptione luxuriae mulier appellatur*[209]. Weit davon entfernt, ein wertneutraler Begriff zu sein, impliziert also *mulier* (bzw. *femina*) nach einer schon jahrhundertealten Vorstellung, die Gratian aufgreift und sie so der Folgezeit weitervermittelt, einen schweren Makel und Minderwert, *vir* dagegen bezeichnet nach derselben überlieferten Vorstellungsweise den Menschen in seiner Idealgestalt, ist also ebenfalls ethisch qualifiziert[210].

Die von Gratian in Übereinstimmung mit der kirchlichen Tradition geforderte monogame und unauflösliche Ehe[211] beschränkte einerseits die vom Mann mit Selbstverständlichkeit für sich beanspruchte größere sexuelle Ungebundenheit, indem er in ebendem Maße zur Treue verpflichtet wurde, wie die Frau es seit jeher gewesen war; andererseits wurde aber dem Mann in dieser Eheform, gewissermaßen als Entgelt für die Forderung dauernder Bindung, das nahezu uneingeschränkte Herrschaftsrecht über die Frau eingeräumt[212]. Auch hierin löste sich

---

[209] Corpus (ed. cit.) I 1145.

[210] Diese bereits im Alten Testament vorhandene geringschätzige Auffassung von der Frau und die Überbewertung des Mannes (vgl. z. B. Pred 7,25–28; Jes Sir 19,2; Jer 49,22; s. auch Exegetischer Exkurs S. 172 f.) wird von Gratian vor allem durch das Medium patristischer Aussagen rezipiert (vgl. dazu unten S. 54 ff.). Daß das weibliche Geschlecht in sich niedrig, charakterlich schwach und lasterhaft sei, ist eine bei den Vätern häufig anzutreffende Vorstellung (vgl. dazu Thraede Sp. 255 ff.), die außer auf jüdischen auch auf gnostisch-dualistischen und neuplatonischen Einfluß zurückzuführen ist (vgl. Thraede Sp. 242 f.). Eine Folge dieser Denkweise ist, daß die Väter die Bezeichnung ‚vir‘ (Mann) auf die Frau übertragen, die sich (erstaunlicherweise) durch Glauben und Tugend auszeichnet; so Ambrosius, Expositio evangelii secundum Lucam X 161: „dicit ei Iesus: mulier. quae non credit mulier est et adhuc corporei sexus appellatione signatur; nam quae credit occurrit in uirum perfectum... carens iam nomine saeculi, corporis sexu" (CSEL 32,4 S. 517); Hieronymus, Commentariorum in epistolam ad Ephesios, lib. III cap. V: „quandiu mulier partui servit et liberis, hanc habet ad virum differentiam, quam corpus ad animam. Sin autem Christo magis voluerit servire quam saeculo, mulier esse cessabit, et dicetur vir" (PL 26, 567); Berengaudus, Expositio in Apocalypsin, ad cap. 12,5: „Femineus quippe sexus fragilis est: femina igitur quae fortitudine animi assumpta diabolum vincit, atque per bona opera Deo placere studet, non incongrue vir vocatur; quia quamvis corpore sit femina, virtute tamen animi viris bonis coaequatur" (PL 17, 960, ad opera S. Ambrosii appendix). – Vgl. auch die bei v. d. Meer S. 97 ff. angeführten Quellenbelege.

[211] Vgl. dazu Plöchl, Eherecht S. 37–43.

[212] Auf diesen Tatbestand und seine negativen Folgen für die personale Entfaltung der Frau weist Weber S. 181 hin, indem sie, den Einfluß des Christentums auf die Rechtslage der Frau untersuchend, feststellt: „Die vom Christentum unternommene Erziehung des Mannes zur Beherrschung des Trieblebens" mußte „die Lage der Frau in sehr entscheidenden Punkten innerlich und äußerlich gewaltig

Gratian nicht von der herkömmlichen Tradition, wie aus seinen Ausführungen im Anschluß an die capitula 11 und 20 in C. 33 q. 5 hervorgeht. Dem Herrschaftsrecht des Mannes über die Frau ist nach dem auf mehrere auctoritates gestützten dictum p. c. 11[213] nur dort eine Grenze gesetzt, wo es sich um den Bereich des Intimverhältnisses zwischen den Ehegatten handelt; in dieser Beziehung haben Mann und Fau angeblich gleiche Rechte (*in debito coniugii eque mulier habet potestatem uiri, sicut et uir mulieris*). Deswegen könne z. B. der eine Partner nicht ohne die Zustimmung des anderen ein Gelübde der Enthaltsamkeit (*votum continentiae*) ablegen (*quod continentiae uota nec mulier sine uiri consensu, nec uir sine mulieris consensu Deo reddere potest*). In allen anderen Bereichen aber gilt, wie Gratian betont, das Verhältnis von Über- und Unterordnung zwischen Mann und Frau: *Quia uero in ceteris uir est caput mulieris, et mulier corpus uiri.* (Daß diese Pflicht der Unterordnung der Frau allerdings nicht ohne negative Rückwirkung auch auf den Intimbereich der Ehe blieb, in dem der Frau an sich eine gleichberechtigte Stellung zuerkannt wurde, war eine notwendige Folge[214]). Das Herrschaftsrecht des Mannes ist nach Gratian mit seinem

---

heben. Andererseits ließ nun aber die neue Lehre das Prinzip des Patriarchalismus: faktische und rechtliche Unterordnung der Frau als Gattin und Mutter, wie sie es im Orient vorfand, unangetastet, ja sie verstärkte in mancher Hinsicht seine Grundlagen und wirkte deshalb im Bereich der Gebiete rechtlicher Frauenfreiheit direkt als ‚reaktionäre‘ Gewalt... Daß... jene durch die Zustände der damaligen Zeit bedingten Anschauungen über die Konstruktion der Ehe und die Stellung der Frau als Gott gewollt galten, zum Dogma erstarrten und als solches für die ganze christliche Kultur bis in unsere Zeit maßgebend wurden, hat... die... Entwicklung des Frauenrechts und der Frauenpersönlichkeit hinausgezögert".

[213]) Corpus (ed. F r i e d b e r g) I 1254.

[214]) Das beweist z. B. der aus dem 11. Jahrhundert stammende Eheschließungsritus der Diözese Salisbury, der eine weite Verbreitung fand; das Treuegelöbnis der Braut hatte danach folgenden Wortlaut: „Ich N. nehme dich N. zu meinem verlobten Manne, dich zu haben und zu halten von diesem Tage an in Glück und Unglück, in Reichtum und Armut, in Krankheit und Gesundheit, z u s e i n b e s c h e i d e n u n d f o l g s a m im Bett und am Tisch, bis der Tod uns trennt" (zit. nach J. F r e i s e n, Das Eheschließungsrecht in Spanien, Großbritannien und Irland und Skandinavien in geschichtlicher Entwicklung mit Abdruck vieler alter Urkunden dargestellt, Bd. 2, Paderborn 1919, S. 75). Auch bei Gratian verhindert die Vorrangstellung des Mannes, daß eine wirkliche Gleichberechtigung in der ehelichen Beziehung zwischen den Partnern zustandekommt, s. dazu die Ausführungen unten S. 70 ff. Bemerkenswert sind in diesem Zusammenhang auch die Ausführungen von J. A. B r u n d a g e, The crusader's wife: a canonistic quandary, in: Studia Gratiana XII, 1967, S. 427–441. Danach hielt zwar Gratian noch daran fest, daß der Mann von dem Konsens seiner Frau abhängig war, wenn er einen Kreuzzug unternehmen wollte. Zu Beginn des 13. Jahrhunderts änderten aber zwei Dekretalen

„Haupt"-Sein gegeben – eine Auffassung, die von Paulus (besonders aus Eph 5,22 f. und 1 Kor 11,3) und aus patristischen Texten[215] übernommen ist; das „Leib"-Sein der Frau hingegen bedingt ihre Unterordnung unter den Mann. Die Bezeichnung der Frau als „Leib des Mannes" entlehnte Gratian ebenfalls paulinischem Sprachgebrauch, die Wendung taucht in ähnlicher Form in Eph 5,28 f. auf, allerdings insofern in einem etwas anderen Zusammenhang, als sie dort zunächst zur Beschreibung der Einheit der Ehegatten dient[216]. Die Verwendung der Begriffe „Haupt" und „Leib" für Mann und Frau in ihrem Verhältnis zueinander bei Paulus und im Gefolge davon bei Gratian geht letztlich auf ein buchstäbliches, im Rabbinismus gebräuchliches Verständnis der jahwistischen Schöpfungserzählung zurück, nach der die Frau aus dem Leib des Mannes gebildet wurde[217], resultiert also aus der Vorstellung von der geschöpflichen Inferiorität der Frau. Aus dieser Vorstellung ergeben sich bei Gratian ebenso wie aus der (oben S. 45 f. skizzierten) Auffassung vom sittlichen Minderwert der Frau als Folge für sie der Stand der Unterworfenheit und im Zusammenhang damit konkrete Rechtsbeschränkungen, nach dem dictum p. c. 11 das Verbot, ohne Einwilligung ihres Mannes ein Gelübde abzulegen, durch das sie sich aus religiösen Motiven zu einem Verzicht (Fasten oder dgl.) verpflichtet (dieses sog. *votum abstinentiae* ist von Gratian deutlich abgegrenzt von dem *votum continentiae*, das auf die geschlechtliche Enthaltsamkeit abzielt); dabei ist sie nach der Aussage Gratians in dem Maße der Herrschaft des Mannes unterworfen, daß sie ein mit seiner Zustimmung abgelegtes Gelübde nicht erfüllen darf, wenn er seinen zuvor gegebenen Konsens widerruft – „und zwar wegen ihres Standes sklavischer Unterworfenheit (*propter conditionem servitutis*),

---

Innozenz III. das bestehende Gesetz in dem Sinne, daß der Mann auch ohne die Einwilligung seiner Frau einen Kreuzzug unternehmen konnte (S. 434 f.). Demgegenüber mußte der Mann das Gelübde der Frau, an einem Kreuzzug teilzunehmen, selbst wenn sie seine Erlaubnis dafür eingeholt hatte, keineswegs respektieren; er konnte, obwohl das an sich nicht gestattet war, seine Erlaubnis rechtswirksam (für die Frau) zurückziehen (S. 432 Anm. 17).

[215]) Vgl. die auctoritates patrum, die Gratian als Stützen seiner Theorie in C. 33 q. 5 anführt; nähere Erläuterungen dazu unten S. 54 ff.; s. dazu auch Exegetischer Exkurs S. 189 ff.

[216]) Vgl. Metz, Recherches S. 381 f.; vgl auch Exegetischer Exkurs, S. 195 ff. – Neben der Einheit der Ehegatten wird aber auch die Pflicht der Unterordnung der Frau unter den Mann von Paulus in Eph 5 betont, die sich ebenfalls aus dem „Leib"-Begriff ergibt, was von Metz m. E. nicht genügend berücksichtigt wird.

[217]) Dazu vgl. Exegetischer Exkurs S. 190 f., 195.

auf Grund dessen sie dem Mann in allem untertan sein muß"[218]. Es
bereitet Gratian keinerlei Schwierigkeit, für die der Frau zugewiesene
conditio servitutis unter den Mann für die damalige Zeit unanfecht-
bare Stützen zu finden; er führt 10 Kirchenväterzitate (echte und un-
echte) an, die aus einer behaupteten schöpfungsmäßigen und sittlichen
Inferiorität der Frau ihren status subiectionis deduzieren[219]. Auf
Grund dieser auctoritates formuliert er dann (p. c. 20) als abschließen-
des, mit dem vorhergehenden dictum (p. c. 11) übereinstimmendes
Ergebnis: „Es ist also völlig evident, daß der Mann so sehr Haupt der
Frau ist, daß sie ohne seine Erlaubnis kein Gelübde der Abstinenz oder
religiöser Lebensweise vor Gott ablegen darf; selbst wenn ein solches
Versprechen mit Zustimmung des Mannes abgelegt wurde, ist es ihr
dennoch nicht gestattet, es zu erfüllen, falls es nämlich dem Mann in
den Sinn kommen sollte, seine Erlaubnis zurückzuziehen"[220]. Das Ent-
würdigende und Beleidigende solcher „Ordnung" liegt nicht zuletzt
darin, daß der Frau damit sogar das Verfügungsrecht über ihre persön-
lichsten inneren Angelegenheiten entzogen und so die freie Betätigung
eines unmittelbaren Gottesverhältnisses verweigert ist; ihre Beziehung
zu Gott wird durch und über den Mann geregelt, sie selbst zu einem
inferioren und unmündigen Wesen degradiert. Das Alte Testament
kennt die gleiche Vorschrift[221]. Es zeigt sich also, daß Gratian die aus
extrem patriarchalischem Denken resultierende Rechtsordnung des
Alten Bundes, nach der die Frau Eigentum und Besitz des Mannes ist[222],
in einem wesentlichen Punkt konserviert hat – trotz des bereits jahrhun-
dertelang bestehenden Neuen Bundes. Wenn auch heute wohl kaum noch
jemand die Unmittelbarkeit des Gottesverhältnisses der Frau in Frage
stellen wird, ist dennoch die alttestamentliche Ordnung insofern bis

---

[218] „Quia uero in ceteris uir est caput mulieris, et mulier corpus uiri, ita uota
abstinentiae uiro permittente mulier potest promittere, ut tamen eodem prohibente
repromissa non ualeat inplere, et hoc, ut diximus, propter condicionem seruitutis,
qua uiro in omnibus debet subesse" (Corpus, ed. F r i e d b e r g , I 1254).

[219] Auf diese auctoritates patrum wird unten S. 54 ff. näher eingegangen.

[220] „Euidentissime itaque apparet, ita uirum esse caput mulieris, ut nulla uota
abstinentiae uel religiosae conuersationis liceat sibi sine eius licentia Deo offerre;
etiamsi uiro permittente repromissa fuerint, non licet ei uotum opere conplere,
cum uir uoluerit reuocare permissum" (Corpus, ed. F r i e d b e r g , I 1256).

[221] Vgl. Num 30,11–15 (bes. V. 14: „Jedes Gelübde und jede eidliche Verpflichtung zu einem Fasten kann von ihrem Manne als bestehend oder nicht bestehend erklärt werden"); vgl. dazu auch unten S. 57.

[222] Vgl. Gen 20,3; Ex 20,17; 21,22; 2 Sam 11,26; s. auch Exegetischer Exkurs
S. 172 f.

jetzt nicht überwunden, als sich die Frau im Hinblick auf ihre Gottesbeziehung noch immer in einer Abhängigkeit vom Mann befindet, weil nur er amtlicher Verkünder des Wortes Gottes und Verwalter der für die christliche Existenz entscheidenden Sakramente Eucharistie und Buße ist[223].

Auf den der Frau um ihres angeblichen Minderwertes willen auferlegten status subiectionis sind alle Rechtsbeschränkungen und jede Art von Rechtsentzug zurückzuführen, die die Frau betreffen, wie René Metz[224] mit Recht betont: „Toutes les incapacités juridiques dont elle peut faire l'objet s'expliquent en raison de son état de sujetion: ‚Propter conditionem servitutis, qua (mulier) viro in omnibus debet subesse'". Auch der Ausschluß der Frau vom Ordo hat darin seine Ursache[225].

b. Die Grundlagen der Minderbewertung der Frau bei Gratian

Das Urteil Gratians über die Frau, das nicht nur sein persönliches ist, sondern das Denken seiner Zeit widerspiegelt[226], ist von mehreren Faktoren entscheidend geprägt: außer von den schon im Voraufgehenden berücksichtigten paulinischen Aussagen über die Frau von der Auffassung der Kirchenväter und vom römischen Recht. Die letztgenannten Grundlagen seines Denkens nehmen einen breiteren Raum im Dekretbuch ein und verdienen daher eine gesonderte Berücksichtigung.

---

[223]) Besonders in bezug auf das Bußsakrament wird die ausschließliche Verwiesenheit der Frau auf den Mann oft genug als im Grunde unzumutbare und diskriminierende Forderung empfunden; in keinem außerkirchlichen Bereich, dem ein intimer Charakter eignet, gibt es noch ein solches Maß an Abhängigkeit. So ist es der Frau z. B. möglich und freigestellt, sich von Ärztinnen und Psychotherapeutinnen beraten und behandeln zu lassen; diese Wahlmöglichkeit empfindet die Frau generell als wahre Wohltat – nicht anders würde sie eine solche im religiösen Bereich empfinden und schätzen (vgl. zu dem Problem auch H e i n z e l m a n n, Schwestern S. 27 f.).

[224]) Statut S. 74.

[225]) Vgl. M e t z, Recherches S. 379 („Cette condition [sc. d'infériorité] se traduisait par une série d'incapacités auxquelles la femme était soumise, t o u t p a r t i c u l i è r e m e n t d a n s l e s f o n c t i o n s d u c u l t e p u b l i c"); vgl. d e r s., Statut S. 97 ff., 108.

[226]) Das Urteil von S c h u l t e, Geschichte I 70 „Gratians Erörterungen bilden ein sehr gewichtiges, ja gewisses Zeugnis für die Auffassung seiner Zeit" darf auch in diesem speziellen Punkt Gültigkeit für sich beanspruchen.

a) Die Auffassung der Kirchenväter von der Frau nach den im Dekretbuch gesammelten patristischen Texten

Die Autorität der Kirchenväter stand im Mittelalter in hohem Ansehen. Ihre Aussagen galten als eigentliche Rechtszeugnisse[227] und hatten als solche den gleichen Rang wie Konzilsbeschlüsse und Erlasse der Päpste[228]. Auf dem Gebiet der Schrifterklärung aber wurde den Vätern unbestritten der erste Rang zuerkannt: sie galten als die maßgebenden, weil vom Hl. Geist erleuchteten Kommentatoren und Exegeten[229]. Ihrer Schriftexegese bedient sich Gratian in der hier besonders interessierenden Quaestio 5 der Causa 33, um die der Frau zugewiesene „Stellung sklavischer Unterworfenheit, auf Grund deren sie dem Mann in allem untertan sein muß" (dictum p. c. 11), zu begründen und zu legitimieren. Diesen Zweck erfüllen die von Gratian angeführten Väterstellen in einer kaum zu überbietenden Weise, und zwar infolge einer dem Buchstaben verhafteten, unkritischen Bibelinterpretation[230]. In mehreren Texten findet sich die Aussage über eine bereits in der Schöpfung angelegte Inferiorität der Frau, derzufolge ihr die Gottebenbildlichkeit ausdrücklich abgesprochen wird, woran das Ausmaß der Geringschätzung besonders sichtbar wird; so in Kap. 13, das den Augustinus zugeschriebenen „Quaestiones Veteris et Novi Testamenti" entnommen ist: „Das ist das Abbild Gottes im Menschen (= Mann), daß er als einziger, aus dem die anderen hervorgehen, geschaffen ist und die Herrschaft Gottes gleichsam als sein Stellvertreter innehat, weil er das Bild des einen Gottes in sich trägt. Daher ist die Frau nicht nach Gottes Bild geschaffen; so sagt nämlich (die Schrift): ‚Und Gott schuf den Menschen (= Mann), nach dem Bilde Gottes schuf er ihn'; und deshalb sagt auch der Apostel: ‚Der Mann freilich soll sein Haupt nicht verhüllen, weil er Bild und Abglanz Gottes ist; die Frau aber muß es verhüllen, weil sie weder Abglanz noch Bild

---

[227]) Vgl. M u n i e r, Sources patristiques S. 167.

[228]) Vgl. M u n i e r a. a. O. S. 159 f.

[229]) Dazu M u n i e r a. a. O. S. 184: „Pour l'interprétation des Ecritures la science des saints docteurs et les lumières de l'Esprit Saint, qui les assiste les recommandent de préférence à tous les autres commentateurs, fussent-ils même souverains pontifes"; vgl. auch D. 20 princ. § 1.

[230]) Der (für ein auch heute noch nicht überwundenes traditionelles Bibelverständnis charakteristische) patristische Schriftbeweis für die Unterordnung der Frau wird im Exegetischen Exkurs (S. 166–200) einer näheren Untersuchung unterzogen.

Gottes ist'"[231]. Auch in dem Ambrosius zugeschriebenen Kap. 19 wird in Erläuterung der Stelle 1 Kor 11,3 ff. von der Frau ausgesagt, sie sei nicht Gottes Bild: „Die Frau muß ihr Haupt verhüllen, w e i l s i e nicht Abbild Gottes ist; damit sie unterwürfig erscheint..., muß sie dieses Zeichen tragen... "[232]. Die Texte stammen allerdings nicht, wie Gratian annimmt, von Augustinus und Ambrosius, sondern von Pseudo-Augustinus und Pseudo-Ambrosius[233]; ihre Zuschreibung an die großen Kirchenväter durch Gratian erfolgte in Übereinstimmung mit der herrschenden Meinung des Mittelalters[234]. Es gilt heute als gesichert, daß der Kommentar zu den 13 Paulusbriefen, dem der Text von Kap. 19 entnommen ist, und die fraglichen „Quaestiones" von ein- und demselben Verfasser herrühren, Pseudo-Augustinus und Pseudo-Ambrosius also identisch sind[235]; über die Person des Verfassers, also des sog. Ambrosiaster, besteht noch keine Klarheit[236]. Seinen Schriften ist zu entnehmen, daß er im römischen Recht geschult war[237]. – Die Schriftgrundlage für die Behauptung des Ambrosiaster, die Frau sei nicht Gottes Abbild, liefert in Kap. 13 die jahwistische Schöpfungserzählung (Gen. 2), daneben Gen. 1,27 (in nahezu wörtlicher Über-

---

[231]) „Hec imago Dei est in homine, ut unus factus sit, ex quo ceteri oriantur, habens inperium Dei, quasi uicarius eius, quia unius Dei habet imaginem, ideoque mulier non est facta ad Dei imaginem. Sic etenim dicit: ‚Et fecit Deus hominem; ad imaginem Dei fecit illum'. Hinc etiam Apostolus: ‚Vir quidem', ait, ‚non debet uelare caput, quia imago et gloria Dei est; mulier ideo uelat, quia non est gloria aut imago Dei'" (Corpus, ed. F r i e d b e r g, I 1254; die Editio Romana ergänzt nach ‚ut unus factus sit' ‚quasi Dominus', ebd. nota a zu c. 13).

[232]) „Mulier debet uelare caput, quia non est imago Dei. Sed ut ostendatur subiecta... hoc signum debet habere..." (Corpus, ed. F r i e d b e r g, I 1255).

[233]) F r i e d b e r g, Corpus I 1254 Anm. 130 bemerkt zu c. 13 lediglich: „non sunt Augustini"; zu c. 19 fehlt eine entsprechende Angabe.

[234]) Über die irrige Zuschreibung des Ambrosiasterkommentars an Ambrosius während des Mittelalters s. S. 47 Anm. 204, der „Quaestiones" an Augustin vgl. A. S o u t e r (Prolegomena zur Edition der „Quaestiones") CSEL 50, VII.

[235]) A. S o u t e r, A study of Ambrosiaster (Texts and studies Vol. 7,4), Cambridge 1905, bewies die Identität des Verfassers durch sprachliche Untersuchungen. Vgl. auch M u n d l e, S. 13 f. und B a r d e n h e w e r III 524. Eine Bestätigung der Ergebnisse Souters lieferte O. H e g g e l b a c h e r, Vom römischen zum christlichen Recht. Juristische Elemente in den Schriften des sog. Ambrosiaster, Freiburg (Schweiz) 1959, auf Grund von rechtshistorischen Untersuchungen (vgl. dazu die Rezension von P. M i k a t, ZRG Kan. Abt. 48, 1962, S. 362).

[236]) Dazu s. M u n d l e S. 9–13 und H. J. V o g e l s (Prolegomena zur Edition des Ambrosiasterkommentars) CSEL 81/1 S. IX–XVII.

[237]) Vgl. H e g g e l b a c h e r S. 4; so auch M u n d l e S. 14. – Zur Herkunft und Denkart des Ambrosiaster meint Mundle, er sei „ein Römer vom reinsten Wasser" gewesen (S. 13).

nahme) und 1 Kor 11,6 f. (mit einem bei Paulus nicht vorkommenden Zusatz[238]); aus letzterer Stelle wird auch in Kap. 19 die Nicht-Gottebenbildlichkeit der Frau hergeleitet. Aus der jahwistischen Schöpfungserzählung folgert auch der echte Ambrosius in seinem „Liber de Paradyso" einen Vorrang und Primat des Mannes, dagegen die sekundäre Stellung der Frau. Die betreffende Stelle ist von Gratian als Kap. 20 (ibid.) aufgenommen: „Es ist nicht ohne Bedeutung, daß die Frau nicht aus derselben Erde, aus der Adam gebildet wurde, sondern aus einer Rippe eben des Adam geschaffen wurde ... Deshalb wurden am Anfang (der Schöpfung) nicht zwei geschaffen: Mann und Frau, noch zwei Männer, noch zwei Frauen, sondern zuerst der Mann, danach die Frau aus ihm ..."[239]. Hieronymus beruft sich in seinem Tituskommentar (zu Tit 2,5) auf die (in 1 Kor 11,3 ebenfalls aus Gen 2 abgeleitete[240]) „Haupt"-Stellung des Mannes gegenüber der Frau, um die Forderung der Unterordnung der Frau unter den Mann vom Religiösen her zu motivieren und ihr dadurch den nötigen Nachdruck zu verleihen; bei Gratian erscheint der Text als Kap. 15 (ibid.): „Da der Mann das Haupt der Frau ist, das Haupt des Mannes hingegen Christus, macht sich eine jede Ehefrau, die sich dem Mann, also ihrem Haupt, nicht unterwirft, desselben Vergehens schuldig wie der Mann, wenn er sich seinem Haupt nicht unterwirft"[241]. Im Zusammenhang mit der sog. Schöpfungsordnung führt Hieronymus (im Kontext) auch noch das Naturgesetz (*lex naturae*) zur Stützung der Untertanschaft der Frau ins Feld[242]. Dieser Kategorie bedient sich ebenfalls Augustinus in seinem Genesiskommentar (q. 153; bei Gratian c. 12 ibid.), um das

---

[238]) Während Paulus in 1 Kor 11,7 die Frau als „Abglanz des Mannes" bezeichnet, formuliert der A m b r o s i a s t e r schärfer, die Konsequenz aus dem Apostelwort ziehend: „mulier ideo velat" (vgl. V. 6 u. 10) „q u i a n o n e s t g l o r i a a u t i m a g o D e i ".

[239]) „Nec illud otiosum est, quod non de eadem terra, de qua plasmatus est Adam, sed de ipsius Adae costa facta sit mulier ... Ideo non duo a principio facti uir et mulier, neque duo uiri, neque duae mulieres; sed primum uir, deinde mulier ex eo ... " (Corpus, ed. F r i e d b e r g , I 1256).

[240]) Vgl. dazu Exegetischer Exkurs S. 190 f.

[241]) „Cum caput mulieris uir sit, caput autem uiri Christus, quecumque uxor non subicitur uiro, hoc est capiti suo, eiusdem criminis rea est, cuius et uir, si non subiciatur capiti suo ... " (Corpus, ed. cit., I 1255).

[242]) „Verbum autem Domini blasphematur, uel cum contempnitur Dei prima sentencia, et pro nichilo ducitur, uel cum Christi infamatur euangelium, dum contra l e g e m fidemque n a t u r a e ea, que Christiana est, et ex lege Dei subiecta, uiro inperare desiderat, cum gentiles etiam feminae uiris suis seruiant communi lege naturae" (Corpus, ed. F r i e d b e r g , I 1255).

Dienstverhältnis der Frau gegenüber dem Mann zu legitimieren; es entspreche der in der Naturordnung begründeten Gerechtigkeit, daß der Geringere dem Höheren diene[243]. Daß der Begriff *ordo naturalis* bei Augustinus lediglich die (zwar als unveränderlich und naturbedingt vorgestellte) tatsächliche Lage bezeichnet, in der sich die Frau zu jener Zeit in Staat und Kirche befand, hat René Metz mit Recht bemerkt: „D'une situation de fait, saint Augustin déduit une condition de droit; il en conclut à l'infériorité de la femme vis-à-vis de l'homme[244]. Von Augustins Standort und Blickwinkel aus enthalten auch die alttestamentlichen Bestimmungen über die Unterordnung der Frau nichts Befremdliches oder Anstößiges; der Kirchenvater sieht in ihnen nur eine Ausprägung der Naturordnung sowie eine Anerkennung des göttlichen Gesetzes, so die in Num 30,7 ff. getroffene Anordnung, wonach die Frau in bezug auf die Ablegung von Gelübden völlig vom Willen des Mannes abhängig ist (bei Gratian ist der augustinische Kommentar zur Stelle als cc. 11 und 16 in C. 33 q. 5 aufgenommen), wie auch die in Dt 22, 13–21 enthaltene Vorschrift, derzufolge eine von ihrem Mann wegen Unzucht vor der Ehe beschuldigte Frau zu Tode gesteinigt wurde, falls sich das Zeugnis des Mannes als wahr erwies, den falschen Zeugen aber nicht die gleiche Strafe der Steinigung traf, obwohl sonst in Israel der Grundsatz des ius talionis galt, d. h. daß der falsche Zeuge in derselben Weise bestraft wurde, wie der von ihm Beschuldigte im Falle eines wahrheitsgemäßen Zeugnisses bestraft worden wäre (der augustinische Kommentar zur genannten Stelle erscheint bei Gratian als Kap. 14 ibid.). Gerade in der Geschichte des Naturrechts ist die bei Augustinus vorliegende Denkweise, vom Faktischen auf eine dahinter liegende Naturrechtsnorm zu schließen, keine Einzelerscheinung; ähnlich wurde z. B. auch aus dem tatsächlichen Bestehen der Sklaverei deren Naturnotwendigkeit gefolgert und daraus wiederum die grundsätzliche Erlaubnis, Sklaven zu halten[245], galten diese doch als Wesen, die „von Natur unfrei" und also der Naturordnung gemäß „zur Knechtschaft bestimmt" waren[246]. Diese ungeschichtliche, vordergründige und darum kurzschlüssige Art des Urteilens, für die auch die

---

[243] „Est ordo naturalis in hominibus, ut feminae seruiant uiris, et filii parentibus, quia in illis hec iustitia est, ut maiori seruiat minor" (Corpus, ed. cit., I 1254).
[244] Statut S. 72; vgl. auch Metz, Recherches S. 383 f.
[245] Vgl. F. Flückiger, Geschichte des Naturrechts Bd. 1, Zürich 1954, S. 175, 465 f.
[246] Flückiger a. a. O. S. 174, 465.

faktisch bestehende Unterordnung der Frau als naturrechtlich bedingt galt, führte u. a. bei Augustinus weiter dazu, die eben durch die tiefgreifende Entrechtung verhinderte Ausformung der Person der Frau (hier: ihre Unwissenheit und Ungebildetheit) als naturbedingte Geistesschwäche und Minderwertigkeit hinzustellen; heißt es doch in dem oben (S. 57) erwähnten augustinischen Text (bei Gratian c. 12 ibid.): „daß der Geringere dem Höheren diene", deutlicher noch im Originaltext: „daß der Mensch mit schwächerem Denkvermögen dem mit stärkerem diene" und in dem sich daran anschließenden (von Gratian nicht aufgenommenen) Satz: „Darin besteht nämlich für das Verhältnis von Herren und Sklaven die wahre Gerechtigkeit, daß diejenigen, die sich durch höheres Denkvermögen auszeichnen, auch durch Herrschaft hervorragen sollen" [247]. Pseudo-Augustinus (= Ambrosiaster) ging sogar so weit, aus dem Faktum, daß die Frau keinerlei öffentlich-rechtliche Funktionen ausübte, ihre Nicht-Gottebenbildlichkeit abzuleiten; er hält nämlich die Ansicht, die Frau sei wie der Mann durch die Gottebenbildlichkeit ausgezeichnet und damit zur Herrschaft bestimmt (vgl. Gen 1,26), für absurd und lehnt sie ab unter Hinweis auf ihre völlige Unmündigkeit und Geschäftsunfähigkeit im öffentlichen Bereich: „ . . . Wie kann man von der Frau behaupten, sie sei Abbild Gottes, obwohl sie doch erwiesenermaßen der Herrschaft des Mannes unterworfen ist und keinerlei Vollmacht hat? Sie kann nämlich weder lehren noch Zeuge (vor Gericht) sein noch Bürgschaft leisten noch das Richteramt bekleiden, – dann erst recht nicht herrschen!" [248]. Gratian nahm den Text in etwas gekürzter Form auf [249] und schrieb ihn Ambrosius zu. Die in dem Kapitel aufgezeigte Rechtslage der Frau ist klar als die

---

[247] „ . . . haec iustitia est, ut infirmior ratio seruiat fortiori. Haec igitur in dominationibus et seruitutibus clara iustitia est, ut qui excellunt ratione, excellant dominatione" (Sancti Aureli Augustini quaestionum in heptateuchum libri VII, CSEL 28/2 S. 80; über die Abweichung des Gratianischen Textes vom Originaltext vgl. die Notatio correctorum zu c. 12, Corpus, ed. Friedberg, I 1253).

[248] „ . . . si imaginem dei homo in dominatione habet, et mulieri datur, ut et ipsa imago dei sit, quod absurdum est. quo modo enim potest de muliere dici, quia imago dei est, quam constat dominio uiri subiectam et nullam auctoritatem habere? nec docere enim potest nec testis esse neque fidem dicere nec iudicare: quanto magis imperare!" (Pseudo-Augustini quaestiones Veteris et Novi Testamenti, CSEL 50,83).

[249] Als Kap. 17 in C. 33 q. 5 (Corpus, ed. Friedberg, I 1255; Friedberg, ebd. Anm. 176 schrieb den Text noch Augustinus zu). Bei Gratian fehlt der einleitende Halbsatz („quomodo enim . . . "), der den kausalen Zusammenhang zwischen dem ‚status subiectionis' der Frau und ihrer Nicht-Gottebenbildlichkeit aufzeigt.

der Frau nach römischem Recht auferlegte erkennbar; danach ist ja die
Frau nicht zur Zeugenfunktion zugelassen[250], sie kann nicht als Bürge
und Richter tätig werden, sie ist überhaupt von allen öffentlichen
Ämtern ausgeschlossen[251]. An dieser schweren Unterdrückung der Frau
durch das weltliche Recht übt aber der Ambrosiaster von seiner christlichen Position aus keinerlei Kritik; im Gegenteil, er sucht die Übereinstimmung des ihm wohlbekannten und von ihm auch geschätzten[252]
römischen Rechts mit der „Schöpfungsordnung" aufzuzeigen, indem
er aus den römisch-rechtlichen Bestimmungen die schöpfungsmäßige
Inferiorität der Frau, ihre Nicht-Gottebenbildlichkeit herleitet bzw.
diese in jenen bestätigt sieht[253]. Da die Frau (infolge ihres Ausschlusses
von allen öffentlichen kirchlichen Funktionen) nach kirchlichem Recht

---

[250]) Das Verbot bezieht sich vor allem auf Testamentsangelegenheiten, vgl. dazu
unten S. 68. Auch nach jüdisch-rabbinischem Recht galt die Frau als zeugnisunfähig,
vgl. Jeremias S. 412.

[251]) Vgl. die (S. 45 Anm. 200 zitierte) römisch-rechtliche Bestimmung Dig. 50,17,
2; s. auch unten S. 67 f.

[252]) Über die positive Einstellung des Ambrosiaster zum römischen Recht vgl.
Heggelbacher S. 46 ff.

[253]) Vgl. Heggelbacher S. 48 mit Anm. 1 u. 2. Die krasse Abwertung der
Frau beim Ambrosiaster wird jedoch von Heggelbacher (S. 32–36) keiner Kritik
unterzogen, vielmehr verharmlost. Die Rezension von P. Mikat, ZRG Kan. Abt.
48, 1962, S. 367 f. deckt diese Mängel auf, indem er dem Satz Heggelbachers „Nachdem die volle Zugehörigkeit der Frauen zur christlichen Gemeinde von Anfang an
eine Selbstverständlichkeit gewesen und das Christentum, unter Wahrung der Unterordnung der Ehefrau unter den Mann, die Gleichberechtigung der Geschlechter
gebracht hatte..." (S. 32 f.) entgegenhält: von „Gleichberechtigung" könne angesichts der Stellung der Frau in Ehe, Familie, Kirche und öffentlichem Leben auch
nach dem Sieg des Christentums in der antiken Welt nicht die Rede sein und die
von Heggelbacher beigezogenen Quellenbelege aus den Schriften des Ambrosiaster
rechtfertigten einen solchen Schluß auch in keiner Weise. – In der Tat macht sich
Heggelbacher einer Fehlinterpretation schuldig, wenn er (S. 35) behauptet, nach
dem Ambrosiaster sei der Stand der Frau ein vom Manne verschiedener;
die (S. 35 Anm. 3) angezogenen Quellen sprechen nämlich eindeutig von ihrem
geringeren Stand: „mulier autem quia persona inferior est, condicionis causa,
non naturae, viro subiecta, timere (autem) eum iubetur" (Comm. Eph 5,33);
„... gradu maior est vir, quia ex eo est femina" (Q. 24). – Eine ähnlich verharm-
losende und beschönigende Interpretation der Aussagen des Ambrosiaster über die
Frau (z. B. sie sei nicht Gottes Ebenbild) findet man auch bei L. Voelkl, Vom
römischen zum christlichen Recht, in: Römische Quartalschrift für christliche Altertumskunde und Kirchengeschichte 60, 1965, 126: „Diese Negation der Frau gegenüber bedeutet keine Abwertung des weiblichen Geschlechtes, sondern will nur besagen, daß die Frau am Schöpfungswerk Gottes nicht aktiv beteiligt ist und in
ihrer mütterlichen Bereitschaft eben nur (!) das Ja auf den Anruf Gottes darstellt.
Diese Seinswertung der Frau deckte sich mit dem römischen Rechtsempfinden über
die Stellung der Frau bzw. ihre Rechtsfähigkeit in der Öffentlichkeit".

nicht anders und besser als nach römischem Recht gestellt war, brauchte sich der Ambrosiaster mit seiner Meinung über die Frau freilich auch nicht im Widerspruch zur kirchlichen Auffassung zu fühlen.

Die Aussagen Augustins und des Ambrosiaster haben bis heute ihre Aktualität nicht verloren, insofern die ihnen zugrunde liegende vordergründige und kurzschlüssige Art, über die Frau zu urteilen, noch keineswegs überwunden ist: Weil die Frau wegen des entgegenstehenden kanonischen Rechts faktisch keine kirchlichen Ämter innehat und ausübt, wird gefolgert, sie habe auch nicht die Fähigkeit dazu. Ebenso wurde der Frau (was heute freilich schon weithin vergessen, aber darum nicht weniger wahr ist) ja auch jegliche Bildungsfähigkeit abgesprochen, solange sie rechtlich und faktisch von den Bildungsgütern ausgeschlossen war [254], bis dann die Erfahrung dieses Vor-Urteil widerlegte. Weiter wird ohne weiteres von dem Sosein und Verhalten der Frau auf ein unveränderliches, minderwertiges weibliches Wesen geschlossen, ohne dabei auch nur im geringsten zu berücksichtigen, daß die langwährende Unterdrückung der Frau nicht spurlos an ihr vorüberging, ist sie doch ebendadurch in ihrem Personsein in nicht geringem Maße verkümmert und unentfaltet geblieben, was sie in der Tat öfter minderwertig und verachtungswürdig erscheinen läßt; das Außerachtlassen dieser entwicklungsgeschichtlichen Komponente bedingt aber gerade das Fehlurteil, nämlich

---

[254]) Die vorgefaßte Meinung von der geistigen Inferiorität der Frau wurde mit Hilfe von „wissenschaftlichen" Ergebnissen gestützt, um auf diese Weise den Ausschluß der Frau von der höheren Schulbildung und besonders vom Universitätsstudium zu rechtfertigen". Th. L. W. v. B i s c h o f f , Das Studium und die Ausübung der Medizin durch Frauen, München 1872, folgerte aus dem unterschiedlichen Bau des Schädels und dem geringeren Gehirngewicht bei der Frau, daß sie nur eine schwache geistige Leistungsfähigkeit besitze und daher zum Universitätsstudium unfähig sei. Auch P. M ö b i u s baute seine Theorie vom „physiologischen Schwachsinn des Weibes" auf „Ergebnisse" der Gehirnanatomie auf (Über den physiologischen Schwachsinn des Weibes, Halle 1900). Auf Widerstände und Vorurteile dieser und ähnlicher Art gegen die geistige Bildung der Frau ist es zurückzuführen, daß die offizielle Zulassung der Frau zum Universitätsstudium in Deutschland erst zu Beginn dieses Jahrhunderts (in Baden 1901, in Preußen 1908) erfolgte. Vgl. dazu Handbuch der Frauenbewegung, hg. von H. L a n g e und G. B ä u m e r , Bd. 1, Berlin 1901, S. 72 ff., 95 f. – Wie eine Umfrage unter Universitätsprofessoren und Dozenten aus den Jahren 1953–1955 über ihre Einstellung zum Frauenstudium ergab, war die Auffassung von der geistigen Inferiorität der Frau zu der Zeit noch keineswegs überwunden, vgl. dazu H. A n g e r , Probleme der deutschen Universität. Bericht über eine Erhebung unter Professoren und Dozenten, Tübingen 1960. Die ebd. S. 473–494 abgegebenen Urteile (z. B. bei Frauen seien ‚rein intellektuelle Fähigkeiten' geringer oder seltener vorhanden, ‚abstraktes Denken', ‚jedes Denken überhaupt' liege ihnen weniger, sie besäßen weniger ‚Erfindungsgabe' etc.), sofern sie sich überhaupt auf konkrete Erfahrungen stützen können, lassen die Tatsache völlig unberücksichtigt, daß der jahrhundertelange Ausschluß der Frau von der geistigen Bildung die geistige und personale Entfaltung der Frau hinausgezögert hat.

die Mindereinschätzung der Frau (vgl. Ambrosiaster)[255], die sich, wenngleich man sie heute auch kaum mehr offen ausspricht, in der derzeitigen Stellung der Frau dennoch deutlich ausdrückt.

Außer der sekundären Schöpfung der Frau (nach und aus Adam), woraus ihre Nicht-Gottebenbildlichkeit gefolgert wird, und der „Naturordnung" führen die Väter die Haupt- oder Alleinschuld der Frau an der Erbsünde ins Feld, um ihren status subiectionis zu begründen und zu sanktionieren. Dieses Motiv bestimmt den Gedankengang der capitula 18 und 19. Nach Kap. 18, das dem „Exaemeron" des Ambrosius entnommen ist, wird in Anlehnung an 1 Tim 2,14 Eva, und damit der Frau überhaupt, die Verführung des Mannes zur Sünde zur Last gelegt. Der Mann – das Opfer ihrer Verführung – soll (gewissermaßen an Stelle Gottes) die Strafe an ihr vollziehen, indem er die Frau, der gegenüber dauerndes Mißtrauen geboten erscheint, unter seine Herrschaft bringt[256]. Ähnlich werden nach Kap. 19[257], das dem Ambrosiasterkommentar entnommen ist[258], Urschuld und Strafe der Menschheit allein auf die Frau abgewälzt, und das, wie der Text verdeutlicht, anscheinend nicht ohne eine bestimmte psychologische Absicht: die Frau soll auf diese Weise stets im Bewußtsein ihrer seinsmäßigen und sittlichen Minderwertigkeit gehalten werden, um sich – so eingeschüchtert und unterwürfig gemacht – möglichst widerspruchslos in ein streng hierarchisch und patriarchalisch strukturiertes System einzufügen: „Die Frau muß ihr Haupt verschleiern, weil sie nicht Gottes Ebenbild ist. Damit sie als (Gewalt-)Unterworfene sichtbar ist und weil die Sünde durch sie ihren Anfang genommen hat, muß sie dieses Zeichen tragen und soll in der Kirche aus Ehrerbietung vor dem Bischof das Haupt nicht frei, sondern verschleiert tragen; ebenso soll sie keine Redevoll-

---

[255]) Die Geringschätzung der Neger wegen ihrer kulturellen Rückständigkeit und mangelnden Bildung ist ein klassischer Parallelfall. Vgl. dazu W. T. Reich, Kämpferische Gewaltlosigkeit. Ethische Probleme des Kampfes um die Gleichberechtigung in den USA, in: „Orientierung" 32, 1968, 226–228.

[256]) „Adam per Euam deceptus est, et non Eua per Adam. Quem uocauit ad culpam mulier, iustum est, ut eam in gubernationem assumat, ne iterum feminea facilitate labatur" (Corpus, ed. Friedberg, I 1255).

[257]) Dieses Kapitel wurde schon oben S. 55 verwertet, insofern darin die Unterworfenheit der Frau unter den Mann außer durch ihre angebliche Hauptschuld an der Erbsünde durch ihre vermeintliche Nicht-Gottebenbildlichkeit motiviert wird.

[258]) Die Editio Romana setzt noch die Verfasserschaft des Ambrosius voraus, vgl. die Notatio Correctorum zu c. 19 (ed. Friedberg, Corpus I 1256; die übrigen pseudo-patristischen capitula [13,17] schreibt sie Augustinus zu). Selbst Friedberg scheint für c. 19 noch die Verfasserschaft des Ambrosius vorauszusetzen, dort (Corpus I 1255 Anm. 188) jedenfalls keine Beanstandung.

macht haben, weil der Bischof die Person Christi verkörpert. Wie also vor Christus, dem Richter, so verhalte sie sich vor dem Bischof, weil er der Stellvertreter des Herrn ist; um der Ursünde willen muß sie sich unterwürfig zeigen"[259].

β) Die Bestimmungen des Römischen Rechts über die Frau im Dekretbuch

Neben den Schriften der Väter (die sich ihrerseits wiederum auf die Genesis und die Paulinen berufen) benutzt Gratian Bestimmungen des römischen Rechts, um sein Urteil über die Frau hinsichtlich ihrer Wertung und Stellung im kirchlichen Rechtsbereich zu stützen. Für den in Bologna lehrenden Magister Gratian war es sehr naheliegend, auf das römische Recht zurückzugreifen und es mit einzubeziehen, da die wissenschaftliche Behandlung desselben an der dort bestehenden berühmten Rechtsschule im 11. und 12. Jahrhundert eine Blütezeit erlebte, die ihm den Rang eines Weltrechts eroberte[260]. Das entscheidendere Motiv für die Rezeption römischen Rechts ist für den Mönch Gratian aber wohl das Faktum, daß auch und gerade die Kirche der *lex romana* von jeher große Wertschätzung entgegenbrachte, galt doch im Bereich der westlichen Kirche als unbestrittener Grundsatz: *Ecclesia vivit sub lege Romana*[261]. Sowohl die kirchliche Verfassung als auch die kanonische Disziplin wurden durch Institutionen und Grundsätze des römischen Rechts in erheblichem Umfang geprägt[262]. – Schon in den vorgratianischen Rechtssammlungen fand das römische Recht Aufnahme; das Dekretbuch Gratians enthält jedoch außer den in diesen Sammlungen vorkommenden Texten noch weitere römisch-rechtliche Quellen, die auf eine direkte Kenntnis und Benutzung der justiniani-

---

[259] „Mulier debet uelare caput, quia non est imago Dei. Sed ut ostendatur subiecta, et quia preuaricatio per illam inchoata est, hoc signum debet habere, in ecclesia propter reuerentiam episcopalem non habeat caput liberum, sed uelamine tectum, non habeat potestatem loquendi, quia episcopus personam habet Christi. Quasi ergo ante iudicem Christum, ita ante episcopum sit, quia uicarius Domini est, propter peccatum originale debet subiecta uideri" (Corpus, ed. Friedberg, I 1255 f.).

[260] Vgl. dazu H. Fitting, Die Anfänge der Rechtsschule zu Bologna, Berlin-Leipzig 1888, S. 1 f., 100 f.; Sohm-Mitteis-Wenger S. 140 ff.

[261] Vgl. v. Schulte, Geschichte I 98; J. Gaudemet, Das römische Recht in Gratians Dekret, in: ÖAKR 12, 1961, S. 182; H. E. Feine, Vom Fortleben des römischen Rechts in der Kirche, in: ZRG Kan. Abt. 42, 1956, S. 1, 14 u. ö.

[262] Vgl. Sohm-Mitteis-Wenger S. 143 f.; Feine, Fortleben S. 1 ff. und im ganzen; ders., Rechtsgeschichte S. 65–134.

schen Kompilationen schließen lassen[263]. Über das Verhältnis zwischen weltlichem und kirchlichem Recht handelt Gratian in der Distinctio 10 (des ersten Teils seiner *Concordia*). Er stellt darin gewissermaßen die Theorie auf, die er der Heranziehung weltlichen Rechts in seiner Sammlung zugrunde legt. Einleitend (D. 10 princ.) erklärt Gratian, daß die gesetzlichen Anordnungen der weltlichen Herrscher nicht den Vorrang vor den kirchlichen Gesetzen haben, sondern ihnen nachgeordnet sind[264]. Dieses Prinzip stützt er durch mehrere päpstliche Erlasse (cc. 1–6), um es dann zu Beginn des zweiten Teils der Distinktion (dictum ante c. 7, Satz 2) durch ein weiteres Prinzip zu vervollständigen: „Wenn sie (die weltlichen Gesetze) jedoch den Grundsätzen des Evangeliums und den Bestimmungen des kanonischen Rechts nicht entgegengesetzt sind, sollen sie als durchaus achtenswert gelten"[265]. Im Anschluß allegiert Gratian wiederum mehrere auctoritates als Beleg; darin wird die Pflicht, die römischen Gesetze anzuerkennen und zu beachten, ausdrücklich betont[266]. Das römische Recht hat also immer dann subsidiäre Funktion im Hinblick auf das kirchliche Recht, wenn es mit diesem übereinstimmt. Es dient als ergänzende Rechtsquelle[267] und wird als solche mit aller Anerkennung und Achtung (*omni re-*

---

[263]) Vgl. G a u d e m e t a. a. O. S. 188 ff. – Verschiedene Rechtshistoriker, die die Rezeption römischen Rechts im Dekretbuch an Hand von (nur handschriftlich überlieferten) Belegen für die Frühstufen desselben erforschten, sind zu dem Ergebnis gekommen, „daß das römische Recht schrittweise mehr und mehr Raum im Dekret eingenommen hat, und daß dies während der ersten Abfassungsperiode des Dekretes geschah" (G a u d e m e t S. 179). Die anfängliche Zurückweisung des römischen Rechts habe sich seit seinem großen Triumph auf die Dauer als unhaltbar erwiesen, das beweise die Geschichte der fortschreitenden Gestaltung des Dekrets (S. 188 f.); die Kanonisten verstanden es, „die überlegene juristische Technik, die ihnen die junge Schule von Bologna bot, in den Dienst des Kirchenrechts zu stellen" (S. 182).

[264]) „Constitutiones uero principum ecclesiasticis constitutionibus non preminent, sed obsecuntur" (Corpus, ed. F r i e d b e r g, I 19). Die durch Gregor VII. errungene Selbständigkeit und Unabhängigkeit der geistlichen bzw. der päpstlichen Gewalt gegenüber der weltlichen fand in diesem Satz einen Niederschlag sowie eine theoretische und rechtliche Stütze (vgl. v. S c h u l t e, Geschichte I 93 ff.).

[265]) „Ubi autem (sc. constitutiones principum) euangelicis atque canonicis decretis non obuiauerint, omni reuerentia dignae habeantur" (Corpus, ed. F r i e d b e r g, I 20). Dieser Grundsatz wird im dictum Gratiani p. c. 4 in C. 15 q. 3 (Corpus I 752) fast wörtlich unter ausdrücklichem Verweis auf D. 10 („circa huius operis initium") wiederholt und konkret angewandt.

[266]) Vgl. z. B. die Summaria zu cc. 9, 12 u. 13: „Leges imperatorum custodiri oportet"; „Seruentur ab omnibus Romanorum principum leges"; „Romana lex nullius temeritate debet corrumpi" (Corpus, ed. F r i e d b e r g, I 21 f.).

[267]) Vgl. G a u d e m e t a. a. O. S. 177 f.; v. S c h u l t e, Geschichte I 93.

uerentia) gewürdigt. Dieses das Verhältnis zwischen kirchlichem und römischem Recht bestimmende Prinzip ist für die hier anstehende Frage zweifellos von Belang: In Anbetracht dessen nämlich, daß die Lage der Frau nach römischem Recht nicht anders als nach kirchlichem Recht wesentlich benachteiligt war[268], wurden die die Frau betreffenden römisch-rechtlichen Bestimmungen bei Gratian ausschließlich im Sinne einer subsidiären Autorität verwandt und verliehen somit den (oben behandelten) paulinischen und patristischen Aussagen über den Minderwert und den status subiectionis der Frau erheblichen Nachdruck. Die von Gratian rezipierten römisch-rechtlichen Bestimmungen sind in den größeren Gesamtkomplex einzuordnen, den die im Folgenden im Überblick dargestellte Situation der Frau nach römischem Recht bildet und die einer der bestimmenden Faktoren für die kirchliche Rechtsstellung der Frau wurde.

Überblick über die Stellung und Wertung der Frau nach Römischem Recht

1. Im römischen Familienrecht

Das römische Familienrecht ist in altrömischer (patrizischer) Zeit entscheidend geprägt durch die patria potestas, also die väterliche Gewalt über die Agnatenfamilie, d. i. die Gemeinschaft, die durch die Blutsverwandtschaft von der Vaterseite (*per virilem sexum*) natürlich gebildet oder auch kraft Rechtsgeschäfts (durch Adoption oder *in manum conventio*) künstlich hergestellt ist und somit blut- und rechtmäßig oder nur rechtmäßig unter einem gemeinsamen *pater familias* steht[269]. Das „römisch-patrizische Agnationsprinzip" bzw. das Institut der *patria potestas* basiert auf der männlichen Fortpflanzungstheorie, nach der ausschließlich der Mann Erzeuger der Nachkommen-

---

[268]) Nach Thraede Sp. 216, 246 lassen sich allerdings aus den römisch-rechtlichen Bestimmungen für die Frau (vgl. dazu den folgenden Überblick) keine unmittelbaren Rückschlüsse auf ihre Stellung in der Gesellschaft ziehen, da das römische Recht infolge seines konservativen Charakters mit einer „Inkongruenz von Rechtsnorm und Wirklichkeit" belastet gewesen sei. – Wie immer auch das Verhältnis zwischen der Rechtslage der Frau und ihrer gesellschaftlichen Kondition im römischen Imperium näherhin ausgeprägt gewesen sein mag – für die Stellung der Frau nach kirchlichem Recht wurde jedoch (so Thraede Sp. 246, vgl. auch Sp. 265 f.) die Auffassung des römischen Rechts von der Frau ausschlaggebend, nicht aber ihr (möglicherweise fortgeschrittener) gesellschaftlicher Status.

[269]) Vgl. Sohm-Mitteis-Wenger S. 500 f.; Weber S. 158 ff.

schaft ist, und ist gewissermaßen ihre „konsequenteste Fortsetzung"[270]. Der Beitrag der Frau zu der Hervorbringung neuen Lebens (durch Mit-Zeugung und Geburt) wird nämlich in der altrömischen Agnatenfamilie und sog. *manus*-Ehe so weitgehend ignoriert, daß die Frau zu ihrem Ehemann rechtlich im Kindes- und folglich zu ihren leiblichen Kindern im Geschwisterverhältnis steht und mit diesen derselben hausherrlichen Gewalt (*patria potestas*) unterworfen ist[271]. Sowohl aus den Formen des Zustandekommens der altrömischen *manus*-Ehe (*coemptio*, *confarreatio*, *usus*, d. h. Ersitzung der *manus*)[272] als auch vor allem aus den an die *manus* (d. h. also bei der Ehe: das Gewaltverhältnis des Ehemannes über die Ehefrau) geknüpften Rechten des Mannes über die Frau (die mit denen aus der *patria potestas* fließenden identisch sind[273]) geht hervor, daß die Frau Besitz des Mannes und seiner Verfügungsgewalt völlig unterworfen ist: er hat ihr gegenüber das Recht über Leben und Tod (*ius vitae ac necis*), ihm ist jede Züchtigung erlaubt[274]. Für die in einem solchen Maße der Willkür und Gewalt ausgelieferte Frau konnte nur das in schweren Fällen zu berufende Familiengericht einen gewissen Schutz bieten[275]. Auch vermögensrechtlich steht die Frau *in manu* auf der Kindesstufe: sie ist vermögensunfähig; alles, was

---

[270]) H. Krüger in: Gleichberechtigungsgesetz. Kommentar von H. Krüger, E. Breetzke, K. Nowack, München 1958, S. 45.

[271]) Vgl. Sohm-Mitteis-Wenger S. 500 f., 510; Weber S. 161; Kaser, Privatrecht I 70 („die Frau ... steht ... in der Mannesfamilie ‚filiae loco'"). Mit Recht betont Krüger a. a. O. S. 45: „Nur ein so widernatürliches Familienrecht wie das römische brachte es fertig, den Vater zum ‚Gewalt'-haber zu erklären – obwohl das Verhältnis zum Kinde von Natur aus durch die Fürsorge bestimmt wird – und die Mutter über den Mann mit ihren Kindern (agnatisch) verschwistert sein zu lassen".

[272]) Vgl. dazu Sohm-Mitteis-Wenger S. 504 f.; Heilfron S. 515; Weber S. 161.

[273]) „Die manus mariti ... ist eine Erscheinungsform der hausherrlichen Gewalt über die Hausangehörigen, ein Seitenstück der patria potestas" (Sohm-Mitteis-Wenger S. 510).

[274]) Das Züchtigungsrecht schließt grundsätzlich auch die Vollmacht ein, die Frau – z. B. wegen Ehebruchs – zu töten, vgl. Sohm-Mitteis-Wenger S. 510, 531; Schulz S. 113; Kaser, Privatrecht I 52 f. Weber S. 161 weist darüber hinaus auf die Gewalt des Mannes hin, die Frau als Sklavin zu verkaufen, was allerdings etwa seit dem 2. Jahrhundert v. Chr. als sakrales Verbrechen galt. Vgl. auch Schulz S. 131.

[275]) Vgl. Sohm-Mitteis-Wenger S. 510, 531; Weber S. 161. Außerdem war es auch Aufgabe des Zensors, den Mißbrauch der Hausgewalt zu ahnden, vgl. Kaser, Privatrecht I 53. Nach Schulz S. 114 haben die Magistrate von ihrer Koerzitationsgewalt jedoch „schwerlich erheblichen Gebrauch gemacht".

sie und ihre Kinder erwerben, fällt an den Gewalthaber, ebenfalls das Vermögen, das sie in die Ehe einbringt[276]. — Im Laufe der Zeit wird jedoch die *manus*-Ehe mit ihrem strikten Patriarchalismus nicht mehr ertragen; gegen Ende der Republik wird sie mehr und mehr durch die sog. freie Ehe verdrängt[277]; bereits das Zwölftafelgesetz (450 v. Chr.) kennt beide Formen[278]; völlig verschwindet die *manus*-Ehe allerdings erst während der Kaiserzeit. Nach justinianischem Recht ist die freie Ehe, die durch gegenseitige Konsenserklärung geschlossen wird, die allein gültige Form[279]. In der freien Ehe untersteht die Frau zwar nicht mehr der *patria potestas* ihres Mannes — an der Spitze der Familie stehen rechtlich Vater und Mutter — wohl aber noch seiner eheherr-lichen, einer im Vergleich zur *patria potestas* abgeschwächten Gewalt, die in dem Recht des Mannes besteht, „in allen Fragen des ehelichen Lebens den Ausschlag zu geben"[280]: er bestimmt z. B. den Wohnsitz, den die Frau mit ihm zu teilen hat, die Erziehung der Kinder, ihm allein ist auch das Recht auf Lebensgemeinschaft mit der Frau formell zugesprochen[281], woraus folgt, daß die Verletzung der ehelichen Treue beim Mann weitgehend straflos bleibt[282]. Während der Ehebruch der

---

[276]) Vgl. Sohm-Mitteis-Wenger S. 510, 512; Schulz S. 113 f.; Weber S. 162.

[277]) Vgl. Sohm-Mitteis-Wenger S. 508; Weber S. 165; Kaser, Privat-recht I 239 f.; Thraede Sp. 211 f.

[278]) Nach dem Zwölftafelgesetz konnte in einer formlos geschlossenen Ehe die (binnen Jahresfrist erfolgende) „Ersitzung" (usus) der manus über die Frau durch das sog. trinoctium, d. h. die alljährliche Abwesenheit der Ehefrau während drei Nächten verhindert werden, vgl. Weber S. 164 f.; Sohm-Mitteis-Wenger S. 506; Kaser, Privatrecht I 68 f.

[279]) Vgl. Sohm-Mitteis-Wenger S. 508; Schulz S. 131; Weber S. 165, 195; Heilfron S. 516.

[280]) Sohm-Mitteis-Wenger S. 512.

[281]) Vgl. Weber S. 169; Heilfron S. 517 f.; Sohm-Mitteis-Wenger S. 511 f.

[282]) Nach Schulz S. 132 ist sie „niemals adulterium, auch nicht im Recht der Kaiserzeit". Weber S. 175 bemerkt im Hinblick auf die Ehegesetze des Kaisers Augustus (lex Iulia de adulteriis, v. J. 18 v. Chr.): Die Gesetze wandten sich „nur gegen die Ehefrau und ihren Mitschuldigen, die Untreue des Mannes gegen die Gattin blieb — sofern sie nicht unter den Begriff des strafbaren ‚stuprum', insbeson-dere also: Verführung einer unbescholtenen freien Bürgerin, fiel — straflos". Vgl. auch Th. Mommsen, Römisches Strafrecht, Leipzig 1899 (unveränderter Nach-druck: Graz 1955), S. 688 f. („Die freie römische Frau ist durch Sittengesetz ver-pflichtet, vor Eingehung der Ehe sich der Geschlechtsgemeinschaft überhaupt, nach derselben jeder anderen als der mit ihrem Ehegatten zu enthalten; der Mann da-gegen unterliegt dem gleichen Sittengesetz nur insoweit, daß die Verletzung der

Frau für ihn in allen Entwicklungsstadien des römischen Rechts als legitimer Scheidungsgrund gilt, wird der Ehebruch des Mannes erst in der späteren Kaiserzeit (durch den Einfluß des Christentums) als Scheidungsgrund für die Frau anerkannt[283]. In vermögensrechtlicher Hinsicht gewinnt die Frau in der freien Ehe allerdings eine grundsätzliche Selbständigkeit und weitgehende Gleichstellung mit dem Mann, da Gütertrennungsrecht herrscht[284].

2. Im allgemein-bürgerlichen Rechtsbereich

Ihrer untergeordneten Stellung in der römischen Familie entsprechend ist die Frau auch als *civis Romanus*[285], also im allgemein-bürgerlichen Rechtsbereich um ihres Geschlechtes willen benachteiligt, und zwar sowohl in bezug auf die Rechtsfähigkeit wie auch in bezug auf die Handlungsfähigkeit (D. 1,5,9: *In multis iuris nostri articulis deterior est condicio feminarum quam masculorum*)[286]. Die Beschränkung ihrer R e c h t s f ä h i g k e i t ist vor allem damit gegeben, daß die Frau von allen öffentlichen Ämtern und Rechten ausgeschlossen ist: *Feminae ab omnibus officiis civilibus vel publicis remotae sunt et ideo nec iudices esse possunt nec magistratum gerere nec postulare nec pro alio intervenire nec procuratores existere* (D. 50,17,2)[287]. Absolute Hindernisse der Wählbarkeit zu Ämtern sind: das weibliche Geschlecht und körper-

---

Keuschheit einer Jungfrau oder der Ehefrau eines Anderen ihn mitschuldig macht"). Über Begriff und verschiedene Beurteilung des Ehebruchs bei Mann und Frau nach römischem Recht s. H. B e n n e c k e, Die strafrechtliche Lehre vom Ehebruch in ihrer historisch-dogmatischen Entwicklung, Marburg 1884 (Neudruck: Aalen 1971) S. 2–33.

[283]) Vgl. W e b e r S. 188 (als Ehebrecher gelte allerdings nur der „Mitschuldige einer verheirateten Frau"); B e n n e c k e a.a.O. S. 22–24; K a s e r, Privatrecht I 73; H e i l f r o n S. 529.

[284]) Vgl. S o h m - M i t t e i s - W e n g e r S. 513 f.; W e b e r S. 194 f.; S c h u l z S. 100; H e i l f r o n S. 516.

[285]) Nach T h. M o m m s e n, Römisches Staatsrecht, 3. Aufl. 1887 (unveränderter Nachdruck: Graz 1952), III 9 ist der Frau das Bürgerrecht von der römischen Theorie stets zugeschrieben worden; der Mangel an politischen Rechten schloß das Bürgerrecht nicht aus. Allerdings ist a.a.O. III 201 zu lesen: „Die Individualbenennung ... das praenomen ... ist im eminenten Sinn das Distinctiv des Bürgers, insofern sie von Rechtswegen weder dem S c l a v e n noch der F r a u zukommt und dem m ä n n l i c h e n Bürger mit der Anlegung des Männergewandes beigelegt wird ..."; ebd. Anm. 4: „Daß für den vollen Namen der Frau das Geschlecht und die Hausangehörigkeit genügt, lehren namentlich die alten ... Grabschriften. Individualbenennung hat natürlich daneben nie gefehlt".

[286]) Vgl. H e i l f r o n S. 111.

[287]) Corpus Iuris Civilis I 868.

liche oder geistige Krankheit[288]. Neben dem passiven Wahlrecht ist der Frau auch das aktive Wahlrecht vorenthalten[289]. Im Zivilprozeß fehlt ihr das Recht, *pro aliis* zu postulieren, also für andere vor Gericht aufzutreten[290] und Geschworener zu sein[291]. Im Strafprozeß wird ihr das Recht der Anklage ebenfalls nur in sehr beschränktem Maße zugestanden, und zwar nur, „wenn sie wegen eines gegen sie selbst oder gegen ihre Nächsten gerichteten Delicts als Klägerin auftritt"[292]. Weiter ist der Frau das Recht zur Führung einer Vormundschaft abgesprochen (D. 26,1,16 u. 18: *tutela virile officium est*)[293]; erst nach justinianischem Recht sind Mutter und Großmutter zur Vormundschaft über ihre Kinder und Enkel fähig, solange sie sich nicht wieder verheiraten[294]. Bei der Testamentserrichtung kann die Frau nicht als Zeuge fungieren (I. 2,10,6)[295]; überhaupt zu jedem Sollennitätszeugnis, d. h. „in Fällen, in denen die Zuziehung von Zeugen zur Form des Rechtsgeschäfts gehört", ist die Frau unfähig[296]. Das Faktum selbst wie auch die Einreihung der Frau in die aus Minderjährigen, Sklaven, Taubstummen und Ehrlosen be-

---

[288]) Vgl. M o m m s e n , Staatsrecht I 493. Aus der Zusammenordnung der drei genannten Faktoren, die rechtlich dieselbe Auswirkung haben (sie machen zu Ämtern unfähig) geht hervor, daß das weibliche Geschlecht im römischen Recht als minderwertig betrachtet wird. Das beweisen auch die im Zusammenhang mit Rechtsbeschränkungen (besser: als deren Motiv) wiederholt auf die Frau angewandten Attribute und Bezeichnungen wie „infirmitas sexus" (D. 22,6,9 pr.; D. 49,14,18 pr.) und „imbecillitas sexus" (D. 16,1,2,2 u ö.), deren Bedeutung nicht Schwäche des Körpers, sondern Schäche des g e i s t i g e n Vermögens der Frau ist: insbesondere Mangel „an Urteil und Erfahrung" (= infirmitas), an „Willens- und Urteilskraft" (= imbecillitas); vgl. H. H e u m a n n – E. S e c k e l , Handlexikon zu den Quellen des römischen Rechts, 10. Aufl. Graz 1958, S. 246 u. 265. Auch M e t z , Statut S. 78 Anm. 3 weist auf die in den genannten und weiteren Bezeichnungen des römischen Rechts zum Ausdruck kommende Geringschätzung der Frau hin.
[289]) Vgl. S c h u l z S. 141.
[290]) Vgl. H e i l f r o n S. 111; M. K a s e r , Das römische Zivilprozeßrecht (Rechtsgeschichte des Altertums, 3. Teil 4. Bd.), München 1966, S. 150; S c h u l z S. 141. Über Grund und Anlaß dieser Maßregel des Prätors wird in D. 3,1,1,5 eine sehr bezeichnende, freilich nicht überzeugende Ausführung gemacht: „ratio quidem prohibendi, ne contra pudicitiam sexui congruentem alienis causis se immisceant, ne virilibus officiis fungantur mulieres: origo vero introducta est a Carfania improbissima femina, quae inverecunde postulans et magistratum inquietans causam dedit edicto" (Corpus Iuris Civilis I 35).
[291]) Vgl. S c h u l z S. 141 mit Anm. 127.
[292]) M o m m s e n , Strafrecht S. 369.
[293]) Vgl. H e i l f r o n S. 111; S c h u l z S. 142.
[294]) Vgl. H e i l f r o n S. 552; K a s e r , Privatrecht II 163; W e b e r S. 193.
[295]) Vgl. K a s e r , Privatrecht I 575.
[296]) H e i l f r o n S. 111.

stehende Gruppe der Zeugnisunfähigen[297] verdeutlichen die Geringschätzung der Frau nach römischem Recht[298]. Zu den Umständen, die die Geschäftsfähigkeit nach römischem Recht beeinflussen, gehören neben Alter und Gesundheit auch das Geschlecht: Frauen sind beschränkt geschäftsfähig und können daher bestimmte Akte des *ius civile* nicht ohne einen Vormund (*tutor*) vornehmen[299]. Noch nach klassischem Recht steht die erwachsene Frau, falls sie sich weder in väterlicher (*patria potestate*) noch in eheherrlicher Gewalt (*manu mariti*) befindet, unter der gesetzlichen Vormundschaft (*tutela legitima*) des nächsten Agnaten (d. h. des nächsten männlichen Verwandten ihres Vaters bzw. ihres verstorbenen Mannes). Befreit von dieser Vormundschaft waren nur die Vestalinnen. Der Grund für die Bestimmung bezüglich der Vormundschaft ist für die Einschätzung der Frau wiederum sehr bezeichnend: wegen der Schwäche ihres Geschlechts (*propter sexus infirmitatem*) und wegen ihrer Unkenntnis in Dingen, die das öffentliche Leben betreffen, bedarf sie eines Vormunds[300]. Durch die lex Julia (i. J. 4 n. Chr.) und Papia (i. J. 9 n. Chr.) wurden diejenigen Frauen von der Agnatentutel befreit, die das *ius liberorum* hatten (bei drei Kindern einer Freigeborenen, vier einer Freigelassenen); das *ius liberorum* wurde jedoch durch Privileg auch kinderlosen Frauen verliehen[301]. Claudius hob die *tutela legitima* des Agnaten ganz auf; dadurch verlor die Einrichtung ihre eigentliche praktische Bedeutung[302]. Die *tutela mulieris* überhaupt verschwindet jedoch erst im 5. Jahrhundert[303]. – Die der Frau nach römischem Recht um ihres Geschlechtes

---

[297] „Testes autem adhiberi possunt ii, cum quibus testamenti factio est, sed neque mulier neque impubes neque servus neque mutus neque surdus neque furiosus nec cui bonis interdictum est nec is, quem leges iubent improbum intestabilemque esse, possunt in numero testium adhiberi" (Inst. 2,10,6; Corpus Iuris Civilis I 17).

[298] Vgl. dazu ebenfalls oben S. 68 Anm. 288.

[299] Vgl Heilfron S. 144 f.; Sohm-Mitteis-Wenger S. 539 f.; Kaser, Privatrecht I 75.

[300] „Tutores constituuntur tam masculis, quam feminis: sed masculis quidem impuberibus dumtaxat propter aetatis infirmitatem, feminis autem tam impuberibus, quam puberibus, et propter sexus infirmitatem, et propter forensium rerum ignorantiam" (Ulp. tit. 11 § 1; zit. nach Sohm-Mitteis-Wenger S. 540). – Die tutela mulierum diente dem Schutz der eigenen Interessen des Vormunds als des nächsten Erben der Frau, vgl. Heilfron S. 144. Die für die Frau sehr nachteilige Einrichtung der Agnatentutel konnte allerdings unter bestimmten Voraussetzungen umgangen werden (ebd. S. 145).

[301] Vgl. Heilfron S. 145; Kaser, Privatrecht I 313.

[302] Vgl. Heilfron S. 145; Schulz S. 141 f.; Kaser, Privatrecht I 313; Sohm-Mitteis-Wenger S. 539.

[303] Vgl. Schulz S. 142; Sohm-Mitteis-Wenger S. 540.

willen gewährten Privilegien (*privilegia favorabilia*) ändern im Grunde kaum etwas an ihrer vor allem in altrömischer und frühklassischer Zeit benachteiligten Rechtslage; sie folgen vielmehr daraus und sind Ausdruck dessen, daß die Frau nicht als mündige, selbstverantwortliche Person betrachtet wird, so z. B. die Bestimmung D. 22,6,9 pr., derzufolge der Rechtsirrtum (*ignorantia iuris*) bei der Frau „wegen der Schwäche ihres Geschlechts" (*propter sexus infirmitatem*) zu entschuldigen ist (dieses „privilegium" gilt außer für die Frau auch für Minderjährige, Soldaten und andere Geschäftsunkundige [*rustici*])[304].

Wenngleich freilich infolge der Einwirkung der Humanitätsidee auf das römische Recht die Lage der Frau im Laufe der Entwicklung fraglos an Härte verlor, insofern die Frau rechtlich selbständiger und wirtschaftlich unabhängiger wurde[305], so blieb aber „die römische Grundauffassung", wonach die Frau „ins Haus gehört", trotz der „Humanitätsforderung rechtlicher Gleichstellung der Geschlechter" in Geltung; die aus dieser Auffassung resultierende Bestimmung: „Frauen sind von allen staatlichen oder öffentlichen Ämtern ausgeschlossen . . . " (D. 50, 17,2) blieb für das gesamte römische Recht verbindliche und damit für die Wertung und Stellung der Frau charakteristische Rechtsnorm[306].

Eine negative Auswirkung römischer Rechtsbestimmungen auf die Stellung der Frau nach klassisch-kanonischem Recht ist bei Gratian auf eherechtlichem und prozeßrechtlichem Gebiet festzustellen. Bemerkenswert ist, daß die günstigere Lage der Frau nach spätrömischem Eherecht bei Gratian keine Berücksichtigung findet.

In C. 32 q. 1 stützt sich Gratian bei der Behandlung der Frage, ob es dem Mann erlaubt sei, eine *meretrix* – Gratian versteht darunter auch eine Ehebrecherin – zur Frau zu nehmen (*an licite meretrix ducatur in uxorem?*) u. a. auch auf eine römisch-rechtliche Bestimmung, wonach für den Mann eine Anklage- und Entlassungspflicht seiner ehebrecherischen Frau gegenüber besteht[307]; kommt er dieser Vorschrift nicht

---

[304]) Vgl. Heilfron S. 111, 149; Kaser, Privatrecht II 81.
[305]) Vgl. Weber S. 194 f.; Kaser, Privatrecht II 80 f.
[306]) Schulz S. 141; vgl. auch Thraede Sp. 216.
[307]) „Crimen lenocinii contrahunt, qui deprehensam in adulterio uxorem in matrimonio detinuerunt, non qui suspectam habuerunt adulteram" (Cod. 9,9,2; Corpus Iuris Civilis II 374). Aus dieser Bestimmung wird im Hinblick auf die Fragestellung (in C. 32 q. 1) wie folgt geschlossen: „Si ergo, ut ex his auctoritatibus colligitur, adulteram retinere nulli permittitur, multo minus in coniugium duci licebit cuius pudicitiae nulla spes habetur" (dictum p. c. 10 in C. 32 q. 1; Corpus, ed. Friedberg, I 1118).

nach, so gilt er der Bestimmung zufolge als „Schirmherr der Unsittlichkeit" (*patronus turpitudinis*) bzw. als einer, der sich der Kuppelei schuldig macht (dictum p. c. 10). Wie Gratian ausdrücklich bemerkt, sei die Frau dagegen nicht zu einer solchen Handlungsweise ihrem ehebrecherischen Mann gegenüber verpflichtet; sie habe nämlich gar nicht die Erlaubnis, ihren Mann wegen Ehebruchs anzuklagen, was Gratian durch einen römischen Rechtssatz belegt[308]. Dieses im römischen Recht kraß zutage tretende „zweierlei Maß", bedingt durch die „doppelte Moral", die der Frau eine strenge Treuepflicht auferlegt, dem Mann hingegen die Ungebundenheit bis zum Ehebruch ungestraft gestattet, wird von Gratian mit keinem Wort mißbilligt[309]. Wenn Gratian zwar zum Schluß des dictums die Forderung erhebt: „Unter den Ehegatten müssen freilich die Treue und Unauflöslichkeit des Ehebundes gewahrt werden; wenn diese fehlen, heißen sie nicht Ehegatten, sondern Ehebrecher"[310] und darin auch die Pflicht des Ehemannes zur ehelichen Treue impliziert, so ist andererseits durch die vorher angeführten auctoritates kirchlicher und römisch-rechtlicher Herkunft die strenge und einseitige Treuepflicht der Frau so stark hervorgehoben, daß durch die obige Äußerung Gratians das Gleichgewicht nicht wiederhergestellt wird, so daß also die Botschaft Christi von der völligen Gleichstellung

---

[308]) „Hoc in mulieribus non obtinet. Non enim eis permittitur maritos suos adulterii reos facere. Unde in libro, et tit. eodem, idem Imp. (Cod. 9,9,1): ‚Publico iudicio non habere mulieres adulterii accusationem, quamuis de matrimonio uiolato queri uelint, lex Julia declarat, que cum masculis iure mariti accusandi facultatem detulisset, non idem feminis priuilegium detulit'" (ed. Friedberg, Corpus I 1118). Die Glossa ordinaria (ad v. ‚accusationem') schränkt die Aussage Gratians ein, indem sie behauptet, daß die Frau wie nach kirchlichem so auch nach weltlichem Recht ihren Mann wegen Ehebruchs anklagen könne; allerdings habe der Mann nach weltlichem Recht ein privilegiertes Anklagerecht: „Vir enim iure mariti, scilicet sine inscriptione, sine metu calumniae, intra XL dies utiles mulierem de adulterio accusat... quod non facit mulier. Alias vir et mulier ad paria iudicantur... "; Ferner sei das weltliche Recht durch das kirchliche dahingehend geändert worden, daß nur noch die kirchliche Strafe für Ehebruch in Geltung sei. Ad v. ‚privilegium' weist die Glosse allerdings darauf hin, daß keine Übereinstimmung und Klarheit über das Anklagerecht der Frau wegen Ehebruchs bestehe (vgl. Corpus, Lugduni 1671, I 1596 f.). Vgl. dazu auch Freisen S. 841, 843 ff.

[309]) Auch Plöchl, Eherecht S. 104 stellt fest, daß bei Gratian an dieser Stelle ein Einfluß römisch-rechtlicher Anschauung vorliegt, nach der der Mann das Haupt der Frau sei.

[310]) „Debet enim inter coniuges fides seruari et sacramentum, que cum defuerint, non coniuges, sed adulteri appellantur" (Corpus, ed. Friedberg, I 1118).

der Ehepartner (vgl. Mt 19,3–9) nicht wirklich zum Tragen kommt[311]. Wie wenig sich das kirchliche Recht von der Auffassung altrömischen Rechts, wonach die Frau als Besitzobjekt des Mannes galt und infolgedessen seiner Verfügungsgewalt unterworfen war, zu distanzieren vermochte, geht auch daraus hervor, daß Gratian unter Berufung auf eine vom römischen Recht beeinflußte Konzilsbestimmung[312] dem Mann (näherhin den Klerikern) das Züchtigungsrecht über seine untreue Frau einräumt. Nur insoweit weicht Gratian (in Anlehnung an cc. 5–9 in C. 33 q. 2) vom römischen Recht ab, als er das Strafmittel der Tötung der Frau ausschließt; darin erschöpft sich bei ihm aber auch der Widerspruch christlicher Gesinnung gegen die Unmenschlichkeit des weltlichen Gesetzes: „Falls ihre Ehefrauen sich verfehlt haben, ist es den Klerikern gestattet, sie ohne allzu große Strenge in Gewahrsam zu halten und zum Fasten zu zwingen, nicht jedoch sie zu Tode zu peinigen"[313]. Von einer Bestrafung der ehelichen Untreue des Mannes in einer solchen Form ist nirgends die Rede.

Die das römische Recht kennzeichnende negative Wertung des weiblichen Geschlechts als eines die Rechts- und Geschäftsfähigkeit erheblich beschränkenden Umstandes hat außer auf das Eherecht auch eine Auswirkung auf die prozeßrechtlichen Bestimmungen des klassisch-kano-

---

[311]) Aus c. 23 in C. 32 q. 5 (vgl. auch C. 32 q. 5 cc. 19,20) ist allerdings zu entnehmen, daß das kirchliche Recht – im Unterschied zum weltlichen – der Frau ebenso wie dem Mann das Anklagerecht wegen Ehebruchs einräumt und beide auch hinsichtlich der Strafe gleichstellt (von Gratian wird die genannte Stelle in dem behandelten dictum nicht erwähnt, obwohl ein solcher Hinweis nahegelegen hätte). Aber auch c. 23 läßt keinen Zweifel daran, daß es trotz der gleichen Rechtslage in dem genannten Punkt nicht zu einer faktischen Gleichberechtigung von Mann und Frau kommt. Die Gründe dafür nennt die Glossa ordinaria ad v. ‚Christiana' (in Übereinstimmung mit dem Inhalt des capitulum): „Probatur in hoc c(apitulo) quod uxor potest aeque accusare virum suum, sicut econuerso: sed non solet hoc ita frequenter accidere, triplici de causa, scilicet pro verecundia, item pro timore, item quia vir cautius peccat, nec sic de facili deprehenditur" (ed. cit. I 1631). Die hier beschriebene benachteiligte und demütigende Lage der Ehefrau ist nicht zuletzt sowohl auf die ihr nach klassisch-kanonischem Recht auferlegte Unterordnungspflicht wie auch auf ihre benachteiligte Stellung im weltlichen Bereich zurückzuführen.

[312]) Es handelt sich bei dieser von Gratian als c. 10 in C. 33 q. 2 aufgenommenen Bestimmung um can. 7 des 1. Konzils von Toledo (i. J. 400), vgl. Hefele II 78.

[313]) „Clericis autem conceditur, si uxores eorum peccauerint, sine mortis acerbitate habere eas in custodia, et ad ieiunia eas cogere, non tamen usque ad necem affligere" (dict. p. c. 9 in C. 33 q. 2; Corpus, ed. Friedberg, I 1154).

nischen Rechts[314]. Um ihres Geschlechtes willen (*propter sexum*) ist es der Frau infolgedessen auch nach kanonischem Recht verwehrt, jemanden vor Gericht anzuklagen, abgesehen von wenigen Ausnahmen (vgl. C. 15 q. 3)[315], in Strafsachen und Testamentsangelegenheiten Zeuge zu sein (C. 4 q. 2/3 c. 1[316] und c. 3 § 22)[317], für jemanden zu postulieren (C. 3 q. 7 c. 2 § 2 und C. 15 q. 3 princ.); ebenso ist sie vom Richteramt und von allen damit in Verbindung stehenden Funktionen[318] (wie *procurare, advocare, postulare*) ausgeschlossen (vgl. C. 3 q. 7 dict. p. c. 1, c. 2 § 2). Über Besitz oder Nichtbesitz dieser bedeutsamen Rechte und Funktionen, über den Zugang zu ihnen oder den Ausschluß von ihnen entscheidet (wie nach römischem, so auch nach kanonischem Recht) z u a l l e r e r s t d i e A r t d e s G e s c h l e c h t e s, an zweiter Stelle erst die geistig-sittliche Verfassung, wie aus der von Gratian übernommenen römischen Bestimmung über den Zeugen (in Testamentsangelegenheiten)[319], wonach bei einem Zwitter allein die Art des vorherrschenden Geschlechts dafür ausschlaggebend ist, ob er als Zeuge hinzugezogen werden kann, unmißverständlich hervorgeht. Die Anwendung eines derart unsachlichen Prinzips (nämlich: die Geschlechtszugehörig-

---

[314]) Nach F r e i s e n S. 842 ist das kirchliche Prozeßrecht „von der Kirche mit Modificationen recipirtes weltliches Proceßrecht".

[315]) Im dictum p. c. 4 in C. 15 q. 3 (Corpus, ed. F r i e d b e r g, I 752) erklärt Gratian ausdrücklich, daß nach kanonischem Recht niemand eine Anklage erheben dürfe, der nach weltlichem Recht dazu unfähig sei; diese Regel, die auf Pseudoisidor zurückgeht (vgl. C. 3 q. 5 c. 11, dazu s. F r i e d b e r g, Corpus I 517 Anm. 101), wird von Gratian ergänzt durch die positive Formulierung derselben: jeder ist anklagefähig, der nach weltlichem Recht eine Anklage erheben kann, falls nicht entgegenstehende Kanones etwas anderes verfügen; dazu vgl. E. J a c o b i, Der Prozess im Decretum Gratiani und bei den ältesten Dekretisten, in: ZRG Kan. Abt. 3, 1913, S. 252 f.

[316]) Die kirchliche Rechtsquelle, auf die sich Gratian hier beruft (eine Bestimmung des Konzils von Karthago von 419), gibt die römisch-rechtlichen Lösungen bezüglich des Zeugen wieder; vgl. G a u d e m e t (S. 62 Anm. 261) S. 186.

[317]) In diesem Zusammenhang sei an die ebenfalls vom römischen Recht beeinflußte Äußerung des Ambrosiaster (C. 33 q. 5 c. 17, vgl. oben S. 58) erinnert, daß die Frau nicht Zeuge sein könne. Daß diese Auffassung sich auch auf das kirchliche Eherecht auswirkte, beweist die von Gratian als c. 3 in C. 33 q. 1 rezipierte Bestimmung des Kanon 20 der Synode von Compiègne (i. J. 757): „Si quis accepit uxorem, et habuit eam aliquo tempore, et ipsa femina dicit, quod numquam coisset cum ea, et ille uir dicit, quod sic fecit, in ueritate uiri consistat, quia uir est caput mulieris" (Corpus, ed. F r i e d b e r g, I 1150).

[318]) Vgl. J a c o b i a. a. O. S. 258 Anm. 3: „Gratian denkt bei iudices auch an die Advokaten, eine Tatsache, die sich aus der häufigen Identität von iudices und advocati in Italien erklärt" (s. auch S. 245 mit Anm. 4).

[319]) „Hermafroditus an ad testamentum adhiberi possit, qualitas sexus incalescentis ostendit" (C. 4 q. 2/3 c. 3 § 22; Corpus, ed. F r i e d b e r g, I 540).

keit maßgebendes Kriterium sein zu lassen) im kirchlichen Raum bedingte neben und zusammen mit den erwähnten paulinischen und patristischen Aussagen den niedrigen rechtlichen Status der Frau in der Kirche und dessen Verfestigung: ihren auch heute noch andauernden Ausschluß von öffentlichen liturgisch-kultischen Funktionen, vor allem denen des Diakonats und des Presbyterats [320].

B. Der Einfluß des Dekretbuchs auf die weitere Entwicklung des kirchlichen Rechts

1. Die Autorität und Bedeutung des Gratianischen Dekretbuchs

Im Anschluß an die Ausführungen über die unseren Gegenstand betreffenden Texte des Gratianischen Dekretbuchs stellt sich die Frage nach der Autorität des Dekretbuchs und nach seinem Einfluß auf die Rechtsentwicklung der Folgezeit. Dem Werk Gratians kommt nach dem Urteil der Rechtsgeschichtswissenschaft eine große Bedeutung sowohl für die Kanonistik zu, die durch Gratian als selbständiger Zweig der theologischen Wissenschaften begründet wurde [1], als auch für die Ausformung und Entwicklung des kanonischen Rechts [2]. Als Zusammenfassung des älteren Rechts [3] und dem Zweck dienend, „Einheitlichkeit in das kirchliche Recht zu bringen", das in einem Nebeneinander von alten und neuen, allgemeinen und partikulären Bestimmungen bestand und darum Widersprüche aufzeigte [4], verdrängte die *Concordia* Gratians bald (d. h. bis zum Ende des 12. Jh.) alle älteren Rechtssammlungen [5]; sie wurde die eigentliche Quellensammlung des kanoni-

---

[320]) Das dictum Gratiani C. 15 q. 3 princ. (Corpus, ed. cit., I 750 f.), in dem von dem Ausschluß der Frau von kirchlichen Ämtern (Diakonat und Presbyterat) die Rede ist, bietet ein anschauliches Beispiel für die Verquickung von (deutero-) paulinischen Aussagen und römisch-rechtlichen Bestimmungen für die Frau; vgl. oben S. 44 ff.

[1]) Vgl. v. S c h u l t e, Geschichte I 95; F e i n e S. 276 f.

[2]) Vgl. v. S c h u l t e, Geschichte I 94 f.; W a s s e r s c h l e b e n - S c h u l t e, Art. Kanonen- und Dekretalensammlungen, RE X 11 f.; S ä g m ü l l e r I 237 f.; F e i n e S. 276 f.; S t i c k l e r I 201 f., 211 f.

[3]) Vgl. v. S c h u l t e, Geschichte I 68; F e i n e S. 276 f.

[4]) S ä g m ü l l e r I 235; vgl. v. S c h u l t e, Geschichte I 60.

[5]) Vgl. v. S c h u l t e, Geschichte I 67 f.; F e i n e S. 277; S t i c k l e r I 211.

schen Rechts[6]. Dieses hohe Ansehen war vor allem bedingt durch die Rezeption des Werkes von seiten der durch Gratian begründeten Kanonisten-Schule[7] in Bologna, wo das Dekretbuch die Grundlage und den Gegenstand der Lehre und wissenschaftlichen Bearbeitung bildete[8]. Allerdings hat das Dekretbuch, eine Privatarbeit, als ganzes nie Gesetzeskraft erlangt; die einzelnen Quellen haben demnach jene Geltung, „welche ihnen an und für sich", abgesehen von ihrer Aufnahme durch Gratian, „zukommt"[9]. Auch durch die von den Päpsten Pius IV. und V. angeordnete Herstellung eines offiziellen Texts des Decretum Gratiani (Editio Romana) wurde sein Charakter als Privatarbeit nicht aufgehoben; mit dieser Ausgabe war lediglich die Absicht verbunden, für den häufigen Gebrauch des Werkes in der Schule und in den Gerichten einen zuverlässigen kritischen Text bereitzustellen[10]. Durch die Konstitutionen Gregors XIII. „Cum pro munere" (v. J. 1580) und „Emendationem decretorum" (1582) wurde der Text der Editio Romana als authentisch erklärt und eine Änderung desselben verboten, dem Dekretbuch selbst wurde dadurch jedoch nicht eine höhere, gesetzliche Autorität verliehen[11]. Die unbestrittene Geltung und das hohe Ansehen des Gratianischen Dekretbuchs als kirchliche Rechtsquelle ist aber dadurch zum Ausdruck gebracht, daß es durch Gregor XIII. offiziell als 1. Teil des Corpus Iuris Canoici bezeichnet wurde[12].

Auf die kirchliche Praxis und auf die weitere Rechtsentwicklung übte das Dekretbuch auf Grund seiner Autorität einen bedeutenden Einfluß aus. Außer in der „Schule" wurde es nachweislich in der päpstlichen Kanzlei, also für die gesetzgeberische Arbeit an der Kurie ver-

---

[6]) Vgl. v. S c h u l t e , Geschichte I 67, P l ö c h l , Geschichte II 470; S t i c k l e r I 211.

[7]) Vgl. v. S c h u l t e , Geschichte I 95; S ä g m ü l l e r I 237; F e i n e S. 277; S t i c k l e r I 201f., 219.

[8]) Vgl. F e i n e S. 279; v. S c h u l t e , Geschichte I 67, 212. Nach P l ö c h l , Geschichte II 499 fand Gratians Sammlung über die junge Kirchenrechtsschule in Bologna hinaus Verbreitung an den Schulen in Pavia, Paris, Toulouse und Valencia.

[9]) S c h u l t e , Geschichte I 68f.; vgl. S ä g m ü l l e r I 238f.; S t i c k l e r I 210ff.; F e i n e S. 277. Auf den privaten Charakter der Gratianischen Sammlung weist auch Kardinal Gasparri in seinem Vorwort zum Codex hin, CIC S. XXIII.

[10]) Vgl. v. S c h u l t e , Geschichte I 68; S t i c k l e r I 211.

[11]) Vgl. S ä g m ü l l e r I 238; Ph. S c h n e i d e r , Die Lehre von den Kirchenrechtsquellen, 2. Aufl. Regensburg 1892, S. 124.

[12]) Vgl. P l ö c h l , Geschichte II 486, F e i n e S. 293.

76

wendet[13]; von oekumenischen Konzilien wurde es verschiedentlich zitiert[14], ebenfalls hat es auf zahlreiche Synodalstatuten eingewirkt[15]. Aus einigen Bestimmungen der Gratianischen Sammlung, welche an sich partikularrechtlicher Natur sind, hat sich allgemeines Recht entwickelt[16]. Ebenso wurden aus den für einen Einzelfall erlassenen päpstlichen Dekretalen, die Gratian als auctoritates in das Corpus aufnahm, allgemeine Rechtssätze abstrahiert[17]. Selbst die dicta Gratiani, deren Autorität nur „eine doktrinelle", allerdings „eine bedeutende" ist[18], haben in mancher Hinsicht maßgebend auf Wissenschaft und Praxis eingewirkt, so daß sich Gewohnheitsrecht aus ihnen bildete[19]. Für das absolute päpstliche Gesetzgebungsrecht, das in der Zeit unmittelbar nach Gratian zur vollen Auswirkung kam, schuf das Dekretbuch bzw. die Lehrmeinung des Magisters die materielle Grundlage[20]. In Anbetracht ebendieser Tatsache und der Bedeutung des Dekretbuchs im ganzen ist es von nicht unerheblicher Tragweite, daß Gratian die pseudoisidorischen Dekretalen (ohne sie allerdings als Fälschungen erkannt zu haben, sondern sie gemäß dem Urteil seiner Zeit Isidor v. Sevilla zuordnend[21]) als päpstliche auctoritates für seine Quellensammlung verwertete. Daß der gefälschte Rechtsstoff auf diese Weise weithin in die kirchliche Praxis übernommen wurde und die kirchliche Rechtsentwicklung beeinflußte, war bei dem hohen Ansehen des Gra-

---

[13]) Vgl. dazu die Untersuchung von W. Holtzmann, Die Benutzung Gratians in der päpstlichen Kanzlei im 12. Jahrhundert, Studia Gratiana I, 1953, S. 325 ff., bes. S. 345–349; Wasserschleben-Schulte a. a. O. S. 11: (Die Autorität des Dekretbuchs) „mußte auch in der Praxis um so mehr gehoben und gesichert werden, als die Päpste selbst dasselbe benutzten und in ihren Dekretalen zitierten".
[14]) Vgl. Plöchl, Geschichte II 473.
[15]) Vgl. Artonne, L'influence du Décret de Gratien sur les statuts synodaux, Studia Gratiana II, 1954, S. 645 ff.
[16]) Vgl. Feine S. 277; Freisen S. 10; v. Schulte, Geschichte I 68.
[17]) Vgl. A. M. Koeniger, Grundriß einer Geschichte des katholischen Kirchenrechts, Köln 1919, S. 39; s. auch v. Schulte, Geschichte I 86.
[18]) Schulte, Geschichte I 70; vgl. Plöchl, Geschichte II 473.
[19]) Vgl. v. Schulte, Geschichte I 68, 94 mit Anm. 8; Feine S. 277; Plöchl, Geschichte II 473; Stickler I 211.
[20]) Vgl. v. Schulte, Geschichte I 94 ff.; Feine S. 277; G. Le Bras, Les écritures dans le Décret de Gratien, ZRG Kan. Abt. 27, 1938, S. 80 („Le décret est une justification de l'oeuvre, de l'autorité de l'Eglise et le plus solide point d'appui du système des décrétales").
[21]) Vgl. Sägmüller I 225; E. Seckel, Art. Pseudoisidor, RE XVI 267, 284; R. Grand, Nouvelles remarques sur l'origine du Pseudo-Isidore, source du Décret de Gratien, Studia Gratiana III, 1955, S. 3, 5.

tianischen Dekretbuchs eine unvermeidliche Konsequenz[22], zumal auch die Correctores Romani, die die Editio Romana desselben besorgten[23], noch im Jahre 1580 an der Echtheit der pseudoisidorischen Dekretalen festhielten[24], obwohl schon wiederholt Zweifel an ihrer Authentizität geäußert worden waren und der Nachweis der Fälschung durch die Magdeburger Centuriatoren[25] bereits erbracht worden war.

Aus der Applikation der obigen Ausführungen auf das vorliegende Problem ergibt sich, daß das Dekretbuch auf die Wertung und Stellung der Frau in der Kirche fraglos eine sehr negative Auswirkung gehabt hat. Die ausschließlich aus Verboten bestehenden liturigisch-kultischen Bestimmungen für die Frau, darunter pseudoisidorische Dekretalen und fälschlicherweise einem bedeutenden Konzil zugeordnete Texte (Statuta Ecclesiae Antiqua), haben zusammen mit den im Mittelalter als Rechtsquellen[26] verwerteten echten und unechten auctoritates patrum und der anerkannten Lehrmeinung des Magisters Gratian einen Status der Entrechtung und Inferiorität für die Frau im kirchlichen Bereich begründet oder zumindest doch sehr verfestigt, der zu einem allgemein gültigen, noch das Recht des Codex Iuris Canonici bestimmenden[27] Dauerzustand wurde[28].

---

[22]) Vgl. Freisen S. 7; Feine S. 277; Seckel a.a.O. S. 292.

[23]) Über die Arbeit der Correctores Romani und deren Wert s. v. Schulte, Geschichte I 72ff.; Freisen S. 12 bemerkt, daß „die Correctores ihren Plan, einen kritisch-richtigen Text herzustellen, nicht consequent durchführten" und damit ihre Absicht nicht erreicht haben (S. 11).

[24]) Vgl. Seckel a.a.O. S. 292f.; v. Schulte, Geschichte I 73.

[25]) Vgl. Seckel a.a.O. S. 292f.; v. Schulte, Geschichte I 73 mit Anm. 34; Sägmüller I 225; H. Fuhrmann, Art. Pseudoisidor, LThK VIII 864–866.

[26]) Vgl. oben S. 54; Munier, Sources patristiques S. 167 bemerkt: „Les textes des Pères... ont servi directement à l'élaboration du droit classique. La doctrine canonique proposée par le Maître de Bologne se fonde simultanément sur les canons patristiques et sur les décisions émanant des organismes législatifs; Gratien continue de recourir aux témoignages patristiques pour fixer les règles de la législation". Ähnlich auch Freisen S. 6f. – Bei den Dekretisten allerdings wird die auctoritas patrum zugunsten der päpstlichen Autorität zurückgedrängt, vgl. darüber Munier in der Kurzfassung seiner oben genannten Arbeit in: RDC 4, 1954, S. 191f. (dort auch Hinweis darauf, daß die theoretische Grundlage dafür schon bei Gratian in D. 20 gegeben wurde).

[27]) Wie aus den CIC Fontes IX (Tabellae) col. 13 sqq. zu ersehen ist, haben viele der oben behandelten Texte des Gratianischen Dekretbuchs das geltende kanonische Recht beeinflußt bzw. geprägt (worauf bereits öfter hingewiesen wurde):

D. 23 c. 25 u. D. 1 de cons. c. 41–43 – can. 1306 § 1 CIC
D. 4 de cons. c. 20 – can. 1342 § 2 CIC
D. 2 de cons. c. 29 – can. 845 § 1 CIC

2. Die wissenschaftliche Bearbeitung des Dekretbuchs durch die Dekretisten

Das Dekretbuch bildete „bis auf die neunziger Jahre des XII. Jahrhunderts" in der jungen Schule von Bologna „die Grundlage des ganzen canonistischen Unterrichts" [29]. In Vorlesungen und Schriften wurde das Werk durch die sog. Dekretisten eingehend behandelt, d. h. erklärt und kommentiert [30]. Das Ergebnis der für das kanonische Recht vor allem bedeutsamen schriftlichen Bearbeitung ist die umfangreiche aus Glossen [31], Apparaten und Summen bestehende Literatur zum Dekretbuch [32]. Auf die weitere Ausbildung des kanonischen Rechts, die sich in dem Zeitraum zwischen Gratian und Papst Gregor IX. (1227 bis 1241) vollzog [33], hat die Literatur der Dekretisten einen großen Einfluß ausgeübt; denn die die hauptsächliche Grundlage des Kirchenrechts bildenden päpstlichen Dekretalen entstanden in engem Zusammenhang mit der Schule und den aus ihr hervorgehenden Werken, waren doch „die berühmtesten Gesetzgeber des 12. und 13. Jahrhunderts" (Alexander III., Innozenz III., Gregor IX., Innozenz IV.) selbst „in den Glossatorenschulen gebildet" [34]. „Was in den Schriften (scil. der Kanonisten) . . . an neuen Gedanken, Erklärungen der Quellenstellen und Fingerzeigen für das Leben niedergelegt worden war, ist in den seit Alexander III. für das Rechtsleben der Kirche maßgeben-

---

C. 33 q. 5 c. 11   –   can. 1312 § 2 CIC

C. 33 q. 5 c. 19   –   can. 1262 § 2 CIC.

– Auf den starken Einfluß der Kirchenväter, bes. Augustins, auf das Recht des Codex durch das Medium des Decretum Gratiani weist außer M u n i e r (s. vorige Anm.) auch R. M e t z, Saint Augustin et le Code de Droit Canonique de 1917, RDC 4, 1954, S. 405 ff. hin.

[28]) Vgl. dazu M e t z, Statut S. 97–108.

[29]) So v. S c h u l t e, Geschichte I 212; vgl. auch S t i c k l e r I 201 f., 211.

[30]) Vgl. F e i n e S. 279. Über die von der Schule angewandte Lehrmethode s. v. S c h u l t e, Geschichte I 212 ff. Nach S c h u l t e liegt die größere Bedeutung für das kanonische Recht in den Schriften, die im übrigen auch alles darboten, „was man im mündlichen Vortrag zu geben pflegte" (ebd. I 215 f.).

[31]) Den Glossen kommt nach v. S c h u l t e, Geschichte I 216 und nach J. J u n k - k e r, Summen und Glossen. Beiträge zur Literaturgeschichte des kanonischen Rechts im zwölften Jahrhundert, in: ZRG Kan. Abt. 14, 1925, S. 386, 403 ff. die zeitliche Priorität vor den Summen und Apparaten zu. Vgl. auch K u t t n e r, Repertorium S. 3 ff., 124.

[32]) Vgl. v. S c h u l t e, Geschichte I 215 ff.; F e i n e S. 279.

[33]) Vgl. v. S c h u l t e, Geschichte I 95 mit Anm. 11.

[34]) F r e i s e n S. VI; vgl. T h a n e r S. IV.

den Dekretalen benutzt worden"[35]; denn die Lehrmeinungen der Kanonisten erhoben „Anspruch darauf, praktisch zu gelten, im Rechtsleben, in Rechtsstreitigkeiten ‚quoad causarum tractatum' angewendet zu werden, mit einem Worte ‚Ius' zu sein"[36].

Die Ausführungen der Dekretisten zu den oben behandelten Texten des Gratianischen Dekretbuchs sind daher nicht bloß von Interesse für die vorliegende Frage, sondern sie sind für die Untersuchung der rechtsgeschichtlichen Entwicklung dieses Problems bis hin zu den „Dekretalen Gregors IX." unbedingt zu berücksichtigen.

Die *Summa* des Gratianschülers P a u c a p a l e a, das erste, zwischen 1140 und 1148 entstandene[37] Werk der Bologneser Schule über das Dekretbuch, ist für unsere Fragestellung wenig ergiebig, was darauf zurückzuführen ist, daß eine „selbständige exegetische Arbeit" hier erst „in geringem Umfange" vorhanden ist[38] und die oft wörtliche Anlehnung an die dicta des Magisters Gratian weitgehend vorherrscht[39]. – Die (oben behandelten) Verbote liturgisch-kirchlicher Betätigung für die Frau werden von Paucapalea nicht berücksichtigt. Auch über die Diakonisse findet man bei ihm keinerlei Ausführungen. Er erklärt lediglich den Begriff *presbytera* näher, von der in den Kapiteln 18 und 19 in D. 32 die Rede ist, und führt zwei Bedeutungen dafür an: sie sei entweder die Frau eines Priesters, die er als Minorist heiratete (das entspricht dem Wortlaut von c. 18), oder eine Klosterfrau (*conversa ecclesiae*), auch *matricuria* genannt, weil sie für Dinge Sorge trage, um die sich gewöhnlich Mütter kümmern: sie wasche nämlich die (Altar-)tücher, backe Brot und bereite das Essen zu[40]. Diese Erklärung läßt sich aber keineswegs auf die griechische Originalfassung des als Kap. 19 in D. 32 aufgenommenen can. 11 von Laodicea applizieren; denn wenn auch die darin vorkommenden Begriffe πρεσβύτιδες und προκαθη-

---

[35]) S c h u l t e, Summa des Paucapalea S. III; vgl. auch T h a n e r S. IV f. („In diesem Kreislaufe zwischen Schule und Papstthum ... vollzog sich die Bildung des canonischen Rechts"); ähnlich F r e i s e n S. VI.

[36]) T h a n e r S. IV.

[37]) Vgl. K u t t n e r, Repertorium S. 126; v. H o v e I/1 S. 433 f.

[38]) K u t t n e r, Repertorium S. 126 f.

[39]) Vgl. v. S c h u l t e, Geschichte I 113; K u t t n e r, Repertorium S. 126.

[40]) „... presbyteram suam, i. e. uxorem, quam in minoribus ordinibus constitutus habuit ... Vel presbyteras intelligimus conversas ecclesiae, quae et matricuriae appellantur, quia gerunt curas, quas matres gerere solent; vestimenta namque abluunt, pauem conficiunt et coquinatum praeparant" (ed. S c h u l t e S. 26).

μέναι ihrem Inhalt nach umstritten sind[41], so steht immerhin doch
fest, daß sie eine kirchliche Funktion, ein Amt bezeichnen; die von
Paucapalea angegebene Bedeutung ist daher unzutreffend. Die Bezeichnung *matricuria* für *presbytera* ist von Paucapalea der von Gratian rezipierten lateinischen Version (der Hispana) des can. 11 von
Laodicea entnommen. Anscheinend hat der Begriff *presbytera* in der
lateinischen Kirche einen anderen und mehrschichtigen Sinn als in der
griechischen Kirche; darauf deutet auch die Mehrzahl der Bezeichnungen für *presbyterae* nach der lateinischen Version: *viduae, seniores,
univirae* und *matricuriae* hin. – Die Ausführungen Paucapaleas zu der
in D. 5 behandelten Frage, ob einer Frau während der Menstruation
und nach der Geburt der Besuch der Kirche gestattet sei, die Gratian
in Anlehnung an eine Dekretale Gregors d. Gr. (cc. 2, 3) positiv beantwortet[42], lassen deutlicher als bei Gratian die von einem völlig un-
bewältigten, abergläubisch-unaufgeklärten Verhältnis zu sexuellen
Vorgängen – vor allem bei der Frau – bestimmten Anschauungen der
Zeit hervortreten, die wesentlich zur Aussperrung der Frau aus dem
kultischen Bereich beitrugen. Im Anschluß an Isidor von Sevilla[43] beschreibt Paucapalea in ausführlicher Form die angeblich verheerende,
alles Leben vernichtende Wirkung des Menstruationsblutes: „ . . . nur
die Frau ist ein menstruierendes Lebewesen; durch die Berührung mit
ihrem Blut gedeihen die Früchte nicht, wird der Most sauer, verdorrt das
Gras und verlieren die Bäume ihre Frucht. Eisen verrostet, und die Luft
verfinstert sich; wenn Hunde davon fressen, geraten sie in Tollwut"[44].
Gegenüber dem von Gratian (in c. 2) als auctoritas angeführten Schreiben Gregors, wonach der Frau der Besuch der Kirche auch unmittelbar
nach der Geburt zu gestatten ist, weist Paucapalea auf eine entgegen-

---

[41]) Vgl. dazu die Ausführungen oben S. 32 ff.
[42]) Vgl. dazu oben S. 14 Anm. 44.
[43]) Etymologiarum libri XI 1 (PL 82,414), vgl. ed. Schulte S. 11 Anm. 4.
Nach Browe S. 2 übernahm Isidor die Auffassung von J. Solinus, und zwar
aus seinem im 3. Jh. abgefaßten, von der Naturgeschichte des Plinius und der Choro-
graphie des Mela wesentlich abhängigen Werk „Collectanea rerum memorabilium"
(recogn. Mommsen, Berlin 1864) S. 17 (vgl. dazu Art. Julius Solinus, in: Paulys
Realencyclopädie der classischen Altertumswissenschaft Bd. X/1, Stuttgart 1918, Sp.
823–838). Unmittelbar und ausdrücklich an Solinus schließt sich Rufin von
Bologna an, vgl. dazu unten S. 89 mit Anm. 84.
[44]) „Nam solum mulier menstruale animal est, cuius contactu sanguinis fruges
non germinant, acescunt musta, moriuntur herbae, amittunt arbores fructus, ferrum
rubigo corrumpit, nigrescunt aera; si canes inde ederint in rabiem efferuntur" (zu
D. 5 pr. §2 v. ‚item mulier que menstrua patitur', ed. Schulte S. 11).

stehende Vorschrift im Poenitentiale des Bischofs Theodor von Canterbury (gest. 690) hin[45]. Eine Harmonisierung der sich widersprechenden
Aussagen kann Paucapalea freilich nur durch eine quellenwidrige Um-
interpretation der Vorschrift des Theodor erreichen: Theodor spreche
– im Unterschied zu Gregor – von der Frau, die nicht um zu beten
(*non causa orationis*), sondern aus irgendeinem anderen Grund zufällig die Kirche betrete[46]. Diese Lösung des Problems verdeutlicht,
daß die Vorstellung, Menstruation und Geburt seien Vorgänge, die die
Frau mit einem Makel belasten, keineswegs völlig überwunden ist[47];
denn nur die Haltung der Demut kann sie nach der Auffassung Paucapaleas und seiner Zeit in etwa kompensieren: *Sic et menstrua orationis
causa non prohibetur ecclesia ingredi*[48].

Der Auffassung Gratians von der sowohl in der Ehe als auch in den
übrigen Lebensbereichen zu fordernden Unterordnung der Frau unter
den Mann schließt Paucapalea sich völlig an. In seinen Ausführungen
zu C. 33 q. 5 greift er wörtlich das dictum Gratiani p. c. 11 auf, wonach die Frau als „Leib des Mannes" dem Mann, ihrem „Haupt",
„wegen ihres Standes sklavischer Unterworfenheit" in allem, abgesehen von der Intimbeziehung, untertan sein soll[49]. Die rechtliche Auswirkung dieses Status im öffentlichen Bereich charakterisiert Paucapalea folgendermaßen: „Sie kann also nicht lehren, nicht Zeuge sein,
nicht Bürgschaft leisten und nicht richten"[50]; er übernimmt damit nahe-

---

[45]) „Sed in poenitentiali Theodori contra legitur, ut si mulier ante praefinitum
tempus praesumpserit ecclesiam intrare, tot dies in pane et aqua poeniteat, quot
ecclesia carere debuerat" (ed. S c h u l t e S. 11); S c h u l t e verweist (ebd. Anm. 9) auf
die von Paucapalea wahrscheinlich gemeinten Vorschriften Theod. poen. I 14 § 17 sq.
(bei F. W. H. W a s s e r s c h l e b e n, Die Bußordnungen der abendländischen Kirche,
Halle 1851, Neudruck: Graz 1958, S. 199): „Mulieres autem menstruo tempore non
intrent in ecclesiam neque communicent, nec sanctimoniales nec laicae. Si prae-
sumant, tribus ebdomadis jejunent" (§ 17). „Similiter poeniteant, quae intrant ecclesiam ante mundum sanguinem post partum, i. e. XL dies" (§ 18).
[46]) „Beatus Greg. illam dicit in hoc non peccare, quae gratias actura humiliter
ecclesiam ingreditur. Theodorus vero de ea dicit, quae non causa orationis sed alia
qualibet necessitate ducta temere ingreditur" (ed. S c h u l t e S. 11).
[47]) Trotz seiner, gemessen an der Zeitauffassung, fortschrittlichen und humanen
Einstellung in dieser Hinsicht bezeichnet auch Gregor d. Gr. die Menstruation noch
als „vitium": „... que (scil. mulieres) naturae suae uitio infirmantur" (Corpus, ed.
F r i e d b e r g, I 8 Palea § 1).
[48]) Summa des Paucapalea (ed. S c h u l t e) S. 11.
[49]) Vgl. ed. S c h u l t e S. 133 f.; s. dazu die Ausführungen oben S. 50 f.
[50]) „Ita quod nec docere potest, nec testis esse, nec fidem dare, nec iudicare"
(ed. S c h u l t e S. 134).

zu wörtlich die stark von den Bestimmungen des römischen Rechts für die Frau geprägte Aussage des Ambrosiaster (vgl. C. 33 q. 5 c. 17).

Rolandus Bandinelli, der spätere Papst Alexander III. (1159 bis 1181), bemerkt in seinem vor 1148[51] in Bologna verfaßten *Stroma* zu C. 27 q. 1 c. 23 (= can. 15 des Konzils von Chalcedon), daß es in alter Zeit (*antiquitus*) ohne Zweifel üblich gewesen sei, Diakonissen in den Kirchen zu ordinieren, was allerdings nicht vor deren 40. Lebensjahr geschehen durfte; nach der Ordination eine Ehe einzugehen sei ihnen streng verboten gewesen[52]. Roland definiert die Diakonisse als *evangeliorum lectrix*, also als Lektorin, die mit der Lesung des Evangeliums beauftragt ist. Diese Funktion läßt sich jedoch für die Diakonisse quellenmäßig nur äußerst selten belegen[53]; wie bereits (oben S. 38 f.) bemerkt, sind es in der Regel andere gottesdienstliche Aufgaben, die dem weiblichen Diakonatsamt zugeordnet waren, vor allem Mithilfe bei der Immersionstaufe, Unterricht der weiblichen Katechumenen, Türdienst, zum Teil auch Spendung der hl. Kommunion an Frauen und Kinder. Kalsbach[54] nimmt daher an, daß Roland wohl nur auf Grund der Namensverwandtschaft von Diakon und Diakonisse zu der Gleichsetzung von *diaconissae* und *evangeliorum lectrices* gelangt sei. Freisen dagegen sieht in Rolands Bemerkung nur eine „aufs Geratewohl hingeworfene Vermutung"[55]. Jedenfalls zeigt eine solche Definition, daß über die Diakonisse und ihre Aufgaben zur Zeit Rolands keine klaren Vorstellungen mehr bestanden, weil das Institut, besonders in der lateinischen Kirche, der Vergangenheit angehörte. Aus diesem unklaren Wissen erklärt sich vielleicht auch die öfter im frühen Mittelalter und später vorkommende Gleichsetzung von Dia-

---

[51]) Vgl. Kuttner, Repertorium S. 128 mit Berufung auf Thaner S. XXXIII (s. auch S. XLI).

[52]) „Antiquitus diaconissas i. e. evangeliorum lectrices in ecclesiis ordinari moris fuisse, dubium non est, quarum nulla ante quadragesimum annum ordinari debebat, nec post ordinationem matrimonium eis contrahere ullomodo licebat" (ed. Thaner S. 121).

[53]) Soweit ich feststellen konnte, nur für die monophysitische Diakonisse, vgl. Kalsbach S. 58; J. Funk S. 278; (darin erschöpfte sich aber durchaus nicht ihr Dienst).

[54]) Kalsbach S. 94.

[55]) Freisen S. 700.

konisse und Äbtissin[56], die in den noch zu behandelnden Werken der
Dekretisten ebenfalls vorkommt. Der Charakterisierung der Diakonissen als *evangeliorum lectrices* bei Roland könnte insofern auch eine
Identifikation von Diakonisse und Äbtissin zugrunde liegen, als die
Äbtissin der Karthäuserinnen, die eine der Subdiakonatsweihe rituell
ähnliche Weihe empfing, während des Mittelalters Epistel oder Evangelium beim Hochamt sang[57]. Die sehr verschwommene Vorstellung
von der Diakonisse, die an und für sich eine völlig unzureichende Voraussetzung für eine Beurteilung dieses Amtes, seines Charakters und
der ihm zugeordneten Funktionen ist[58], legt Roland anscheinend
immerhin eine gewisse Zurückhaltung auf in seiner Äußerung über die
Unfähigkeit der Frau, klerikale Ämter zu bekleiden. Während nämlich
Gratian C. 15 q. 3 princ. ohne Angabe eines Grundes die Möglichkeit
des Zugangs der Frau sowohl zum Priesteramt wie auch zum Diakonat
bestreitet (*Mulieres autem non solum ad sacerdotium, sed nec etiam
ad diaconatum prouehi possunt*), beschränkt Roland die Unfähigkeit
der Frau auf das priesterliche Amt, jedenfalls nennt er in diesem Zusammenhang nicht ausdrücklich auch das Diakonatsamt[59]. Im übrigen

---

[56]) So K a l s b a c h S. 88 ff., 112. Während K a l s b a c h in der diaconissa und
abbatissa zwei durchaus zu unterscheidende, eigenständige Bildungen und Ämter
sieht, nimmt S c h ä f e r, Kanonistenstifter S. 51 ff.; d e r s., Kanonissen und Diakonissen S. 58 ff. die Identität von kanonischer Äbtissin (= Leiterin von Kanonissen,
nicht zu verwechseln mit monastischer Äbtissin!) und Diakonisse bzw. eine Entwicklung der Diakonisse zur kanonischen Äbtissin an, in deren Amt das Diakonissenamt
weitergelebt habe. Der Titel Diakonisse sei „infolge des siegreichen Vordringens des
Mönchtums im Orient wie im Abendland durch den seitdem geläufigeren Namen der
Äbtissin allmählich verdrängt worden" (Kanonissenstifter S. 55), S c h ä f e r (ebd.
S. 58) betont jedoch ausdrücklich, daß sich „die Funktionen des altkirchlichen Diakonissenamtes" in einem beträchtlichen Umfang „über die Leitung der (gottgeweihten) Frauen hinaus" erstreckte.
[57]) Vgl. F. D i e k a m p - K. J ü s s e n, Katholische Dogmatik III, 12. Aufl.
Münster 1954, S. 373; s. auch v. d. M e e r S. 109, der (mit Berufung auf S c h ä f e r,
Kanonissen und Diakonissen S. 60 mit Anm. 1) darauf hinweist, daß die Karthäuserinnen bei der Jungfrauenweihe noch jetzt Stola und Manipel erhalten, obwohl nur
noch die Epistel von ihnen gesungen werden dürfe; die Stola deute aber an, daß sie
früher auch das Evangelium sangen; (wenn ihnen beim Anlegen des Manipels vom
Bischof gesagt wird „handle mannhaft!", so dürfte sich darin die absurde Vorstellung
ausdrücken, daß Akte wie Evangelium- und Epistel-Lesen das Wesen der Frau an
und für sich übersteigen und eigentlich nur dem Mann als dem ‚Vollmenschen' vorbehalten sind).
[58]) Das ist zu bedenken bei den noch zu behandelnden Aussagen der späteren
Dekretisten über die Diakonisse.
[59]) „Mulieres autem eiusdem ordinis (scil. sacerdotii) nec sunt nec esse possunt"
(zu C. 15 q. 3 princ., ed. T h a n e r S. 33).

aber urteilt Roland genau wie Gratian über die Frau und ihre rechtliche Stellung in den anderen Bereichen. Am Schluß der eben erwähnten Erläuterung zu C. 15 q. 3 princ. betont er nachdrücklich den Ausschluß der Frau von Anklage und Zeugnis, ausgenommen in den vom
römischen Recht vorgesehenen Fällen (bei Simonie, Häresie und Maje-
stätsbeleidigung) sowie in Ehesachen [60]. Die Auffassung Gratians, daß
die Frau dem Mann völlig untertan sein müsse, selbst in ihrem religiösen Bezug zu Gott (vgl. dictum p. c. 11 in C. 33 q. 5), sieht Roland
durch die vom Magister zitierten auctoritates patrum hinlänglich und
sicher gestützt [61]. Auch gegen die dem Mann bzw. den Klerikern ein-
geräumte Vollmacht, ihre Ehefrauen zu züchtigen (vgl. C. 33 q. 2
c. 10), hat er nichts einzuwenden [62].

Eingehender als Roland setzt sich R u f i n in seiner umfangreichen
und für die dekretistische Literatur der Folgezeit maßgeblichen [63]
Summa decretorum, deren Entstehungszeit zwischen 1157 und 1159
liegt [64], mit dem Problem der Ordination von Frauen auseinander, so
in seinen Ausführungen zu C. 27 q. 1 c. 23, dem can. 15 von Chalcedon. Er drückt seine Verwunderung darüber aus, wie das Konzil an-
ordnen könne, zu Diakonissen Frauen nicht unter 40 Jahren zu ordinieren, da doch die Diakonissenordination nach Ambrosius gegen eine
autoritative Bestimmung verstoße; Ambrosius wende sich nämlich in
seinem Kommentar zu 1 Tim 3,11 unter Berufung auf die (apostolische) Autorität gegen die Kataphrygier (Montanisten), die aus dieser
Stelle das Recht und die Pflicht, Diakonissen zu ordinieren, herleite-

---

[60]) „Dicimus ergo mulieris vocem nullatenus admittendam in accusatione vel
testificatione, nisi in crimine simoniae vel haereseos vel laesae maiestatis sive in causa
matrimonii" (ed. T h a n e r S. 34).

[61]) Zu C. 33 q. 5 c. 11: „In hoc capitulo ostenditur, quod si uxor abstinentiam
cibi vel potus vel indumentorum vel alicuius alterius excepto quam carnalis debiti
ex consensu viri voverit, illo in contrarium iubente votum observare non debet. Hic
sensus atque decretum praesentibus capitulis manifeste probatur; debet enim mulier
viro scilicet capiti suo semper subesse, quod his quinque capitulis manifeste docetur"
(ed. T h a n e r S. 199).

[62]) „Uxores nullomodo occidendas superius assignavit, verumtamen absque mortis
periculo poenitentiae custodiae mancipandae sunt" (ed. T h a n e r S. 191).

[63]) Vgl. S i n g e r S. LXXX, LXXXVI; K u t t n e r, Repertorium S. 132.

[64]) Vgl. S i n g e r S. CXVI–CXVII; K u t t n e r, Repertorium S. 132.

ten[65]. Der von Rufin zitierte, angeblich Ambrosianische Kommentar ist in Wirklichkeit die Glossa ordinaria[66] zu 1 Tim 3,11; die Glosse wiederum ist eine kurze Zusammenfassung des Ambrosiasterkommentars[67] zu der betreffenden Stelle[68]. So erklärt sich die Zuschreibung des Glossentextes an Ambrosius, der ja im Mittelalter als Autor des Ambrosiasterkommentars galt[69]. Bei der Lösung des zwischen der Bestimmung des Chalcedonense und der (zeitlich früheren) Aussage des „Ambrosius" bestehenden Widerspruchs läßt Rufin letztere, also die auctoritas patrum in der Weise ausschlaggebend sein, daß er zwischen sakramentaler, zum Zweck des Altardienstes erteilter Ordination und der zu irgendeinem andern kirchlichen Dienst gespendeten Ordination (besser: Benediktion) unterscheidet und die Erteilung der sakramentalen Diakonatsordination an eine Frau als gegen das autoritative Verbot verstoßend bezeichnet; das Chalcedonense (can. 15) gestatte nur die zweite Form, die nichtsakramentale Ordination. Aber auch die so geweihten Diakonissen gebe es jetzt nicht mehr in der Kirche, vielleicht würden an ihrer Stelle die Äbtissinnen ordiniert[70]. Nun

---

[65]) „Satis mirandum ducimus, quomodo concilium diaconissas post annos XL statuat ordinandas, cum Ambrosius dicat diaconas ordinari esse contra auctoritatem. Ait enim, in epistol. (I.) ad Timotheum super illum locum ‚Mulieres similiter pudicas' etc.: ‚Occasione horum verborum Catafrige dicunt diaconas debere ordinari, quod est contra auctoritatem'" (ed. S i n g e r S. 437).

[66]) Vgl. S i n g e r S. 437 Anm. f. – Nach J. S c h m i d , Art. Glossen, LThK IV 968 ff. ist die Glossa ordinaria zum NT Anfang des 12. Jahrhunderts durch Anselm von Laon verfaßt worden; sie fand im 12. u. 13. Jhdt. weite Verbreitung, woraus sich auch ihr Name erklärt.

[67]) Die Glossa ordinaria zur Bibel beruht nämlich vorwiegend auf den Werken der Kirchenväter, ist weitgehend nur ein Auszug aus deren Exegese; vgl. S c h m i d a. a. O. Sp. 968 ff.; A. K l e i n h a n s , Art. Exegese, LThK III 1284.

[68]) Vgl. S i n g e r S. 437 Anm. f. Der Kommentar des Ambrosiaster zu 1 Tim 3,11 hat folgenden Wortlaut: „Mulieres similiter pudicas' etc. (cf. 1 Tim 3,11) Quia sanctum praecipit creari episcopum, adaeque et diaconum, non utique disparem vult esse plebem ... Ideoque etiam mulieres, quae inferiores videntur, sine crimine vult esse, ut munda sit Ecclesia Dei. Sed Cataphrygae erroris occasionem captantes, propter quod post diaconos mulieres alloquitur, etiam ipsas diaconas ordinari debere vana praesumptione defendunt, cum sciant apostolos septem diaconos elegisse. Numquid nulla mulier tunc idonea inventa est, cum inter undecim apostolos sanctas mulieres fuisse legamus? Sed ut haeretici animum suum verbis, non sensu legis astruere videantur, Apostoli verbis contra sensum nituntur Apostoli; et cum ille mulierem in Ecclesiae in silentio esse debere praecipiat, illi e contra etiam auctoritatem in Ecclesia vindicent ministerii" (PL 17, 496 f.).

[69]) Vgl. oben S. 47 Anm. 204.

[70]) „Sed aliud est eas ordinari sacramento tenus ad altaris officium, sicut ordinantur diacones: quod quidem prohibetur; aliud ad aliquod aliud ecclesie ministerium: quod hic permittitur. Hodie tamen huiusmodi diaconisse in ecclesia non inveniuntur, sed forte loco earum abbatisse ordinantur" (ed. S i n g e r S. 437).

ist aber die im can. 15 des Konzils von Chalcedon angeordnete Diakonissenordination wohl kaum nur eine Ordination „für irgendeinen
anderen kirchlichen Dienst" im Sinne einer bloßen Benediktion gewesen, wie Rufin behauptet; denn wie schon bei der Behandlung des Kanons (oben S. 36) festgestellt wurde, ist der terminus technicus für die
Klerikerweihe χειροτονεῖν verwandt, und die Weihe (χειροτονία) der
Diakonisse von Byzanz mit ihren Zeremonien ist zu der des Diakons
parallel gebildet[71]; die Überreichung der Stola und des Kelches weist
hin auf den liturgischen Charakter des Amtes. Zudem war die Diakonisse auf Grund ihrer Weihe wie der Klerus der höheren Weihestufen zum Zölibat verpflichtet, was deutlich aus der Bestimmung
des Chalcedonense hervorgeht. Es ist darum zweifellos übereilt und
unbegründet, die gemäß dem erwähnten Kanon erteilte Diakonissenordination als nicht-sakramentale Weihe zu bezeichnen[72], wozu Rufin
sich offensichtlich durch den Ambrosiasterkommentar (zu 1 Tim 3,11)
und infolge von Unkenntnis der Quellen über die Diakonisse bestimmen ließ. Außerdem ist dieser Kommentar (und die auf ihn sich
stützende Glossa ordinaria) weit davon entfernt, eine textgetreue
Exegese zu bieten; in 1 Tim 3,11 ist nämlich nicht, wie der Ambrosiaster annimmt, von den Frauen im allgemeinen die Rede, wenn es
heißt: „Die Frauen sollen ebenfalls ehrbar sein, nicht verleumderisch,
nüchtern, treu in allem". Die Stellung von V. 11 mitten unter den
Bestimmungen über die Diakone (1 Tim 3,8–13) verbietet zweifellos
eine solche Deutung. Auch können die in V. 11 genannten γυναῖκες
nicht die Ehefrauen der διάκονοι der VV. 8–10, 12 f. sein; denn
das in diesem Fall zu erwartende αὐτῶν fehlt, und außerdem werden
in V. 12 die Familienverhältnisse der Diakone eigens behandelt[73];
es wäre ja auch verwunderlich, daß eine Anweisung wie die in V. 11
nur für die Frauen der Diakone erfolgte und nicht einmal für die
der Bischöfe (vgl. 1 Tim 3,2)[74], obwohl deren exponierte Stellung in
der Gemeinde sie eher noch erwarten ließe oder erforderlich machte.

---

[71]) Vgl. Kalsbach S. 69 ff., 109; J. Funk S. 278.
[72]) Wegen der angeführten Merkmale der Ordination kommen denn auch mehrere
Autoren zu dem entgegengesetzten Ergebnis wie Rufin, vgl. dazu oben S. 37 mit
Anm. 159.
[73]) Vgl. Kalsbach S. 11.
[74]) So auch M. Meinertz, Die Pastoralbriefe des heiligen Paulus (Die Heilige
Schrift des Neuen Testamentes Bd. 7), 4. Aufl. Bonn 1931, S. 46.

V. 11 muß demnach so gedeutet werden, wie u. a. Kalsbach[75] ihn unter Berücksichtigung des Kontextes beurteilt: „Die sprachlich und inhaltlich zu V. 8[76] durchgeführte Parallele zusammengenommen mit dem Gegenstande des ganzen Abschnittes 3,1–13, in dem nur von Ämtern die Rede ist, zwingt, die ‚Frauen' als eine vom Apostel in der Stellung zur Gemeinde dem männlichen Diakonate konform gedachte Einrichtung unter dem andern Geschlechte zu erklären". Es handelt sich also in V. 11 um Richtlinien für die urkirchliche Diakonin, wie sie in V. 8 in ähnlicher Weise für den Diakon gegeben werden (über die Art der Weihe und die Amtsvollmachten wird allerdings in V. 11 – ebenso wie in V. 8 ff. – keine nähere Auskunft gegeben). Damit ist erwiesen, daß die vermeintlich irrige Auslegung der Kataphrygier, die aus 1 Tim 3,11 den Auftrag zur Diakonissenordination herleiten, den Sinn von V. 11 sehr wohl trifft – nicht hingegen die des Ambrosiaster, der gegen jene Interpretation das Faktum auszuspielen sucht, daß (nach Apg 6) nur 7 männliche Diakone gewählt wurden. Er verkennt indessen, daß das Vorgehen der Apostel (Apg 6) durch die damaligen Zeitumstände und Kulturverhältnisse bedingt war, erhebt es eigenmächtig zum zeitlosen Prinzip und vergewaltigt so den Text von 1 Tim 3,11, dem ein bereits weiterentwickeltes Amtsverständnis als Apg 6 zugrunde liegt, das die Frau als kirchliche Amtsträgerin miteinbezieht – trotz aller verbleibenden, von rabbinischem Ungeist bestimmten Vorbehalte der Frau gegenüber (vgl. 1 Tim 2,11 ff.), die das Amt der Diakonin allerdings von vornherein und auch künftig nicht unangefochten lassen. Vor allem dieser antifeministischen Denkweise des Ambrosiaster (die bereits oben S. 58 f. aufgezeigt wurde und auch hier wieder zum Ausdruck kommt[77]), aber wohl auch seiner

---

[75]) Kalsbach S. 11 (mit Berufung auf Belser, Meinertz, Wohlenberg; ebd. Anm. 2); vgl. Schäfer, Kanonissenstifter S. 65. Zu demselben Ergebnis kommt auch die neueste Exegese: vgl. G. Holtz, Die Pastoralbriefe (Theologischer Handkommentar zum Neuen Testament Bd. 13), Berlin 1965, S. 85.

[76]) „Die Diakone sollen ebenfalls ehrbar sein, nicht doppelzüngig, nicht vielem Weingenuß ergeben und nicht auf unlauteren Gewinn bedacht."

[77]) Vgl. oben S. 85 Anm. 68: „. . . mulieres, quae inferiores videntur"; s. dort auch den Hinweis auf das Schweigegebot des Paulus für die Frau (1 Kor 14,34 f.). Dabei ist vom Ambrosiaster freilich übersehen, daß Paulus selbst viele weibliche Mitarbeiter an seiner Missionstätigkeit teilnehmen ließ, die nicht grundsätzlich vom Dienst am Wort ausgeschlossen sein konnten (vgl. Röm. 16,1.3.12; 1 Kor 16,19 u. a.); so auch Holtz a. a. O. S. 73, der im übrigen (S. 72 mit Anm. 88) darauf hinweist, daß gegen 1 Kor 14,34–36 textkritische Bedenken von Gewicht erhoben worden sind; dazu vgl. auch Exegetischer Exkurs S. 199 Anm. 158.

Unkenntnis des orientalischen Diakonissenamtes ist es zuzuschreiben, daß er sich im Kommentar zu 1 Tim 3,11 polemisch gegen das weibliche Diakonatsamt wendet, das eine textgetreue Exegese daraus hätte folgern müssen. Für Rufins Stellungnahme zum weiblichen Diakonat ist die hohe Autorität des „Ambrosius" einfachhin maßgebend und läßt offensichtlich den Gedanken an eine Prüfung des Kommentars auf seine Tragfähigkeit hin gar nicht aufkommen. Die von Rufin zum Schluß seiner Ausführungen zu C. 27 q. 1 c. 23 zwischen Diakonisse und Äbtissin gezogene, in der Dekretistenliteratur häufiger vorkommende Parallele beruht vermutlich auf einer Vorschrift Gregors d. Gr., die die Altersbestimmung aus dem sog. Diakonissengesetz (1 Tim 5,9) auch als Norm für die Jungfrauäbtissin aufstellte[78], ferner auch darauf, daß die Weihe der Kanonissen-Äbtissin analog zur Diakonatsweihe gebildet wurde[79]. Auf Grund der bloßen Altersbestimmung (40 Jahre) des Konzils von Chalcedon meint denn auch Rufin, in C. 20 q. 1 c. 13 eine Anordnung für die Diakonisse sehen zu können[80], obwohl der Wortlaut des capitulum[81] durchaus keinen Anlaß dazu gibt. Diese Interpretation, derzufolge ‚Nonne' (*sanctimonialis*) mit *diaconissa* und ‚Verschleierung' mit ‚Ordination' gleichgesetzt wird, verrät deutlich eine ähnliche Unklarheit über das Diakonissenamt, wie sie schon bei Roland festgestellt wurde. – Bezüglich der Spendung der Krankenkommunion, die nach D. 2 de cons. c. 29 ausschließlich Sache des Priesters ist, besteht nach Rufin im Fall der Verhinderung des Priesters durch Krankheit die Möglichkeit, das Sakrament durch einen *puer* überbringen zu lassen[82]. Einem (noch unmündigen) Knaben darf also eher die Krankenkommunion anver-

---

[78]) Vgl. Kalsbach S. 89, 94.

[79]) Vgl. Kalsbach S. 90 f.; Schäfer, Kanonissen und Diakonissen S. 57; J. Funk S. 281 f. – Nach dem Recht des CIC gilt die Äbtissinnenweihe als bloße Benediktion bzw. als Sakramentale, vgl. H. Hanstein, Ordensrecht, Paderborn 1953, S. 244; J. Baucher, Art. Abbesses, DDC I 65 f., wo ausdrücklich betont wird, daß die benedictio der abbatissa keine besondere Vollmacht verleiht im Unterschied zur Abtsweihe, die nach can. 625 CIC die Vollmacht zur Spendung der niederen Weihen und zum öffentlichen Segen verleiht.

[80]) „In secundo capitulo (= C. 20 q. 1 c. 13) dicitur de diaconissa, que ante annum XL. non debet velari, i. e. ordinari, ut infra Cs. XXVII q. I c. Diaconissam (c. 23)" (ed. Singer S. 382).

[81]) „Sanctimoniales ante annum quadragesimum non uelentur" (Corpus, ed. Friedberg, I 846).

[82]) „Nisi infirmetur; tunc enim etiam per puerum, si magna necessitas ingruerit, poterit communicare infirmum" (ed. Singer S. 554); Rufin beruft sich dabei ausdrücklich auf Burchard, vgl. Singer S. 554 mit Anm. h.

traut werden als einer (erwachsenen) Frau – diese, ob Laie oder Ordensfrau, wird von Rufin gar nicht erst in Erwägung gezogen für eine solche Funktion. Die völlige Aussperrung der Frau von kultisch-kirchlichen Funktionen ist im Hinblick darauf, daß Rufin in einem noch stärkeren Maße als Paucapalea in den alttestamentlichen Reinheitsvorstellungen und der damit zusammenhängenden abwertenden Beurteilung der geschlechtlichen Vorgänge befangen ist, nicht verwunderlich. Im Gefolge des Julius Solinus[83] spricht er vom „fluchwürdigen und verunreinigenden Menstruationsblut" und entwickelt ausführlich die (für modernes, aufgeklärtes Denken) höchst seltsamen, ja absurden Anschauungen über seine Auswirkungen[84]. Im Gegensatz zu Gratian und Paucapalea erklärt er ferner das Schreiben Gregors d. Gr. (vgl. D. 5 c. 2), das der Frau unmittelbar nach der Geburt den Eintritt in die Kirche gestattet, auf Grund entgegenstehender kirchlicher Sitte und vor allem wegen der (oben bereits erwähnten) Vorschrift im Poenitentiale Theodors für abgeschafft[85]. – Mit Berufung auf die Aussage des Ambrosiaster (C. 33 q. 5 c. 17), wonach die Frau nicht Zeuge sein kann, spricht Rufin der Frau in Strafsachen – nicht in Zivilsachen, außer in Testamentsangelegenheiten[86] – jede Anklage- und Zeugnisfähigkeit ab. Wenngleich die Frau nach römischem Recht vielleicht auch als Zeugin in weltlichen Strafsachen auftreten könne – dabei ist an die vom römischen Recht vorgesehenen Ausnahmefälle gedacht (vgl. C. 15 q. 3 c. 1) –, nach kanonischem Recht dagegen werde

---

[83]) Vgl. dazu oben S. 80 Anm. 43. Nach S i n g e r S. CXXIV gehörte das dort angegebene Werk des Solinus „zu den Schulautoren, deren man sich im Mittelalter beim Unterrichte in der Geographie und Naturlehre bediente".

[84]) „Adeo autem execrabilis et immundus est sanguis ille, sicut ait Iulius Solinus in libro de mirabilibus mundi, ut eius contactu fruges non germinent, arescant arbusta, moriantur herbe, amittant arbores fetus, nigrescant era, si canes inde ederint in rabiem efferantur". Der während der Menstruation vollzogene Geschlechtsverkehr könne Fehlgeburten zur Folge haben: „Non autem solum propter immunditiam sanguinis a menstruata arcenda est voluptas, sed etiam ne vitiosus fetus ex illo coitu nascatur ..." (ed. S i n g e r S. 16; ebd. S. 17 werden nähere Ausführungen darüber gemacht und weitere höchst seltsame Anschauungen der damaligen medizinischen „Wissenschaft" vorgetragen). – Vgl. dazu auch die Ausführungen P a u c a p a l e a s, oben S. 80.

[85]) „Illud de enixa vero muliere hodie evacuatum est propter ecclesie contrariam consuetudinem et maxime propter illud ex penitentiali Theodori ..." (ed. S i n g e r S. 16 mit Anm. a; vgl. dazu oben S. 81 mit Anm. 45).

[86]) Zu C. 33 q. 5 c. 17: „Mulierem (etc.) nec testis esse in causis criminalibus; nam in civilibus potest esse testis, preterquam in testamento" (ed. S i n g e r S. 506 f.).

ihr Zeugnis in kirchlichen Strafsachen keineswegs angenommen[87].
Rufin urteilt hierin noch strenger als Roland, der eine Anklage
seitens der Frau bei den sog. *crimina excepta* und in Ehesachen
zuläßt (zu C. 15 q. 3, vgl. oben S. 84).

Stephan von Tournay, dessen in den sechziger Jahren des 12.
Jahrhunderts abgefaßte *Summa*[88] sich weitgehend an Rufins Summe
und an das „Stroma" Rolands anlehnt, folgt in seiner Auffassung
über das weibliche Diakonatsamt sowie über den Zugang der Frau
zum Klerikat überhaupt im wesentlichen seinen Gewährsmännern.
Zu C. 27 q. 1 c. 23 ad v. *Diaconissam* schreibt Stephan, daß einstmals
Diakonissen in der Kirche ordiniert wurden, die mit der Lesung des
Evangeliums beauftragt waren. Nun, da sie nicht mehr in der Kirche
anzutreffen seien, nenne man sie vielleicht Äbtissinnen, und diese
dürften nicht vor dem 40. Lebensjahr ordiniert werden[89]. Die Identifikation der Diakonissen mit Lektorinnen ist von Roland übernommen[90], auf Rufin geht die Parallele: *diaconissa – abbatissa* zurück[91].
Eine ähnliche Definition der Diakonisse gibt Stephan noch zu C. 11
q. 1 c. 38: In der Urkirche sei es gewissen Nonnen, die Diakonissen
genannt wurden, erlaubt gewesen, das Evangelium zu lesen, was zur

---

[87]) Zu C. 4 q. 2/3: „Item queritur in secunda), quomodo generaliter sit verum
quod quicunque prohibetur ab accusatione, prohibeatur et ab accusationis testificatione, cum mulieres secundum leges accusare non possint, tamen possint esse
testes, ut infra Cs. XV. q. III. De crimine quod publicorum (c. 1). Sed femine in
causis utique civilibus possunt esse testes, in criminalibus autem, in quibus solis
instituitur accusatio, testes esse non valent, ut infra Cs. XXXIII. q. ult. cap. ult. (17).
Si quis autem velit contendere quod in criminibus etiam mulierum testimonium
accipietur, respondeatur quia, etsi secundum legem forte in secularibus criminibus
admitterentur, secundum canones tamen in ecclesiasticis criminibus nunquam mulierum testimonium accipietur" (ed. Singer S. 274). Ein Anklagerecht wegen Ehebruchs – allerdings ein im Vergleich zu dem des Mannes eindeutig benachteiligtes –
räumt Rufin der Frau jedoch im Anschluß an C. 32 q. 5 c. 23 ein: „Hic evidenter
docetur quia mulieres possunt accusare viros de adulterio, sed non facile, scil. de
suspitione, et sine metu calumnie, quemadmodum viri possunt..." (ed. Singer
S. 491).
[88]) Vgl. Kuttner, Repertorium S. 135; v. Hove I/1 S. 434.
[89]) „Antiquitus ordinabantur in ecclesiis diaconisse, i. e. evangeliorum lectrices,
que quia modo non sunt in ecclesia, forsitan dicemus eas abbatissas et iste ante
quadragesimum annum ordinari non debent" (Hs. Bamberg Patr. 118 [B. III. 21]
fol. 225 rb, zitiert nach Gillmann, Weibliche Kleriker S. 244 Anm. 3; in der
Schulteschen Ausgabe der Summa Stephans fehlt diese Stelle, und das gilt ebenfalls
von einigen der folgenden Äußerungen Stephans zur vorliegenden Frage).
[90]) Vgl. oben S. 82.
[91]) Vgl. oben S. 88.

Zeit nicht mehr geschehe[92]. Die Gleichsetzung von Nonnen mit Diakonissen verrät deutlich die unzureichende Kenntnis über das Diakonissenamt – auf das Vordringen des aszetischen Monachismus ist es
ja gerade zurückzuführen, daß das Diakonissenamt unterging, die
Diakonisse im Kloster untergebracht und auf diese Weise aus dem
Gemeindedienst völlig verdrängt wurde[93]. Eine solche Parallele (wie
auch die oben erwähnte: *diaconissa – abbatissa*) erklärt sich vermutlich
aus dem Versuch, einen weniger bekannten Begriff durch einen geläufigeren modernen zu umschreiben[94]. Im Gegensatz zu Rufin äußert
sich Stephan nicht über den Charakter der Diakonissenordination,
d. h. darüber, ob sie als sakramentale oder nicht-sakramentale Weihe
zu verstehen ist. Eindeutig ist Stephans Auffassung über diesen Punkt
auch nicht seiner Interpretation des dictum Gratiani C. 15 q. 3 princ.
(die Frau könne weder zum Priesteramt noch zum Diakonat befördert
werden) zu entnehmen, obwohl hier dem urkirchlichen weiblichen
Diakonat immerhin der Rang eines klerikalen Ordo zuerkannt wird.
Stephan bemerkt nämlich zur Stelle ad v. *nec ad diaconatum*, daß
dasselbe (nämlich: daß die Frau dazu keinen Zugang habe) von
jedem beliebigen niederen Ordo gesagt werden könne; Gratian nenne
aber den Diakonat, weil dieser Ordo vielleicht möglich erscheine
(für die Frau), da es früher Diakonissen gegeben habe; dieser Ordo
sei aber nun nicht mehr in der Kirche vorhanden[95]. Hiermit (*ordo*!)
ist zugegeben, daß das frühe Kirchenrecht im Gegensatz zum mittelalterlichen eine Zugehörigkeit der Frau zum Klerikat kannte, d. h.
aber, daß eine Änderung der kirchlichen Disziplin zuungunsten der
Frau erfolgte. In Anbetracht dessen kann die Bemerkung Stephans,
die Frau könne weder zum Diakonat noch überhaupt zum Klerikat
gelangen, anscheinend nicht im Sinne einer prinzipiellen Unfähigkeit
der Frau gemeint sein und verstanden werden, sondern eher im Sinne
eines vom positiven kirchlichen Recht vorgeschriebenen Ausschlusses
der Frau vom Klerikat.

Der Kommentar zu D. 2 de cons. c. 29 ist wörtlich von Rufin über-

---

[92] „In primitiva ecclesia permittebatur quibusdam sanctimonialibus legere evan-
gelum, que diaconisse vocabantur, quod hodie non fit" (Ms. cit. fol. 199va, zitiert
nach G i l l m a n n a. a. O. S. 244 Anm. 4).

[93] Dazu s. S c h ä f e r, Kanonissenstifter S. 55, 60, 272 f.; Z s c h a r n a c k S. 153 ff.

[94] Ähnlich K a l s b a c h S. 88 f.

[95] „Idem posse dicere de quolibet inferiori ordine. Set de hoc dicit, quia forte
videtur, quoniam antiquitus fiebant diaconisse, qui ordo hodie in ecclesia non est"
(Ms. cit. fol. 206vb, zitiert nach G i l l m a n n a. a. O. S. 244 Anm. 5).

nommen[96]; als Überbringer der Krankenkommunion kann also auch nach Stephans Meinung im Notfall ein Knabe in Frage kommen, nicht aber eine Frau. Als einzige den Frauen verbleibende Aufgabe, die nur entfernt mit dem liturgischen Dienst in Zusammenhang steht, nennt Stephan zu D. 1 de cons. c. 40 § 1 das Waschen und Flicken der im Gottesdienst verwandten Pallen und Leinentücher und das Zubereiten der Oblaten für das Meßopfer. Diese Tätigkeit werde z. B. durch die sogenannten Veglonissen, Ordensfrauen (*religiosae mulieres*) der Mailänder Kirche, ausgeübt, obwohl sie an und für sich mit der in dem betreffenden Kapitel enthaltenen Vorschrift nicht vereinbar ist; dort ist nämlich angeordnet, daß die im Gottesdienst benutzten Pallen und Tücher von den Diakonen und untergeordneten Gehilfen innerhalb des Sanctuariums gewaschen werden sollen[97]. Wie Stephan bemerkt[98], sei diese Vorschrift jedoch durch allgemeine Gewohnheit abgeschafft worden. Auch nach Stephans Empfinden bleibt es durchaus noch im Rahmen des Angemessenen und Schicklichen, wenn Ordensfrauen die Sorge für die Zubereitung und Reinerhaltung der für die liturgische Feier erforderlichen Gegenstände übertragen wird, aber damit – und in dieser Hinsicht erfolgte bis heute keine wirklich durchgreifende Änderung – ist zugleich auch die Grenze der Betätigungsmöglichkeit für die Frau im kultisch-liturgischen Bereich abgesteckt.

Die ebenfalls aus der Bologneser Schule stammende *Summa* des Johannes Faventinus[99] ist eine Kompilation aus den Werken

---

[96]) Vgl. ed. S c h u l t e S. 272; s. dazu oben S. 88 Anm. 82.

[97]) „Pallas uero et uela que in sanctuario sordidata fuerint... diaconi cum humilibus ministris intra sanctuarium, et uelamina dominicae mensae abluant, ne forte puluis dominici corporis male decidat" (Corpus, ed. F r i e d b e r g, I 1304). Das Kapitel ist der epistola II des Pseudo-Clemens entnommen, die teilweise schon vor der pseudoisidor. Sammlung existierte (vgl. F r i e d b e r g l. c. Anm. 404), und stützt can. 1306 § 2 CIC (CIC S. 445 Anm. 2). Vgl. dazu oben S. 14 Anm. 45.

[98]) Zu D. 1 de cons. c. 40 § 1: „His hodie generali consuetudine derogatum est. Forte autem non dicetur inconveniens, sie haec religiosis feminis lavanda mandentur, sicut in ecclesia Mediolanensi veglonissae, i. e. quaedam religiosae mulieres oblatas praeparant ad sacrificium altaris... Et huiusmodi veglonissae ecclesiae suppellectilem lavant, laceratum reconsuunt, oblatas ut diximus in usum sacrificii praeparant" (ed. S c h u l t e S. 267).

[99]) Vollendet wurde die Summe nach 1171; vgl. K u t t n e r, Repertorium S. 145; v. H o v e I/1 S. 434 f.

des Rufin und des Stephan von Tournay[100]. Das trifft auch für den Kommentar des Johannes zu den hier interessierenden Stellen des Gratianischen Dekretbuchs zu: Stephans Ausführungen zum dictum Gratiani C. 15 q. 3 pr. ad v. *nec ad diaconatum* werden von ihm wörtlich übernommen[101], und für seine Äußerung zu C. 27 q. 1 c. 23 ad v. *Diaconissam* bildet Rufin die Vorlage[102]. Ebenfalls im Anschluß an Rufin interpretiert Johannes C. 20 q. 1 c. 13, indem er das capitulum auf die Diakonisse bezieht, obwohl dort von Nonnen (*sanctimoniales*) die Rede ist. Der Weiheritus bestand nach seiner Meinung in der Übergabe des Schleiers an die Diakonisse[103]. Den Quellen zufolge bildeten jedoch die durch den Bischof in Verbindung mit einem besonderen Weihegebet während der hl. Messe erteilte Handauflegung, die Überreichung der Stola und (in einigen Gebieten) des Kelches die wesentlichen Merkmale der Diakonissenweihe[104]. Wie die (von Rufin übernommene) Identifizierung von Ordination und Verschleierung zeigt, war jedoch die Kenntnis des eigentlichen Ordinationsritus der Diakonisse dem Wissen der Zeit bereits entschwunden.

Von allen Bologneser Summen vor Huguccio fand die Summa des Johannes Faventinus die stärkste Verbreitung; sie verdrängte die ihr zugrunde liegenden Vorlagen (Rufins und Stephans Summen)

---

[100]) So K u t t n e r, Repertorium S. 145 (mit Berufung auf M a a s s e n, S c h u l t e, S i n g e r, G i l l m a n n; ebd. Anm. 1). Das wird auch von J o h a n n e s F a v e n t i n u s selbst in seiner Vorrede zugegeben (vgl. S i n g e r S. XLVI mit Anm. 4).

[101]) Vgl. G i l l m a n n, Weibliche Kleriker S. 245 mit Anm. 3 (Gillmann stützt sich auf Hs. München lat. 3873 fol. 81vb); s. dazu oben S. 91.

[102]) Vgl. G i l l m a n n a. a. O. S. 245 f.; s. dazu oben S. 84 f.

[103]) „Est velum ordinationis, quod XL. anno dabatur diaconissis" (Ms. cit. fol. 95va, zitiert nach G i l l m a n n a. a. O. S. 246 mit Anm. 2). Dieselbe Auffassung kommt in einer Glosse zum Ausdruck, die, wie Gillmann (S. 245 Anm. 1) bemerkt, in der Bamberger Hs. der Stephanschen Dekretsumme zum dict. Grat. p. c. 10 in C. 20 q. 1 ad v. ‚velamen' auf dem unteren Rand von späterer Hand beigefügt ist: „Multa sunt velamina, sicut invenire poteris in diversis huius libri capitulis. Est enim velamen conversionis … Est et velamen consecracionis … Est et velamen ordinacionis, quod modo obsolevit, quod inponebatur diaconissis et non nisi post XL annos … ".

[104]) So S c h ä f e r, Kanonissen und Diakonissen S. 62, 64 (mit Quellenbelegen). Im Weiheformular der Apostolischen Konstitutionen (VIII 20) ist von einer Übergabe des Schleiers an die Diakonisse keine Rede, ebenfalls nicht in dem von J. A. A s s e m a n i (Cod. liturg. XI, Rom 1763, 115) aufgezeichneten Formular, wenngleich dort vorausgesetzt ist, daß die Ordinandin einen Schleier trägt: die Stola wird unter dem Schleier umgelegt. Wohl wird die Übergabe des Schleiers in dem von M. B l a s t a r e s, Syntagma alphabeticum lit. Γ c. XI (PG 144, 1175) aufgezeichneten Weiheritus ausdrücklich erwähnt; sie bildet jedoch nicht den Kern des Ordinationsritus, sondern die mit dem Weihegebet verbundene Handauflegung.

mehr und mehr aus dem Gebrauch, weil man in ihr eine brauchbare Zusammenstellung der Lehren der Vorgänger dargeboten fand[105]. Im Hinblick auf unser Problem hatte der große Einfluß der Summe des Johannes Faventinus zur Folge, daß die Lehrmeinung Rufins von dem auf die Autorität des Ambrosius sich stützenden Verbot der sakramentalen Diakonissenordination und von der durch das Chalcedonense angeblich angeordneten nicht-sakramentalen Diakonissenweihe eben durch die Faventinische Kompilation wirksam verbreitet wurde, wie sich bei den späteren Dekretisten (Huguccio!) nachweisen läßt.

Die Summen der französischen Dekretistenschule, die teilweise etwa gleichzeitig mit den oben behandelten, teilweise etwas später entstanden und eine innere Beziehung zu den Werken der Bologneser Schule aufweisen[106], enthalten für die vorliegende Frage ebenfalls einige, allerdings nicht sehr ergiebige Ausführungen.

Die Summa Parisiensis[107], die von den Bologneser Dekretisten Paucapalea und Roland Bandinelli abhängig ist[108], gibt für ihre Erläuterung zu D. 32 c. 19[109]: „Frauen dürfen nicht ordiniert werden wie die Kleriker" keinen näheren Grund an; wahrscheinlich ist damit lediglich auf die geltende Rechtsnorm hingewiesen, die für den Verfasser somit völlig unproblematisch zu sein scheint. Durch das dictum Gratiani über den Ausschluß der Frau vom Priestertum und vom Diakonat (C. 15 q. 3 princ.) wird nach der Meinung des Verfassers angedeutet (*innuitur*), daß es jetzt keine Diakonissen mehr gebe wie in der Urkirche[110]. Weitere Überlegungen über dieses frühkirchliche Amt werden in der Summa jedoch nicht angestellt. Unter der *presby-*

---

[105]) Vgl. Singer S. XLVI f.; Kuttner, Repertorium S. 145.

[106]) Vgl. v. Hove I/1 S. 436 f.; Kuttner, Repertorium S. 169 (man darf vermuten, daß der in Bologna ausgebildete Franzose Stephan von Tournay auf das Dekretstudium in Frankreich anregend gewirkt hat, ebd. S. 169 mit Anm. 5 und S. 135).

[107]) Auf Grund seiner Untersuchungen setzt McLaughlin S. XXXI ff. die Entstehunszeit der Summa schon um 1160 an – im Unterschied zu früheren Forschern: Schulte (60iger oder 70iger Jahre des 12. Jh.), Gillmann, ebenso Kuttner (um 1170).

[108]) So McLaughlin S. XXVI f. Die Abhängigkeit der Summa P. von Rufin wird – gegen Schulte und Kuttner (der sich auf Schulte beruft) – von McLaughlin bestritten (ebd. S. XXVII f., XXXIII).

[109]) „(Mulieres) non debent ordinari ut clerici" (ed. McLaughlin S. 32); s. dazu auch die Ausführungen oben S. 31 ff.

[110]) „Hic innuitur quod modo non sunt diaconissae sicut in primitiva ecclesia" (ed. McLaughlin S. 175).

tera (D. 32 c. 18) versteht der Autor entweder eine Klosterfrau, die von einem kirchlichen Benefizium lebt, oder die ehemalige Frau eines Priesters[111]. Wenn in D. 23 c. 24 von der Konsekration von Frauen gesprochen wurde, so dürfe daraus nicht geschlossen werden, daß ihnen deswegen erlaubt sei, die heiligen Gefäße oder Altartücher zu berühren; nur zum Zweck der Reinigung und Instandsetzung der Tücher und beim Schmücken des Altares sei ihnen das gestattet[112]. Indem der Verfasser derart kleinlich darüber wacht, daß die Frau nur ja nicht die ihr gesetzten Schranken im kirchlichen Bereich überschreitet, entgeht ihm offensichtlich völlig die Widersprüchlichkeit und mangelnde Logik seiner Ausführungen: haben doch die für den offiziellen Gottesdienst aufgestellten Verbote, dann, wenn es um die Reinigung und Pflege von Altar und Kultgerät geht, plötzlich keinerlei Geltung mehr! Ähnlich wie in der kultisch-liturgischen Betätigung der Frau sieht der Verfasser (in Übereinstimmung mit Gratian) auch in der öffentlichen Lehrtätigkeit der Frau, etwa vor Männern in der Gemeindeversammlung, ausnahmslos Mißstände, die abzuschaffen sind; solch geistlicher Unterricht der Frau (z. B. einer Äbtissin) dürfe sich nur auf ihre Geschlechtsgenossinnen erstrecken[113].

Der Lehre Gratians über den Stand der Unterworfenheit der Frau (dict. p. c. 11 in C. 33 q. 5) und der dieser als Stütze dienenden Autorität der Kirchenväter schließt die Summa Parisiensis sich in vollem Umfang an[114]. Die Aussage des Ambrosiaster (c. 17 ibid.), die Frau könne nicht Zeuge sein, scheint der Verfasser allerdings auf

---

[111] „Vel convertam quae vivit de beneficio ecclesiae, vel quae fuit uxor eius qui est presbyter" (ed. cit. S. 32).

[112] Zu dict. Grat. p. c. 24 in D. 23 v. ‚Vasa': „... Et licet audias mulierem consecrari non intelligas quod propterea liceat mulieribus vasa vel vestimenta contingere; intellige circa altare ornando eis esse permissum alibi. Propter necessitatem vestimentorum, i. e. abluendum vel suendum, licet" (ed. cit. S. 24). In ähnlicher Form äußerte sich auch S t e p h a n v o n T o u r n a y, vgl. oben S. 92.

[113] Zu D. 23 c. 29 v. ‚Mulier': „De muliere dixerat (scil. Gratianus) quod non debet offerre incensum circa altare, etc., et ea occasione aliud removendum removet, ne scilicet doceat viros, nam mulieres potest abbatissa" (ed. cit. S. 24 f.); ebenso zu C. 33 q. 5 c. 17 v. ‚Mulierem constat, nec docere potest': „Mulieri non licet viros in conventu (orig.: convento) docere. Nec est contra quod sanctimonialis mulieres docere potest" (ed. cit. S. 255).

[114] „Magister epilogat quod dictum est quia vota abstinentiae ante permissa, potest vir cassare si voluerit. Secus autem ostenditur in voto continentiae, quia (si) semel ex consensu viri continentiam voverit, deinceps ad servitutem praeteritam eam revocare non potest. In hoc etenim non ad imparia judicantur, licet in aliis operibus vir caput sit mulieris" (ed. cit. S. 254).

den Fall der Testamentserrichtung einzuschränken[115]; als Grund für
die Ablehnung der Frau als Zeuge wird angegeben, daß sie von
Testamentsangelegenheiten keine Kenntnis haben könne. Daß die
(damit unmißverständlich verdeutlichte) Unwissenheit und Ungebildetheit der Frau allein durch ihre niedrige Stellung bedingt ist, wird
dabei freilich nicht berücksichtigt. Bei anderen (Vertrags-)Abschlüssen
sei die Frau dagegen zeugnisfähig, wenn sie freilich auch von öffentlichen Ämtern „wegen der Schwäche ihres Geschlechts" ausgeschlossen
sei[116]. Diesem römisch-rechtlichen Prinzip folgend, betrachtet der Verfasser auch den Ausschluß der Frau vom Richteramt trotz der Tatsache, daß die Ausübung dieser Funktion durch die Frau im Alten
Testament (vgl. Ri 4) bezeugt ist, durchaus als gerechtfertigt; nach
seiner – mit Gratian[117] übereinstimmenden – Meinung handelt es sich
nämlich bei dieser alttestamentlichen Überlieferung, der ein historischer
Charakter kaum abgesprochen werden kann[118], lediglich um ein
staunenswertes Mirakel ohne reale Bedeutung[119]: eine rechtliche Konsequenz wird daraus – im Gegensatz zur jahwistischen Schöpfungserzählung (Gen 2,21 ff.), die keinen historischen Kern, vielmehr einen
mythischen Hintergrund hat – nicht gezogen.

Die ebenfalls der französischen Schule entstammende, zwischen 1175
und 1178 abgefaßte[120] Summa Monacensis unterscheidet wie
Johannes Faventinus mehrere Arten von Schleiern[121]; das *velamen*

---

[115]) Ad v. ‚nec testis esse': „Videtur huic decreto obviare: ‚Ex eo enim quod
prohibet Lex Julia de adulteris mulierem damnatam testari, potest ostendi mulierem
non damnatam testem exsistere posse'. Sed in testamentis mulier testis exsistere non
potest, quoniam in testamentis septem testes desiderantur, puberes, masculi, cives
Romani. Viri etiam testes vocantur ubi testes exsistant. Mulier testamentum scire
non potest, veluti solutionem factam esse potest mulier astruere non debet" (der
letzte Satz ist korrupt; ed. cit. S. 255 mit Anm. 46).

[116]) „In aliis vero contractibus veluti in emptione, venditione, locatione, conduc-
tione, mulier testis esse potest, licet a civilibus officiis ob sexus fragilitatem sint
exemptae" (ed. cit. S. 255).

[117]) Vgl. dazu oben S. 45 f.

[118]) Vgl. H. W. H e r t z b e r g, Debora und Deboralied, RGG II 52 f.

[119]) Zu C. 33 q. 5 c. 17 v. ‚nec iudicare': „nec contra quod in veteri testamento
mulieres iudicasse leguntur. Miracula etenim veteris testamenti magis sunt admiranda
quam in exemplum humanae actionis trahenda (ed. cit. S. 255).

[120]) Vgl. K u t t n e r, Repertorium S. 180 (mit Berufung auf G i l l m a n n, Die
Heimat und die Entstehungszeit der Summa Monacensis, in: AkKR 102, 1922,
S. 25–27); v. H o v e I/1 S. 437.

[121]) Vgl. dazu G i l l m a n n, Weibliche Kleriker S. 245 mit Anm. 1; s. auch oben
S. 93 mit Anm. 103.

ordinis sei einstmals den Diakonissen, die aber nun nicht mehr in der Kirche anzutreffen seien, überreicht worden, aber nicht vor ihrem 40. Lebensjahr[122]. Im Anschluß an Johannes und damit an Rufin ist hier wiederum irrtümlicherweise die Diakonissenordination als Verschleierung bezeichnet. Indem der Verfasser der Summe außerdem mehrere Arten der Handauflegung (*manus impositio*) unterscheidet, wobei er die den gottgeweihten Jungfrauen zu erteilende *manus impositio consecratoria religionis* ebenso als Sakrament bezeichnet wie die bei der Priester- und Diakonenweihe – die Diakonissenweihe wird in diesem Zusammenhang nicht erwähnt! – vorgenommene *manus impositio consecratoria ordinis* und die *manus impositio consecratoria dignitatis* der Bischofsweihe[123], so erhellt daraus, daß der Sakramentsbegriff zu jener Zeit noch nicht klar ausgeprägt war und nicht ausschließlich auf die heute als Sakramente geltenden Heilszeichen angewandt wurde. Zugleich ist damit auch ein Unterschied zwischen der Summa Monacensis und der Auffassung Rufins aufgezeigt, der zum Zweck der Einordnung der Diakonissenweihe bereits zwischen sakramentaler und nicht-sakramentaler Ordination unterschied[124].

Eine gewisse Abhängigkeit von der Summa Monacensis sowie einen Einfluß der älteren Dekretisten weist die zwischen 1179 und 1181 entstandene[125] und zu den bedeutendsten Werken der französischen Schule zählende *Summa decretorum* des Sighard von Cremona auf[126]. Das Werk hat mehr als verschiedene im Voraufgehenden behandelte Schriften einen typischen Summencharakter: die „kommen-

[122]) „Velamen ordinis quondam dabatur diaconissis, que nunc non sunt in ecclesia, set non ante XL. annum" (Hs. München lat. 16084 fol. 25 ra; zitiert nach Gillmann, Weibliche Kleriker S. 245 Anm. 1).

[123]) (Manus inpositio) „consecratoria religionis soli episcopo conpetit et est sacramentum et certis temporibus fieri debet... Cum sit sacramentum, regulariter non iteratur" (Ms. cit. fol. 7vb; zitiert nach Gillmann, Weibliche Kleriker S. 245 Anm. 2; ders., Die Siebenzahl der Sakramente bei den Glossatoren des Gratianischen Dekrets, in: Der Katholik 89, 1909, [4. Folge Bd. 40] S. 190 Anm. 1.

[124]) Vgl. die Ausführungen oben S. 85. Über den Sakramentsbegriff Rufins s. auch Gillmann, Die Siebenzahl der Sakramente S. 184 ff.

[125]) Vgl. Kuttner, Repertorium S. 151; v. Hove I/1 S. 435.

[126]) Vgl. Kuttner, Repertorium S. 151 (ebd. wird die Summe noch als Werk der Bologneser Schule angesehen; s. aber Kuttner, Réflexions sur les Brocards des Glossateurs, in: Mélanges Joseph de Ghellinck II, Gembloux 1951, S. 783–787). – Der Text der Belegstellen aus der Summe ist mir dankenswerterweise von meinem Lehrer, Herrn Prof. DDr. P.-J. Keßler, der mit der Vorbereitung der Edition der Sighardschen Summe befaßt ist, zur Verfügung gestellt worden.

tierend-glossierenden Elemente fehlen" weitgehend[127], der Stoff ist
zum Teil in zusammenfassender Formulierung behandelt; daher lassen
sich zum vorliegenden Problem vorwiegend nur summarische Bemerkungen und Hinweise finden. – Bei der Erörterung der Frage (C. 15
q. 3), ob eine Frau einen Priester (vor Gericht) anklagen könne, bringt
Sighard im Anschluß an Gratian als erstes Gegenargument: „Diejenigen, die nicht Priester sein können, können gegen Priester auch
keine Anklage erheben noch Zeugnis ablegen"[128]. Eine Begründung
für die angebliche Unfähigkeit der Frau, das priesterliche Amt zu
übernehmen – ihr Ausschluß vom Diakonat ist nicht (wie bei Gratian)
außerdem noch erwähnt –, wird nicht angeführt, jedoch lassen die
weiteren Gegenargumente eine von patristischer Denkweise geprägte
geringschätzige Auffassung von der Frau deutlich werden, aus der
gefolgert werden muß, daß Sighard (ähnlich wie seine Vorgänger)
eben wegen seiner Befangenheit in derartigen Vorurteilen die Ausübung von kirchlichen Ämtern mit der Stellung und dem Wesen der
Frau für unvereinbar hält; in Anlehnung an die Aussage des Ambrosiaster (C. 33 q. 5 cc. 17,19) bemerkt er nämlich: „Die Frau muß aus
zweifachem Grund ihr Haupt verhüllen: um der Erbsünde willen und
aus Ehrerbietung vor dem Bischof; es ist ihr nicht erlaubt, in Gegenwart des Bischofs zu sprechen. Auch kann sie nicht lehren und dgl."[129].
Wie Sighard an anderer Stelle (zu D. 1 de cons.) von den alttestamentlichen kultischen Reinheitsvorstellungen eindeutig beeinflußt[130],

---

[127] Kuttner, Repertorium S. 151; vgl. v. Schulte, Geschichte I 144.

[128] „Qui sacerdotes esse non possunt, sacerdotes accusare non possunt nec in
eos testificari" (Hs. München lat. 4555 fol. 46 r).

[129] „Mulier caput uelare debet duplici ex causa: propter peccatum originale et
propter reuerentiam episcopalem; non habet potestatem loquendi coram episcopo.
Item docere non potest et similia" (Ms. cit. fol. 46 r).

[130] Dem von Sighard außer der Summe verfaßten liturgischen Werk, dem
sog. „Mitrale', ist zu entnehmen, daß er (ähnlich wie Rufin) den Anschauungen des
Solinus (vgl. dazu oben S. 89 Anm. 84) über die Unreinheit und Schädlichkeit
des Menstruationsblutes folgt; für die von ihm auch im Neuen Bund für verbindlich
gehaltene Vorschrift Lev 12, 1ff., derzufolge die Frau nach der Geburt eines Knaben
40 Tage, nach der Geburt eines Mädchens etwa 80 Tage als unrein gilt und sich
vom Tempel fernhalten muß, gibt Sighard folgende merkwürdige Begründung:
„Duo fuere in lege praecepta, quorum alterum ad parientem, alterum pertinebat ad
partum. Ad parientem, ut si mulier masculum pareret, XLta diebus ab ingressu
templi veluti immunda cessaret: quia puerperium in immundia conceptum dicitur
XLta diebus informe; at si feminam, spatium temporis duplicatur: sanguis enim
menstruus, qui partum comitatur, usque adeo censetur immundus, ut eius tactu,
sicut Solimus ait, fruges arescant et herbae moriantur. Sed quare tempus pro femina
duplicatur? Solutio: quia dupla est feminei germinis maledictio; habuit enim male-

ausführt, läßt es die den geweihten Kultgeräten gegenüber gebotene Ehrfucht (*reverentia utensilium*) nicht zu, daß Frauen (auch nicht: Klosterfrauen) sie berühren; einzig „geweihte Männer" seien dazu würdig genug [131]. In Anbetracht solcher von einer ausgeprägt abschätzigen Beurteilung des weiblichen Geschlechts belasteten Einstellung ist es keineswegs verwunderlich, wenn Sighard erklärt, eine faktische Ordination sei bei der Frau wirkungslos [132], und insofern die Frau mit den Ungetauften auf eine Stufe stellt.

Ebenso wie im kirchlichen Bereich weist Sighard der Frau auch in der Ehe eine wesentlich untergeordnete Stellung zu. Er versteht die Ehe als hierarchisches Gebilde, und zwar in der Weise, daß er den Mann als Prinzip, als Ursprung der Frau bezeichnet [133] – eine Vorstellung, die später von Thomas philosophisch unterbaut und ergänzt wird [134]. In Auswirkung dieser zweifellos aus Gen 2,21 ff. gefolgerten geschöpflichen Abhängigkeit ist die Frau dem Mann nach der Lehr-

---

dictionem Adae, et insuper, ‚In dolore paries', vel quia, sicut ait peritia physicorum, feminae in conceptu manent informes duplo tempore masculorum" (Mitrale V c. 11, PL 213, 242). In seiner ‚Summa' bemerkt S i g h a r d allerdings zu D. 5 im Anschluß an die Auffassung Papst Gregors d. Gr. (D. 5 c. 2): „In lege autem continetur de muliere enixa menstruata, quod arceatur ab ingressu templi, hodie uero ex humilitate intrans non arguitur" (Ms. cit. fol. 3 r); bezeichnend für seine diesbezügliche Einstellung bleibt aber die Einschränkung ‚ex humilitate intrans'!

[131]) „Reuerentia (scil. utensilium) consistit in faciendo et non faciendo ... In non faciendo ... Item non nisi a sacris hominibus utensilia contractentur nec etiam a monialibus contractentur, ut d. XXIII (Hs.: XLII) Sacratas (c. 25)", Ms. cit. fol. 74 r. S i g h a r d befindet sich also hier in Übereinstimmung mit dieser pseudoisidorischen Dekretale. Auch dem Passus über die gebotene Haltung beim Umgang mit dem Altarssakrament (zu D. 2 de cons.) liegt eine Auffassung von Ehrfurcht zugrunde, die am Wesentlichen völlig vorbeigeht und in Äußerlichkeiten stecken bleibt: „tractandi reuerentia hec est, ut sacerdotes uel quicumque nitidi, nitide faciant hostias, factas conseruent, ut nichil habeant inpuritatis. Similiter in uino et aqua, ut B(urch.) l. I ‚Panis'" (Ms. cit. fol. 76 r). Eine solche „Unreinheit" entsteht nach dem Urteil der Zeit dadurch, daß Frauen die Hostien berühren; nach der von S i g h a r d allegierten Burchard-Stelle V 29 (PL 140,758) ist deshalb außer den Amtsträgern nur den Knaben die Sorge für die (nichtkonsekrierten) Hostien auferlegt. Vgl. auch R a t h e r v o n V e r o n a (890–974): „nulla femina ad altare accedat, nec calicem Domini tangat. Corporale mundissimum sit" (PL 136,559).

[132]) In diesem Sinne muß unter Mitberücksichtigung des Kontexts folgende Stelle verstanden werden: „§ Quid si iudeus uel gentilis ordines et dignitatis acceperit consecrationem? R(espondent) quidam, quod esset episcopus. E c o n t r a q u o d s i m u l i e r c o n s e c r a r e t u r. Item quod foris est, quomodo ordinabitur? Item nonne si seruus daret sentenciam, retractaretur?" (Ms. cit. fol. 12r).

[133]) „Est preterea in coniugio quoddam uestigium trinitatis. Est enim uir principium, unde mulier; et uterque principium, unde proles" (Ms. cit. fol. 60 v).

[134]) „Vir est principium mulieris et finis, sicut Deus est principium et finis totius creaturae" (Summa theologica I q. 93 a. 4 ad 1, DThA Bd. 7, München 1941, S. 60).

meinung des Sighard in dem Grade unterworfen, daß sie sich seinem Willen, ja selbst seiner Willkür widerstandslos zu fügen hat: Wie ein Halm im Wind, so soll sie vor ihm weichen und sich ducken[135]. Nur der rücksichtslose Wille zur Unterdrückung, der seine Selbstbestätigung in der Herrschaft und Macht über die Frau sucht, kann eine solche Forderung stellen, die die Personwürde der Frau derartig mißachtet; sich einem menschlichen und damit notwendig unvollkommenen Willen in dieser Weise unterzuordnen, ist der Frau auf Grund der ihrer Person eigenen Verfügungsfreiheit über sich selbst unbedingt verwehrt. – Es bleibt noch zu bemerken, daß Sighard sich hinsichtlich der Auffassung von den unterschiedlichen Arten des Schleiers (u. a. des *velamen ordinationis*, das den Diakonissen nicht vor dem 40. Lebensjahre überreicht worden sei) ganz in die Summa Monacensis anschließt[136]; das gilt auch für seine Auffassung vom sakramentalen Charakter der den gottgeweihten Jungfrauen zu erteilenden Handauflegung (*manus impositio consecratoria religionis*)[137].

Die aus der Bologneser Dekretistenschule hervorgegangene *Summa* des Gratianschülers S i m o n   v o n   B i s i n i a n o, deren Abfassungszeit (kurz vor der von ihr abhängigen Sighardschen Summe) etwa zwischen 1177 und 1179 liegt[138], schließt sich in der vorliegenden Frage weitgehend an Johannes Faventinus an[139]. Zur Lösung des durch die voneinander abweichenden Terminangaben der Kapitel 12–14 in C. 20 q. 1 bedingten Widerspruches weist Simon auf die unterschiedlichen

---

[135]) Diese Haltung der Unterwürfigkeit wird von der Frau in allen Bereichen verlangt; ausgenommen ist angeblich lediglich die eheliche Intimbeziehung: (zu C. 33) „pares sunt coniuges in continentia ... In ceteris uero uir est caput uxoris; unde uir sine consensu uxoris potest uotum abstinentie facere, non autem uxor sine uiro. Immo si, cum erat in capitulo, fecerit, post acceptus uir, si uoluerit, inmutabit. Denique si abnuit quod prius annuerat, ut calamus uento sic cedat femina uiro" (Ms. cit. fol. 70 r).

[136]) Zu C. 20 q. 3:

„Est autem uelamen
- professionis, hoc (Hs.: ‚hec‘, ebenfalls im Folgenden) est omnium, a XII an(no) ‹et› supra
- consecrationis, hoc tantum uirginum, a XXV an(no) ‹et› supra
- ordinationis, hoc diaconissarum, a XL an(no) ‹et› supra
- prelationis, hoc abbatissarum, a LX an(no) ‹et› supra"

(Ms. cit. fol. 51r). Das ist m. W. aber die einzige Stelle, wo S i g h a r d die Diakonisse erwähnt.

[137]) Vgl. G i l l m a n n, Die Siebenzahl der Sakramente S. 199 Anm. 2.

[138]) Vgl. K u t t n e r, Repertorium S. 149; v. H o v e I/1 S. 435.

[139]) Nach v. S c h u l t e, Geschichte I 141 verweist S i m o n wiederholt auf Johannes Faventinus und betrachtet dessen Werk als die Summe schlechthin.

Arten der Schleier hin; dabei bezieht er (wie Johannes und Sighard) c. 13 irrtümlicherweise auf die Diakonisse, indem er ihre Ordination als Verschleierung versteht[140]. Die Frage nach der Möglichkeit der Ordination von Frauen scheint Simon im Anschluß an D. 32 c. 19 negativ zu beantworten[141].

Außer als Verfasser der Summe zum Dekretbuch trat Simon auch als Glossator hervor; diese Tätigkeit darf als die ursprüngliche, also zeitlich frühere angesehen werden[142]. Bedeutsam im Hinblick auf unsere Fragestellung und zugleich charakteristisch für das theologische Denken jener Zeit ist seine Glosse zu dem (obenbereits erwähnten) Kapitel 12 in C. 20 q. 1, wo Simon (ad v. *virginem*) die Vorschrift des Kapitels, derzufolge eine Äbtissin – im Unterschied zum Bischof – jungfräulich sein muß, mit dem Hinweis darauf begründet, daß die Äbtissin die Jungfrau Kirche darstelle, der Bischof hingegen Christus; dieser aber habe gewissermaßen zwei Frauen gehabt[143]: zunächst die Kirche, die aus den Juden hervorging, dann die Kirche aus den Heiden[144]. Im vorliegenden Zusammenhang interessiert weniger die fragwürdige Art, wie Simon die unterschiedlichen Voraussetzungen

---

[140]) „Et est velum ordinationis, quod olim dabatur diaconissis quadragenariis ...“ (Bs. pag. 71a, Rs. fol. 66 r/v; zitiert nach J. J u n c k e r, Die Summe des Simon von Bisignano und seine Glossen, in: ZRG Kan. Abt. 15, 1926, S. 474); G i l l m a n n, Weibliche Kleriker ... berücksichtigt Simons Ausführung zu C. 20 q. 1 c. 13 nicht.

[141]) Zu D. 32 c. 19 („Mulieres, quae apud Graecos presbiterae appellantur, ... in ecclesia tanquam ordinatas constitui non debere“) ad v. ‚tanquam ordinatas constitui‘: „ut scilicet tanquam prebendam stipendium ecclesie habeat. Alias autem elemosina ei fieri potest. Vel constitui non debet abbatissa vel inter sacras virgines consecrari“ (Hs. Bamberg Can. 38 [D. II. 20] fol. 5ra; zitiert nach G i l l m a n n, Weibliche Kleriker S. 245 Anm. 2).

[142]) Vgl. J u n c k e r a. a O. S. 479; d e r s., Summen und Glossen S. 474.

[143]) Ad v. ‚virginem‘: „Virginem esse abbatissam convenit, quia ecclesiam virginem prefigurat. Episcopus autem Christum significat, unde non requiritur in eo virginitas corporis. Nam et Christus duas legitur habuisse uxores ... s.“ (Ph. fol. 162 ra; zitiert nach J u n c k e r, Die Summa des Simon S. 474).

[144]) Zu D. 26 c. 2 v. ‚sicut femina‘: „Qu(eritur) quare corrupta non possit in abbatissam promoveri, quemadmodum et corrumpens etiam miles per fornicationem in episcopum possit promoveri. Respon(sio): Formam Christi gerit episcopus, formam ecclesie abbatissa figurat. Christus sese quodammodo divisit: primo copulando sibi ecclesiam de iudeis in apostolis, deinde per apostolos in gentibus, que quidem senper una fuit et unica. Unde apostolus: despondi enim vos uni viro virginem castam exhibere Christo. Hinc ergo habes, quod non est mirum, si iste promoveatur, illa autem non. Secundum Si“ (Hs. Bamberg can. 17 fol. 77rb; zitiert nach J u n c k e r, Die Summe des Simon S. 471). Wie J u n c k e r (ebd. S. 471ff.) nachweisen konnte, bildet die (in der vorigen Anm. zitierte) Glosse Simons zu C. 20 q. 1 c. 12 die Vorlage dieses mit der Sigle ‚secundum Si.‘ versehenen Textes aus den Distinctiones Bambergenses.

für die Übernahme des Bischofs- und des Äbtissinnenamtes zu rechtfertigen sucht, als vielmehr die dabei angewandte Symbolvorstellung
(der Bischof – Verkörperung Christi, die Äbtissin bzw. die Frau –
Repräsentantin der Kirche), der eine Interpretation von Eph 5,22-33
zugrunde liegt, die das katholische Amtsverständnis entscheidend
prägte[145], so daß auf Grund dieses Amtsbegriffs dann auch gegen die
Zulassung derFrau zu den kirchlichen Ämtern opponiert wird[146]. Bei
einer sachgemäßen Exegese läßt sich allerdings solche Symbolik aus
Eph 5 keineswegs herleiten[147]. Darüber hinaus ist darauf hinzuweisen,
daß das Verhältnis des Bischofs (oder des Amtsträgers) zu seiner
Gemeinde im Neuen Testament niemals als Bräutigam-Braut-Be-
ziehung beschrieben wird; das gilt nur für das Verhältnis Christi
zur Kirche[148]; in der von der Glosse verwerteten Schriftstelle 2 Kor
11,2[149] sieht auch Paulus sich gerade nicht als Bräutigam der Gemeinde, sondern allenfalls als deren Brautführer, also als Führer der
ihm anvertrauten Gemeinde zu Christus hin[150], – eine Funktion, die
von ihrem Wesen her nicht an das (männliche) Geschlecht gebunden ist.

Die *Summa* Hugucios, die nicht vor 1188 vollendet wurde[151]
und wegen ihres Umfanges und der bisher unerreichten Ausführlich-
keit der Behandlung des Dekretbuchs, auch wegen der kritischen Ver-
wertung der älteren Dekretisten als das bedeutendste Werk der Bologneser Schule gilt[152], behandelt die Frage Frau und kirchliches Amt,

---

[145]) Vgl. dazu die Ausführungen unten S. 208.
[146]) Dazu s. v. d. M e e r S. 158 ff.; v. E y d e n S. 355.
[147]) Wie unten, Exegetischer Exkurs S. 198 ausgeführt wird, handelt es sich in
Eph 5 um eine vom patriarchalischen Vorstellungshorizont des biblischen Verfassers
geprägte E h e p a r ä n e s e ; für die Amtsauffassung können daraus keinerlei Folgerungen gezogen werden.
[148]) Vgl. v. d. M e e r S. 164 f.; v. E y d e n S. 355. Die Insignie des Bischofs – der
Ring –, den im übrigen auch die Äbtissin trägt, hat also im biblischen Amtsbegriff
keinerlei Fundament.
[149]) „Ich verlobte euch ja einem einzigen Manne, um euch als reine Jungfrau
Christus zuzuführen".
[150]) So auch v. d. M e e r S. 164.
[151]) Vgl. v. H o v e I/1 S. 436; v. S c h u l t e , Geschichte I 161 (nicht vor 1187). –
Von der bisher nicht edierten Summe wurden mir freundlicherweise (durch Vermittlung meines Lehrers, Herrn Prof. DDr. P. J. Keßler) von Herrn Prof. Dr. A. M.
Stickler Mikrofilme der Hss. München lat. 10247 u. Vatikan lat. 2280 zur Verfügung
gestellt. Dadurch war es mir möglich, einige bei G i l l m a n n , Weibliche Kleriker
S. 246–249 nicht verwertete Texte zu berücksichtigen.
[152]) Vgl. v. S c h u l t e , Geschichte I 163 ff.; K u t t n e r , Repertorium S. 157 f.;
v. H o v e I/1 S. 435 f.

wie zu erwarten, eingehender als seine Vorgänger, jedoch in weit-
gehender Abhängigkeit von ihnen.

In seinen Ausführungen zu Kap. 23 in C. 27 q. 1, dem can. 15 des
Konzils von Chalcedon, der die Diakonissenordination regelt, stützt
sich Huguccio wie Rufin auf die Äußerung des „Ambrosius", der (wie
eigens hervorgehoben wird) die zeitliche Priorität vor der Konzilsbestimmung zukomme und derzufolge die Diakonissenordination
gegen die autoritative Bestimmung verstoße[153]. Bei der Lösung des
Widerspruchs, der contrarietas canonum, läßt auch Huguccio die
Ambrosiasterstelle maßgebend sein: Die Ordination der Diakonissen
habe lediglich darin bestanden, daß sie gewählt und für irgendein
den Diakonen zukommendes Amt in einer gewissen feierlichen Form
bestellt wurden. Vielleicht hätten sie während der Matutin das Evangelium gesungen und vorgebetet, und diese Funktion sei als Diakonat
bezeichnet worden[154]. Wie bei den früheren Dekretisten, so bildet
also auch für Huguccio die Aufgabe der Äbtissin den Maßstab für das
weibliche Diakonissenamt, was er auch selbst zum Ausdruck bringt,
indem er fortfährt, ein solches Amt (wie oben beschrieben) werde
nun mancherorts von Äbtissinnen ausgeübt; Diakonissen der bezeichneten Art gebe es nun nicht mehr, außer man sage, die Äbtissinnen
seien an ihre Stelle getreten, und von einer solchen Ordination spreche
das Konzil von Chalcedon; Ambrosius dagegen spreche von der Ordination zu den Weihegraden[155], d. h. von der sakramentalen Ordination. Diese oder eine ähnliche Auffassung von der *diaconissa* ist noch
an weiteren Stellen der Summe anzutreffen; dort wird öfter die Diakonisse einfachhin mit der Nonne (*monacha, monialis*) identifiziert,
die „nicht im Hinblick auf den Ordo (des Diakonats), sondern lediglich für eine gewisse Funktion" ordiniert worden sei, um z. B. das

---

[153] „Set quomodo dicit Calcedonense concilium diaconissas debere ordinari, cum
Ambrosius, qui precessit, dicat hoc esse contra auctoritatem super illum locum
apostoli in prima epistola ad Timotheum: ‚Mulieres similiter oportet esse pudicas'
etc. Ait enim occasione horum verborum: Catafrige dicunt diaconissas debere
ordinari, quod est contra auctoritatem" (Hs. München lat. 10247 fol. 229ra).

[154] „Set ordinabantur diaconisse, i. e. eligebantur et quadam sollempnitate
constituebantur ad aliquod officium, quod conpetit diaconis. Forte cantabant et
dicebant evangelium in matutinis et orationem et tale officium et talis prelatio
dicebatur diaconatus" (Ms. cit. l. c.).

[155] „Tale officium nunc explent abbatissas in quibusdam locis nec modo tales
diaconisse apud nos inveniuntur, nisi quis dicat abbatissas esse loco earum et de tali
ordinatione loquitur concilium Calcedonense, Ambrosius loquitur de ordinatione ad
ordines" (Ms.cit. l. c.).

Evangelium während der Matutin vorzutragen[156]. Nun ist es bemerkenswert, daß es neben der dargestellten Auffassung über Wesen und Aufgaben des weiblichen Diakonats noch eine andere, allerdings weniger verbreitete gab, wie Huguccio berichtet. Danach wurden ehemals Frauen bis zum Diakonat ordiniert; später, zur Zeit des Ambrosius, sei dann diese Ordination verboten worden; zur Zeit des Konzils von Chalcedon seien Frauen wiederum ordiniert worden, was allerdings nun nicht mehr geschehe[157]. Die Diakonissenordination der frühchristlichen Zeit und des Chalcedonense ist also selbst im Mittelalter nicht ausschließlich als bloße Benediktion gewertet worden. Die vorherrschende Meinung, die sie indessen als solche bezeichnet, stützt sich nachweislich auf die Ambrosiasterstelle und hat damit eine unhaltbare Grundlage.

Seiner Auffassung vom weiblichen Diakonatsamt entsprechend fällt auch die Stellungnahme des Huguccio zur Frage der Ordination der Frau überhaupt aus; im erwähnten Zusammenhang, also zu C. 27 q. 1 c. 23, behauptet er, die Frau sei unfähig, den Ordo zu empfangen, und gibt dafür – dies geschieht erstmalig in der dekretistischen Literatur – eine Begründung an: Die Inkapazität der Frau (hinsichtlich der Weihe) beruhe auf einer um ihres Geschlechtes willen getroffenen kirchlichen Bestimmung. Eine faktische Ordination sei daher ohne jegliche Wirkung; aus diesem Grunde sei der Frau auch untersagt, die entsprechenden Amtsfunktionen (*officia ordinum*) auszuüben, was mit

---

[156]) So zu C. 20 q. 1 c. 13 ad v. ‚ut non velentur‘: „Velo ordinationis, i. e. non ordinentur, ut sint diaconisse. Solebant enim olim quedam monace ordinari in diaconissas, non quoad ordinem, set quoad quoddam ministerium, ut in matutino in lectionibus annuncient evangelium vel aliud consimile. Set modo hoc non fit, set sine speciali institutione adhuc quedam monace in quibusdam locis in matutino annuntia‹n›t evangelium" (Hs. Vatikan lat. 2280 fol. 233 rb); ähnlich zu C. 11 q. 1 c. 38 ad v. ‚diaconissam‘: „Olim sic dicebantur quedam monache a quodam officio. Forte modo non sunt, nomen tamen adhuc retinetur, unde et quelibet monacha dicitur quandoque diaconissa" (Hs. Vat. fol. 170 vb). Unter der diaconissa des c. 30 in C. 27 q. 1 versteht H u g u c c i o ebenfalls jede beliebige Gottgeweihte oder Nonne: „pro qualibet devota vel monacha intelligitur (diaconissa)" (Hs. Vat. fol. 258 rb). Das die Verschleierung der gottgeweihten Jungfrauen betreffende Kap. 13 in C. 20 q. 1 bezieht H u g u c c i o wie seine Vorgänger auf die Diakonisse und setzt damit irrigerweise das Subjekt dieses capitulum mit dem des can. 15 von Chalcedon gleich: „Velum ordinationis est, quod olim dabatur diaconissis XL. anno, ut infra ead. Sanctimoniales (c. 13), et XXVII. q. 1 Diaconissam (c. 23) . . . " (Hs. Vat. fol. 233 rb).

[157]) „Alii dicunt, quod olim mulier ordinabatur usque ad diaconatum, postea fuit prohibitum tempore Ambrosii, postea iterum ordinabantur tempore huius concilii, nunc non ordinantur. Set prima expositio prevalet" (Hs. München 10247 fol. 229 ra).

dem Hinweis auf die pseudoisidorische Dekretale D. 23 c. 25 belegt wird [158]. Gemäß Huguccios Interpretation ist demnach das männliche Geschlecht die wichtigste Voraussetzung sowohl für die Gültigkeit der Ordination als auch für die Ausübung des kirchlichen Amtes nach mittelalterlichem kanonischem Recht. Die uneingeschränkte Geltung dieses Prinzips wird besonders deutlich an der Behandlung und Einordnung des Grenzfalles, des sog. Hermaphroditen, in Huguccios Summe: Wenn bei einem Zwitter das männliche Geschlecht praevaliert, kann er geweiht werden; er darf es nur nicht wegen der Mißgestalt. Die Weihe ist also gültig, jedoch unerlaubt. Herrscht das weibliche Geschlecht vor, so empfängt der Hermaphrodit auch bei tatsächlicher Ordination keine Weihe. Das gilt auch für den Fall, daß keins der beiden Geschlechter vorherrscht. Wie Huguccio bemerkt, wurden die römisch-rechtlichen Bestimmungen für den Hermaphroditen (in Testamentsangelegenheiten) normgebend für die Gestaltung des kanonischen Weiherechts in diesem Punkt [159]. Die hier in ausgeprägter Form sich

---

[158] „Set dico, quod mulier ordinem accipere non potest. Quid inpedit? Constitutio ecclesie et sexus, i. e. constitutio ecclesie facta propter sexum. Si ergo de facto ordinetur femina, non accipit ordinem, unde prohibetur exercere officia ordinum, ut di. XXIII. Sacratas (c. 25)" (Ms. cit. l. c.).

[159] Zu C. 27 q. 1 c. 23 ad v. ‚ordinari': "Quid si est ermafroditus? Distinguitur circa ordinem recipiendum sicut circa testimonium faciendum in testamento, ut IIII. q. III. Item ermafroditus (c. 3 § 22). Si ergo magis calet in feminam quam in virum, non recipit ordinem, si secontra, recipere potest, set non debet (Ms.: deberet) ordinari propter deformitatem et menstruositatem, arg. di. XXXVI. Illiteratos (c. 1), et di. XLVIIII. c. ult. Quid si equaliter calet in utrumque? Non recipit ordinem" (Ms. cit. l. c.). Dieselbe Auffassung äußert H u g u c c i o noch zu C. 4 q. 2 et 3 c. 3 § 22 ad v. ‚sexus incalescentis': „ . . . Si quidem habet barbam et semper vult exercere virilia et non feminea et semper vult conversare cum viris et non cum feminis, signum est, quod virilis sexus in eo prevalet et tunc potest esse testis, ubi mulier non admittitur, scil. in testamento et in ultimis voluntatibus, tunc etiam ordinari potest. Si vero caret barba et semper vult esse cum feminis et exercere feminea opera, iudicium est, quod femininus (Ms.: feminini) sexus in eo prevalet, et tunc non admittitur ad testimonium, ubi femina non admittitur, scil. in testamento, set nec tunc ordinari potest, quia femina ordinem non recipit" (Hs. Vat. 2280 fol. 140va). Zu den virilia opera (bzw. officia) zählt H u g u c c i o z. B. das Berühren der geweihten Gefäße und Tücher während des Gottesdienstes; darum seien Frauen, selbst Nonnen, davon auszuschließen; so zu D. 1 de cons. c. 41: „ . . . nec etiam illis (scil. monialibus sacratis et deo dicatis) licet contractare vel contingere set intelligo ministrando quod est officium virorum ut d. XXIII Sacratas (c. 25). De hoc enim ibi reprehenduntur quia virilia officia exercebant, alias licet eis illa (scil. sacra vasa et vestimenta) tangere et honeste contractare" (Hs. Vat. fol. 331va). Daß es sich bei diesen und anderen sog. virilia officia einerseits und den feminea opera andererseits freilich nicht um wesensmäßig männliche und weibliche Funktionen handelt, sondern daß eine derartige Einteilung und Unterscheidung lediglich eine Auswirkung

auswirkende Abhängigkeit des kanonischen vom römischen Recht blieb auch in der Folgezeit bis hin zum geltenden Recht (vgl. can. 968 § 1) bestimmend[160].

Die von Huguccio und seinen Epigonen vertretene Anschauung, daß das männliche Geschlecht die conditio sine qua non für die Gültigkeit und Wirksamkeit der Weihe wie für die Ausübung der Amtsfunktionen sei, basiert sowohl auf einem grundlegenden Mißverständnis der Ordination (die als offizielle Beauftragung und geistliche Ausrüstung zum kirchlichen Dienst nie das Geschlecht als wesentlichste Voraussetzung ihrer Gültigkeit und Wirkung haben kann, sondern immer auf die menschliche Person hingeordnet ist), als auch und vor allem auf der Mißachtung der Frau, ihres Getauftseins, ihrer personalgeistigen und religiösen Werte, die sie ebenso wie den Mann für den Empfang der Ordination und für die Ausübung der Amtsfunktionen qualifizieren. Es muß daher mit allem Nachdruck betont werden, daß die Kirche, solange sie diese Auffassung konserviert und zur Rechtsnorm erhebt, dem Ethos der christlichen Botschaft in einem wesentlichen Punkt widerstrebt. – Für die Tatsache, daß die *constitutio ecclesiae facta propter sexum* – die kirchliche Bestimmung also, die (nach Huguccio) die Frau um des Geschlechtes willen von der Ordination ausschließt – die Folge einer massiven Geringschätzung der Frau ist, gibt es gerade bei Huguccio eindeutige Belege. Ausgehend von dem bei Gratian als Kap. 13 in C. 33 q. 5 aufgenommenen Text des Ambrosiaster (der sich seinerseits wiederum auf die jahwistische Schöp-

---

der bestehenden männlichen Vorherrschaft ist, geht mit aller Deutlichkeit aus den Ausführungen H u g u c c i o s zu D. 23 c. 29 hervor, wo er das Verbot für die Frau, öffentlich zu predigen und vor einer Versammlung von Männern lehrend aufzutreten, wie folgt begründet: „no(tandum) quod ideo prohibentur mulieres docere viros, n e p u t a r e n t s e d e b e r e p r e f e r r i" (Hs. München 10247 fol. 25 rb).

[160]) Noch in der neueren kanonistischen Literatur wird z. B. die Frage, ob ein Zwitter geweiht werden kann oder nicht, ganz im Sinne des Huguccio (und damit des römischen Rechts) gelöst, vgl. dazu H. J o n e, Gesetzbuch der lateinischen Kirche II, 2. Aufl. Paderborn 1952, S. 191; A. L a n z a, De requisita sexus virilis certa determinatione et distinctione ad ordines, in: Apollinaris 19, 1946, S. 49–66. – Die äußerste Konsequenz des Prinzips, daß nur der Mann als ordinationsfähig gilt, bringt P h i l l i p s (I 451) zum Ausdruck, indem er bemerkt: „Auf das männliche Geschlecht kommt es bei der Ordination so sehr an, daß sobald der Mensch nur diesem angehört und getauft ist" (bezeichnenderweise wird das Getauftsein an zweiter Stelle genannt!), „er unter allen Umständen, nur gegen seinen ausdrücklich ausgesprochenen Willen nicht, die Fähigkeit zum Empfange der Weihe hat, so daß in dieser Beziehung das männliche Kind, der schlafende, ja wahnsinnige Mann dem heiligsten Weibe vorgeht".

fungserzählung in Gen 2 stützt), behauptet Huguccio in Übereinstimmung mit der herrschenden Auffassung seiner Zeit eine in der Schöpfung grundgelegte seinsmäßige Abhängigkeit der Frau vom Mann und ihr Unterworfensein unter seine Herrschaft, weswegen ihr die Würde der Gottebenbildlichkeit bei weitem nicht in dem Maße wie dem Mann zukomme. In dreifacher Hinsicht sei nur der Mann Bild Gottes und Christi, nicht aber die Frau: Wie in dem einen Gott alles Leben seinen Ursprung habe, so auch in dem einen ersten Menschen (d. h. Mann) alle übrigen Menschen, und wie aus der Seite des gekreuzigten Christus die Kirche unter den Zeichen von Wasser und Blut hervorgegangen sei, ähnlich sei auch aus der Seite des schlafenden Adam seine Braut Eva gebildet worden; wie endlich Christus der Kirche vorstehe und sie leite, so beherrsche und leite auch der Mann seine Frau; aus diesem Grunde dürfe der Mann auch nicht nach Art der Frauen ein Zeichen der Unterordnung tragen, sondern nur ein Zeichen der Freiheit und der Vorherrschaft. Lediglich aus einem Grunde könne auch der Frau die Gottebenbildlichkeit zugesprochen werden, insofern sie als ein geist- und verstandesbegabtes Wesen Zugang zur Erkenntnis des Wesens Gottes habe[161]. In analoger Weise sieht Huguccio auch die Herrlichkeit und Ehre Gottes nur im Mann verkörpert: Gott habe sich bei der Erschaffung des Mannes mächtiger und herrlicher erwiesen; denn nur der Mann sei unmittelbar und ursprünglich aus Gottes Hand hervorgegangen, die Frau dagegen aus dem Mann gebildet, und nur der Mann verherrliche Gott hauptsächlich und unmittelbar, die Frau dagegen nur durch Vermittlung des Mannes, insofern sie erst durch

---

[161] „Tribus de causis dicitur vir ymago dei et non femina, primo: quia sicut deus unus est et ab illo omnia, sic et unus homo factus fuit a principio ex quo sunt ceteri et ita in hoc habet similitudinem cum deo ut sicut omnia ex illo uno sic ex uno homine omnes alii ...; secundo: quia sicut de latere christi in morte dormientis in cruce origo ecclesie fluxit scilicet sanguis et aqua quibus significantur ecclesie sacramenta per que ecclesia subsistit et habet originem et efficitur sponsa christi, sic de latere ade dormientis in paradiso for‹r›mata est sibi sponsa quia inde sumpta est costa, de qua formata ets eva; tertio: quia sicut christus preest ecclesie et eam gubernat ita vir preest uxori et eam regit et gubernat, et his tribus de causis dicitur homo esse ymago dei et non femina, et ideo ipse ad modum femine non debet habere signum subiectionis, set libertatis et prelationis. – Quarto vero modo tam vir quam femina dicitur esse ymago dei, unde illud ,faciamus hominem‘ id est ,faciamus eum nostre ymaginis et nostre similitudinis‘ id est essentie divine capacem per rationem, per intellectum, per memoriam, per ingenium et hoc dicitur tam de femina quam de viro“ (Hs. München 10247 fol. 266 rb).

ihn dazu angeleitet und belehrt werde, Gott zu loben[162]. Die Frau als abgeleitetes Wesen, die ihren Ursprung im Mann hat und darum auf ihn verwiesen und ihm unterworfen bleibt, die der Unmittelbarkeit zu Gott in ihrem Sein und religiösen Leben, also des vollen eigenständigen Personseins, entbehrt – das ist die Vorstellung von der Frau, wie sie sich als letzte Konsequenz aus dem jahwistischen Schöpfungsbericht und aus bestimmten neutestamentlichen Stellen (1 Kor 11; 1 Tim 2, 11ff.) für Huguccio und seine Zeit ergibt und die in Verbindung mit der dem römischen Recht zugrunde liegenden geringschätzigen Auffassung von der Frau ihren Ausschluß vom Ordo bedingt. Es wäre freilich verfehlt anzunehmen, daß sich die Bestimmung des geltenden Rechts (can. 968 § 1) auf andere Voraussetzungen und Grundlagen stützt; denn die Kontinuität zwischen dem alten und neuen Recht blieb in dieser Hinsicht durchaus gewahrt[163].

---

[162]) „Item tribus de causis dicitur vir gloria dei et non femina; primo quia potentior et gloriosior apparuit deus in creatione viri quam femine, nam precipue per hominem manifestata est gloria dei cum eum fecerit per se et de limo terre contra naturam, set femina facta est de homine; secundo quia homo factus est a deo nullo mediante quod non est de femina; tertio quia deum glorificat principaliter, id est nullo medio, set femina mediante viro, quia vir ipsam feminam docet et instruit ad glorificandum deum" (Hs. München fol. 266 rb). Ähnlich heißt es weiter unten zu c. 13 (ibid.) ad v. ‚vir non debet velare': „dum orat, id est signum subiectionis habere quasi non sit liber ad deum id est quasi non subsit ei nullo medio (Ms. cit. l. c.). – Die Aussage des Huguccio, daß nur der Mann ‚gloria dei' sei, wird von Guido v. Baysio in seinem Rosarium (fol. 373 v) zu C. 33 q. 5 c. 13 ad v.„mulier non est gloria dei' wörtlich übernommen, vgl. unten S. 117; ebenso von Aegidius Bellamera in seinem Kommentarwerk zum Dekretbuch Gratians (Remissorius III fol. 89r).

[163]) Die Stellungnahme Concettis gegen das Amtspriestertum der Frau (s. Heinzelmann, Schwestern S. 89–101) impliziert konsequenterweise eine Sicht und Wertung der Frau, die der des Huguccio auffallend ähnlich ist; ebd. S. 99 wird behauptet, daß der Schöpfungsordnung zufolge der Primat dem Mann gehöre; Christus habe der Frau deshalb das Priestertum nicht übertragen, „um die Schöpfungsordnung und den Heilsplan zu respektieren, welche beide die Vorherrschaft des Mannes erfordern: des alten Adam und des neuen Christus". „Die Rolle des Vermittlers" gehöre „dem Willen Gottes und Christi gemäß dem Mann infolge seiner Vorrangstellung und wegen seiner natürlichen Fähigkeiten, in konkreten Ausrucksformen den höchsten Vermittler, welcher Christus ist, darzustellen". Allerdings ist in einem Punkt bezeichnenderweise ein Unterschied in der Argumentation festzustellen: Während nämlich Huguccio seiner Überzeugung vom Minderwert der Frau ohne Bedenken Ausdruck gibt – ihn strafte ja das Urteil seiner Zeit nicht Lügen –, behauptet Concetti, das veränderte Zeitbewußtsein mit in Rechnung ziehend, diese „Vorrangstellung" des Mannes beeinträchtige nicht „die Gleichheit und Würde der Geschlechter", denn Männern und Frauen seien eben „verschiedene

Der Einfluß Huguccios auf die Kanonistik der späteren Zeit und damit auch auf die Rechtsentwicklung ist nicht leicht zu überschätzen[164]. Als umfassendstes Kommentarwerk zum Gratianischen Dekretbuch bildete seine Summe die wesentliche Grundlage der großen Glossenapparate des Laurentius und des Johannes Teutonicus[165]. „Die Folgezeit brauchte nur aus ihm zu schöpfen, es war wenig mehr hinzuzutun[166]. Infolgedessen hatte auch seine scharf formulierte These von der Inkapazität der Frau hinsichtlich der Ordination um ihres (geringgeachteten) Geschlechtes willen eine starke Auswirkung auf die kanonistische Theorie und Praxis der späteren Zeit.

Schon bei Robert von Flamesbury, dessen *Poenitentiale* eine allerdings „an die eigentliche Kanonistik nur angrenzende Sondergattung" darstellt[167], zeigt sich eine deutliche Anlehnung an Huguccio[168]. Wie bei diesem gilt auch für Robert das männliche Geschlecht als unabdingbare Voraussetzung für die Ordination: es gehört nach Robert als erster Faktor zur *substantia ordinis*, d. h. es bildet das wesentlichste Erfordernis für die Gültigkeit der Ordination; die Taufe wird erst an zweiter Stelle genannt, dann folgen noch weitere Voraussetzungen[169]. Dieser Prämisse gemäß erklärt Robert definitiv: „Frauen werden (grundsätzlich) nur benediziert, nicht aber ordiniert"; dagegen spreche auch nicht, daß es früher Diakonissen gegeben habe; denn die Bezeichnung *diaconissa* habe eine andere Bedeutung gehabt als die Bezeichnung *diaconus* zu seiner (des Robertus) Zeit; jenes Amt, das

---

Funktionen" zugeteilt. Seitdem der Auffassung von der Inferiorität der Frau der Boden entzogen wurde, versucht man mit derartig fadenscheinigen Argumenten die trotz heute nachdrücklich betonter Gleichwertigkeit weiterbestehende benachteiligte Rechtslage der Frau zu vertuschen und zu verharmlosen.

[164]) Vgl. v. Schulte, Geschichte I 167 ff.

[165]) Vgl. Kuttner, Schuldlehre S. X; ders., Repertorium S. 158.

[166]) Schulte, Geschichte I 168.

[167]) Kuttner, Schuldlehre S. XIII. Die Abfassungszeit liegt nach Kuttner zwischen 1207 und 1215, nach Gillmann, Weibliche Kleriker S. 250 Anm. 1 fällt die Vollendung des Werkes nicht vor 1208.

[168]) Nach v. Schulte, Geschichte I 210 benutzt und zitiert Robert u. a. Huguccio und Johannes Faventinus.

[169]) „... De substantia ordinis sunt sexus, baptismus, prima tonsura, ceterorum ordinum (fundamentum), potestas ordinantis et eius intentio et forte intentio ordinati et verba ..." (Hs. Bamberg Patr. 132 [Q. VI. 42] fol. 13 v, zitiert nach Gillmann, Weibliche Kleriker S. 250 Anm. 1).

der Diakon jetzt bekleide, habe eine Frau noch niemals innegehabt[170]. Ebenso scharf urteilte Huguccio über das urkirchliche Diakonissenamt. Gegenüber Roland und Stephan, weniger im Vergleich zu Rufin, ist eine Verstärkung der Tendenz feststellbar, der Frau jegliche Ordinationsfähigkeit abzusprechen.

Am Ende der dekretistischen Literatur steht der *Apparatus ad decreta* des Johannes Teutonicus, der, bald nach dem 4. Laterankonzil (1215) veröffentlicht[171], die *glossa ordinaria* zum Dekretbuch wurde. Außer den Werken der voraufgehenden Dekretisten, besonders Huguccios, ist die neuere Gesetzgebung der Päpste (vor allem Alexanders III.) in der johanneischen Glosse verarbeitet[172]. Sie bildet in der Folgezeit die eigentliche Grundlage für das Studium und die Benutzung des Dekretbuchs und wird selbst fast als Rechtsquelle gewertet[173]; darin liegt auch ihre große Bedeutung. Bartholomäus Brixiensis gab der johanneischen Glosse in den vierziger Jahren des 13. Jahrhunderts durch Überarbeitung die endgültige Form[174]; in dieser bearbeiteten Form wird sie der Untersuchung zugrunde gelegt[175]. – Die Ausführungen zu C. 27 q. 1 c. 23 sind für die vorliegende Frage vor allem bedeutsam. Zunächst wird die *diaconissa* des can. 15 von Chalcedon ohne weiteres durch *abbatissa* erklärt; damit ist nicht nur der Sinn des Kanons verfehlt, sondern darüber hinaus auch die dem Urteil der Dekretisten vor Huguccio über die Diakonisse (Gleichordnung von Diakonisse und Äbtissin) noch anhaftende gewisse Unsicherheit fallengelassen. Der Konzilsbestimmung über die Diakonissenordination stellt Johannes in deutlicher Anlehnung an Huguccio (vgl. oben S. 103) die zeitlich frühere Aussage des „Ambrosius" gegenüber, die sich gegen

---

[170] „... Sexus est de substantia ordinis, quia mulieres benedicuntur, non ordinantur, licet inveniatur, quod aliquando fuerunt diaconisse. Set in alio sensu dicebantur diaconisse quam hodie diaconus. Nunquam enim habuit femina illud officium, quod modo habet diaconus..." (Ms. cit. l. c., zitiert nach Gillmann S. 250 Anm. 1).

[171] Vgl. Kuttner, Repertorium S. 93; v. Hove I/1 S. 431.

[172] Vgl. v. Schulte, Geschichte I 173 f.; v. Hove I/1 S. 431.

[173] So v. Schulte, Geschichte I 175.

[174] Vgl. dazu Kuttner, Repertorium S. 103; v. Hove I/1 S. 431 f.

[175] Im Folgenden benutzte, die Glossa ordinaria enthaltende Ausgabe: Corpus Iuris Canonici in tres partes distinctum; glossis diversorum illustratum, Gregorii Papae XIII. iussu editum, Lugduni 1671.

die Diakonissenordination richtet[176]. Letztere darf auch als bestimmend angesehen werden für die eigene, mit der des Huguccio nahezu wörtlich übereinstimmende Stellungnahme des Johannes: „Frauen können den (sakramentalen) Charakter (des Ordo) nicht empfangen, weil ihr Geschlecht sowie die kirchliche Vorschrift sie daran hindert"[177]. Aus der angeblichen Unfähigkeit der Frau, die Ordination zu empfangen, ergeben sich nach Johannes zwei Folgerungen: 1) Frauen können keine Funktion, die eine Weihe erfordert (*officium ordinum*), ausüben; als Beleg dafür wird die pseudoisidorische Dekretale (D. 23 c. 25) herangezogen; 2) die Diakonissenordination des Chalcedonense war keine sakramentale Ordination, sondern nur eine Benediktion, auf Grund welcher irgendein bestimmter Dienst übertragen wurde, vielleicht die Lesung der Homilien oder des Evangeliums beim Chorgebet, was anderen (Nonnen) nicht erlaubt war[178]. – Den Ausschluß der Frau von den *officia ordinum* oder von den damit in Zusammenhang stehenden Diensten betont die Glosse jeweils bei der Behandlung der diesbezüglichen Gratianischen capitula. Das in D. 23 c. 29 ausgesprochene Lehrverbot begründet Johannes mit dem Hinweis, daß das Lehren eine priesterliche Aufgabe sei; außerdem verweist er auf C. 33 q. 5 c. 17 (Ambrosiaster!), wonach der Frau wegen der Unterordnung unter den Mann jegliche Lehrbefugnis abgesprochen wird[179].

---

[176]) Ad v. ‚ordinari': „Videtur obuiare huic Ambro(sius) qui praecessit hoc Concilium. Ait enim super illum locum Apostoli in I. epistola ad Tim. ‚Mulieres similiter oportet esse pudicas': Ocassione horum verborum Cataphrygae dicunt diaconissam debere ordinari, quod est contra auctoritatem (Corpus, ed. cit., I 1496).

[177]) „Respon(deo), quod mulieres non recipiunt characterem (ordinis) impediente sexu et constitutione Ecclesiae" (Corpus, ed. cit., l. c.); vgl. auch zu C. 15 q. 3 princ. v. ‚Tertio': „per mulieris testimonium non potest Clericus conuinci de crimine, tum quia mulier non est, nec potest esse eiusdem ordinis" (Corpus, ed. cit., I 1073); C. 33 q. 5 c. 17 v. ‚nec testis': „ ... nec contra Clericos in causa criminali (potest mulier esse testis), quia non potest esse, quod ipsi sunt" (Corpus, ed. cit., I 1827).

[178]) „ ... Unde nec officium ordinum exercere possunt, 23. dist. c. Sacratas (c. 25); nec ordinabatur haec: sed fundabatur super eam forte aliqua benedictio, ex qua consequebatur aliquod officium speciale, forte legendi homilias vel Euangelium ad Matutinas, quod non licebat alii" (Corpus, ed. cit., I 1496). Ähnlich äußert sich Johannes auch noch an anderen Stellen über das Diakonissenamt, so zu C. 20 q. 1 c. 13 ad v. ‚non velentur': „Velo ordinationis, ut sit Diaconissa, non ad ordinem, sed ad quoddam ministerium Euangelicum in matutinis lectionibus nuntiandis" (Corpus, ed. cit., I 1122); weiter zum dict. Grat. p. c. 10 in C. 20 q. 1 ad v. ‚velamen': „ ... Velum ordinationis, quod olim imponebatur Diaconissis in 40. anno, ut infra ea(dem) c. Sanctimoniales (c. 13)" (Corpus, ed. cit., I 1221).

[179]) Ad v. ‚docere non praesumat': „Hoc enim est sacerdotale officium, ut (C.) 16 q. 1 c. adiicimus (c. 19). Idem plenius habes (C.) 33 q. 5 c. mulierem (c. 17)"

Das Taufverbot für die Frau (in D. 4 de cons. c. 20) hat nach Johannes (wie bei Gratian) für den Regelfall Geltung; nur der Notfall gestattet eine Ausnahme davon[180]. Als Spender der Krankenkommunion kann der Glosse zu D. 2 de cons. c. 29 zufolge bei Verhinderung des Priesters ein Diakon oder ein *laicus catholicus* eintreten[181] (dabei ist selbstverständlich nur an einen männlichen Laien gedacht, wie bereits oben S. 17 erwähnt wurde; allerdings weist die Glosse im Unterschied zu Rufin und Stephan nicht noch ausdrücklich auf die Möglichkeit hin, daß auch ein Knabe als Stellvertreter für den verhinderten Priester eintreten könne).

Der Grund für den Ausschluß der Frau von den genannten Funktionen, vor allem von dem diese Funktionen (nach damaliger Vorstellung) erst ermöglichenden Ordo liegt nach dem Urteil des Johannes, wie oben bemerkt, in dem Sexus der Frau (*impediente sexu*), d. h. aber in dessen Minderwert und Inferiorität; denn davon sprechen viele Stellen innerhalb der Glosse ganz unverhohlen. Daß dieses geringschätzige Denken von der Frau zum Teil auf den erheblichen Einfluß des römischen Rechts auf die mittelalterliche Kanonistik zurückgeht, wurde bereits ausgeführt und läßt sich auch bei Johannes Teutonicus eindeutig nachweisen: Ob etwa ein Zwitter in Testamentsangelegenheiten oder vor Gericht (*in iudicio*) Zeuge sein, ob er ordiniert werden kann, ist der Glosse zufolge allein davon abhängig, daß

(Corpus, ed. cit., I 115). Zu C. 16 q. 1 c. 19 v. ‚sacerdotes‘ behauptet J o h a n n e s allerdings, daß die Frau mit Erlaubnis des Priesters predigen dürfe: „Vel per licentiam Sacerdotum ... Similiter Laici praedicant et mulieres de licentia Sacerdotis, ut supra dist. 23 c. mulier in fin(e)“ (Corpus, ed. cit., I 1097 f.). Die von J o h a n n e s allegierte auctoritas D. 23 c. 29 ist jedoch mißverstanden; sie enthält im Gegenteil ein ausdrückliches Lehrverbot für die Frau; daran schließt sich ein Lehrverbot auch für den Laien, das allerdings eingeschränkt wird: der männliche Laie, nicht aber die Frau, darf auf die Aufforderung von seiten der Kleriker hin lehren (vgl. oben S. 19).

[180]) Ad v. ‚mulier‘ wird auf C. 33 q. 5 c. 17, also auf die Aussage des A m b r o - s i a s t e r verwiesen, wonach die Frau von allen öffentlichen Funktionen ausgeschlossen ist, außerdem auf das Lehrverbot in D. 23 c. 29. Die Tauferlaubnis im Notfall stützt sich (im Anschluß an dict. p. c. 20 in D. 4 de cons.) auf die Dekretale Urbans I. in C. 30 q. 4 c. 4 (Corpus, ed. cit., I 1983).

[181]) Zu D. 2 de cons. c. 29 ad v. ‚peruenit‘: „Quidam fatui Sacerdotes per Laicos, vel mulieres corpus Domini mittebant infirmis: quod prohibetur hic, ne fiat: sed ipsimet porrigant, qui si contra fecerint, deponantur“; ad v. ‚per semetipsum‘: „vel per Diaconum, si necesse est ... v e l p e r L a i c u m c a t h o l i c u m“ (Corpus, ed. cit., I 1924 f.).

das männliche Geschlecht vorherrscht [182]. Der starre Rollenunterschied, den das römische Recht für die Geschlechter vorschreibt, wobei allerdings dem Mann eine freie und würdige Stellung eingeräumt, der Frau dagegen ein drückendes Abhängigkeitsverhältnis zugewiesen wird, wird damit von der Glosse wie schon ähnlich von Gratian kritiklos als Rechtsnorm übernommen. Als männliche Aufgaben (*officia virilia*) gelten auch nach der Auffassung des Johannes alle öffentlichen Ämter und Funktionen (*officia civilia vel publica*) [183] – mit diesen auf einer Linie steht das geistliche Amt und die damit verbundenen Dienste [184] –, was für die Frau zur Folge hat, daß sie außer von kirchlichen Ämtern von der Ausübung des Richteramtes [185], von der Zeugenfunktion in Testamentsangelegenheiten und in Strafsachen [186] sowie von der Anklage vor Gericht (außer, es handele sich um die gerichtliche Verfolgung eines ihr bzw. ihren Angehörigen angetanen Unrechts) [187] aus-

---

[182]) Zu C. 4 q. 2/3 c. 3 § 22 (Hermaphroditus): „Quaesitum fuit, utrum hermaphroditus, id est qui habet sexum maris et foeminae, possit esse testis in testamento? et respondetur, quod si magis appetit ea, quae viri sunt, potest: alias non ... "; ad v. ‚ad testimonium': „Scilicet in testamento, ubi mulier non potest esse testis secundum legem, ut Instit. de testam. § testes (I. 2,10,6; Corpus Iuris Civilis I 17); in iudicio autem esse non potest, (C.) 15 q. 3 c. de crimine (c. 1). Sed quid si in omnibus est parilitas? Item numquid talis potest ordinari?... Ioan. Sed certe in omnibus his respici debet sexus, qui magis incalescit... Hug." (Corpus, ed. cit., I 773). Durch die Sigle „Hug." ist angezeigt, daß die Anwendung dieses römisch-rechtlichen Prinzips auf das kanonische Recht, im besonderen auch auf das Weiherecht, auf Huguccio zurückgeht.

[183]) Zu C. 33 q. 5 c. 17 ad v. ‚auctoritatem': Virilia enim officia mulieribus sunt adempta, C. 3 q. 7 c. infamis § tria (p. c. 1); Dig. ad Vell. l. 2 (D. 16,1,1,2)" (Corpus, ed. cit., I 1827). Zu C. 15 q. 3 princ. ad v. ‚legibus': „Dig. de reg. iur. l. [si] foeminae" („Feminae ab omnibus officiis civilibus vel publicis remotae sunt ... " [D. 50,17,2; Corpus Iuris Civilis I 868]), Corpus, ed. cit., I 1073.

[184]) Vgl. dazu oben Anm. 182.

[185]) Zu C. 15 q. 3 princ. ad v. ‚mulieres': „Foemina de iure non potest esse iudex, ut (C.) 33 q. 5 cap. Mulierem (c. 17) et (C.) 3 q. 7 § tria (p. c. 1), Dig. de reg. iur. l. foeminae (D. 50,17,2), nisi ei princeps scienter deleget causam, ut (C.) 2 q. 5 c. Mennam (c. 7) et (C.) 23 q. 4 c. Si quos (c. 47), (C.) 12 q. 2 c. Cum deuotissimam (c. 8). Vel nisi ex praescripta consuetudine hoc habeat, ut extra de arb. c. Dilecti (Extra 1,43,4). Item nec docere potest, ut 23. d. c. Mulier (c. 29)" (Corpus, ed. cit., I 1073).

[186]) Zu C. 33 q. 5 c. 17 ad v. ‚nec testis': „In causa criminali, nisi in illis casibus in quibus infames admittuntur, nec in testamento, Instit. de test. § testes (I. 2,10,6), nec contra Clericos in causa criminali, quia non potest esse, quod ipsi sunt, supra (C.) 2 quaest. 7 c. Ipsi Apostoli (c. 38), nec etiam contra Laicos, ut not(atur) (C.) 15 q. 3 c. De crimine (c. 1)" (Corpus, ed. cit., I 1827).

[187]) Zu C. 15 q. 3 c. 2 § ‚Non est permissum': „Mulier non potest quemquam in iudicio publico accusare, nisi suam, vel suorum prosequatur iniuriam" (Corpus, ed. cit., I 1074).

geschlossen ist. Als ureigenste Aufgabe der Frau (*praecipuum officium mulieris*) bezeichnet die Glosse demgegenüber im Anschluß an das römische Recht und an Ambrosius (vgl. C. 32 q. 2 c. 1) die Sorge für die Erhaltung und Vermehrung der Gattung; kinderlos zu bleiben sei für die (Ehe-)Frau eine Schande[188]. Diese verengte Daseinsbestimmung folgt daraus, daß die Frau als bloßes Geschlechtswesen, nicht aber als Person und Individuum gewertet ist, und verhindert darum notwendig ihre Entfaltung zum vollen Menschsein. Bis zu einem solchen Grade wird der (Ehe-)Frau eine auf Freiheit angelegte, eigenständige Existenz nach der am altrömischen extrem-patriarchalischen Familienrecht und an der Lehre der Väter[189] orientierten Auffassung des Johannes abgesprochen, daß ihr mit Selbstverständlichkeit eine sklavenähnliche Stellung zugemutet wird, die sie dem Mann als ihrem Herrn und Besitzer gegenüber in zweifacher Form zur Dienstbarkeit verpflichtet: sie muß ihm in sexueller Hinsicht zu willen sein und ihn darüber hinaus im Haushalt bedienen[190]. Kommt sie dieser Ver-

---

[188]) Zu D. 56 c. 5 ad v. ‚quod suum est': „Mulieres enim ad hoc natura genuit, ut partus ederent... et pudor est foeminis nuptiarum praemia non habere" (Corpus, ed. cit., I 293). Die Glosse übernimmt gänzlich die römisch-rechtliche Auffassung über die Natur und Bestimmung der Frau, vgl. C. 6,40,2 („Cum enim mulieres ad hoc natura progenuit, ut partus ederent, et maxime eis cupiditas in hoc constituta est..." , Corpus Iuris Civilis II 271); D. 21,1,14 („Maximum enim ac praecipuum munus feminarum est accipere ac tueri conceptum", Corpus Iuris Civilis I 271). – Das (oben genannte) Kap. 5 in D. 56, das der epistola des H i e r o n y m u s ad Pammachium entnommen ist (vgl. F r i e d b e r g, Corpus I 221 Anm. 45), bringt die antik-mittelalterliche Auffassung vom Zeugungsprozeß klar zum Ausdruck: die ‚vulva' der Frau wird mit der Erde gleichgesetzt, die den Samen aufnimmt: „sic genus humanum recipit terra, id est uulua, quod suum est et receptum confouet, confotum corporat, corporatum in membra distinguit..." (ed. F r i e d b e r g, Corpus I 221).

[189]) Die Lehre der Väter von der seinsmäßigen Herkunft der Frau vom Mann und von der Frau als Urheberin der Sünde bildet wie für Gratian so auch für Johannes einen festen Vorstellungshorizont; das geht deutlich aus der Glosse zu den patristischen Texten in cc. 11 20 in C. 33 q. 5 hervor; zu c. 12 (ibid.) ad v. ‚est ordo naturalis' bemerkt J o h a n n e s : „id est a nativitate et ortu proveniens, nam foemina de corpore viri est" (Corpus, ed. cit., I 1825); zu c. 13 ad v. ‚ut unus': „id est, imago Dei dicitur ipse homo, quia sicut aqua profluxit ex latere Domini, sic etiam Eua ex latere Adae" (ed. cit. l. c.); zu c. 13 ad v. ‚mulier': „... Deus non gloriatur per ipsam, sicut per virum, nam per eam prima praeuaricatio est inducta" (ed. cit. l. c.); zu c. 19 ad v. (peccatum) ‚originale': „quod originem habuit ab ipsa quoad homines" (Corpus, ed. cit., I 1827).

[190]) Zu C. 33 q. 5 c. 4 ad v. ‚hunc': „... vir duplicem habet seruitutem in uxore, unam quoad debitum reddendum, aliam quoad ministerium sibi exhibendum" (Corpus, ed. cit., I 1821); vgl. auch die Glosse zu c. 12 (ibid.) ad v. ‚ut seruiant': „Hoc adeo verum est, quod patronus consentiendo libertae, ut contrahat, amittat in ea operas, cum in officio viri debeat esse" (Corpus, ed. cit., I 1825).

pflichtung nicht nach oder verletzt sie gar die eheliche Treue, so ist
der Mann als „Haupt der Frau" ermächtigt, Gericht über sie zu halten
und sie zurechtzuweisen; er darf sie nach der Aussage des Johannes
auch züchtigen, wenn auch nicht gerade maßlos schlagen. Das Recht
gibt ihm die Handhabe, mit ihr ähnlich zu verfahren, wie der Herr
mit seinem Sklaven oder Tagelöhner [191]. Aus solcher Einstufung der
Frau ergibt sich freilich das Urteil, die Frau sei unfähig, die Ordination
zu empfangen und kirchliche Ämter auszuüben, mit notwendiger
Konsequenz.

Die Auffassung des Johannes Teutonicus, die Frau sei um ihres
Geschlechtes willen ordinationsunfähig, blieb allerdings, wenngleich
sie zweifellos die vorherrschende Meinung seiner Zeit war, nicht
völlig unwidersprochen; das geht aus den abschließenden Ausführungen zu C. 27 q. 1 c. 23 hervor, wo es heißt: *Alii* (d. h. diejenigen, die
nicht die Meinung des Johannes Teutonicus vertreten) *dicunt, quod si
Monialis ordinetur, bene recipit characterem (ordinis): quia ordinari
(quaestio) facti est et post baptismum quilibet potest ordinari* [192]. Unabdingbare Voraussetzung für die gültige Ordination ist nach dieser
dem traditionellen Denken entgegengesetzten Auffassung nicht das
männliche Geschlecht, sondern allein die Taufe: Wird der Ordo auf
Grund des Getauftseins gespendet, so ist mit dem Faktum der Ordina-

---

[191]) Zu C. 7 q. 1 c. 39 ad v. ‚iudicari': „Judicare potest maritus uxorem, corri-
gendo eam... sed non verberando eam... sed temperate potest eam castigare, quia
est de familia sua... sicut dominus seruum... et etiam mercenarium suum" (Corpus, ed. cit., I 836); vgl. auch die Glosse zu C. 27 q. 1 c. 26 ad v. ‚receperint':
„Uxores viris, et filii parentibus et serui dominis subditi sunt, unde ab illis coerceri
et secundum ius debent corripi, ne in causam anathematis incidant" (Corpus, ed. cit.,
I 1497); zu C. 33 q. 5 c. 14 ad v. ‚ut pene famulas': „non tamen quod immoderate
verberentur" (ed. cit. I 1825). Über das Züchtigungsrecht der Kleriker gegenüber
ihren Frauen handelt die Glosse zu C. 33 q. 2 c. 10 v. ‚Placuit': „Dicitur hic quod si
uxores clericorum peccauerint, eas non occidant, sed eas custodiant, ne de caetero
habeant licentiam peccandi, macerando eas verberibus et fame, sed non usque ad
mortem"; die Glosse ad v. ‚potestatem' räumt das Züchtigungsrecht (mit Berufung
auf C. 7 q. 1 c. 39) ausdrücklich auch dem männlichen Laien seiner Frau gegenüber
ein (Corpus, ed. cit., I 1656).
[192]) Zu C. 27 q. 1 c. 23 ad v. ‚ordinari' (in fine), Corpus, ed. cit., I 1496. –
Concetti S. 94 zitiert nur die negative Stellungnahme des Johannes Teutonicus
zum Problem der Ordination der Frau, ohne die Gegenmeinung auch nur irgendwie
zu erwähnen; ebenfalls ist nicht beachtet, wie abwertend Johannes über das weibliche
Geschlecht denkt, das nach seiner Auffassung die Weiheunfähigkeit der Frau bedingt.
So ist auch sonst von Concetti verfahren worden: Es werden „Traditionsbeweise"
zusammengetragen, ohne sie auf ihre Zeitgebundenheit und Stichfestigkeit hin zu
prüfen.

tion auch deren Gültigkeit eo ipso gegeben (*post baptismum quilibet*, d. h. jeder, ob Mann oder Frau, *potest ordinari*). Als Beleg ist eine Dekretale Innozenz' III. (Extra 3,43,3) allegiert, in der festgestellt wird, daß ein Ungetaufter nicht ordiniert werden könne, und wenn er faktisch ordiniert werde, den Weihecharakter nicht empfange. Die Frage nach den erforderlichen Bedingungen für die gültige Ordination ist damit sachgemäß, wenn auch nicht ganz vollständig [193] beantwortet: Die Grundlage bzw. die notwendige Voraussetzung für die Gültigkeit und Wirksamkeit der Ordination sowie für die Ausübung des kirchlichen Amtes bietet allein die getaufte und gläubige Person (zu ergänzen wäre: die eine besondere Eignung, d. h. Charisma für diesen Beruf hat) – das Geschlecht des Ordinanden dagegen ist irrelevant [194].

---

[193]) Ein Gesichtspunkt bleibt vor allem bei der die herrschende Meinung vertretenden Argumentation des J o h a n n e s , aber auch bei der Gegenposition unberücksichtigt, daß nämlich eine Ordination nur dann sinnvoll und letztlich auch nur gültig ist, wenn der Ordinand das für die Amtsausübung erforderliche Charisma hat. Die verengte Sicht resultiert daraus, daß der Sakramentscharakter der Ordination – scholastischem Denken entsprechend – übermäßig und einseitig betont wird, die geistliche Qualität des Ordinanden dagegen weitgehend außer Betracht bleibt.

[194]) In welche Widersprüche sich die Vertreter der traditionellen kirchlichen Lehre verwickeln, indem sie sowohl die Notwendigkeit der Taufe als auch des männlichen Geschlechts für den gültigen Empfang der Weihe behaupten, geht sehr deutlich aus der Argumentation von G. P h i l l i p s hervor, der die genannten Erfordernisse für die Ordination unter Berufung auf bereits behandelte Texte des Corpus Iuris Canonici folgendermaßen begründet: „Was zunächst die Nothwendigkeit der Taufe für den Empfang des Ordo anbetrifft, so ist sie die Pforte und das Fundament für alle übrigen Sakramente... Man muß erst durch die Taufe geboren sein, um handeln, um selbst wieder zeugen zu können" (I 444 f.). Diese fundamentale Bedeutung für die Ordination wird der Taufe von P h i l l i p s jedoch dann plötzlich nicht mehr beigemessen, wenn er das Erfordernis des männlichen Geschlechts und im Zusammenhang damit die Ordinationsunfähigkeit der Frau zu begründen sucht: „Niemals aber ist selbst der kräftigste Glaube in einem getauften Weibe vermögend, sie zum Empfange der Ordination zu befähigen... Nach göttlicher Ordnung ist das Weib dem Manne unterthan und nicht zur Herrschaft bestimmt. Vor Eva war Adam geschaffen, aber vor Adam hat Eva gesündigt, darum ist sie billig seiner Herrschaft unterworfen... Christus ist der Bräutigam der Kirche; wie er, ist das Priesterthum auf geheimnißvolle Weise mit der Kirche vermählt; nur Männer können zeugen (!), nur Priester wieder Priester schaffen. Darum darf das Weib auch nicht einmal die unteren Stufen der Herrschaft betreten, sie darf nicht das königliche Unterscheidungszeichen des Priesterthums empfangen... " (I 446 f.). Abgesehen von der Widersprüchlichkeit und dem völlig pervertierten Amtsverständnis (‚Herrschaft'!) wird aus diesen Ausführungen deutlich, daß die Auffassung, die Frau sei um ihres Geschlechtes willen ordinationsunfähig, das Urteil über den Minderwert der Frau als Mensch impliziert, ja mit diesem identisch ist.

Das zwischen 1296 und 1300[195] entstandene *Rosarium super De-creto* des (an sich schon zu den Dekretalisten zählenden) G u i d o v o n B a y s i o, das den in der Glossa ordinaria nicht benutzten Stoff und nachjohanneische Literatur berücksichtigt und so gewissermaßen einen Nachtrag zur johanneischen Glosse bildet[196], liefert eine klare Bestätigung für die bei der Behandlung der Hauptwerke der Dekretisten bereits gemachte Feststellung, daß das Urteil, die Frau sei nicht ordinationsfähig, auf der Vorstellung von ihrem Minderwert beruht. – In seinen Ausführungen zu dem die Diakonissenordination regelnden Kapitel (C. 27 q. 1 c. 23) schließt Guido sich der Auffassung des Johannes Teutonicus, die Frau sei unfähig, den sakramentalen Charakter des Ordo zu empfangen, mit folgender Argumentation an: „ . . . der Ordo ist den vollkommenen Gliedern der Kirche vorbehalten, da er zur Spendung von Gnade an andere Menschen erteilt wird. Die Frau aber ist kein vollkommenes Glied der Kirche, sondern nur der Mann"[197]. Die hier von der Frau behauptete Unvollkommenheit ist von Guido als seins- bzw. schöpfungsmäßige verstanden; denn im Anschluß an Huguccio[198] vertritt er die Auffassung, die Frau sei – im Gegensatz zum Mann – nicht *gloria dei*, weil sie nicht unmittelbar aus Gottes Hand hervorgegangen, sondern aus dem Mann gebildet worden sei und nur eine durch den Mann vermittelte Gottesbeziehung habe. Einen weiteren Grund für den Ausschluß der Frau vom Ordo sieht Guido, gestützt auf einige der oben (S. 61 f.) behandelten patristischen Texte (C. 33 q. 5 cc. 18, 19), in ihrem vermeintlichen sittlichen Minderwert: Als Prinzip der Sünde und Verführerin Adams sei die Frau die Wirkursache der Verdammnis geworden; darum könne sie auch nicht – auf Grund der gnadenvermittelnden Kraft des Ordo – Wirkursache des Heiles sein[199]. Die ausschließliche Befähigung des

---

[195]) Vgl. P l ö c h l, Geschichte II 510; K u t t n e r, Repertorium S. 87.

[196]) Vgl. K u t t n e r, Repertorium S. 87; v. S c h u l t e, Geschichte II 188.

[197]) „Adde: tu dic quod (mulier) ordinari non potest ut supra dictum est, et est ratio, quia ordo est perfectorum membrorum ecclesiae, cum detur ad collationem gratiae in altero. Mulier autem non est perfectum membrum ecclesiae sed vir" (Rosarium fol. 329 r; die von mir benutzte Ausgabe [Lyon 1549] fügt als ‚Additio' hinzu: „adde quod mulier non est imago Dei sed vir"; als Belege werden dafür u. a. angeführt: Gen 1; Sap 2 (23); 1 Kor 11; C. 33 q. 5 cc. 13 u. 19).

[198]) Zu C. 33 q. 5 c. 13 ad v. ‚gloria' (Rosarium fol. 373 v) übernimmt G u i d o wörtlich die Ausführungen H u g u c c i o s (oben S. 107 f. mit Anm. 162).

[199]) „Preterea mulier fuit causa effectiva damnationis quia fuit principium prevaricationis (Text: privationis) et Adam per ipsam deceptus est, (C.) 33 q. 5 Adam (c. 18) et c. seq., et ideo non potuit esse (causa) effectiva salutis cum ordines sint effectus gratie in altero et sic salutis" (Rosarium fol. 329 r).

Mannes zum priesterlichen Amt, zur „Gnadenspendung an andere Menschen" (*collatio gratiae in altero*) leitet Guido also aus der angeblich allein den Mann auszeichnenden seinshaften und sittlichen Vollkommenheit ab. Solche Begründung verrät nicht nur einen bedenklichen Grad von Hybris und Anmaßung, sondern verdeutlicht auch, in welchem Maße die Wahrheit aus dem Blickfeld geschwunden ist, daß das Amt der Kirche im Priestertum Christi gründet und bleibend darauf verwiesen ist, und daß folglich eine rein geschöpfliche Vollkommenheit oder irgendein „Verdienst" des Menschen niemals eine hinreichende Voraussetzung dafür bieten kann. Ebenso unhaltbar ist auch die Vorstellung Guidos, daß der der Frau angeblich anhaftende Makel, „Wirkursache der Verdammnis" gewesen zu sein, nicht einmal durch die in Christus geschenkte Erlösung getilgt werden kann. Das Ausmaß der Schuld Evas wird nach Guido auch nicht durch die Gottesmutterschaft Marias ausgeglichen, da Maria nur „Materialursache des Heiles" gewesen sei. Wegen der Erschaffung der Frau aus dem Mann spricht Guido dem weiblichen Geschlecht überhaupt nur die Fähigkeit zu, Materialursache zu sein, und zwar des Heiles[200] – für die Sünde kann die Frau nach seiner Ansicht paradoxerweise die einzige Wirkursache sein. Die Art der ganzen, abstrus wirkenden Argumentation läßt besonders deutlich in Erscheinung treten, daß die auf bestimmte Schriftstellen sich gründende negative Auffassung von der Frau, die durch die patristische und pseudopatristische Exegese und durch scholastische Spekulationen noch erheblich verstärkt und untermauert wurde, die Aussage Gal 3,28 von der fundamentalen Gleichheit von Mann und Frau in Christus völlig in den Hntergrund drängte und infolgedessen allein ausschlaggebend für die Wertung und Stellung der Frau in der Kirche wurde. – Zu D. 32 c. 18 ad v. *presbyteram* schreibt Guido, man dürfe aus diesem Wort nicht schließen, daß es sich um eine Priesterin handle; denn wenn eine Frau auch ordiniert werde, empfange sie dennoch nicht den (sakramentalen) Charakter des Ordo „wegen ihres Geschlechts und der entgegenstehenden Anordnung

---

[200]) „Sed causa materialis salutis potuit esse mulier, imo materialiter cum de viro sumpta fuerit quia de costa Ade fuit facta mulier, (C.) 33 q. 5 Nec illud (c. 20); debuit esse virgo Maria (causa) salutis, et hoc est verum quod sexus muliebris fuit causa materialis salutis nostrae scilicet beata virgo de qua materialiter Christus salus nostra processit . . . " (Rosarium fol. 329 r). – Die Begründung G u i d o s für die Ordinationsunfähigkeit der Frau wird von A e g i d i u s B e l l a m e r a zu C. 27 q. 1 c. 23 v. ‚characterem' unter Bezugnahme auf G u i d o wörtlich übernommen (Remissorius III fol. 28r).

der Kirche" (hier ist die Formulierung der Glossa ordinaria aufgenommen), wenngleich einige dem widersprächen (damit bezieht sich
Guido auf den von Johannes Teutonicus erwähnten Einwand gegen
die herkömmliche Anschauung, oben S. 115); *presbytera* bezeichne vielmehr die Ehefrau eines Ordinierten[201]. – Unter der *diaconissa* ist
nach Guido (im Anschluß an Johannes) eine Äbtissin zu verstehen, oder
– nach einer anderen Erklärung Guidos – *diaconissa* sei einstmals die
Bezeichnung für eine Frau gewesen, die dem Priester Ministrantendienste leistete. Diese Form des weiblichen Diakonats gebe es jedoch
jetzt nicht mehr in der Kirche[202].

---

[201] „... dic quod non appellatur hec presbytera, eo quod esset ordinata: nam
si mulier ordinaretur, non reciperet characterem impediente sexu et constitutione
ecclesie, quamvis quidam contradicunt, prout no(tatur) (C.) 27 q. 1 Diaconissam
(c. 23). Sed idcirco hec appellatur, quia est ordinati socia" (Rosarium fol. 43r).

[202] Zu C. 11 q. 1 c. 38 ad v. ‚diaconissam‘: „de qua loquitur (C.) 27 q. 1 diaconissam (c. 23), ibi Jo(annes) exponit i. e. abbatissam vel diaconissa olim dicebatur
mulier que ministrabat sacerdoti, de qua loquitur lex ... hodie non est in sancta
ecclesia" (Rosarium fol. 205v).

II. Im Dekretalenrecht

1. Die Dekretalen Gregors IX.

Die Begründung der universalen päpstlichen Gesetzgebungsvollmacht durch Gratian hatte zur Folge, daß von den Päpsten, besonders von Alexander III. und Innozenz III., eine große Anzahl von allgemeine Geltung beanspruchenden Dekretalen erlassen wurden[1]. Diese sog. decretales extravagantes (d. h. außerhalb des Dekretbuchs umlaufend) wurden in eigenen Sammlungen zusammengefaßt, von denen fünf, die „Quinque Compilationes Antiquae", die allgemeine Anerkennung der Schule fanden[2]. Im Jahre 1230 beauftragte Papst Gregor IX. (1227–1241) seinen Kaplan und Pönitentiar, den Dominikanermönch Raymund von Peñaforte, die Dekretalen der Kompilationen durch Hinzufügung der neuen zu ergänzen, Widersprüche zwischen den Texten und evtl. überflüssiges Material zu beseitigen und sie einheitlich zusammenzufassen[3]. Das Verfahren, das Raymund bei Bewerkstelligung der Aufgabe anwandte, war, wissenschaftlich gesehen, mangelhaft: die Widersprüche zwischen den Dekretalen beseitigte er durch Unterdrückung oder Änderung der Dekretalen, außerdem kürzte er sie vielfach durch teilweises Weglassen des Tatbestandes (der sog. pars decisa), so daß die Dekretalen keineswegs im ursprünglichen Zustand aufgenommen sind[4]. Am 5. Sept. 1234 wurde die „Compilatio nova" (der sog. *Liber Extra*) durch Gregor IX. publiziert und an die Universitäten Bologna und Paris geschickt mit dem Befehl, nur noch diese Sammlung der Dekretalen bei den Gerich-

---

[1]) Vgl. Sägmüller I 239 f.; Feine S. 283.

[2]) Vgl. Sägmüller I 240; Feine S. 284. – Die „Quinque Compilationes Antiquae" (ed. Friedberg, Leipzig 1882) enthalten kein Material zu unserm Gegenstand, das nicht auch in den Dekretalen Gregors IX. vorhanden ist.

[3]) Vgl. Sägmüller I 242; Feine S. 287.

[4]) Vgl. Sägmüller I 243; Feine S. 287; Stickler I 245 ff. Die kritischen Editionen des Corpus Iuris Canonici von J. H. Böhmer (1747), E. L. Richter (1839) und E. Friedberg (1879/81) dienten dem Zweck, durch Wiederaufnahme der „partes decisae" den ursprünglichen Text der Dekretalen so weit wie möglich zu rekonstruieren (vgl. Sägmüller I 243).

ten und in den Schulen zu gebrauchen. „Damit war die Sammlung zu
einem offiziellen, authentischen, einheitlichen, universalen und gegenüber den Compilationes Antiquae, nicht aber gegenüber dem Dekret
ausschließlichen Gesetzbuch erklärt" [5]. Alle Kapitel der Kompilation
haben infolgedessen in der Form, wie sie aufgenommen sind, Gesetzeskraft, ohne Rücksicht auf ihren ursprünglichen Wortlaut [6].

Aus der großen Zahl der Dekretalen, die die Kompilation Gregors
IX. enthält, befassen sich nur wenige ausdrücklich mit dem hier interessierenden Gegenstand, was wohl als Zeichen dafür angesehen werden
muß, daß sich die untergeordnete Stellung der Frau in der Kirche nicht
zuletzt infolge der voraufgehenden Gratianischen Sammlung bereits
in einem großen Maße verfestigt hatte [7]. Haupsächlich von Bedeutung
ist die im Jahre 1210 an die Bischöfe von Burgos und Palencia (Spanien) sowie an den Abt eines Zisterzienserklosters gerichtete Dekretale
Nova quaedam [8] Innozenz' III. (Extra 5,38,10), in der die von gewissen Äbtissinnen in den genannten Diözesen geübte Praxis, den ihnen
untergeordneten Nonnen den (kirchlichen bzw. priesterlichen) Segen
zu erteilen [9], ihre Beicht zu hören [10], das Evangelium zu lesen und

---

[5]) S ä g m ü l l e r I 243; vgl. auch F e i n e S. 287; S t i c k l e r I 247 ff.

[6]) Vgl. F e i n e S. 287 f.; S t i c k l e r I 247 f.

[7]) Die nach der Gregorianischen Sammlung entstandenen und wie diese ebenfalls
zum Corpus Iuris Canonici gehörenden Dekretalensammlungen: der sog. Liber
Sextus Bonifaz' VIII., die Konstitutionen Clemens' V. und die (im Gegensatz zu
den genannten Kompilationen lediglich privaten Charakter besitzenden) Extra-
vaganten Johannes' XXII. und die Extravagantes Communes enthalten keine bedeutsamen Texte mehr zur vorliegenden Frage.

[8]) Der Text der Dekretale lautet: „Nova quaedam nuper, de quibus miramur
non modicum, nostris sunt auribus intimata, quod abbatissae videlicet, in Burgensi
et in Palentinensi dioecesibus constitutae, moniales proprias benedicunt, ipsarum
quoque confessiones in criminibus audiunt, et legentes evangelium praesumunt publice
praedicare. Quum igitur id absonum sit pariter et absurdum, (nec a nobis ali-
quatenus sustinendum,) discretioni vestrae per apostolica scripta mandamus, quatenus, ne id de cetero fiat, auctoritate curetis apostolica firmiter inhibere, quia, licet
beatissima virgo Maria dignior et excellentior fuerit Apostolis universis, non tamen
illi, sed istis Dominus claves regni coelorum commisit" (Corpus, ed. F r i e d b e r g,
II 886 f.).

[9]) Der Protest des Papstes kann sich nur auf einen in offiziell-liturgischer Form
gespendeten Segen beziehen, wie er z. B. anläßlich der Jungfrauenweihe erteilt wird.
Dagegen wird auch in einem Capitulare Karls d. Gr. (v. J. 789) Einspruch erhoben:
„Auditum est aliquas abbatissas contra morem sanctae Dei ecclesiae benedictionem
(Text: benedictionis) cum manus impositione et signaculo sanctae crucis super
capita virorum dare necnon et velare virgines cum benedictione sacerdotali. Quod
omnino vobis, sanctissimi patres, in vestris parrochiis interdicendum esse scitote"
(MGH Capit. I 60).

[10]) Das Sündenbekenntnis (bzw. die Ablegung einer Gewissensrechenschaft) vor

öffentlich zu predigen, in scharfer Form verurteilt wird. Die Handlungsweise der Äbtissinnen erregte offensichtlich den Unwillen und das Mißfallen des Papstes; denn dieser bezeichnet sie als unerträglich und absurd, wodurch unmißverständlich zum Ausdruck kommt, daß sich die genannten Funktionen mit seiner verengten Vorstellung von der Frau in keiner Weise vereinbaren lassen. Die zeitbedingte geringschätzige Auffassung von der Frau bildet demnach auch hier das Motiv des Verbots. Daneben, freilich nicht ohne inneren Zusammenhang mit dieser traditionellen, an den Vorschriften des Gratianischen Dekretbuchs bereits aufgezeigten Motivierung, erscheint erstmalig eine „theologische" Begründung: der Hinweis auf Maria, der im Gegensatz zu den Aposteln nicht die Schlüsselgewalt [11] übertragen worden sei. Dieses Argument, das noch heute gern gegen die Zulassung der Frau zum kirchlichen Amt ins Feld geführt wird [12], erinnert stark an den Einwand des Epiphanius von Salamis (gest. 403) [13] gegen das Priesteramt der Frau: Maria sei nicht einmal die Vollmacht zu taufen von Gott übertragen worden – habe Jesus sich doch nicht von ihr, sondern von Johannes taufen lassen –, geschweige denn das priesterliche Amt. Die solcher Argumentation zugrunde liegende theologische Denkweise ist zwar völlig unhaltbar, wird nichtsdestoweniger aber noch heute bei-

---

der Äbtissin war in mehreren Ordensregeln für die Nonnen vorgeschrieben und daher in der Praxis nichts Ungewöhnliches, vgl. dazu B. P o s c h m a n n , Die abendländische Kirchenbuße im frühen Mittelalter (Breslauer Studien zur historischen Theologie, hg. v. F. X. Seppelt u. a., Bd. 16), Breslau 1930, S. 72; P. B r o w e , Die Kommunionvorbereitung im Mittelalter, in: ZkTh 56, 1932, S. 399 f. Da aber der Papst das Verbot dieser und der anderen genannten Funktionen damit begründet, daß Maria nicht im Besitz der ‚potestas clavium' gewesen sei, worunter im Mittelalter hauptsächlich die durch den Ordo verliehene Binde- und Lösegewalt verstanden wurde (vgl. dazu L. H ö d l , Die Geschichte der scholastischen Literatur und der Theologie der Schlüsselgewalt 1. Teil [Beiträge zur Geschichte der Philosophie und Theologie des Mittelalters, hg. v. M. Schmaus, Bd. 38 H. 4] Münster 1960, S. 381 ff.), ist anzunehmen, daß es sich im vorliegenden Fall nicht nur um eine solche Devotionsbeichte, sondern um eine die Beicht vor dem Priester überflüssig machende Form des Sündenbekenntnisses und der Absolution handelt. M. B e r - n a r d s , Speculum virginum. Geistigkeit und Seelenleben der Frau im Hochmittelalter (Forschungen zur Volkskunde, hg. v. G. Schreiber, Bd. 36/38), Köln 1955, S. 115 f. sieht – vermutlich nicht unrichtig – in dem Verbot einen Niederschlag der fortschreitenden theologischen Reflexion über das Bußsakrament und damit eine Maßnahme gegen die ausgedehnte Praxis der Laienbeichte.
[11]) Vgl. dazu L. H ö d l , Art. Schlüsselgewalt, LThK IX 422–425; s. auch Anm. 10.
[12]) So z. B. von C o n c e t t i S. 89 f.
[13]) Adversus haereses l.3 t.2 (PG 42, 743); vgl. C o n c e t t i S. 91 mit Anm. 3.

behalten, so daß eine Auseinandersetzung mit dieser Beweisführung hier nicht völlig umgangen werden kann.

Selbstverständlich kann die Frage nach dem Priestertum Marias im Rahmen der vorliegenden Untersuchung nicht eingehend erörtert werden; diese wäre vielmehr in einer gesonderten mariologischen Untersuchung zu behandeln. Einige Hinweise und Bemerkungen zu dem Problem müssen deshalb hier genügen. – Zunächst ist gegenüber dem Einwand, Maria habe nicht den priesterlichen Ordo und die dadurch begründete ‚Schlüsselgewalt' (*potestas clavium*) empfangen, geltend zu machen, daß, wie bereits H. v. d. Meer[14] mit Rücksicht auf neuere diesbezügliche Veröffentlichungen betonte, die Frage des Priestertums der Gottesmutter (ohne dieses freilich als ein dem Priestertum Christi nebengeordnetes, von ihm unabhängiges mißzuverstehen) noch längst nicht als gelöst betrachtet werden kann. Von den theologischen Autoren wird Maria zwar das Priestertum in einem gewissen Sinne zugesprochen, nicht jedoch das (fälschlich als Priestertum im Vollsinne verstandene) amtliche Priestertum (sacerdotium ministeriale), und dies, wie R. Laurentin nachwies[15], deswegen nicht, weil Maria nach Auffassung der Theologen um ihres Geschlechtes willen nicht fähig war, das Sakrament des Ordo zu empfangen. Diese Art der Begründung gibt freilich zu denken und läßt darauf schließen, daß die Geringschätzung des weiblichen Geschlechts einerseits und eine Überbetonung des sakramentalen Amtspriestertums andererseits eine Verfälschung und Verzerrung der Mariologie in dieser speziellen Hinsicht verursacht haben könnte. – Mit Recht weist H. v. d Meer[16] darauf hin, daß das Argument (Maria war nicht Priester) um der genannten Begründung willen (nämlich: weil eine Frau nicht Priester sein kann) nicht mehr als Beweis für die These, daß eine Frau nicht Priester sein könne, verwandt werden könne; denn eben diese erst zu beweisende These diene als Grund für die Aussage, Maria sei nicht Priester; man könne aber nicht das erste mit dem zweiten und gleichzeitig das zweite mit dem ersten beweisen. Darüber hinaus muß jedoch gegen die herkömmliche Auffassung, die ein Priestertum Marias ausschließt, folgendes kritisch eingewandt werden: Es besteht nicht der geringste Anlaß, das

---

[14]) Vgl. v. d. M e e r S. 186 f. mit Anm. 154.
[15]) Marie, l'Eglise et le Sacerdoce II. Etude théologique, Paris 1953, S. 38 f. („On n'a jamais produit qu'une seule raison: Marie n'était pas capable du sacrament de l'ordre: ‚propter femineum sexum'").
[16]) Vgl. v. d. M e e r S. 187 f.

Maria von der Tradition und auch von der Kirchenkonstitution des II. Vatikanums[17] zuerkannte Prädikat, sie sei Urbild der Kirche, auf das sog. Laienelement der Kirche einzuschränken, wie es z. B. bei O. Semmelroth und R. Laurentin der Fall ist[18]. Solcher Auffassung liegt m. E. sowohl eine verkürzte Sicht der Funktion Marias in der Heilsgeschichte als auch ein merkwürdig übersteigertes Amtsverständnis zugrunde, das das Amt nicht vom Ganzen der Kirche und ihrer charismatischen Grundstruktur her begreift, vielmehr davon isoliert[19]. Maria ist nicht nur Bild der empfangenden, glaubenden und „bräutlich" liebenden Kirche[20], sondern (oder: gerade darum) ebensosehr auch Bild der das Evangelium verkündenden und die Heilsgnade in sakramentalen Zeichen vermittelnden Kirche, also (in traditioneller Sicht) der Amtskirche – ist Maria es doch, die der Welt das ewige Wort des Vaters, den Erlöser und die Quelle des Heils schenkte, nachdem sie ihn in freier Zustimmung zuvor empfangen hatte. Ein Auseinanderreißen der beiden Aspekte der Kirche (ihres rezeptiven Verhaltens Gott und seiner Gnade gegenüber einerseits und ihres Heilswirkens in Stellvertretung Christi andererseits) sowie die Identifizierung dieser

---

[17]) Vgl. Konstitution „Lumen Gentium" Kap. 8 Art. 63–65 (AAS 57, 1965, 64 f.).

[18]) So z. B. Semmelroth, Maria S. 131: Maria ist, „genau genommen, nicht Urbild der Kirche einfachhin... Maria ist vielmehr eigentlichst das Urbild der Kirche, insofern sie als ,Laós', als Laiengemeinde empfangend und mitopfernd Christus begegnet, der durch das Amt vor sie hintritt" (vgl. auch ebd. S. 145); ähnlich Laurentin, Marie et l'Eglise dans l'oeuvre salvifique, in: Marie et l'Eglise II, Bulletins de la Société française d'Etudes Mariales 10, 1952, S. 55: Maria sei Typus der Kirche, aber nicht der Kirche in ihren hierarchischen Funktionen. – Im Gegensatz dazu sah M. J. Scheeben, Die Mysterien des Christentums, 2. Aufl. Freiburg 1951, S. 449 ff. in Maria auch und gerade den Typus der „amtlichen" Kirche, ihrer Weihe- und Jurisdiktionsvollmacht. Die Gnadenmutterschaft der Kirche, die nach Scheeben in der geistlichen Mutterschaft Marias ihr Vorbild und ihren Grund hat, komme vor allem in dem sog. Amtspriestertum der Kirche zur Entfaltung und Auswirkung. – Die Auffassung Scheebens blieb allerdings nicht unangefochten; dazu u. zur Mariologie Scheebens überhaupt s. Cl. Dillenschneider, Maria im Heilsplan der Neuschöpfung, Colmar-Freiburg 1960, S. 271 ff.; ferner: Die heilsgeschichtliche Stellvertretung der Menschheit durch Maria, hg. von C. Feckes, Paderborn 1954, S. 308–322; 360–367.

[19]) Nähere (kritische) Ausführungen über das traditionelle Amtsverständnis s. unten S. 206 ff.

[20]) So Semmelroth, Maria S. 130 f.; dadurch daß diese Kirche bei S. mit dem λαός identifiziert wird (s. oben Anm. 18), sind die Amtsträger aus dem „Volk Gottes" ausgeklammert. Demgegenüber ist die Auffassung von Kirche und Amt nach der Konzilskonstitution „Lumen Gentium" immerhin ein Fortschritt, insofern danach alle Glieder der Kirche, so auch die Amtsträger, zum „Volk Gottes" gehören.

beiden Aspekte mit Laienkirche einer- und Amtskirche andererseits ist also nicht legitim, setzt doch das (aktive) Heilswirken der Kirche im Namen und Auftrag Christi das („passive") Empfangen und Aufnehmen der Heilsgnade unabdingbar voraus. – Insofern Maria mit Recht als Typos der Kirche bezeichnet wird, kann ihr auch das Priestersein nicht abgesprochen werden. Ihr Priestertum ist freilich nicht als Einschränkung des einen, höchsten, alleinwirksamen Priestertums Christi zu verstehen, sondern als gnadenhafte und zugleich auf freier Entscheidung beruhende Teilhabe an seinem Priestertum, wie ja auch das Priestertum der Gesamtkirche (im Sinne von 1 Petr 2,9; Off 1,6; 5,10) die Selbständigkeit und Alleinwirksamkeit der Erlösungstat Christi nicht antastet oder verdunkelt. Im Hinblick auf das kirchliche Amt, dem der Dienst am allgemeinen Priestertum, an der „Auferbauung des Leibes Christi" (vgl. Eph 4,11f.) aufgetragen ist[21], wird ein solches Mißverständnis grundsätzlich durchaus ausgeschlossen, daß das Neue Testament die Anwendung des Begriffs ἱερεύς auf die Amtsträger vermeidet und ihr Wirken lediglich als διακονία bezeichnet[22]. Das Faktum, daß Maria nicht zu den zwölf Aposteln zählte und ihr die Schlüsselgewalt nicht übertragen wurde, berechtigt nicht zu der Schlußfolgerung, sie sei nicht Priester; ihr Priestertum verwirklicht sich in der Annahme und Geburt des Sohnes Gottes und in der ihre Person völlig beanspruchenden Teilnahme an seinem Leiden und Sterben und ist damit in die Erlösungstat Gottes selbst einbezogen und mit dem Priestertum Christi engstens verknüpft. Ähnlich wie das Priestertum Christi, das nicht durch eine Ordination übertragen wurde und dennoch das kirchliche Amt erst ermöglicht hat und legitimiert, bedurfte auch das Priestertum Marias nicht der Begründung durch einen sakramentalen Ordo oder durch ein apostolisches Amt, da es auf die unmittelbare Erwählung und Berufung durch Gott selbst zurückgeht. – Im Hinblick auf die Funktion Marias im Heilswirken Gottes dürfte evident sein, daß das mariologische Argument der Dekretale *Nova quaedam* keine Tragfähigkeit besitzt: Das Verbot des Segnens, Beichthörens und Predigens kann sich also nicht auf Maria und ihre Stellung berufen, es wird vielmehr gerade von daher entkräftet.

Nicht nur liturgisch-seelsorgerliche Funktionen, die teilweise vom

---

[21]) Vgl. Ritter-Leich S. 68.
[22]) Vgl. K. H. Schelkle, Jüngerschaft und Apostelamt. Eine biblische Auslegung des priesterlichen Dienstes, Freiburg 1957, S. 125–132; Ritter-Leich S. 60.

Ordo abhängig sind, wurden der mittelalterlichen Äbtissin untersagt, sondern auch die mit ihrem Amt verbundene potestas iurisdictionis[23] war eingeschränkt, so daß, wenngleich ihr auf diesem Gebiet immerhin beträchtliche Vollmachten eingeräumt wurden, von einer völligen Gleichstellung mit dem Abt in jurisdiktioneller Hinsicht nicht die Rede sein kann, was freilich wiederum in ihrem Ausschluß vom Ordo begründet ist. – Dieser Sachverhalt ergibt sich aus der im Jahre 1222 abgefaßten Dekretale *Dilecta*[24] Papst Honorius' III. (Extra 1,33,12) an den Abt von Michelstein (Diözese Halberstadt)[25]. Der Papst bezieht sich darin auf eine an ihn gerichtete Petition der Äbtissin von Quedlinburg, in der diese darüber Bericht erstattete, daß sie eine Anzahl der ihr unterstellten Kanonissen und Kleriker (*canonicas suas et clericos suae iurisdictioni subiectos*) wegen Gehorsamsverweigerung und bestimmter Vergehen vom Amt und Benefizium suspendiert habe, diese jedoch in Anbetracht dessen, daß sie nicht exkommunizieren

---

[23]) Nach der vorherrschenden Meinung der Theologen und Kanonisten besitzen die Äbtissinnen (auch des Mittelalters) allerdings keine Jurisdiktionsgewalt; ihre Amtsvollmacht wird als bloße „potestas dominativa" bezeichnet (vgl. dazu J. B a u c h e r, Art. Abbesses, DDC I 67 ff.; P i e d e L a n g o g n e, Art. Abbesses, DThC I 18 ff.). Diese Auffassung wird von v. d. M e e r S. 142–158 einer kritischen Prüfung unterzogen, wobei er (ähnlich wie andere Autoren, z. B. M e t z, Statut S. 99; vgl. auch S c h ä f e r, Kanonissenstifter S. 140 ff., 152) zu dem Ergebnis gelangt, daß die historischen Fakten das Vorurteil widerlegen, es handele sich bei den Befugnissen der Äbtissin nur um Quasi-Jurisdiktion oder potestas dominativa. Nur auf Grund der Voraussetzung, daß die Äbtissin als Frau nicht im Besitz von Jurisdiktionsvollmacht sein könne, sei man zu dieser Lösung gekommen, die aber einer vorurteilsfreien Betrachtung der Fakten durchaus nicht standhalte. (Eine eigene Stellungnahme zu der Frage kann im Rahmen dieser Untersuchung nicht geboten werden.) In der in diesem Zusammenhang zu beachtenden Untersuchung von T h. J. B o w e, Religious Superioresses. A historical synopsis and a commentary (The Catholic University of America Canon Law Studies Nr. 228), Washington 1946, werden (S. 27–30) mehrere Autoren (aus den 15.–19. Jh.) angeführt, die die Auffassung vertreten, daß die Frau auf Grund spezieller Bevollmächtigung durch den Papst im Besitz kirchlicher Jurisdiktionsgewalt sein könne.

[24]) „Dilecta in Christo filia abbatissa de Bubrigen." (nach F r i e d b e r g, Corpus II 201 Anm. 4 hat die Originalfassung: Quedlinburg) „transmissa nobis petitione monstravit, quod, quum ipsa plerumque canonicas suas et clericos suae iurisdictioni subiectos propter inobedientias et culpas eorum officio beneficioque suspendat iidem confisi ex eo, quod eadem abbatissa excommunicare eos non potest, suspensionem huiusmodi non observant, propter quod ipsorum excessus remanent incorrecti. Quocirca discretioni tuae mandamus, quatenus dictas canonicas et clericos, ut abbatissae praefatae obedientam et reverentiam debitam impendentes, eius salubria monita et mandata observent, monitione praemissa ecclesiastica censura appellatione remota compellas" (Corpus, ed. F r i e d b e r g, II 201).

[25]) Vgl. F r i e d b e r g, Corpus II 201 Anm. 2, 3.

könne, die von ihr verhängte Suspension unbeachtet ließen. Dem Abt wird daraufhin vom Papst der Auftrag erteilt, die betreffenden Kanonissen und Kleriker gegebenenfalls durch eine kirchliche Zensur dazu zu zwingen, ihrer Vorgesetzten Gehorsam und die schuldige Ehrerbietung zu erweisen und sich ihren Anordnungen zu fügen. Aus der Dekretale geht mit Deutlichkeit hervor, daß die leitende Stellung und Autorität der Äbtissin des Stiftes Quedlinburg gegenüber den zum Stift gehörenden Kanonissen und Klerikern vom Papst anerkannt und bestätigt wird. Die Äbtissin eines Kanonissenstiftes[26] verfügte als dessen oberste Leiterin im allgemeinen über erhebliche Amtsvollmachten. Sie hatte die Verwaltung der Stiftsgüter inne und war somit berechtigt, die zum Stift gehörenden Präbenden, Benefizien, Kirchen und die Ämter in den Kirchen zu verleihen bzw. zu übertragen[27]. Darüber hinaus stand ihr vor allem die Aufsicht über die Kanonissen und deren charakterliche Erziehung zu[28]. Alle Stiftsinsassen waren ihr gegenüber zum Gehorsam verpflichtet; auch die Stiftsgeistlichen (Kanoniker), die für den Gottesdienst und die Seelsorge in den Stiftskirchen verantwortlich waren, mußten bei Aufnahme in das Stiftskapitel einen Gehorsamseid ablegen[29]. Auf Grund ihrer Stellung hatte die Äbtissin auch eine gewisse Disziplinargewalt über die Kanonissen und Stiftsgeistlichen; sie konnte diese bei Nachlässigkeiten und Vergehen ermahnen, suspendieren oder absetzen und ganz entlassen[30]. Diese Vollmacht wird der Dekretale zufolge zwar nicht vom Papst bestritten, ist jedoch in der Weise eingeschränkt, daß die Äbtissin – im Gegensatz zum Abt – nicht dazu befähigt ist, kirchliche Zensuren (ausdrücklich erwähnt wird die Exkommunikation[31] als schärfste Zen-

---

[26]) Die sog. Kanonissen bildeten eine Gemeinschaft, die nicht nach streng mönchischer Regel lebte; sie waren nicht durch feierliche Gelübde gebunden, hatten das Recht des freien Rücktritts in die Welt und waren im Besitz von eigenem Vermögen und Stiftspfründen. Zu den Stiftern, die gewöhnlich in der Nähe von schon bestehenden Pfarrkirchen gegründet wurden, gehörten auch Stiftsgeistliche (canonici), die mit der Seelsorge und dem Gottesdienst in den Stiftskirchen beauftragt waren; vgl. dazu S c h ä f e r, Kanonissenstifter S. 11ff. und im ganzen.

[27]) Vgl. S c h ä f e r, Kanonissenstifter S. 143.

[28]) Vgl. S c h ä f e r a.a. O. S. 142 f.

[29]) Das Gehorsamsversprechen der Kanoniker galt nach S c h ä f e r a. a. O. S. 103 außer der Äbtissin dem Bischof und dem Stiftskapitel.

[30]) Vgl. S c h ä f e r, Kanonissenstifter S. 143 f.; d e r s e l b e, Kanonissen und Diakonissen S. 54.

[31]) Die Exkommunikationsgewalt wurde in der kanonistischen und dogmatischen Theologie des Mittelalters als Auswirkung der Schlüsselgewalt verstanden, vgl. dazu H ö d l (S. 121 f. Anm. 10) S. 184, 382.

128

sur) zu verhängen, um so ihren Disziplinarmaßnahmen größeren Nachdruck zu verleihen. Daraus, daß dem Abt das Recht vorbehalten ist, das Strafmittel der Zensur anzuwenden, ergibt sich, daß die von der Ätissin verhängte Dienst- und Einkommensperre (*suspensio ab officio et beneficio*) nicht als Zensur aufzufassen ist[32] (was sie außer einer Vindikativstrafe an sich sein kann[33]), sondern als eine Disziplinarmaßnahme (ohne Strafcharakter)[34], zu deren Anwendung die Äbtissin auf Grund ihrer Administrationsgewalt befugt war.

In Übereinstimmung damit, daß die Äbtissin nicht über die Vollmacht verfügt, kirchliche Zensuren, also sog. Beugestrafen, zu verhängen, ist ihr auch das Recht vorenthalten, von einer solchen Strafe zu absolvieren. Darüber gibt die Dekretale Innozenz' III. *De monialibus*[35] (Extra 5,39,33) aus dem Jahre 1202 Aufschluß, in der angeordnet wird, daß Nonnen, die sich durch Gewalttätigkeit (Realinjurie) gegen ihre Mitschwestern, Laienbrüder oder -schwestern oder auch gegen die in ihren Klöstern mit der Seelsorge beauftragten Kleriker den Bann zuzogen, vom Ortsbischof absolviert werden können. Diese Vollmacht wird ihrer Äbtissin (bzw. Oberin) nicht zugesprochen.

Den Hintergrund und Anlaß für die an den Propst (?-*praepositus*) und Archidiakon der Stadt Soissons gerichtete Dekretale *Dilecta* Honorius' III. (Extra 5,31,14) bildet ähnlich wie bei der oben behandelten Dekretale (Extra 1,33,12) die mangelnde Anerkennung der Vorrangstellung der Äbtissin von seiten der ihr untergeordneten Kleriker. Obwohl nur die Äbtissin als Vorsitzende des Stiftskapitels und Repräsentantin des Gesamtstifts das Recht hatte, ein Siegel zu

---

[32]) So auch B o w e, Religious Superioresses S. 24 („In view of the fact that in using the words ‚ecclesiastical censure' the pope at the same time restricted to the abbot the right to invoke this penalty, he appeared to regard the act of suspension as something distinct from this penalty").

[33]) Vgl. dazu M ö r s d o r f III 395.

[34]) Möglicherweise ließe sich darauf der Begriff „vorläufige Suspension" (vgl. dazu M ö r s d o r f II 116; III 354) anwenden; s. auch die Interpretation der Dekretale bei den Dekretalisten, unten S. 154 mit Anm. 121, S. 161 mit Anm. 142.

[35]) „De monialibus tua a nobis fraternitas requisivit, per quem eis sit beneficium absolutionis impendendum, si vel in se invicem vel conversos vel conversas suas, aut clericos etiam, in suis monasteriis servientes, manus iniecerint temere violentas. Super hoc igitur tuae consultationi taliter respondemus, ut auctoritate nostra per episcopum, in cuius dioecesi earum monasteria fuerint, absolvantur" (Corpus, ed. F r i e d b e r g, II 903).

führen[36] zwecks Beglaubigung der Stiftsurkunden, beanspruchten die Kleriker einer Abteikirche in der Diözese Meaux widerrechtlich – sie waren ja dem Klosterkapitel eingegliedert und bildeten somit kein selbständiges Kollegium – und gegen den Willen ihrer Vorgesetzten, ein eigenes Siegel zu verwenden. Der Papst ermächtigt die Adressaten der Dekretale, ihnen ggf. die Anfertigung bzw. den Gebrauch eines eigenen Siegels unter Androhung einer Zensur zu verbieten in ausdrücklicher Anerkennung der Stellung der Äbtissin als *caput et patrona* der betreffenden Kleriker[37].

Die verglichen mit der allgemeinen Situation der Frau jener Zeit zweifellos hervorragende Stellung der Äbtissin (oder auch weltlicher Herrscherinnen) brachte es mit sich, daß die für die Frau grundsätzlich geltenden Rechtsnormen in prozeßrechtlicher Hinsicht in Einzelfällen durchbrochen wurden. Wie der im Jahre 1206 abgefaßten Dekretale Innozenz' III. *Quum dilecta* (Extra 2,30,4) zu entnehmen ist, wird die Äbtissin von Gandersheim[38] entgegen der Vorschrift des dem römischen Recht folgenden kanonischen Rechts[39] durch den Papst als Prokurator (d. h. Parteivertreter im Prozeß) eingesetzt, um an seiner Stelle (*vice nostra*) die Rechte ihres Klosters, näherhin das ihrer Abtei durch Vorgänger Innozenz' III. verliehene, wegen angeblicher Verjährung (von Kanonikern des Bistums Hildesheim) jedoch angefochtene Privileg der Exemtion vor dem als Richter tätig werdenden Dekan von Paderborn zu vertreten und zu verteidigen[40]. – Ein weiterer mit dem römischen Recht übereinstimmender Grundsatz des

---

[36]) Nach S c h ä f e r, Kanonissenstifter S. 154 führten die Äbtissinnen „spätestens seit dem 13. Jahrhundert ein eigenes Siegel zur Beglaubigung der Stiftsurkunden"; die Beurkundung feierlicher Beschlüsse des Gesamtkapitels erfolgte – so S c h ä f e r S. 161 – (seit der zweiten Hälfte des 12. Jahrhunderts) in deutschen Stiftern „unter dem Großsiegel (sigillum maius ecclesiae N. N.) der betreffenden Kirche", daneben aber regelmäßig durch das Siegel der Äbtissin, die früher auch vielfach allein siegelte (ebd. Anm. 7).

[37]) Vgl. Corpus (ed. F r i e d b e r g) II 841.

[38]) Vgl. F r i e d b e r g, Corpus II 445 Anm. 4.

[39]) Vgl. dazu C. 3 q. 7 c. 2 (§ 2) (Corpus, ed. F r i e d b e r g, I 525).

[40]) Der entscheidende Abschnit der Dekretale lautet: „Quia vero praefatum monasterium ad ius et proprietatem apostolicae sedis per privilegium praedecessoris nostri" (im voraufgehenden Abschnitt der Dekretale werden z w e i seiner Vorgänger genannt) „pertinere monstratur, ne ius ecclesiae Romane remaneat indefensum, eandem abbatissam procuratricem ipsius duximus statuendam, ut, quum adversus Romane ecclesiae possessiones et iura non nisi centenaria currat praescriptio, ipsa super hoc et aliis vice nostra procuret quae coram te in iudicio fuerint procuranda" (Corpus, ed. F r i e d b e r g, II 445 f.).

kanonischen Rechts, wonach eine Frau nicht die Funktion des Schiedsrichters (arbiter) ausüben kann, wird in einem Fall auf Grund bestehenden Gewohnheitsrechts durchkreuzt: der richterliche Schiedsspruch einer fränkischen Königin, die von zwei um die Nutzung einer Waldfläche und um ein bestimmtes Territorium sich streitenden Parteien (einem Zisterzienserkonvent von Eschailly [41] und Hospitalitern [42] der Diözese Sens/Frankreich) als Schiedsrichterin angegangen worden war, wird in der im Jahre 1202 entstandenen Dekretale *Dilecti filii* Innozenz' III. (Extra 1,43,4) als gültig anerkannt. In Anbetracht dessen, daß die Partei der Hospitaliter das schiedsrichterliche Urteil der Königin angefochten hatte, weist der Papst darauf hin, daß den Herrscherinnen in Gallien – im Gegensatz zum allgemeinen weltlichen Gesetz, demzufolge Frauen von derartigen öffentlichen Ämtern und von jeglicher richterlichen Funktion ausgeschlossen seien – auf Grund anerkannten Gewohnheitsrechtes ordentliche Jurisdiktionsgewalt über ihre Untergebenen eingeräumt sei; er fordert daher von den Hospitalitern, sich dem Urteil der Königin zu unterwerfen, zumal es durch die Anwesenheit und den Rat von Bischöfen bekräftigt worden sei [43].

Aus mehreren der behandelten Dekretalen ist ersichtlich, daß die Autorität weiblicher Jurisdiktionsträger von der amtlichen Kirche in bestimmten Grenzen anerkannt und geschützt wird; es zeigt sich aber auch, wie sehr sie dieses Schutzes bedarf, da sie auf Grund der Rechts- und Freiheitsbeschränkungen, die sowohl im weltlichen als auch im kirchlichen Bereich auf der Frau lasten, in einem erheblichen Maße angefochten und gefährdet ist. Nicht zuletzt wirkt für die Frau in solcher Stellung auch sehr hemmend das gegen sie bestehende Vorurteil: die Geringschätzung ihres Geschlechts, wodurch die Rechtsbeschränkungen allererst bedingt sind. Die Dekretalen Gregors IX. sind nicht frei davon; nach Extra 5,40,10, einem Abschnitt aus den Etymologiae des Isidor von Sevilla, ist hinsichtlich des Zeugen darauf zu achten,

---

[41]) Vgl. F r i e d b e r g, Corpus II 231 Anm. 3.

[42]) Es handelt sich dabei um einen Krankenpflegeorden, vgl. K. H o f m a n n, Art. Hospitaliter, LThK V 492 f.

[43]) Vgl. Corpus (ed. F r i e d b e r g) II 231. Der disziplinäre Gehalt der Dekretale wird durch das Summarium des Raymond von Peñaforte folgendermaßen zusammengefaßt: „In mulierem singularem tanquam in arbitratricem compromitti non potest; secus si mulier habet alias iurisdictionem de iure communi vel consuetudine. Nam tunc etiam super rebus temporalibus ecclesiae potest in eam valide compromitti" (ebd.).

daß er männlichen Geschlechts ist[44]. Die Vorbehalte, die dem Zeugnis einer Frau entgegengebracht werden, resultieren aus der Vorstellung, daß ihre Aussage stets widersprüchlich und unzuverlässig sei[45]. So absurd und christlichem Denken widersprechend freilich die Auffassung ist, daß einem Menschen schon auf Grund des männlichen Geschlechts eine höhere Glaubwürdigkeit zukommt, so mußte sich doch eine derartige Disqualifizierung der Aussage einer Frau für diese in einer ihr ohnehin schon feindlichen Umwelt und Zeit besonders belastend auswirken, wenn sie in den engen Grenzen ihrer Betätigungsmöglichkeit ein Amt ausübte.

Während die Frau nach dem Dekretalenrecht auf Grund einer deutenderen Stellung als Äbtissin oder Regentin, abgesehen von den Beschränkungen hinsichtlich der Straf- und Absolutionsvollmacht, im iurisdiktionellen Bereich noch über ein gewisses Maß an Eigenständigkeit und Verantwortlichkeit verfügt, sind ihr (auch der Äbtissin) im kultisch-liturgischen Bereich vergleichbare Möglichkeiten vorenthalten, ja ist ihr jegliche Betätigung verwehrt. Das beweist außer der (oben S. 121 f. behandelten) entscheidenden Dekretale *Nova quaedam,* die der Äbtissin ungeachtet ihres Amtes wesentliche Funktionen verbietet, noch der (in erweiterter Form als Extra 3,2,1 aufgenommene) Kanon 3 der Synode von Nantes (im Jahre 658 bzw. 895)[46], der sich generell gegen die Frau richtet und sie während der Meßfeier gänzlich vom Chorraum ausschließt. Aus dem Wortlaut des capitulum läßt sich das diesem Verbot zugrunde liegende Motiv ohne Schwierigkeit erschließen. Eingangs wird das Zusammenleben eines Priesters mit einer nicht nahe blutsverwandten Frau streng untersagt; aber um auch der Möglichkeit eines inzestuösen Verhältnisses vorzubeugen, wird sogar das Zusammenleben des Priesters mit seiner Mutter, Schwester oder Tante, das die disziplinären Konzilsbeschlüsse sonst im allgemeinen gestatten, verboten. Auf derselben Linie wie die erwähnten Vorschriften steht

---

[44]) „Testes autem considerantur conditione, natura et vita. Conditione, si liber, non servus... Natura, si vir, non femina" (Corpus, ed. Friedberg, II 914).

[45]) „Nam varium et mutabile testimonium semper femina producit" (ebd.; nach Friedberg, Anm. 41 ist diese Vorstellung von Vergil, Aen. IV 569 übernommen, wo es heißt: „varium et mutabile semper femina ... ").

[46]) Die Inscriptio schreibt das Kapitel einem Konzil von Mainz zu; dagegen Friedberg, Corpus II 454 Anm. 1 (: can 4 der Synode von Nantes v. J. 895); nach Hefele III 104 handelt es sich um can. 3 der im Jahre 658 angesetzten Synode von Nantes mit folgendem Wortlaut: „Nicht einmal Mutter, Schwester und Tante darf der Geistliche bei sich im Hause haben, weil schon schreckliche Inzeste vorgekommen sind. Auch darf keine Frau am Altar dienen".

nun das liturgische Verbot für die Frau: es wird mit gesteigerter, nachdrücklicher Berufung auf die Autorität der Canones[47] unmittelbar an das vorhergehende angeschlossen, wie aus seinem vollen Wortlaut (einbegriffen den von Raymund v. Peñaforte ausgelassenen Satzteil) hervorgeht: „Es ist aber gemäß der verbindlichen Vorschrift der Canones unbedingt zu verhindern, daß irgendeine Frau sich erdreistet, an den Altar heranzutreten, dem Priester Ministrantendienste zu leisten oder innerhalb der Chorschranken zu stehen oder zu sitzen"[48]. Das Verbot liturgischer Betätigung für die Frau im Altarraum gründet also in der Absicht, die Frau in jeder Hinsicht vom Priester fernzuhalten, um auf diese Weise ein unerlaubtes Verhältnis von vornherein auszuschließen[49]. Es dient ebenso dem Schutz des Zölibats wie die vorausgehende Vorschrift bezüglich des Zusammenlebens eines Priesters mit Frauen. Das gewaltsame Unterbinden jeglicher liturgisch-kultischen Funktion der Frau innerhalb des Chorraums, wie sie im zitierten capitulum angeordnet wird, zeigt nun aber, in welchem Grad der von der mittelalterlichen Kirche eifrig geförderte und schließlich durch Gesetz generell angeordnete Zölibat der Priester auf Kosten der Frau gelebt wird, durch welche Entwürdigung und Entrechtung

---

[47]) Es ist vor allem an can. 44 der Synode von Laodicea (zw. 347 u. 381) zu denken, der den Zutritt der Frau zum Altar verbietet und von vielen späteren Synoden wiederholt wird, vgl. S. 16 Anm. 53.

[48]) „Sed secundum auctoritatem canonum modis omnibus prohibendum quoque est, ut nulla femina ad altare praesumat accedere, aut presbytero ministrare, aut infra cancellos stare sive sedere" (Corpus, ed. Friedberg, II 454). Der von Raymund v. Peñaforte (vgl. dazu oben S. 120) ausgelassene (also zu ergänzende) Satzteil lautet: „sed secundum auctoritatem canonum modis omnibus"; er ist deutlich als Verbindungsglied zwischen den beiden Textabschnitten der Dekretale erkennbar, nicht nur in formaler, sondern auch in inhaltlicher Hinsicht.

[49]) In dem Sinne wird der Kanon auch von v. d. Meer S. 119 f. aufgefaßt; allerdings berücksichtigt er nicht den ausgelassenen Satzteil (s. Anm. 48), also die schon im Text vorhandene innere Verbindung zwischen den beiden (an sich verschiedenartigen) Verboten, und bleibt darum bei Vermutungen stehen. Als Schutzmaßnahme für den Zölibat interpretiert ebenfalls W. Hellinger, Die Pfarrvisitation nach Regino von Prüm (2. Teil), in: ZRG Kan. Abt. 49, 1963, S. 98 f. das Verbot. – In diesem Zusammenhang sei auch auf C. 18 q. 2 c. 25 (= cc. 26, 27 des Concilium Lateranense II v. J. 1139) hingewiesen, da dieses capitulum einen ganz ähnlichen Aufbau wie Extra 3,2,1 aufweist: Hier wird zunächst gewissen Ordensfrauen (vermutlich Kanonissen) verboten, eigene Gästezimmer oder Privatwohnungen zu haben, wo sie unter dem Vorwand der Gastfreundschaft gegen die gute Sitte männliche Gäste empfangen. Unmittelbar daran schließt sich folgende Vorschrift für das liturgische Chorgebet an: „Simili modo prohibemus, ne sanctimoniales simul cum canonicis et monachis in ecclesia in uno choro conveniant ad psallendum" (Corpus, ed. Friedberg, I 836).

der Frau er erkauft und gestützt wird. Ein Gesetz, das der Anwendung solcher Zwangsmittel zu seinem Bestand und Fortbestand bedarf, fordert es selbst heraus, daß es in Frage gestellt wird und grundlegende Zweifel an seiner Sinnhaftigkeit aufkommen.

Als für die Frau generell verbotene liturgische Funktion am Altar ist in dem capitulum eigens der Ministrantendienst erwähnt, der nach dem Dekretalenrecht[50] selbst Unmündigen männlichen Geschlechts gestattet ist, woraus wiederum klar ersichtlich ist, daß nicht die religiöse Eignung, ebenfalls nicht ein für den liturgischen Vollzug angemessenes Alter als maßgebende Voraussetzung für den Ministrantendienst gilt, sondern einzig das Geschlecht. Diese die Frau diskriminierende Vorschrift hat das geltende Recht beibehalten. Das genannte Kapitel (Extra 3,2,1) stützt nämlich can. 813 § 2 CIC[51], der bestimmt, daß eine Frau nicht Meßdiener sein darf, außer wenn ein Mann (bzw. Knabe) nicht erreichbar ist und ein rechtmäßiger Grund vorliegt, allerdings auch dann nur unter der Bedingung, daß sie von fern antwortet und auf keinen Fall an den Altar herantritt[52]. – Noch die nachkonziliare amtliche Kirche hält grundsätzlich an der traditionellen Disziplin fest. In einem Rundschreiben der postkonziliaren Liturgiekommission vom 25. Januar 1966 wurde die unter Berufung auf Art. 14 der Liturgiekonstitution[53] (wonach alle Glieder des Gottesvolkes zur bewußten und tätigen Teilnahme an der liturgischen Feier berechtigt und verpflichtet sind) in einzelnen Gebieten (z. B. in Holland und in den USA) stellenweise eingeführte Praxis, auch Mädchen und Frauen zum Ministrantendienst zuzulassen, als schwerer Verstoß gegen die kirch-

---

[50]) Vgl. dazu Extra 1,17,15 (Corpus, ed. cit., II 140), wonach lediglich untersagt wird, daß der uneheliche Sohn eines Priesters diesem als Ministrant dient.

[51]) Vgl. CIC S. 273 Anm. 3. Als erste der dort verzeichneten Quellen ist Extra 3,2,1 angegeben.

[52]) „Minister Missae inserviens ne sit mulier, nisi, deficiente viro, iusta de causa, eaque lege ut mulier ex longinquo respondeat nec ullo pacto ad altare accedat". – Ein Verstoß gegen diese Vorschrift galt lange Zeit als Todsünde, vgl. A. A r n d t , Darf eine Frau zur heiligen Messe ministriren?, in: AkKR 81, 1901, S. 163 („Wer von diesem Verbote der Kirche abginge, wäre von einer Todsünde nicht freizusprechen, wie alle Autoren bezeugen, die desselben Erwähnung thun. ‚Mit Recht sagt deshalb Laymann', bezeugt der heilige Alphons, ‚daß der Priester eher ohne Ministranten celebrieren soll, als daß er einer Frau gestattet, dem Altare zu nahen'"); ähnlich J o n e , Gesetzbuch II 70.

[53]) AAS 56, 1964, 104.

134

liche Disziplin bezeichnet und streng untersagt[54]. Selbst noch unlängst wurde das Verbot durch die Dritte Instruktion über die ordnungsgemäße Ausführung der Liturgiekonstitution vom 5. November 1970 wiederum nachdrücklich eingeschärft[55]. Wenngleich freilich durch derartige Maßregeln die allmähliche Bildung eines gegenteiligen Gewohnheitsrechtes auf diesem Gebiet wohl kaum völlig unterbunden werden kann, so ist dennoch die Tatsache, daß offizielle kirchliche Bestimmungen die Frau als „ein so unwürdiges Wesen" deklarieren, dem „jede Dienstleistung in der Nähe des Altares verboten werden muß"[56], ein Skandal. Solange derartige Vorschriften zum geltenden kirchlichen Recht gehören, bleibt das Wort der Kirchenkonstitution des Zweiten Vaticanum (Art. 32)[57], in der Kirche gebe es keine Ungleichheit auf Grund des Geschlechts, eine unwahre Behauptung.

2. Die wissenschaftliche Bearbeitung der Gregorianen durch die Dekretalisten

Die Gregorianische Dekretalensammlung fand eine eingehende wissenschaftliche Bearbeitung durch eine Vielzahl von Kanonisten, die „Dekretalisten", so daß man von einer Hochblüte der Kanonistik in dieser Epoche sprechen kann[58]. Die kanonistischen Werke der ersten Periode (von Gratian bis auf Gregor IX.), die Summen und Glossenapparate der Dekretisten also, wurden von der neuen Dekretalistengeneration ausgebeutet und auf diese Weise allmählich in den Hintergrund gedrängt[59]. Bei der Behandlung der den Gegenstand der vorlie

---

[54]) Es heißt darin: „ ... Jusqu'où peut aller le munus liturgicum des femmes, dont le baptême leur donne droit et devoir (Const. art. 14), ce sera à étudier de près; mais, que dans l'organisation actuelle de la liturgie, les femmes n'aient pas à remplir un ministerium autour de l'autel, cela est certain. Car le ministerium dépend de la volonté de l'Eglise, et l'Eglise catholique n'a, en fait, jamais confié le ministerium liturgique à des femmes. – En conséquence, toute innovation arbitraire en ce domaine sera considérée comme une infraction grave à la discipline ecclésiastique et devra être éliminée avec fermeté" (La Documentation catholique, Paris, 1er mai 1966, 807; zit. nach Heinzelmann, Schwestern S. 19 f. Anm. 18).
[55]) „Iuxta liturgicas normas in Ecclesia traditas, vetantur mulieres (puellae, nuptae, religiosae), ne in ecclesiis quidem, domibus, conventibus, collegiis, institutis muliebribus, ad altare sacerdoti inservire" (AAS 62, 1970, 700).
[56]) Herder-Korrespondenz 24, 1970, 559.
[57]) AAS 57, 1965, 38.
[58]) Vgl. Plöchl, Geschichte II 517; Feine S. 290; v. Hove I/1 S. 472.
[59]) Vgl. Kuttner, Schuldlehre S. XIII f.; Feine S. 290.

genden Untersuchung betreffenden Dekretalen schließen sich die Dekretalisten ebenfalls weitgehend an die Ausführungen der Dekretisten
an.

Raymund von Peñaforte (vgl. oben S. 120) nimmt in seiner
vor der Promulgation der Dekretalen Gregors IX., also vor 1234
veröffentlichten [60] Summa de poenitentia zur Frage der Ordination
der Frau in einer negativen Weise Stellung [61]. Er lehnt sich dabei vorwiegend an Huguccio bzw. an die Glossa ordinaria des Johannes
Teutonicus zum Dekretbuch an, bezieht aber auch schon teilweise die
neuere Dekretalengesetzgebung mit ein und behauptet mit Berufung
auf die erwähnte, die Ordination der Frau ablehnende Ambrosiasterstelle, daß Frauen den Weihecharakter irgendeines klerikalen Ordo
nicht empfangen könnten, und zwar wegen des entgegenstehenden
Geschlechts und der entgegenstehenden Anordnung der Kirche (impe-

---

[60]) Vgl. Kuttner, Repertorium S. 445 (vollendet nicht vor 1227); ebenso v.
Hove I/1 S. 513.

[61]) „Notandum, quod foemina non potest recipere characterem alicuius ordinis
clericalis. Ambr(osius) super illum locum Apostoli in prima epistola ad Tim(otheum)
‚Mulieres similiter oportet esse pudicas‘ ait occasione horum verborum: Cathafrigae
dicunt diaconissam debere ordinari, quod est veritati contrarium, quia mulieres
characterem non recipiunt, impediente sexu et constitutione Ecclesiae. Unde nec
possunt praedicare etiam Abbatissae, nec benedicere, nec excommunicare, nec
absolvere, nec poenitentias dare, nec iudicare, nec officium aliquorum ordinum
exercere, quantumcumque sint doctae, sanctae vel religiosae, dist. 23 mulier (c. 29)
et sacratas (c. 25), (C.) 33 qu. 5 mulierem (c. 17), ext(ra) de sent(entia) excom-
(municationis) de monialibus (Extra 5,39,33), licet enim beatissima Virgo Maria
dignior et excellentior fuerit Apostolis universis, non tamen illi, sed istis Dominus
claves regni coelorum conmisit, ext(ra) de poen(itentiis) et remiss(ionibus) nova
(Extra 5,38,10). Quidam tamen mentiuntur adhuc cum Cathafrigis foeminam
recipere characterem, etiam diaconalem et presbyteralem, inducunt pro se (C.) 27
qu. 1 diaconissam (c. 23) et si quis rapuerit (c. 30) in fi(ne), in illis expresse videtur
probari de ordine diaconali, de ordine presbyterali probant per 32. dist. presbyter
(c. 18), sed illa capitula ‚diaconissam‘ et ‚si quis rapuerit‘ vocant diaconissam illam,
super quam forte fundabatur aliqua benedictio, ratione cuius consequebatur aliquod
speciale officium, forte legendi homeliam in matutinis, vel aliud, quod non licebat
aliis monialibus; in illo autem capitulo ‚presbyter‘ appellatur presbytera, quia erat
uxor presbyteri, vel etiam vidua, vel matricuria, id est, de rebus ecclesiae curam
habens ad instar matrisfamilias … “ (Summa S. 316 f.) – Gillmann, Weibliche
Kleriker S. 252 Anm. 1 bemerkt, daß Vinzenz von Beauvais in seinem
‚Speculum historiale‘ (1254) l. VII c. 70 zur vorliegenden Frage ein wörtliches Ex-
cerpt aus Raymunds Summa bringe. Ebenso habe Johannes von Freiburg in
seiner ‚Summa confessorum‘ (1280/98) l. III t. 23 q. 1 den ganzen Titel ‚De impedi-
mento sexus‘ (mit ausdrücklichem Bezug auf ihn) wörtlich von Raymund übernommen; nur wenige Zusätze stammten von ihm selbst.

diente sexu et constitutione ecclesiae). Deshalb können selbst Äbtissinnen nach seiner Meinung weder predigen[62], noch segnen, noch
exkommunizieren[63], absolvieren, Bußen auferlegen, richten[64], noch
ein mit irgendeinem Ordo verbundenes Amt ausüben, wenn sie auch
noch so gelehrt, heilig oder religiös seien; mehrere der oben behandelten Texte des Dekretbuchs werden als Beleg dafür herangezogen,
darüber hinaus übernimmt Raymund aus der Dekretale *Nova quaedam*[65] das (oben S. 122 ff. bereits erörterte) mariologische Argument. Im
Anschluß an seine eigene Stellungnahme zur Frage verwirft Raymund
die Meinung derer, die die Ordinationsfähigkeit der Frau sowohl im
Hinblick auf den Diakonat wie auf den Presbyterat vertreten und sich
dabei nach seiner Angabe auf C. 27 q. 1 cc. 23 und 30 für den Diakonat, auf D. 32 c. 18 für den Presbyterat stützen. Raymund bezich-
tigt die Vertreter dieser Auffassung voreiliger- und ungerechtfertigter-
weise der Lüge und stellt sie mit den Montanisten auf ein und dieselbe
Stufe. Ihr zumindest für den weiblichen Diakonat beachtliches Beweismaterial sucht er ebenso wie Huguccio und Johannes Teutonicus zu
entkräften, indem er nämlich die Diakonatsordination als bloße Benediktion interpretiert, die zu einem speziellen Dienst befähige, z. B.
zum Lesen der Homilie[66] in der Matutin oder dergleichen (wie bereits

---

[62]) Ad v. ‚praedicare‘ bemerkt Wilhelm von Rennes, von dem (nach
Schulte, Geschichte II 240 Anm. 7 und Gillmann, Weibliche Kleriker S. 252)
die Glossen in der von mir benutzten Ausgabe der Summa Raymunds (Rom 1603)
stammen, daß das Predigtverbot für die öffentliche Verkündigung in der Kirche
oder auf einer Synode gelte, nicht aber für die Belehrung und Ermahnung der
Nonnen innerhalb des Klosters. Das öffentliche Predigen lehnt er (Summa S. 316)
mit dem Hinweis auf das Wort Augustins ab „mulier semel docuit, et totum
mundum subvertit“, wodurch die negative Auswirkung der jahwistischen Sündenfallerzählung (Gen. 3) auf die Wertung der Frau in der Kirche verdeutlicht wird.

[63]) Ad v. ‚excommunicare‘ spricht Wilhelm der Äbtissin – mit Berufung auf
die Dekretale ‚Dilecta‘ (Extra 1,33,12) und auf die Lehrmeinung gewisser Kanonisten – allerdings das Recht zu, die ihr unterstellten Kleriker vom Amt und
Benefizium zu suspendieren, – damit aber auch eine gewisse Jurisdiktionsvollmacht
(„habent enim, ut dicunt, iurisdictionem talem qualem“), Summa S. 316.

[64]) Die Ausübung der Richterfunktion in geistlichen Angelegenheiten (de spiri-
tualibus causis) ist der Frau nach Wilhelm (ad v. ‚iudicare‘, ibd.) grundsätzlich
verwehrt, nicht aber in weltlichen Angelegenheiten, wenn und wo das Gewohnheitsrecht es zulasse (als Beleg dafür führt Wilhelm Extra 1,43,4 an).

[65]) Vgl. S. 121 Anm. 8.

[66]) Ad v. ‚homiliam‘ bemerkt Wilhelm, außer der Homilie hätten die Diakonissen vielleicht noch die Oration in der Matutin gesprochen; das täten jedoch
jetzt alle Nonnen wegen des Klerikermangels. Die Diakonissen aber, wovon jenes
capitulum ‚Diaconissam‘ (C. 27 q. 1 c. 23) spreche, gebe es nirgends mehr. Als
„Ordination“ sei ihre Einsetzung in die erwähnten Ämter (Lesen der Homilie etc.)

erwähnt, ist ein solches Verständnis des weiblichen Diakonatsamtes mit der quellenmäßigen Überlieferung nicht in Einklang zu bringen; das kritiklose Abschreiben der voraufgehenden Autoren bedingt den Fortbestand des Irrtums und der Fehlinterpretation in dieser Sache). Unter der *presbytera* versteht Raymund die Frau eines Priesters, was dem Inhalt von D. 32 c. 18 entspricht, oder aber eine der in D. 32 c. 19 (vgl. S. 31) genannten Personen: eine Witwe oder die sog. *matricuria*. Damit ist selbstverständlich die Bedeutung von *presbytera* im Kanon 11 des Konzils von Laodicea, wodurch die Trägerin eines kirchlichen Amtes bezeichnet ist, nicht getroffen.

Einen nahezu wörtlichen Auszug aus Raymunds Summe bietet G o f f r e d   v o n   T r a n i in seiner zwischen 1241 und 1243 abgefaßten[67] *Summa super titulos decretalium.* Ähnlich wie sein Gewährsmann behauptet auch er, daß die als Diakonissen bezeichneten Frauen keinen diakonalen Ordo besßen, sondern vermutlich lediglich das Vorrecht vor den andern Ordensfrauen gehabt hätten, die Homilien während der Matutin zu lesen[68].

P a p s t   I n n o z e n z   IV. (vormals Sinibald von Fiesco) gibt in seinem bedeutenden unmittelbar nach dem ersten Konzil von Lyon (im Jahre 1245) vollendeten[69] *Apparatus in quinque libros Decretalium* im Gegensatz zu Raymund und Goffred keinen näheren ausdrücklichen Grund für das in der Dekretale *Nova quaedam* (Extra 5, 38,10) ausgesprochene Verbot liturgisch-kultischer Betätigung für die Äbtissin an. Er fügt lediglich zu den in der Dekretale untersagten Funktionen (des Predigens, Evangeliumlesens, Segnens und Beichthörens) weitere hinzu, die der Frau nach kanonischem Recht ebenfalls verwehrt seien: die Erteilung der Absolution (von kirchlichen Zen-

---

bezeichnet worden, nicht aber die Verleihung eines (Weihe-)Charakters oder eines kirchlichen Ordo ("... quarum ordinatio vocabatur institutio ad praedicta officia, non collatio alicuius characteris, aut ordinis ecclesiastici", Summa S. 317). – In der Frage, ob und unter welchen Bedingungen ein Zwitter geweiht werden könne, schließt sich W i l h e l m (ad v. ,mentiuntur', Summa S. 316) völlig an H u g u c c i o an (vgl. dazu S. 105).

[67]) Vgl. v. S c h u l t e, Geschichte II 90; v. H o v e I/1 S. 476.

[68]) „... nec premissis obstat quod legitur (C.) 27 q. 1 dyaconissam (c. 23) et c. si quis rapuerit (c. 30), iura enim illa loquuntur de dyaconissis non que ordinem dyaconalem habeant sed que inter alias moniales prerogatiuam aliquam obtinebant forte circa omelias in matutinis legendas ..." (Summa fol. 30 v).

[69]) Vgl. v. S c h u l t e, Geschichte II 93; v. H o v e I/1 S. 477.

suren), das Lehren, die Ausübung der Richterfunktion und die Übergabe des Schleiers an die Nonnen durch die Äbtissin[70]. Diese Verbote werden u. a. auch durch jene Texte des Dekretbuchs gestützt, die die Vorstellung von der Inferiorität der Frau und von ihrem deshalb zu fordernden status subiectionis deutlich zum Ausdruck bringen, woraus hervorgeht, daß Innozenz die genannten Funktionen mit seiner von der herrschenden Meinung geprägten Konzeption von der Frau nicht in Einklang zu bringen vermag. Daher läßt sich die Begründung, die Innozenz für die Vorschrift (Extra 5,39,33) anführt, daß Nonnen nicht durch ihre Äbtissin, sondern nur durch den Ortsbischof von einer Zensur absolviert werden können, nämlich: „derartige Handlungen schicken sich nicht für die Frau"[71], durchaus auch auf die Verbote seelsorgerlich-liturgischer Funktionen applizieren. Die einzige liturgische Betätigung, die nach seiner Ansicht allenfalls noch mit dem Wesen der Frau vereinbar ist, ist das Lesen des Evangeliums (oder der Homilie) während des Chorgebets[72]; der in diesem Zusammenhang erfolgte Hinweis auf C. 27 q. 1 c. 23 (*Diaconissam*) zeigt deutlich, daß Innozenz die Diakonisse ganz so versteht wie Raymund, Goffred und vorher schon die Dekretisten, nämlich als Nonne. Das ergibt sich auch aus seinen Ausführungen zur Dekretale *Presbyter* (Extra 3,41,1), wo er u. a. bemerkt, daß gebildete Ordensfrauen wie die Priester dazu berechtigt bzw. verpflichtet seien, das *officium* zu beten, weil auch sie, wie man sagen könne, eine Art Ordo durch Benediktion empfingen, weshalb auch einige von ihnen Diakonissen seien (wiederum wird auf C. 27 q. 1 c. 23 = can. 15 von Chalcedon verwiesen); wenn dieser Ordo zwar auch dazu ausreiche, das Offizium zu sprechen, so gehöre er jedoch nicht zu den sieben kirchlichen Ordines[73].

Der Dekretale *Dilecta* (Extra 1,33,12) entnimmt Innozenz, daß

---

[70]) Ad v. ‚benedicunt': „quod non possunt, (C.) 33 q. 5 mulierem (c. 17), nec velant, (C.) 20 q. 2 statuimus (c. 3), nec absoluunt, infra de sen(tentia) exc(ommunicationis) de monialibus (Extra 5,39,33), nec docent, 23. dist. mulier (c. 29), nec iudicant, (C.) 33 q. 5 mulierem (c. 17)" (Apparatus fol. 544 v).

[71]) Ad v. ‚episcopum': „haec enim muliebri sexui non conveniunt, supra de pe-(nitentiis) et remiss(ionibus) nova (Extra 5,38,10), Apparatus fol. 551v.

[72]) Zu Extra 5,38,10 v. ‚publice': „in matutino autem possunt legere, (C.) 27 (Text: 38) q. 1 diaconis(sam) (c. 23)" (Apparatus fol. 544 v).

[73]) „... Laici autem bene possunt dicere psalmos, qui dicuntur in horis, sed non in modum officii ... moniales autem literatae dicunt officia, quia et ipsae possunt dici accipere aliquem ordinem in benedictione, unde etiam aliquae inter eas sunt diaconissae, (C.) 27 q. 1 diaconissam (c. 23), qui ordo licet sufficiat ad officia dicenda, non tamen ‹est de› septem ordinibus ecclesiae" (Apparatus fol. 453 r).

die Äbtissin die ihr unterstellten Kleriker vom Amt und vom Benefizium suspendieren kann. Der Grund hierfür ist nach seiner Meinung,
daß sie durch Gewohnheitsrecht eine durch ihr Amt begründete Jurisdiktionsgewalt hat. Innozenz betont aber ausdrücklich (mit Berufung
auf eine römisch-rechtliche Bestimmung), daß das eine Ausnahme vom
gemeinen Recht (*ius commune*) sei[74]; auch habe die Äbtissin weder
das Recht zu exkommunizieren, zu interdizieren noch zu absolvieren[75].

Ausführlicher als im Kommentarwerk Innozenz' IV. wird das vorliegende Problem in dem um 1245 abgefaßten[76] *Apparatus ad Decretales Gregorii IX.* des B e r n h a r d v o n B o t o n e behandelt, der wegen
seiner Vollständigkeit, der gründlichen Behandlung des Stoffes und
Berücksichtigung der bisherigen Literatur sehr bald schon als die
Glossa ordinaria zum Liber Extra angesehen wurde[77]. Darin wird
selbstverständlich an der traditionellen Lehrmeinung in unserer Frage
festgehalten, bereits erörterte Auffassungen tauchen wieder auf, ergänzt durch neue, dem Dekretalenrecht entnommene Gesichtspunkte.
Zu der hier besonders zu berücksichtigenden Dekretale *Nova quaedam* (Extra 5,38,10) bemerkt Bernhard ähnlich wie Innozenz IV., daß
die Äbtissinnen vielleicht bei der Matutin das Evangelium lesen konnten, weshalb sie auch Diakonissen genannt würden[78]; wiederum wird
– ganz unzutreffend und quellenwidrig – als Beleg C. 27 q. 1 c. 23

---

[74]) Ähnlich auch zu Extra 2,30,4 v. ,procuratricem' (im Hinblick auf die Befähigung der Äbtissin, als Parteivertreter in einem Prozeß tätig zu werden): „Dig.
de procur(atoribus) (l.) foeminas (D. 3,3,41) contra, sed hoc est speciale in mulieribus
constitutis in dignitate ... vel ex quo est abbatissa, potest esse procuratrix in rebus
monasterii ... vel hoc fuit de speciali gratia quod alias non licet" (Apparatus fol.
347 r).
[75]) Ad v. ,suspendat': „No(tandum) hic quod Abbatissa potest suspendere
clericos suos ab officio et beneficio. Et hoc est ea ratione, quia ex consuetudine
iurisdictionem habet ordinariam, inf(ra) de arbit(ris) dilecti (Extra 1,43,4), alias
enim est contra ius commune ... excommunicare autem non possunt, ut hic, nec
absoluere, inf(ra) de senten(tia) ex(communicationis) de monialibus (Extra 5,39,33),
rationem invenies infra de poe(nitentiis) et re(missionibus) nova (Extra 5,38,10)"
(Apparatus fol. 158v/159r).
[76]) Vgl. v. H o v e I/1 S. 474. Nach v. S c h u l t e, Geschichte II 115 u. v. H o v e
I/1 S. 473 arbeitete der Verfasser aber bis in seine letzte Lebenszeit (1263) an dem
Werk.
[77]) Vgl. v. S c h u l t e, Geschichte II 115.
[78]) Ad v. ,Evangelium': „In matutinis forte poterant legere Euangelium, unde
etiam diaconissae appellantur, (C.) 27 (Text: 17) q. 1 c. diaconissam (c. 23)" (Corpus, Lyon 1671, II 1869).

angeführt. Amt und Aufgaben der Diakonisse sind im Urteil der mittelalterlichen Kanonisten also zusammengeschrumpft auf diese einzige kümmerliche liturgische Funktion. Anknüpfend an das für die Äbtissin und für die Frau überhaupt geltende Predigtverbot der Dekretale stellt die Glosse einen ganzen Katalog von liturgischen Funktionen und anderen Ämtern auf, von denen die Frau um ihres geringgeachteten Geschlechtes willen ausgeschlossen ist, z. B. das Berühren der geweihten Gefäße, die Lehrtätigkeit, das Amt des Richters und des Schiedsrichters, des Parteivertreters im Prozeß sowie des Rechtsbeistandes vor Gericht. Dabei beruft sich Bernhard teils auf schon bekannte Texte aus dem Dekretbuch Gratians, teils auf das neue Dekretalenrecht und charakterisiert die Rechtslage der Frau in Anlehnung an das römische Recht zusammenfassend dahingehend, daß der Frau grundsätzlich die Ausübung jeder dem Mann zugeordneten Amtsfunktion (*viri officium*) untersagt sei[79]. Durch die anschließend von Bernhard selbst aufgeworfene Frage, ob etwa eine Äbtissin Personen (z. B. Kleriker) in Ämter einsetzen oder davon suspendieren könne, wird übergeleitet zu der Dekretale *Dilecta* (Extra 1,33,12), wo dieses Problem ad v. *iurisdictioni* eigens behandelt wird[80]. In

---

[79]) Ad v. ‚praedicare': „Mulier enim nec praedicare, nec docere potest, quia hoc officium extraneum est a mulieribus, nec sacra vasa contingere... nec possunt velare moniales... nec absolvere eas... nec iudicare, nisi forte aliqua nobilis hoc habeat ex consuetudine... nec arbitrium in se suscipere... nec procuratrix esse potest in iudicio... nec advocare potest in iudicio... et generaliter viri officium mulieribus est interdictum" (Corpus, ed. cit., II 1869 f.).

[80]) „Sic ergo mulier habet iurisdictionem, infra de arbit(ris) c. dilecti (Extra 1, 43,4). Sed contra videtur, quod mulier iudicare non potest, (C.) 33 q. 5 c. mulierem (c. 17), nec ciuilibus fungitur officiis, C(od.) de procur(atoribus) l. alienam (2,12,18), Dig. de reg(ulis) iur(is) l. 2 (50,17,2). Dicas, quod Abbatissa habet iurisdictionem talem qualem, non ita plenam, sicut vir habet. Dicas ergo, quod potest suspendere ab officio et beneficio monachas suas et clericos suae iurisdictioni subiectos, secundum quod hic satis innuitur, sie inobedientes fuerint: habet enim administrationem temporalium et spiritualium... Item ratione suae administrationis post suam confirmationem potest conferre Ecclesias et beneficia et instituere clericos in Ecclesiis sui monasterii ...sicut abbates... Sicut enim abbas de consensu capituli repraesentat... eodem modo abbatissa. Excommunicare autem non potest vel absolvere, infra de sen(tentia) excomm(unicationis) c. de monialibus (Extra 5,39,33). Et potest dici quod nec ab officio potest suspendere, nec interdicere, quia et hoc pertinet ad claues... et non dicit hic Papa, quod possit, quia non sexui foemineo, sed virili traditae sunt claues regni coelorum: licet enim beatissima virgo Maria excellentior sit Apostolis universis, non tamen illi, sed illis tradidit claues regni coelorum, infra de poen(itentiis) et re-(missionibus) c. nova (Extra 5,38,10), nec potest velare moniales, (C.) 20 q. 2 c.

Anlehnung an den Wortlaut der Dekretale, in der der Papst der
Äbtissin Jurisdiktionsgewalt über die ihr unterstellten Kleriker zu-
spricht, sieht auch die Glosse trotz der entgegenstehenden Rechtsnormen, wonach die Frau nicht richten und keine öffentlichen Ämter
bekleiden kann, hier einen Beleg für den Besitz von Jurisdiktionsgewalt und deren Ausübung durch die Äbtissin. Gleichwohl macht
aber die Glosse eine nicht unerhebliche Einschränkung: Die Äbtissin
verfüge im Vergleich zum Mann (Abt) nur über eine unvollkommene
Jurisdiktionsgewalt. Sie könne zwar wohl ihre Nonnen und die ihrer
Jurisdiktion unterstellten Kleriker im Fall der Gehorsamsverweigerung vom Amt und vom Benefizium suspendieren (entsprechend dem
Inhalt der Dekretale), da sie die Verwaltung zeitlicher und geistlicher
Güter innehabe (*habet enim administrationem temporalium et spiritualium*); auf Grund ihrer Administrationsvollmacht sei sie nach ihrer
Bestätigung im Amt ebenso wie die Äbte auch befugt, Kirchen und
Benefizien zu übertragen und Kleriker an Kirchen ihres Klosters einzusetzen (*instituere clericos*). Die Vollmacht zu exkommunizieren
und zu absolvieren (von einer kirchlichen Zensur) besitze sie jedoch
nicht. Man könne auch sagen, daß sie nicht dazu befähigt sei, eine
Dienstsperre[81] und ein Interdikt zu verhängen, denn auch das gehöre
zur Schlüsselgewalt; diese aber sei nicht dem weiblichen, sondern dem
männlichen Geschlecht übertragen worden (hier greift die Glosse expressis verbis die Argumentation der Dekretale *Nova quaedam* auf):
Denn wenn auch die seligste Jungfrau Maria erhabener sei als alle
Apostel, so überreichte der Herr doch nicht ihr, sondern jenen die
Schlüssel des Himmelreichs. Im übrigen dürfe die Frau auch nicht eine
so große Vollmacht haben, da sie nicht nach dem Bilde Gottes geschaf-

---

statuimus (c. 3). Praeterea mulier non debet habere talem potestatem, quia non
est facta ad imaginem Dei, sed vir, qui est imago et gloria Dei; et mulier debet
subesse viro et quasi famula viri esse, cum vir caput sit mulieris, non e conuerso,
(C.) 33 q. 5 c. haec imago (c. 13) et cum caput (c. 15)" (Corpus, ed. cit., II 431f.).

[81]) Hier scheint ein Widerspruch zum Vorhergehenden vorzuliegen, wo der
Äbtissin (auf Grund des Inhalts der Dekretale) ausdrücklich die Vollmacht zugesprochen wurde, vom Amt und Benefizium zu suspendieren. Anscheinend ist aber
die oben erwähnte Suspensionsgewalt als Auswirkung der Administrationsvollmacht
der Äbtissin bzw. ihrer potestas dominativa aufzufassen, die ihr eine gewisse
Strafgewalt über die ihr unterstellten Personen verleiht, hier dagegen als Zensur-
gewalt, die nur der Träger oberhirtlicher Jurisdiktionsvollmacht besitzt (vgl. dazu
oben S. 128).

fen sei [82], sondern nur der Mann, der Bild und Abglanz Gottes sei; die
Frau müsse vielmehr dem Mann untertan und wie eine Magd ihm zu
Diensten sein, weil nämlich der Mann das Haupt der Frau sei, nicht
aber umgekehrt. Den kausalen Zusammenhang zwischen der schweren
Abwertung der Frau als Mensch (Leugnung ihrer Gottebenbildlichkeit)
und ihrem Ausschluß von der durch den Ordo begründeten Schlüsselgewalt bringt die obige Glosse äußerst klar zum Ausdruck; die Argumentation ist abgestützt durch die Gratianischen capitula 13 (*Haec imago*)
und 15 (*Cum caput*) in C. 33 q. 5, die sich ihrerseits an die von rabbinischem Geist geprägten paulinischen Aussagen anlehnen. Noch an
einer weiteren Stelle wird deutlich, daß die Geringschätzung des weiblichen Geschlechts, verquickt mit unhaltbaren theologischen Argumenten, der einzige Grund dafür ist, daß der Frau der Zugang zum Ordo
und allen damit verbundenen liturgischen und iurisdiktionellen Funktionen verweigert wurde. Ganz ähnlich nämlich wie in der behandelten
Glosse bemerkt Bernhard in Erläuterung der Dekretale *De monialibus*
(Extra 5,39,33), im weiblichen Geschlecht liege der entscheidende
Hinderungsgrund dafür, daß die Äbtissin, wie aus der Dekretale hervorgehe, die ihr untergeordneten Nonnen nicht absolvieren könne,
daß sie darüber hinaus auch nicht ihre Beichte hören, ihnen den Segen
erteilen oder das Evangelium vortragen könne; denn dem weiblichen
Geschlecht sei die kirchliche „Schlüsselgewalt" (*claves Ecclesiae*) nicht
übertragen worden [83].

Den der Frau über den liturgischen und iurisdiktionellen Bereich

---

[82]) Die benutzte Ausgabe (col. 432) bringt ad v. ‚imaginem' folgende Rand-
bemerkung: „Qualiter intelligatur, quod mulier non sit facta ad imaginem Dei,
tradit B. Thom(as) I. p. q. 93 (Text: 5) art. 4 ad 1. argum(entum)". Auf folgende
Aussage von Thomas ist angespielt: „Mit Bezug auf das, worin hauptsächlich
die Bewandtnis des Bildes liegt, nämlich mit Bezug auf die Geistnatur, findet sich
sowohl im Manne als auch in der Frau ein Bild Gottes vor … Mit Bezug auf etwas
Zweitrangiges liegt freilich im Manne ein Ebenbild Gottes vor, wie es sich im
Weibe nicht findet. Denn der Mann ist Ursprung und Ziel des Weibes, wie Gott
Ursprung und Ziel der gesamten Schöpfung ist. Darum fügt der Apostel nach den
Worten: ‚Der Mann ist Ebenbild und Abglanz Gottes, die Frau aber ist des Mannes
Ruhm' den Grund hinzu (1 Kor 11,8 f.): ‚Denn der Mann stammt nicht von der Frau,
wohl aber die Frau vom Manne. Auch wurde der Mann nicht um der Frau willen
erschaffen, sondern die Frau um des Mannes willen'" (Summa theologica, DThA
Bd. 7 S. 60).
[83]) Ad v. ‚per Episcopum': „Impedit enim sexus muliebris, ne Abbatissa possit
absolvere moniales, sicut hic patet, nec confessionem earum audire, nec eas benedicere, vel Evangelium legere, quia sexui foemineo claves Eccl(esiae) commissae non
fuerunt" (Corpus, ed. cit., II 1905).

hinaus in anderer Hinsicht noch zugewiesenen Status der Minderberechtigung begründet die Glosse mit ähnlichen Vorurteilen; so wird der Grundsatz des klassisch-kanonischen Rechts, wonach die Frau von der Zeugenfunktion (in Straf- und Testamentsangelegenheiten) ausgeschlossen ist [84], mit folgendem Vers kommentiert, der das Ausmaß der Verachtung und Ehrfurchtslosigkeit der Frau gegenüber in einer Umwelt, die sie einer menschenunwürdigen Stellung und damit notwendig einer personalen Verkümmerung und Verformung ausliefert, in krasser Form verdeutlicht: „Was ist leichter als Rauch? Der Wind. Was leichter als Wind? Luft. Was ist leichter als Luft? Die Frau. Was leichter als die Frau? – nichts!" [85]. Eine ähnliche Tendenz männlicher Selbstüberschätzung, wie sie sich in diesem Vers ausspricht, äußert sich auch in der Glosse zur Dekretale *Duo pueri* (Extra 4,2,12), wo behauptet wird, der Mann verdiene um seines „Hauptseins" willen, das in C. 33 q. 5 c. 15 ausgesagt sei, eher Glauben als eine Frau [86]. Das absurde, der menschlichen Erfahrung und vor allem dem christlichen Geist widersprechende Prinzip des kanonischen Rechts, die Glaubwürdigkeit an das (männliche) Geschlecht zu binden, wird damit von der Glosse kritiklos übernommen, ja noch gestützt.

Henricus de Segusio, der spätere Kardinalbischof von Ostia, darum (Cardinalis) Hostiensis genannt, wegen seiner gründlichen Kenntnis beider Rechte einer der bedeutendsten Kanonisten jener Zeit [87], behandelt in seiner etwa zwischen 1250 und 1253 abgefaßten [88] *Summa super titulis decretalium* (*Summa Aurea*) die einzelnen Erfordernisse der gültigen Weihe, wozu er u. a. auch das männliche Geschlecht des Ordinanden zählt [89]. In enger Anlehnung an Raymund

---

[84]) Vgl. dazu oben S. 130 f.; s. auch Glosse zu Extra 5,40,10 ad v. ‚non foemina': „Hoc intellige in criminali, in quo casu mulier testis esse non potest secundum canones, (C.) 33 q. 5 c. mulierem (c. 17); sed in civilibus et matrimonialibus bene ferunt testimonium . . . Item in testamentis mulier non admittitur" (Corpus, ed. cit., II 1936).

[85]) Zu Extra 5,40,10 v. ‚varium': „Quid levius fumo? flamen; quid flamine? ventus; quid vento? mulier; quid muliere? nihil" (ebd.).

[86]) „Sic (C.) 33 q. 5 c. cum caput (c. 15), unde sibi potius creditur quam uxori" (2 Belegstellen werden dafür angeführt: Extra 4,2,6 und C. 33 q. 1 c. 3; Corpus, ed. cit., II 1455).

[87]) Vgl. v. S c h u l t e, Geschichte II 127; P l ö c h l, Geschichte II 520.

[88]) Vgl. v. H o v e I/1 S. 476.

[89]) „Sed et praeter regulas supradictas requiritur sexus: nec enim mulieri, sed homini sunt ordines conferendi, sicut dicit Ambrosius ad Timotheum, super illo

144

und Goffred schreibt er, daß die Weihen gemäß den Ausführungen des Ambrosius (= Ambrosiaster) zu 1 Tim 3,11 nicht Frauen, sondern nur dem Mann (*homini!*) zu erteilen seien; denn Frauen dürften nicht tonsuriert und ihnen dürfe das Haar nicht abgeschnitten werden[90], außerdem könnten sie nicht die Schlüsselgewalt (*potestas clavium*) ausüben und dürften auch nicht am Altar dienen (eine ganze Anzahl von oben behandelten Textbelegen wird für das letzte Argument herangezogen). Wie Innozenz IV. und Bernhard von Botone nennt auch Hostiensis als einzig mögliche liturgische Tätigkeit für die Frau das Lesen des Evangeliums während der Matutin, wobei er wie seine Vorgänger ganz zu Unrecht auf C. 27 q. 1 c. 23 als Stütze hinweist. Einige andere, so schreibt Hostiensis, verständen allerdings unter der in diesem Kanon erwähnten Diakonisse die Äbtissin, unter dem Begriff *ordinari* die Erteilung des Schleiers (*velari*)[91]. Weder in den Rechtsquellen, die von der Diakonisse sprechen, noch in den die *presbytera* erwähnenden capitula 18, 19 der Distinctio 32, die er genauso wie seine Gewährsmänner Raymund und Goffred interpretiert, sieht Hostiensis ein Argument gegen seine These, daß die Frau nicht ordiniert werden könne.

---

verbo ‚Mulieres similiter pudicas‘ etc. quia nec tonsurari debent ... nec mulieris coma amputanda est, 30. dist. quaecunque mulier (c. 2), nec potest postestatem clauium exercere, arg(umentum) infra de ma(ioritate) et obe(dientia) dilecta (Text: dilectae) (Extra 1,33,12) et expressum supra de poen(itentiis) noua quaedam (Extra 5,38,10), nec etiam ad altare seruire debet, infra de coha(bitatione) cle(ricorum) et mulie(rum) c. 1 ad fi(nem) (Extra 3,2,1), 23. dist. mulier (Text: mulieri) (c. 29) et c. sacratas (c. 25), de consec. dist. 1 in sancta (c. 41), (C.) 33 q. 5 mulierem (c. 17), potest tamen euangelium dicere ad matutinum, (C.) 27 q. 1 diaconissam (c. 23), quamuis quidam exponunt ibi diaconissam id est abbatissam, ordinari id est velari; nec obstat 32. dist. presbyter (c. 18), quia ibi appellatur presbytera quasi presbyteralis, non quod esset ordinata, sed ordinati socia, unde in sequenti cap(itulo) ibi vocantur tales foemine seniores uniuirae vel matricurie, id est maternam (Text: maternae) curam ecclesie habentes, sicut dicuntur matresfamilias“ (Summa Aurea col. 188).

[90]) Als auctoritas ist hierfür D. 30 c. 2 (= can. 17 der Synode zu Gangra/Kleinasien, zw. 325 u. 370 n. Chr.) herangezogen: „Quecumque mulier, religioni iudicans conuenire, comam sibi amputauerit, quam Deus ad uelamen eius et ad memoriam subiectionis illi dedit, tanquam resoluens ius subiectionis, anathema sit“ (Corpus, ed. Friedberg, I 107). Die Bestimmung ist eindeutig von der paulinischen Stelle 1 Kor 11,5 ff., damit aber von rabbinischen Vorstellungen geprägt, die somit einen Einfluß auf die kirchliche Gesetzgebung ausgeübt haben.

[91]) Auch Hostiensis versteht an anderer Stelle (Summa Aurea col. 173) im Gefolge vieler seiner Vorgänger die Ordination der Diakonisse als Erteilung des sog. „velum ordinationis, quod olim dabatur diaconissis in 40. anno“.

In seinem nach 1268 vollendeten[92] ebenfalls bedeutenden Werk *Commentaria in quinque Decretalium libros* äußert sich Hostiensis im Ausschluß an die betreffenden Dekretalen in einer mehr kommentierend-glossierenden Form über die Rechtslage der Frau in der Kirche, wobei er sich öfter deutlich an die Glossa ordinaria des Bernhard von Botone anlehnt. Zu der Dekretale *Nova quaedam* (Extra 5,38,10) bemerkt Hostiensis (ad v. *et legentes evangelium*) ähnlich wie Bernhard, das Verbot für die Äbtissin, das Evangelium zu lesen, beziehe sich wohl auf die feierliche Messe; während des Chorgebets nämlich könnten sie es vielleicht lesen, weshalb sie auch Diakonissen genannt würden (wiederum wird auf C. 27 q. 1 c. 23 verwiesen). Mit dem Verbot des öffentlichen Auftretens der Äbtissin ist nach seiner Meinung eine rein private Unterweisung der Nonnen über ihre Ordensregel etc. noch vereinbar[93]. Ad v. *praedicare* führt Hostiensis außer der Predigttätigkeit noch weitere Funktionen auf, die der Frau ebenfalls untersagt seien: das Lehren und das Berühren der Kultgefäße; nicht einmal den männlichen Laien sei das gestattet – man trifft zweifellos die Tendenz der Aussage des Hostiensis, wenn man ergänzt: dann erst recht nicht den Frauen! Daß die Dekretale die Ausübung dieser Tätigkeiten durch Frauen als unerträglich und absurd bezeichnet, ist nach Hostiensis darin begründet, daß sie als öffentliche und damit (nach damaliger Vorstellung) ausschließlich männliche Funktionen gelten (*quae officia virilia censentur a quibus mulieres regulariter sunt exclusae*). Aus der Allegation der römisch-rechtlichen Quelle Dig. 50, 17,2, die bestimmt, daß Frauen von allen öffentlichen Ämtern fernzuhalten sind, geht deutlich hervor, daß ebendieses Prinzip des römischen Rechts vorbehaltlos auf das kanonische Recht appliziert wurde und so den Zugang zu allen kirchlichen Amtsfunktionen für die Frau verschloß. Um dieses Rechtsgrundsatzes willen könne die Frau (bzw. die Äbtissin) über die bereits erwähnten Funktionen hinaus auch nicht ihren Nonnen den Schleier übergeben, sie nicht absolvieren; sie könne nicht richten noch das Amt des Schiedsrichters ausüben, außer sie habe dieses Amt auf Grund von Sukzession oder Gewohnheit. Sie könne

---

[92]) Nach v. S c h u l t e, Geschichte II 125 hat er an dem Werk noch bis in seine letzte Lebenszeit (1271) gearbeitet; vgl. v. H o v e I/1 S. 479.

[93]) „Subaudi, in missarum sollenniis, in matutinis enim ipsum forte legere possunt, unde et diaconisse appellantur, (C.) 27 q. 1 diaconissam (c. 23)"; ad v. ,publice': „quasi dicat si priuatim in capitulo solis monialibus suis regulam exponeret, vel ad instructionem morum aliqua exempla bona vel alia simplicia verba proponeret, hoc non reprobaretur" (Commentaria V fol. 101r).

ebenfalls weder (Kleriker) ernennen noch suspendieren[94]. Die letzt-genannten Funktionen betreffend urteilt Hostiensis strenger als Inno-zenz IV. (vgl. S. 138 f.), ja selbst noch strenger als die Glossa ordinaria[95]. Das ergibt sich auch aus seinen Ausführungen zur Dekretale *Dilecta* (Extra 1,33,12), die sich mit der Stellung der Äbtissin in jurisdik-tioneller Hinsicht befaßt; ad v. *suae iurisdictioni*[96] übernimmt er zu-nächst im wesentlichen die Begründung der Glosse für den Ausschluß der Äbtissin von der sog. Schlüsselgewalt und den davon abhängigen Funktionen: nicht Maria, sondern den Aposteln seien die Schlüssel des Himmelreichs übergeben worden, außerdem sei die Frau – im Unter-schied zum Mann – nicht nach dem Bild und Gleichnis Gottes geschaf-fen und stehe darum gewissermaßen in einem Dienstverhältnis zum

---

[94]) „Et haec est quarta abusio ... mulier enim nec praedicare, nec docere debet, nec etiam sacra vasa contingere, 23. dist. sacratas (c. 25) et c. mulier (c. 29), (C.) 33 q. 5 mulierem (c. 17), quia nec etiam masculi laici hoc possunt officium exercere"; ad v. ‚id absonum sit‘: „imo haec quae praemissa sunt et quae officia virilia cen-sentur a quibus mulieres regulariter sunt excluse, ut patet Dig. de reg(ulis) iur(is) l. 2 (50,17,2) ... unde nec possunt etiam proprias moniales velare ... nec absoluere ... nec iudicare, nec arbitrium suscipere, nisi forte aliqua nobilis hoc habeat ex successione vel consuetudine ... sed nec possunt instituere vel suspendere ..." (Commentaria V l. c.).

[95]) Während B e r n h a r d   v o n   B o t o n e der Auffassung ist, daß die Äbtissin auf Grund ihrer Administrationsvollmacht Kleriker ernennen und sie vom Amt und Benefizium suspendieren kann (vgl. dazu S. 141), spricht H o s t i e n s i s ihr lediglich das Recht zu, Benefizien zu verleihen und zu entziehen (zu Extra 1,33,12 ad v. ‚suae iurisdictioni‘: „... potest et beneficium concedere ..."; ad v. ‚excommunicare‘: „nec suspendere, licet de facto posset prebendas suas subtrahere, quamuis alii dicant, quod suspendere potest ..."; Commentaria I fol. 173 v).

[96]) „Sic ergo mulier habet iurisdictionem ut hic et infra de arbi(tris) dilecti (Extra 1,43,4). Sed contra: quia mulier iudicare non potest, (C.) 33 q. 5 mulierem (c. 17) .. nec virilibus fungi officiis, Dig. de reg(ulis) iur(is) l. 2 (50,17,2). Sol(utio): quod dicunt contraria, regulariter obtinet. Fallit in mulieribus nobilibus ... Fallit hoc et in muliere praelata eadem ratione, ut hic, talis tamen non habet plenam spiritualem iurisdictionem, quia nec potest confessiones audire vel absoluere, nec alia, quae ad claues ecclesiae pertinent, exercere, quantumcunque magna et nobilis habeatur. Et est ratio, quia licet beatissima virgo excellentior sit apostolis uni-uersis, non tamen illi, sed istis voluit filius suus tradere claues suas, infra de poniten(tiis) noua quaedam (Extra 5,38,10). Nec est facta mulier ad imaginem et similitudinem Dei, sicut vir, unde et est quasi famula viri, cum vir [sit] caput sit mulieris, (C.) 33 q. 5 haec imago (c. 13) et c. cum caput (c. 15) secundum B. Sed et propter pudorem foemineum non debet se virorum coetui immiscere, C(od.) de his qui ve(niam) aeta(tis) impe(traverunt) l. 2 § foeminas (2,44,2) ... Ideo nec potest moniales velare, nec excommunicare, ut dictum est ... potest tamen habere administrationem spiritualium et temporalium, ut hic ... potest et beneficium concedere, ex quo hanc administrationem habet ... Tenentur etiam subiecti sui eidem obedientiam et reuerentiam exhibere et ipsius monita et mandata salubria adimplere ..." (Commentaria I fol. 173 r/v).

Mann, ihrem Haupt. Wegen der ihr gebotenen schüchternen Zurückhaltung dürfe sich die Frau auch nicht in Angelegenheiten der Männer
einmischen – eine Auffassung, die Hostiensis dem römischen Recht
entlehnt. Die Äbtissin sei lediglich im Besitz einer *administratio
spiritualium et temporalium*, auf Grund deren sie dazu ermächtigt sei,
Benefizien zu verleihen, die ihr jedoch nicht das Recht einräume – und
damit distanziert sich Hostiensis (ad v. *obseruent* [97]) ausdrücklich von
der Auffassung anderer Kanonisten –, vom Amt zu suspendieren;
denn die Suspension sei gewissermaßen eine Auswirkung der Schlüsselgewalt und falle (zusammen mit der Exkommunikation und dem
Interdikt) unter den Begriff der kirchlichen Zensur; der Äbtissin sei
aber die Anwendung dieses Strafmittels der Dekretale zufolge verwehrt. Nicht, was faktisch geschehe (nämlich die in der Dekretale
erwähnte Suspension der Kleriker durch die Äbtissin), sei zu beachten,
sondern was rechtens geschehen dürfe. Vor allem, weil den Frauen
derartige Funktionen generell verboten seien, seien sie immer verboten,
wenn sie nicht ausdrücklich gewährt würden; das Recht enthalte aber
keine ausdrückliche Bestimmung, daß eine Frau de iure suspendieren
könne, daher dürfe man das nicht aus der oben erwähnten Meinung
folgern. Der Äbtissin komme von Amts wegen nur zu, Ermahnungen
und Aufträge zu erteilen – nicht aber die Ausübung der Strafgewalt [98].

Eine eingehende, zusammenfassende Darstellung der Rechtslage der
Frau nach klassisch-kanonischem und weltlichem Recht bietet Hostiensis in seinen Ausführungen zu Extra 1,43,4, anknüpfend an den Hinweis der Dekretale auf die Bestimmung des römischen Rechts, derzufolge die Frau von öffentlichen Ämtern ausgeschlossen ist. In 18
Punkten weist Hostiensis eine im Vergleich zu der des Mannes benach-

---

[97] „Nihil dicit de sententia suspensionis, numquid ergo ipsam tenentur seruare?
sic secundum quosdam, quia ipsa suspendit ... Verum est de facto, sed in alio loco
istius literae non dicit, quod de iure hoc facere possit, non autem quod fit, sed quod
fieri debeat, spectandum est ... Et ideo quicquid dicant alii, tu dicas, quod ad minus
ab officio suspendere non potest; quia hoc quasi clauium est, et nomine censurae
ecclesiasticae continetur, quod quia ipsam abbatissa exercere non potest, iudicibus
ad quos recurrat committitur, ut sequitur. Cum enim excommunicare, suspendere
et interdicere connexa sint, siue ab eodem et ad idem inuenta, cui ratione defectus
iurisdictionis denegatur unum, et reliquum est denegandum ... Maxime, quia ex
quo mulieribus talia generaliter prohibentur ... semper sunt prohibita, nisi inuenian-
tur expresse concessa, sed non inuenies expressum in iure, quod mulier possit de
iure suspendere, ergo non debes ex opinione capitanea hoc supplere ... " (Commentaria I fol. 173v).
[98] Ad v. ‚compellas‘: „q(uasi) d(icat) ad abbatissam pertinet monitio, manda-
tum, sed non coercitio" (Commentaria I l. c.).

teiligte Rechtslage der Frau nach und demonstriert damit die Geltung des römischen Rechtssatzes (Dig. 1,5,9)[99], der besagt, daß die Stellung der Frau in vieler Hinsicht schlechter ist als die des Mannes, auch für den kirchlichen Bereich. (Von den zahlreichen Beispielen, die jeweils durch entsprechende kirchliche oder römische Rechtsquellen belegt sind, können hier nur die wichtigsten angegeben werden[100]). Der inferiore Status der Frau drückt sich nach Hostiensis u. a. darin aus, daß ihr die Lehr- und Predigttätigkeit sowie die Ausübung der von der Schlüsselgewalt abhängigen Funktionen untersagt sind und daß sie den (dafür grundlegenden) Ordo nicht empfangen kann. (Für den letztgenannten Punkt dient die pseudoisidorische, keinen historischen Quellenwert besitzende Dekretale D. 23 c. 25 als Beleg.) Hostiensis führt den entgegenstehenden Kanon C. 27 q. 1 c. 23 an und löst dann die contrarietas canonum ähnlich wie Raymund von Peñaforte: entweder sei der Begriff *diaconissa* in dem Kanon nur im uneigentlichen Sinne verwandt, oder aber man spreche insofern von einer Diakonissenordination – nicht, weil die Diakonisse wie ein Diakon ordiniert werde und den Weihecharakter empfange, sondern damit sie das Evangelium während der Matutin lesen könne, allerdings nicht in feierlicher, sondern in schlichter rezitierender Form. Einige der weiteren von Hostiensis angeführten Belege für die benachteiligte Lage der Frau betreffen sowohl den kirchlichen als auch den weltlichen Bereich: so ihr Ausschluß vom Richteramt und von schiedsrichterlichen Funktionen, ferner von dem Recht, vor Gericht vorstellig zu werden und

---

[99]) „In multis iuris nostri articulis deterior est condicio feminarum quam masculorum" (Corpus Iuris Civilis I 7).

[100]) „Est enim deterior conditio feminarum quam virorum in multis... Primo, quia mulier non potest iudicare... nisi princeps hoc ei committat... Vel nisi consuetudo hoc ei concordat... Secundo quia non potest in se arbitrium suscipere ... Tertio quia non potest docere, publice predicare, confessiones audire, nec alia, que ad claues pertinent exercere, infra de pe(nitentiis) noua quedam (Extra 5,38,10). Quarto quia non potest ordines suscipere, 23. di. sacratas (c. 25). Sed contra (C.) 27 q. 1 diaconissam (c. 23). Sol(utio): improprie loquitur. Vel dicitur fieri diaconissa non, quod ordinetur ad modum diaconi, nec characterem recipiat, sed ut euangelium in matutino valeat recitare, non in apparatu vel solenniter, sed simpliciter in modum lectionis. Quinto quia non potest postulare... Octauo quia non potest accusare... Nono quia non potest adoptare... Quartodecimo est conditio mulieris deterior in testamenti testificatione... Quintodecimo in procuratione, quia non potest procuratoris officium exercere... nisi forsan a principe constituatur... Decimooctauo in uiri subiectione, et capitis velatione, et in similtudine ad Dei imaginem formatione, (C.) 33 q. 5 haec imago (c. 13) et c. cum caput (c. 15) et c. mulierem (c. 17)" (Commentaria I fol. 204 v).

anzuklagen (*postulare, accusare*), von der Prozeßvertretung und von
der Zeugenfunktion in Testamentsangelegenheiten. Abschließend
(Punkt 18) weist Hostiensis auf die gewissermaßen die Grundlage
für alle einzelnen Rechtsbeschränkungen bildende Zurücksetzung der
Frau hin: auf ihren status subiectionis unter den Mann und ihren
angeblichen geschöpflichen Minderwert (Nichtgottesebenbildlichkeit),
der durch die drei (bereits bekannten) capitula des Gratianischen
Dekretbuchs C. 33 q. 5 cc. 13,15,17 abgestützt wird. – Diesem Aufweis
vielfacher Benachteiligung der Frau stellt Hostiensis drei Beispiele
einer bevorzugten Rechtslage der Frau gegenüber, die alle dem römischen Recht entnommen sind. Ein Punkt betrifft das Zugeständnis an
die Frauen, daß ihnen in bestimmten Fällen Unkenntnis des Rechtes
und der Gesetze erlaubt ist[101]. Wenn man aber bedenkt, daß dieses
Privileg den Frauen nach der entsprechenden römisch-rechtlichen Vorschrift (Dig. 22,6,9) „wegen der Schwäche ihres Geschlechts" und, wie
Hostiensis an anderer Stelle bemerkt, „nicht nur wegen ihrer Unkenntnis, sondern auch wegen ihrer Einfalt und Beschränktheit" eingeräumt
wird[102], dann ist offensichtlich, daß hinter dieser angeblichen Bevorzugung nichts anderes als eine tiefe Geringschätzung der Frau steht.

Die von Hostiensis zur Veranschaulichung der Stellung der Frau
angewandte Methode der Gegenüberstellung von Rechtsbeschränkungen und sog. Privilegien für die Frau wird von einem der nachfolgenden Kanonisten, A e g i d i u s   B e l l a m e r a, aufgegriffen und in einem
fast übersteigerten Maß weiter ausgestaltet. In seinen *Praelectiones in*

---

[101]) „Est autem melior (conditio feminarum) ... quia licet eis ius ignorare ...
sed in casibus tantum in iure expressis ... " (Commentaria I l. c.).

[102]) Zu Extra 5,3,40 ad v. ‚excusare': „... moniales vero non solum per
ignorantiam, sed etiam per simplicitatem; ... nam permissum est mulieribus ignorare
iura" (Commentaria V fol. 25v). Ähnlich zu Extra 2,22,10 v. ‚Tantum venditio':
„... sexu muliebri parcendum erat propter fragilitatem ... et potissime, quando
agitur de apicibus iuris" (Commentaria II fol. 118 r). Hier ist ganz offensichtlich
eine geistige Schwäche und Gebrechlichkeit gemeint. – Selbstverständlich teilt H o -
s t i e n s i s darüber hinaus auch die allgemein verbreitete Auffassung von der
körperlichen Schwäche und Minderwertigkeit der Frau, so zu Extra 4,2,4 (v.
‚complesset'), wo er die frühere Geschlechtsreife der Frau u. a. wie folgt begründet:
„... naturaliter debilior est sexus muliebris, unde communiter minus viuit: quia et
minus habet caloris naturalis, ideo quanto citius finitur, tanto citius naturaliter
perfici debet ... Plat(o) vero dixit, quod hoc ideo est, quia citius crescit mala herba
quam bona, sed et dici potest, quod facilius est mulieri pati quam homini agere,
unde et semper mulier est parata, non idem in homine ... " (Commentaria IV fol.
11r.).

libros Decretalium[103] nennt Aegidius 31 Beispiele einer im Vergleich zu der des Mannes benachteiligten Lage der Frau; dazu gehören ebenso wie bei Hostiensis u. a. der Ausschluß der Frau von der öffentlichen Lehr- und Predigttätigkeit, von der Jurisdiktionsvollmacht und vom Ordo, weiter die Verweigerung ihres Zutritts zum Chorraum, ihre angebliche Nicht-Gottebenbildlichkeit und ihre Unterworfenheit unter den Mann[104]. Diese vielfachen Benachteiligungen werden, sofern sie nicht schon in sich die Auffassung vom Minderwert der Frau enthalten, in einer Weise begründet, die die Verachtung der Frau unmißverständlich zum Ausdruck bringt; das Richteramt z. B. könne der Frau nicht anvertraut werden, weil sie „wankelmütig und charakterschwach" sei; außerdem besitze sie nicht die dafür erforderliche Klugheit und Bildung[105]. Die von Aegidius angeführten 16 Privilegien für die Frau sind kaum als solche erkennbar, worauf schon R. Chabanne hinwies[106]; sie werden ebenso wie die Rechtsbeschränkungen aus dem vermeintlichen ontischen und sittlichen Minderwert der Frau deduziert; für die frühere körperliche Reife der Frau z. B., auf Grund deren sie eher

---

[103]) Dazu vgl. v. Hove I/1 S. 495 f.; v. Schulte, Geschichte II 274 (eine Angabe über die Abfassungszeit des Werkes fehlt, ebenfalls bei A. Lambert, Art. Bellemère, (Gilles), DDC II 296 f., demzufolge Bellamera i. J. 1407 starb).

[104]) Zu Extra 1,43,4: „§ Sexto queritur et prosequamur casus, in quibus mulieris conditio est deterior ... Desimussextus est, quia non potest docere publice, vel praedicare, seu confessiones audire, nec alia quae ad claves ecclesiae pertinent, exercere ... vel sacramenta tractare ... Decimusseptimus est, quia non potest ordines suscipere" (als Beleg dafür wird wie bei Hostiensis D. 23 c. 25 angeführt; die entgegenstehende auctoritas C. 27 q. 1 c. 23 widerlegt Aegidius ebenfalls wie dieser; die von Guido v. Baysio übernommene, auf krasser Abwertung der Frau beruhende Begründung des Aegidius für ihren Ausschluß vom Ordo wurde bereits oben S. 118 Anm. 200 berücksichtigt). „Tricesimus primus est, in viri subiectione, capitis velatione, dei similitudine et ad dei imaginem formatione, C. 33 q. 5 haec imago (c. 13) et cum caput (c. 15) ... atque ingressu sacrarii, dum divina celebrantur et altaris appropinquatione ... et sic intelligitur lex, quae dicit in multis iuris articulis foeminarum conditio est deterior" (Praelectiones III fol. 141v/ 142r).

[105]) „Sed quare sunt mulieres remotae ab officiis ciuilibus et publicis? Ratio est, quia sunt fragiles et minus discretae regulariter ... Item in iudicatura specialis ratio est, quia iudex debet esse constans et non flexibilis ... modo mulier est varia et fragilis ... item quia non est prudens, nec erudita, sicut debet esse iudex per se" (Praelectiones III fol. 141r). Das Recht der Adoption wird der Frau aus folgendem Grunde verweigert: „Ratio rationis, quia patria potestas est quid bonum, dignum et sacrum ... modo foeminae non habent dignitatem a se, sed a viro" (ibd. fol. 141v).

[106]) Réflexions sur la condition canonique de la femme, d'après l'oeuvre de Gilles Bellemère (1337–1407), in: Bulletin des facultés catholiques de Lyon, 76e année, nouvelle série Nr. 16, 1954, S. 9 f.

mündig wird als der Mann, findet Guido die Erklärung, daß Unkraut bekanntlich schnell wachse[107]; die der Frau in gewissen Fällen gewährte mildere Behandlung vor Gericht lasse sich nach seiner Meinung durch ihre „Schwäche, Haltlosigkeit" sowie durch ihre „von Natur aus geringere Charakterfestigkeit und Urteilsfähigkeit" rechtfertigen[108].

Die Charakterisierung der Stellung der Frau in der von Hostiensis (und – ihm folgend – von Bellamera) angewandten Form ist insofern besonders aufschlußreich und bedeutsam für unser Problem, als dadurch klar zum Ausdruck gebracht wird, daß der Ausschluß der Frau vom Ordo und den damit verbundenen Funktionen des Lehrens, des Predigens, der amtlichen Seelsorge sowie der Stand der Unterworfenheit der Frau überhaupt ihre schlechte und ungünstige Rechtslage ausmachen. Im Gegensatz dazu wird heute, seitdem die Frage nach der Zulassung der Frau zum kirchlichen Amt, mitbedingt durch die gesellschaftliche Entwicklung, gestellt ist, nicht selten die Meinung vertreten, es handle sich bei dem Ausschluß der Frau vom priesterlichen Amt und den damit verbundenen Funktionen weder um eine Benachteiligung noch um irgendeine Form der Diskriminierung der Frau[109]. Solche Argumentationsweise zeugt jedoch von Unkenntnis oder Nichtbeachtung der historischen Quellen und Entwicklungszusammenhänge, auf denen das für die Frau geltende kirchliche Recht basiert; denn gerade diese beweisen, daß die Stellung der Frau in der Kirche trotz wiederholter Beteuerung ihrer Gleichwertigkeit mit dem Mann in den Grundzügen noch heute identisch ist mit ihrem Status nach mittelalterlichem kanonischen Recht, der von Hostiensis und anderen Kanonisten als „schlechtere Lage als die des Mannes" (*conditio deterior quam virorum*) gekennzeichnet wird und nichts anderes als

---

[107] „Et est ratio, quia mala herba cito crescit" (Praelectiones III fol. 142v); dieser Vergleich ist vermutlich von Hostiensis übernommen (vgl. S. 149 Anm. 102), ebenso die weitere Erklärung: „alia ratio, quia naturale est, quod quanto quodcunque ens citius ad finem tendit, citius perficiatur, ut apparet in musca" (ibd.)

[108] „Ratio differentiae est propter fragilitatem, inbecillitatem, ac minorem constantiam naturalem et discretionem mulieris" (Praelectiones III fol. 142v/143r).

[109] So M. Schmaus, Katholische Dogmatik IV/1, 6. Aufl. München 1964, S. 754: „Die Einschränkung der Weihe auf den Mann ... bedeutet keine Zurücksetzung oder Minderberechtigung der Frau in der Kirche. Sie ist nur Ausdruck für die Verschiedenartigkeit von Mann und Frau ... Die Frau bleibt ermächtigt und verpflichtet zu dem durch das allgemeine Priestertum übertragenen Dienst"; (wodurch die „Verschiedenartigkeit von Mann und Frau" in diesem Fall ausgedrückt sein soll, ist nicht einzusehen – gibt es doch für die Frau keinen Aufgabenbereich in der Kirche, den nicht auch der Mann mit ihr teilt!). Ähnlich wie Schmaus urteilten Remberger S. 131f. und Concetti S. 99.

eine reale Konsequenz der Geringschätzung der Frau, ihrer vermeintlichen Nicht-Gottebenbildlichkeit ist.

Das bedeutende, um 1338 vollendete[110] Kommentarwerk des Johannes Andreae, seine *Novella in Decretales Gregorii IX.*, verwendet in einem umfassenden Maße die vorhandene kanonistische Literatur, u. a. auch die des Hostiensis. Johannes verfolgt dabei die Absicht, aus sämtlichen ihm zugänglichen Werken die Glossa ordinaria des Bernhard von Botone zu ergänzen[111]. Aus dieser Zielsetzung ergibt sich schon, daß Johannes die von seinen Vorgängern eingeschlagene Richtung hinsichtlich der vorliegenden Frage fortsetzt, allenfalls noch einige neue Gesichtspunkte zu ihrer Verstärkung hinzufügt.

In Ergänzung zu den Ausführungen der Glossa ordinaria über die Dekretale *Nova quaedam*, die das Verbot für die Äbtissin enthält, zu segnen, zu predigen und Beicht zu hören, weist Johannes auf die Argumentation mehrerer Dekretalisten gegen die Ordination der Frau hin; so erwähnt er die Auffassung Goffreds von Trani, der sich (unter Berufung auf die genannte Dekretale sowie auf D. 23 c. 29 und C. 33 q. 5 c. 17) in Anlehnung an die Formulierung Huguccios und des Johannes Teutonicus[112] dahingehend geäußert hatte, daß die Frau den (sakramentalen) Charakter des Ordo nicht empfangen könne wegen ihres Geschlechts und der entgegenstehenden Anordnung der Kirche. Zur Widerlegung der (im Gegensatz dazu stehenden) die Diakonisse und *presbytera* betreffenden Kapitel verweist Johannes auf die Ausführungen des Johannes Teutonicus hierzu, ohne darüber hinaus die von Raymund von Peñaforte zur Beweisführung herangezogene Aussage des „Ambrosius" gegen die Diakonissenordination[113] unberücksichtigt zu lassen. Außer dieser bereits bekannten Argumentation führt er noch einen neuen Beweis gegen die Ordination der Frau an, der den Einfluß scholastischer Sakramentstheologie erkennen läßt und von Thomas von Aquin übernommen sein dürfte: Infolge ihrer Unterworfenheit unter den Mann habe die Frau nicht die Fähigkeit, ein gewisse hervorragende Stellung (*praeeminentia gradus*) aus-

---

[110]) Vgl. Gillmann, Zur Frage der Abfassungszeit der Novelle des Johannes Andreä zu den Dekretalen Gregors IX., in: AkKR 104, 1924, S. 261–275; v. Hove I/1 S. 479.

[111]) Vgl. v. Schulte, Geschichte II 220 f.; v. Hove I/1 S. 479.

[112]) Vgl. dazu oben S. 111 mit Anm. 177.

[113]) Vgl. oben S. 135 mit Anm. 61.

zuprägen, damit fehle ihr aber die adaequate und notwendige Voraussetzung für den Empfang des Weihesakramentes, das nämlich auf einen solchen Vorrang hingeordnet sei [114]. Aus der Unterordnung der Frau, die Johannes Andreae mit der Genesisstelle 3,16 und mit der von rabbinischer Denkart geprägten Aussage 1 Tim 2,11ff. begründet, folgert er also die Ordinationsunfähigkeit der Frau. Die mangelnde Schlüssigkeit der Argumentation ergibt sich vor allem daraus, daß die als Stützen verwendeten Bibelstellen nicht beweiskräftig sind [115]. Abgesehen davon macht sich in den Ausführungen eine eigentümlich übersteigerte, von scholastischem Sakramentsverständnis geprägte Auffassung vom Weihesakrament bemerkbar, die auf ein Mißverständnis des priesterlichen Amtes als eine Art Herrschaft hintiert; auf ein solches fehlorientiertes Amtsverständnis deutet auch das abschließend von Johannes Andreae vorgebrachte Argument hin: „Die Kleriker müssen eine (Haar-)Krone (d. h. Tonsur) tragen, was der Frau nicht erlaubt ist" [116]; außer auf 1 Kor 11 verweist Johannes dabei auf D. 30 c. 2, wo es heißt: „Gott gab ihr (der Frau) das Haar als Schleier und als Erinnerungszeichen an ihre Unterworfenheit unter den Mann" [117]. – Die so begründete Ordinationsunfähigkeit der Frau zieht nach der Auffassung des Johannes Andreae auch die Konsequenz nach sich, daß keine Frau im Altarraum ministrieren darf [118].

Bei der Interpretation der Dekretale *Dilecta* (Extra 1,33,12), die sich mit der Reichweite der Jurisdiktionsvollmacht der Äbtissin befaßt, schließt sich Johannes Andreae weitgehend an Hostiensis an. Wie

---

[114]) Zu Extra 5,38,10: „... ultra quae constat, quod in sacramento requiritur res et signum... sed in sexu foemineo significari non potest aliqua praeeminentia gradus, cum habeat statum subiectionis – 1 ad Timo(theum) 2: ‚muliere‹m› docere non permitto, nec dominari in virum', quia enim parilitate male fuit usa, ideo fuit subiecta; Gen 3: ‚sub viri potestate eris' – sacramenti ergo, quod praeeminentiam habet, characterem non recipit" (Novella V fol. 125v). Ganz ähnlich heißt es bei Thomas (S. th. Suppl. q. 39 a. 1): „... quia, cum sacramentum sit signum, in his quae in sacramento aguntur requiritur non solum res, sed signum rei... Cum igitur in sexu foemineo non possit significari aliqua eminentia gradus, quia mulier statum subiectionis habet; ideo non potest ordinis sacramentum suscipere" (Summa theologiae, cura et studio P. Caramello, Turin/Rom 1948, Bd. 4 S. 773).
[115]) Vgl. dazu Exegetischer Exkurs S. 187 ff.
[116]) „Clerici debent coronam portare, quod non licet mulieri... " (Novella V fol. 125v). Diesen lächerlichen Einwand findet man auch noch bei Phillips I 446 f.: „... sie darf nicht das königliche Unterscheidungszeichen des Priesterthums empfangen, für sie ist das Ablegen des Haares eine Schmach".
[117]) Vgl. oben S. 144 Anm. 90.
[118]) Zu Extra 3,2,1 ad v. ‚ministrare': „cum (femina) non sit capax ordinis" (Novella III fol. 7r).

dieser spricht er der Äbtissin die Vollmacht ab, die ihr unterstellten Kleriker vom Amt zu suspendieren, da ihr die Anwendung des Strafmittels der Zensur, worunter außer der Exkommunikation und dem Interdikt auch die Suspension falle, nicht gestattet sei [119]. Er erwähnt in dem Zusammenhang (ad v. *ab officio suspendere*) noch die Lehrmeinung eines gewissen Vincentius, wonach die Äbtissin zwar nicht das Recht hat, eine Suspension (im Sinne einer kanonischen Strafe) zu verhängen, wodurch sich der Zelebrans oder der Beichtvater infolge von Übertretung der Suspension eine Irregularität (ex delicto) zuzieht [120], wohl aber, den Klerikern die Meßfeier zu verbieten und ihnen die Einkünfte zu beschneiden [121]. Diese differenziertere Interpretation dürfte dem wahren Sachverhalt eher entsprechen als die allzu einseitige Auffassung des Hostiensis (vgl. oben S. 147).

In Erläuterung zu der von Bernhard von Botone angeführten Begründung für den Ausschluß der Frau von der vollen Jurisdiktionsgewalt – sie sei nicht Gottes Ebenbild – verweist Johannes Andreae auf die alttestamentliche Erzählung von der Erschaffung der Frau aus Adam (Gen 2,21 f.), die er ganz im Sinne des Ambrosiaster (vgl. C. 33 q. 5 c. 13) als historischen Bericht mißversteht und als Beweis für den Minderwert der Frau als Mensch deutet [122].

Die *Commentaria in Decretales* des P e t r u s d e A n c h a r a n o (1330–1416), ein umfangreiches Werk, in dem die Literatur seiner Vorgänger weitgehend benutzt ist [123], behandeln den hier interessierenden Gegenstand in Anlehnung an die Auffassungen der bekannten Dekretalisten, besonders des Hostiensis und des Johannes Andreae.

Die durch die Dekretale *Nova quaedam* (Extra 5,38,10) aufgewor-

---

[119]) Ad v. ‚monita': „... tenendum est igitur secundum Hostien(sem), quod saltem ab officio suspendere non potest ..., cum enim excommunicatio, suspensio et interdictum contineantur sub censura, uno prohibito, iure connexionis prohibentur et reliqua, et satis est istud mulieribus non expresse permissum ... “ (Novella I fol. 267v).

[120]) Vgl. dazu M ö r s d o r f II 111, 116.

[121]) Ad v. ‚ab officio suspendere': „Unde dixit Vin(centius), quod abbatissa proprie suspendere non potest ea suspensione, qua celebrans incurrit irregularitatem, sicut nec penitentiarius, licet posset large interdicere, scilicet capellanis, ne celebrent vel percipiant illa die portiones, et obedire tenentur" (Novella I l. c.).

[122]) Ad v. ‚imago': „sicut enim a deo procedit omnis creatura, sic et ab Adam omnis humana, et ab eo solo, sed non ab Eva sola, cum ipsa Eva processerit ab Adam, et sic ipsa non est imago Dei in creatione" (Novella I l. c.).

[123]) Vgl. v. S c h u l t e, Geschichte II 281; v. H o v e I/1 S. 496 (über die Abfassungszeit machen beide Autoren keine Angabe).

fene Frage nach der Ordinationsfähigkeit der Frau beantwortet Petrus
negativ, indem er die (von Huguccio, Johannes Teutonicus und darüber hinaus von Thomas von Aquin beeinflußte) Argumentation des
Johannes Andreae wiederholt[124]. Im Hinblick auf die in der Dekretale
für die Frau aufgestellten Verbote zu segnen, Beicht zu hören, zu
predigen etc. stellt auch Petrus wie Hostiensis nüchtern abwägend
fest, daß die Frau in bezug auf diese Funktionen schlechter gestellt sei
als der Mann[125]. In der angeblichen Unfähigkeit der Frau, die Ordination zu empfangen, liegt nach seiner Auffassung auch der Grund
für die Vorschrift der Dekretale Extra 3,2,1, daß keine Frau an den
Altar herantreten und ministrieren dürfe[126]. Diese mit der des Johannes Andreae übereinstimmende Interpretation entspricht freilich nicht
der Tendenz der Dekretale (vgl. dazu S. 131 f.).

Aus der Decretale *Dilecta* (Extra 1,33,12) zieht Petrus folgende
die Stellung der Äbtissin betreffende Folgerungen[127]: 1. Der Äbtissin
seien die Kleriker, der Kanonissen und alle zum Kloster gehörenden
Personen zu Gehorsam verpflichtet; eine Frau könne also Verwalterin
von Kirchen (*procuratrix ecclesiarum*) sein, allerdings nur, insofern
sie Äbtissin sei – dann werde ihr nämlich das Recht der Verwaltung
(*administratio*) auf Grund ihrer Würdestellung (*ratione dignitatis*)
eingeräumt –, nicht hingegen als einfache Frau (*simplex femina*); in
dieser Beziehung sei nämlich die Lage der Frau ungünstiger, da sie
weder Richterin, Advokatin noch Verwalterin bzw. Geschäftsführerin
(*procuratrix*) sein könne. 2. Die Äbtissin habe eine Jurisdiktionsvoll-

---

[124]) Commentaria V fol. 196r; vgl. S. 152 f. mit Anm. 114.

[125]) „Not(a), quod deterior est conditio mulierum quam masculorum in istis..."
(Commentaria V l. c.).

[126]) „Not(a), quod femina prohibetur ministrare altari, et etiam accedere, quod
intellige, etiam si sit monialis..., non enim est capax ordinis" (Commentaria III
fol. 9r).

[127]) „Not(a) primo, quod abbatissae clerici, canonicae et omnes de mona(sterio)
obedire tenentur; potest ergo femina esse procuratrix ecclesiarum, quod intellige,
sicut abbatissa, quia tunc administratio sibi conceditur ratione dignitatis, secus si
simplex femina, ut l. femina(s) Dig. de procu(ratoribus) (3,3,41), in hoc enim est
deterior conditio feminarum, quia non possunt esse iudices, advocatae vel procura-
trices... Not(a) quod abbatissa habet iurisdictionem... not(a) quod Papa mandat
alteri, per censuram ecclesiasticam compellat monachos et clericos obedire abbatissae,
et sic datur intelligi, quod ipsa punire non posset per sententiam censurae resistentes
sibi... certe hic non dicitur, quod teneat suspensio. Vin(centius) dicit... (vgl. S. 154
mit Anm. 121). Istam etiam opinionem, quod non possit suspendere ab officio,
tenet glo(sa) et etiam Ho(stiensis)... " (Forts. s. S. 154 Anm. 119); Commentaria I
fol. 309r.

macht inne; diese reiche jedoch nicht dazu, ihre Untergebenen im Falle des Ungehorsams durch eine kirchliche Zensur zu bestrafen, was daraus hervorgehe, daß der Papst jemanden anders (nämlich einen Abt) damit beauftrage. Aus der Dekretale sei nicht mit Sicherheit zu erschließen, ob die Äbtissin über die Vollmacht verfüge, vom Amt zu suspendieren. Petrus verweist in dem Zusammenhang auf die schon von Johannes Andreae angeführte Meinung des Vincentius zu diesem Problem (vgl. oben S. 154) und schließt sich dann der von Hostiensis vertretenen Auffassung an, daß eine Frau nicht dazu berechtigt sei, eine Suspension vom Amt (im Sinne einer kirchlichen Zensur) zu verhängen. Die begrenzte Jurisdiktionsvollmacht der Äbtissin ist auch Gegenstand der Ausführungen zur Dekretale *De monialibus* (Extra 5,39,33). Im Gegensatz zum Abt sei die Äbtissin, wie Petrus bemerkt, nicht dazu ermächtigt, ihre Nonnen von einer Zensur zu absolvieren, da sie unfähig sei, die Schlüsselgewalt auszuüben, die ja dem weiblichen Geschlecht nicht übertragen worden sei[128]. – Eine zurückgesetzte Stellung der Äbtissin im Vergleich zu der des Abtes ergibt sich nach Petrus ferner durch den zwischen Abts- und Äbtissinnenweihe bestehenden Unterschied hinsichtlich der daraus fließenden Vollmacht. Obwohl die Äbtissin die gleiche Benediktion empfange wie der Abt, habe diese dennoch nicht dieselbe Wirkung wie die Abtsweihe: im Gegensatz zur Äbtissin sei der geweihte Abt dazu befähigt, den ihm unterstellten Mönchen den kirchlichen Segen und die niederen Klerikerweihen zu erteilen[129]; die für die Beschränkung der genannten Funktionen auf den Abt angeführte Begründung: es handle sich nämlich um ausgesprochen männliche Funktionen – ist wiederum typisch für die verengte, zeitgebundene Vorstellung von der Frau.

Das umfangreiche K o m m e n t a r w e r k des A n t o n i u s d e B u t r i o

---

[128]) „No(tandum) ... quod privilegium concessum monachis, ut possint absolvi per abbatem, si invicem se percusserint, non habet locum in monialibus, ut ipsas possit absolvere abbatissa, propter incapacitatem clavium femineo sexui non concessarum ... absolvet ergo episcopus" (Commentaria V fol. 217r).

[129]) Zu Extra 5,1,13: „not(a), quod abbatissa benedicitur, sicut et abbas ..., non est tamen eiusdem effectus benedictio abbatissae, cuius est benedictio abbatis. Abbas enim benedictus monachos benedicit ... et minores ordines confert ... quae non facit abbatissa, cum sit actus virilis, de maio(ritate) et obe(dientia) c. dilecta (Extra 1,33,12), de poeni(tentiis) et remissio(nibus) c. nova (Extra 5,38,10)" (Commentaria V fol. 7r). – Auch das geltende Recht (CIC can. 964 n. 1) sieht vor, daß Reguläräbte, die Priester sind, nach Empfang der Abtsweihe ihren Untergebenen mit wenigstens einfacher Profess die Tonsur und die niederen Weihen erteilen können (vgl. M ö r s d o r f II 96).

(1338–1408) über die Dekretalen Gregors IX. weist ähnlich wie das des Petrus de Ancharano eine starke Abhängigkeit von der früheren dekretalistischen Literatur auf [130]; das gilt auch für die Behandlung der hier zu berücksichtigenden Dekretalen. Die im Anschluß an die Dekretale *Nova quaedam* (Extra 5,38,10) gestellte Frage nach der Ordinationsfähigkeit der Frau (*Quaero, an mulier recipit characterem ordinis*) beantwortet Antonius in nahezu wörtlicher Übernahme der Ausführungen des Johannes Andreae [131]. Zur Begründung des in der Dekretale ausgesprochenen Predigtverbots führt er in Anlehnung an die Glossa ordinaria des Bernhard von Botone und mit Berufung auf die pseudoisidorische Dekretale D. 23 c. 25 als Argument an, daß die Funktion des Predigens mit dem Wesen der Frau unvereinbar sei [132]. In diesem Urteil äußert sich fraglos das Zeitempfinden, tiefer gesehen aber der Grad der Unfreiheit der Frau, da ihr die Grenzen ihrer Betätigungsmöglichkeit ohne Rücksicht auf ihr eigenes Wollen und ihre Fähigkeiten durch willkürliche Festlegungen seitens des Mannes vorgeschrieben werden und ihr über diese engen Grenzen hinaus jede Entfaltung verweigert wird.

Die vor allem durch die Dekretale *Dilecta* (Extra 1,33,12) aufgeworfene Frage der Jurisdiktionsvollmacht der Äbtissin behandelt Antonius im wesentlichen in der Form, daß er die Ausführungen der Glosse zu diesem Problem ausführlich darlegt. Ergänzend zu der Auffassung der Glosse, die Frau verfüge im Gegensatz zum Mann nicht über eine volle Jurisdiktion, bemerkt er, daß die Frau als Privatperson und als einzelne betrachtet nicht richten noch überhaupt männliche Funktionen ausüben könne, auf Grund einer gehobenen Stellung (*ratione dignitatis*) jedoch sei sie dazu imstande; denn nicht sie selbst, sondern die (der Stellung bzw. dem Amt innewohnende) Würde verrichte dann gewissermaßen diese Tätigkeiten [133]. Diese Auffassung

---

[130]) Vgl. v. S c h u l t e, Geschichte II 293; v. H o v e I/1 S. 497 (eine Angabe über die Entstehungszeit fehlt).

[131]) Commentaria VII fol. 111r; vgl. dazu S. 152 f.

[132]) „Dic quod hoc officium ab eis (scil. mulieribus) est extraneum . . . " (Commentaria VII l. c.).

[133]) „Gl(osa) concludit, mulierem habere aliqualem iurisdictionem, licet non ita plenam, sicut masculi, ita quod a beneficiis potest suspendere monachas, ut hic dicitur. Tu dic, licet doc(tores) non dicant, mulier ut singularis et priuata considerata, non potest iudicare, nec muneribus fungi virorum, sed ratione dignitatis sic: quia non ipsa, sed dignitas hoc agere dicitur, ut hic . . . Et hoc vult dicere gl(osa) dum dicit: Et habet administrationem temporalium et spiritualium, quare ratione administrationis, quam gerit, hoc possit . . . " (Commentaria II fol. 89r).

dokumentiert wiederum sehr klar, daß das weibliche Geschlecht an und für sich als grundlegende Disqualifikation für die Ausübung von öffentlichen Ämtern betrachtet wurde; nach der Anschauung jener Zeit konnte sie offensichtlich nur durch eine hohe Stellung in etwa kompensiert werden. Mit Selbstverständlichkeit ergibt sich aus solcher enggenormten, abwertenden Sicht der Frau, daß Antonius der Äbtissin um ihres Geschlechtes willen die Befähigung für Besitz und Ausübung der Schlüsselgewalt abspricht, wobei er die dafür von der Glosse angeführten Gründe (Maria seien im Gegensatz zu den Aposteln nicht die „Schlüssel des Himmelreiches" übertragen worden, und: der Frau komme als nicht-gottebenbildlichem Geschöpf und wegen ihrer Unterworfenheit unter den Mann eine derartige Vollmacht nicht zu) durchaus für verbindlich und ausreichend hält. Nach seinem außer an der Glosse an Hostiensis und anderen Dekretalisten orientierten Urteil ist die Äbtissin darum auch nicht berechtigt, die von der Schlüsselgewalt abhängigen Strafen, die Exkommunikation und die (wie diese unter den Begriff der Zensur fallende) Suspension vom Amt zu verhängen; das Recht, vom Benefizium zu suspendieren, wird ihr dagegen auf Grund ihrer Administrationsvollmacht zugestanden[134]. – Ebenso wie den Ausschluß der Frau von der Ausübung kirchlicher Strafgewalt erklärt Antonius auch den aus der Dekretale De monialibus (Extra 5,

---

[134]) „Per praedicta dicit gl(osa) quod non potest excommunicare ipsa abbatissa, nec absoluere, quia non ita plenam habet potestatem, sicut masculus. Sed reuocat in dubium, an possit suspendere ab officio, quia planum quod sic ... In contrarium facit, quia suspendere ab officio dependet ex potestate clauium ... que potestas non cadit in mulierem ... Potestas enim clauium non mulieri, sed Petro tradita est. Licet enim beatissima virgo Maria excellentior sit omnibus Apostolis, non tamen sibi, sed Apostolis fuerunt traditae claues regni celorum, de peni(tentiis) et remi(ssionibus) noua quedam (Extra 5,38,10). Item non debet postestatem clauium habere, quia non est facta ad imaginem Dei, sed vir solus, qui est gloria et imago Dei. Item mulier debet subesse viro et quasi famula esse viri, non econuerso, (C.) 33 q. 5 haec imago (c. 13). Per praedicta infert, quod neque ab officio suspendere, neque excommunicare ... possit ... sed isto casu ad superiorem est recurrendum, ut hic dicit tex(tus), quia habebit hoc obseruari facere; quod ab officio non suspendat, tenent doc(tores) et patet ratione quia excommunicare non potest, ut supra dictum est, ergo nec suspendere ab officio. Consequentia procedit a pari, cum utrunque concernat claues ... Abb(as) dicit, quod suspensionem officii, qua non seruata suspensus incurrat irregularitatem, foemina facere non potest, sed bene potest quandam suspensionem facti inducere, ut prohibere, ne aliquibus diebus celebrent, aut quotidianas distributiones non percipiant, sic et potest a beneficiis et prebendis suspendere ... Et hoc etiam hic tenet Host(iensis) scilicet quod non possit suspendere, quia appellatione censurae conprehenditur excommunicatio et suspensio ... Uno ergo prohibito, et reliquum censetur prohibitum. Item sufficit quod non apparet permissum ... " (Commentaria II l. c.).

39,33) sich ergebenden Tatbestand, daß die Äbtissin nicht dazu befugt ist, ihre Nonnen von einer Zensur zu absolvieren. Als Grund für diese und weitere in dem Zusammenhang genannten Rechtsbeschränkungen (das Verbot, Beicht zu hören, den kirchlichen Segen zu erteilen und das Evangelium vorzutragen) führt er ebenfalls die vermeintliche Unfähigkeit der Frau zur Verwaltung der Schlüsselgewalt um ihres Geschlechtes willen an[135].

Abschließend ist die *Lectura in Decretales* des Nicolaus de Tudeschis (1386–1445 oder 1453)[136] zu berücksichtigen, der zu den bedeutendsten Kanonisten des Mittelalters zählt. Er verwertet die voraufgehende dekretalistische Literatur, ergänzt sie aber auch, soweit das nach den Schriften des Johannes Andreae, auf die er sich stützt, noch möglich war. Nach v. Schulte sind die späteren Kanonisten nicht über ihn hinausgekommen, sondern haben ihn nur ausgebeutet[137].

Zu den Verboten, die die Dekretale *Nova quaedam* (Extra 5,38,10) enthält, hauptsächlich zu dem Verbot, Beicht zu hören, führt Nicolaus aus: wenn zwar auch die Äbtissin oder eine andere (hochgestellte) Frau auf Grund speziellen Rechts *in foro contentioso*, also im prozeßrechtlichen Bereich, Jurisdiktionsvollmacht haben könne – als Belege werden dafür u. a. zwei der oben behandelten Dekretalen (Extra 1, 43,4 und Extra 5,31,14) angeführt –, so doch nicht im *forum poenitentiale*; denn die Jurisdiktion im letztgenannten Bereich sei eine Auswirkung der Schlüssel- und Weihegewalt, für deren Besitz die Frau völlig unfähig sei *(totaliter est incapax)*, und zwar in einem solchen Maß, daß sie auch bei faktischer Ordination gemäß der allgemeinen Meinung, die auch die Glossa ordinaria (des Johannes Teutonicus) zu C. 27 q. 1 c. 23 vertrete, nicht den Weihecharakter empfange[138].

---

[135] „Hoc ideo, quia abbatissa ratione sexus incapax est potestatis absoluendi, cum sit incapax potestatis clauium ... per quod sequitur quod confessiones non audit neque eas (scil. moniales) benedicit, nec euangelium legit" (Commentaria VII fol. 127v).

[136] Vgl. v. Hove I/1 S. 497; v. Schulte, Geschichte II 312 (eine Angabe über die Abfassungszeit des Werkes fehlt).

[137] Vgl. v. Schulte, Geschichte II 312 f.

[138] „No(ta) primo ex tex(tu) quod licet abbatissa possit habere iurisdictionem fori contentiosi, ut in c. dilecta de exces(sibus) prela(torum) (Extra 5,31,14) et idem in alia muliere de iure speciali, ut in c. dilecti de arbi(tris) (Extra 1,43,4) et quod ibi no(tatur) et (C.) 12 q. 2 cum devotissimam (c. 8), iurisdictionem tamen fori penitentialis habere non potest. Et est ratio diversitatis, quia iurisdictio fori penitentialis procedit ex potestate clavium et ordinum quorum mulier totaliter est

Dieses scharfe Urteil ergibt sich auch bei Nicolaus mit notwendiger Konsequenz aus seiner vom Zeitempfinden geprägten, entsprechend engen und negativen Vorstellung vom Wesen der Frau. Im Hinblick darauf nämlich, daß die Dekretale das Segnen, Beichthören und öffentliche[139] Predigen der Äbtissinnen als unerträglich und absurd (*absonum et absurdum*) bezeichnet und auf diese Weise verwirft, erklärt Nicolaus, der Tonart der Dekretale beipflichtend: Zur Bekämpfung irgendeiner Meinung oder Tätigkeit genüge es, die Absurdität zu beweisen, die daraus folge; es gelte daher das Argument *ab absurdo*[140]. Zudem bemerkt er an anderer Stelle – in Erläuterung zu der in Kapitel Extra 5,40,10 an den Zeugen gestellten Bedingung, männlichen Geschlechts zu sein –, daß die Frau in den Fällen, in denen sie als Zeuge zugelassen sei, nicht ebenso glaub- und vertrauenswürdig sei wie der Mann, und daher sei das Zeugnis der Männer vorzuziehen, wenn zwei Männer und zwei Frauen sich als Zeugen gegenüberständen; der Begriff *mulier* leite sich nämlich nicht vom (weiblichen) Geschlecht her, sondern von der Weichlichkeit und Schwäche des weiblichen Charakters, der Begriff *vir* hingegen sei ebenfalls nicht Geschlechtsbezeichnung, sondern von der Standhaftigkeit und Tugend des Mannes abgeleitet[141] (wie ein Hinweis verdeutlicht, ist diese Beurteilung der Frau aus dem oben S. 46 ff. behandelten dictum Gratiani C. 32 q. 7 p. c. 18 übernommen).

---

incapax, adeo quod si de facto mulier ordinatur non recipit characterem secundum communem opinionem quod etiam tenet glo(sa) in c. diaconissa(m) (C.) 27 q. 1 (Text: 2) (c. 23)" (Lectura V fol. 110r). – Die von mir benutzte Ausgabe (Venedig 1504) bemerkt in einer Note ergänzend zu dem Verbot des Beichthörens, daß nach der Meinung des Guido von Baysio für die Zurechtweisung eines anderen das männliche Geschlecht erforderlich sei, weil die Frau „propter eius inconstantiam et varietatem" dazu nicht zugelassen werden könne.

[139]) Das Verbot des öffentlichen Predigens veranlaßt Nicolaus wie schon Hostiensis u. a. zu der ergänzenden Bemerkung, daß es der Äbtissin jedoch erlaubt sei, ihren Nonnen im Geheimen Ermahnungen zu geben: „... potest ergo in secreto monere moniales dando bona exempla et explanando sacram scripturam" (Lectura V l. c.).

[140]) „Tertio nota ibi absonum et absurdum, quia ad impugnationem alicuius sententiae sive actus sufficit probare absurditatem quae inde sequitur, valet ergo argumentum ab absurdo" (Lectura V l. c.).

[141]) „No(ta) quod femina non est tante fidei sicut masculus, unde potest optime adduci iste ... quia in casibus in quibus femina admittitur non facit tantam fidem sicut masculus, et ideo si duo sunt viri ex una parte et duae mulieres pro contraria parte, praeferendum est testimonium virorum; nam dicitur mulier non a sexu sed a molliti[a]e mentis, ita et vir non a sexu sed a constantia et virtute animi..." (Lectura V fol. 134r).

Den Kompetenzbereich der Äbtissin in jurisdiktioneller Hinsicht, u. a. in bezug auf die Strafgewalt, beschreibt und begrenzt Nicolaus im Anschluß an die Dekretale *Dilecta* (Extra 1,33,12) ähnlich wie sein Vorgänger. Die Äbtissin verfüge über die Vollmacht, Benefizien zu verleihen und damit über das *ius conferendi et instituendi*, was zur *iurisdictio spiritualis*, nicht aber zur *iurisdictio ordinis* gehöre. Von allen Rechten und Vollmachten, die von der (mit dem Ordo verbundenen) Schlüsselgewalt abhängig seien, sei sie als Frau ausgeschlossen; deshalb könne eine Äbtissin ihren Nonnen nicht die Absolution von Sünden erteilen, noch könne sie exkommunizieren, obwohl sie eine *persona religiosa* sei. Mit Rücksicht darauf, daß die Kanonisten, wie Nicolaus bemerkt, der Äbtissin im allgemeinen nicht das Recht zuerkennen, im strengen und eigentlichen Sinne zu interdizieren und ab ordine zu suspendieren (d. h. die Ausübung der auf Grund der Ordination erteilten Weihegewalt zu verbieten), so daß ein Übertreten der Suspension eine Irregularität (ex delicto) nach sich zieht, spricht auch Nicolaus ihr diese Vollmacht ab, wobei er sich der Beweisführung seiner Vorgänger anschließt[142].

Zusammenfassung der wichtigsten Untersuchungsergebnisse

Der im geltenden Kirchenrecht für die Frau fixierte Status der Unterordnung, näherhin ihr Ausschluß vom Amt und damit von jeder offiziellen seelsorgerlichen und liturgischen Funktion hat sein

---

[142] „No(ta) primo ex ista glos(a) quod abbatissa est capax collationis beneficiorum, potest ergo habere ius conferendi et instituendi; ista enim sunt iurisdictionis spiritualis et non ordinis. – Secundo no(ta), quod ea quae dependent a potestate clavium non cadunt in mulierem etiam alias habentem iurisdictionem spiritualem, unde abbatissa non potest absolvere moniales a peccatis earum ut in c. nova de pe(nitentiis) et re(missionibus) (Extra 5,38,10) nec excommunicare ut hic. Ex quo not(a) quod non habens ordinem non potest excommunicare, licet sit persona religiosa ... Idem dicit gl(osa) in suspensione ab officio et in potestate interdicendi ab ingressu ecclesiae et divinis officiis, et hanc opinionem sequuntur communiter hic doc(tores) dicentes quod licet abbatissa possit suspendere a beneficio, subtrahere prebendas et lato modo interdicere et suspendere ab ordine, ut puta precipiendo subiectis ne celebrent donec satisfecerint, tamen stricte et proprie interdicere vel suspendere ab ordine non potest ea scilicet suspensione et interdictione que inducit irregularitatem in contrarium facientibus; hoc probatur ex eo quia excommunicatio, suspensio et interdictum continentur appellatione censurae ecclesiasticae ... Cui ergo interdicitur ratione incapacitatis unum, videntur interdicta reliqua, cum omnia dependent ab ordine" (Lectura I fol. 128r/v).

Fundament in entsprechenden Bestimmungen des klassisch-kanonischen, im Corpus Iuris Canonici enthaltenen Rechtes. Entscheidende Grundlagen für die gegenwärtige kirchliche Rechtslage der Frau lieferte bereits die um die Mitte des 12. Jahrhunderts entstandene Quellensammlung Gratians; sie enthält mehrere aus älteren Rechtssammlungen übernommene Bestimmungen, die der Frau die Ausübung jeglicher kultisch-liturgischen Funktion innerhalb des Altarraums, die Überbringung der Krankenkommunion, die öffentliche Lehrtätigkeit sowie die Spendung der Taufe verbieten (vgl. S. 7f.). Das Motiv dieser Verbote – es handelt sich dabei teils um Abschnitte aus pseudo-isidorischen Dekretalen, teils um Konzilsbestimmungen oder um irrtümlich als solche gewertete Texte (Statuta Ecclesiae Antiqua) – bildet eindeutig eine geringschätzige Auffassung von der Frau um ihres Geschlechtes willen, die wesentlich durch das Fortwirken der alttestamentlichen Reinheitsvorstellungen sowie durch eine damit verbundene übersteigerte Sakralisierung des Kultes bedingt wurde (vgl. S. 11ff., 16f.). Zu den erwähnten Vorschriften kommt als verstärkendes negatives Moment die Auffassung Gratians vom seinsmäßigen und sittlichen Minderwert der Frau und ihrem (daraus deduzierten) status subiectionis hinzu, die sich aus bestimmten von rabbinischer Denkart beeinflußten paulinischen (bzw. Paulus zugeschriebenen) Stellen (1 Kor 11, 3ff.; 1 Tim 2,11ff.), vorwiegend aber aus patristischen und pseudo-patristischen Texten sowie aus Bestimmungen des römischen Rechts für die Frau herleitet (vgl. S. 44ff., 70ff.). Wenngleich der Lehrmeinung Gratians zwar keine gesetzliche, sondern nur eine doktrinelle Autorität zukommt, ist sie doch von erheblicher Bedeutung für die weitere Rechtsentwicklung geworden.

Die Dekretisten schließen sich bei der wissenschaftlichen Bearbeitung der Texte des Dekretbuchs im wesentlichen der Lehrmeinung Gratians an. Während jedoch Gratian zur Frage der Ordination der Frau lediglich erklärt, die Frau könne weder zum Diakonat noch zum Presbyterat gelangen (S. 41), ohne dafür eine Begründung anzugeben und das urkirchliche Diakonissenamt zu berücksichtigen (letzterem mißt er, wie sich aus der Einordnung der Texte über die Diakonisse in dem Dekretbuch ergibt, anscheinend keine erhebliche Bedeutung zu), äußern sich mehrere Dekretisten ausführlicher über das Diakonissenamt sowie zur Frage der Ordination der Frau überhaupt. Dabei ist durchgehend festzustellen, daß ihnen zwar die Existenz dieses frühkirchlichen Amtes bekannt ist, daß jedoch über die Ausprägung desselben eine große Unklarheit und irrige Auffassung besteht. Sie setzen die Diakonisse mit der Äbtissin in Parallele oder identifizieren sie mit einer einfachen Nonne; ihr Amt bestand nach ihrer Meinung lediglich darin, das Evangelium oder die Homilie während der Matutin zu verlesen; unter der Diakonissenordination verstehen sie die Erteilung des Schleiers (vgl. S. 88, 90, 103). Dieses mit den historischen Fakten unvereinbare Urteil über Amt und Ordination der Diakonisse und im Zusammenhang damit die besonders seit Rufin deutlicher werdende Tendenz, der Frau jegliche Ordinationsfähigkeit abzusprechen, ist außer auf Unkenntnis der historischen Quellenbelege über die Diakonisse auf eine fälschlich Ambrosius zugeschriebene Aussage des Ambrosiaster zurückzuführen, die sich infolge einer Fehlinterpretation von 1 Tim 3,11 in scharfer Form gegen die Diakonissenweihe richtet (vgl. S. 84 ff.). Erstmalig bei Rufin, dann aber auch bei den nachfolgenden bedeutenden Dekretisten (Johannes Faventinus, Huguccio, Johannes Teutonicus) wird unter dem Gewicht dieser „auctoritas patrum" die im can. 15 des Konzils von Chalcedon (C. 27 q. 1 c. 23) angeordnete Diakonissenordination als bloße Benediktion interpretiert, die angeblich zu der oben erwähnten Funktion berechtigte, und damit eine sakramentale Ordination der Frau ausgeschlossen. Eine eigentliche Begründung für den Ausschluß der Frau vom Ordo findet man in der dekretistischen Literatur allerdings erst bei Huguccio; er behauptet, die Bestimmung der Kirche und das weibliche Geschlecht (genauer: die wegen des weiblichen Geschlechts aufgestellte kirchliche Bestimmung) bedinge die Weiheunfähigkeit der Frau (s. S. 104). Diese Erklärung wird von der Glossa ordinaria des Johannes Teutonicus und später dann auch von mehreren Dekretalisten übernommen. Wie schon die Formulierung (*constitutio ecclesiae facta propter sexum*) zum Ausdruck bringt, setzt die Begründung eine Minderbewertung der Frau voraus, die in der patristischen und pseudopatristischen Exegese bestimmter Bibelstellen (vgl. S. 106 ff.) und darüber hinaus im römischen Recht ihr Fundament hat. In Angleichung an die Bestimmung des römischen Rechts nämlich, wonach die Frau von allen Ämtern und öffentlichen Funktionen fernzuhalten ist, wird der Frau auch die Befähigung für das amtliche Wirken in der Kirche abgesprochen (vgl. S. 105, 113). Die Anwendung des genannten römisch-rechtlichen Prinzips auf das kanonische Weiherecht bleibt (vor allem seit Huguccio) ein bestimmender Zug in der dekretistischen und dekretalistischen Literatur. Gegenüber der so begründeten herrschenden Auffassung vermochte sich die von der Glossa ordinaria des Johannes Teutonicus überlieferte gegenteilige Meinung einiger Dekretisten[1], die der Frau auf Grund des Getauftseins ebenso wie dem Mann die Fähigkeit zur Ordination zuerkennen (vgl. S. 115), wobei sie sich vor allem auf den oben erwähnten Kanon von Chalcedon (C. 27 q. 1 c. 23) stützen, nicht zu behaupten. Es ist jedoch bemerkenswert, daß sich diese theologisch richtig fundierte Anschauung gegen die herrschende, auf unhaltbaren Argumenten beruhende Tradition schon zu dieser Zeit herausgebildet hat.

Die Dekretalen Gregors IX. (vgl. dazu S. 120 f.) ergänzen die im Gratianischen Dekretbuch bereits vorhandenen Grundlagen für die kirchliche Stellung der Frau nach dem Codex Iuris Canonici noch durch einige weitere; so vor allem durch die Dekretale *Nova quaedam* (Extra 5,38,10) Innozenz' III. mit dem scharfen Verbot für die Äbtissin, öffentlich zu predigen und das Evangelium zu lesen, ihren Nonnen den (kirchlichen) Segen zu erteilen und ihre Beicht zu hören (vgl. S. 121 f.); weiter durch die (als Extra 3,2,1, aufgenommene) Bestimmung einer Synode von Nantes, die der Frau generell untersagt, den Altarraum während des Gottesdienstes zu betreten und dem Priester Ministrantendienste zu leisten (vgl. S. 131 f.). Als Begründung für die in der Dekretale *Nova quaedam* ausgesprochenen Verbote dient der Hinweis, nicht Maria, sondern den Aposteln seien die „Schlüssel des Himmelreichs" übertragen worden – ein Argument, das infolge einer inadaequaten Auffassung von der Stellung Marias im Heilsgeschehen allerdings der Stichhaltigkeit entbehrt (vgl. dazu S. 123 ff.). Im Gegensatz zum kultisch-liturgischen Bereich werden der Frau (als Äbtissin oder Regentin) auf jurisdiktionellem Gebiet in Anerkennung der ihr auf Grund ihres Amtes zukommenden Autorität gegenüber den ihr untergeordneten Personen gewisse Vollmachten eingeräumt. Die Stellung der Äbtissin ist jedoch mit der des Abtes keineswegs gleichberechtigt, da sie, wie aus den Dekretalen *Dilecta* (Extra 1,33,12) und *De monialibus* (Extra 5,39, 33) hervorgeht, wegen ihres Ausschlusses vom Ordo nicht über die Vollmacht verfügt, spezifisch kirchliche Strafen zu verhängen und davon zu absolvieren (vgl. S. 127 f.).

---

[1]) Die Glosse gibt an der betreffenden Stelle (zu C. 27 q. 5 c. 23 v. ordinari) keinen Aufschluß darüber, um welche Dekretisten bzw. Theologen es sich handelt; auch aus der benutzten Literatur der Dekretisten und Dekretalisten konnten sie nicht ermittelt werden.

Die Bearbeitung der Gregorianen durch die Dekretalisten erfolgt in engem Anschluß an die Lehre der Dekretisten, vor allem an die Glossa ordinaria des Johannes Teutonicus und damit an Huguccio. Eine wesentliche Stütze für die durchgehend vertretene Auffassung, die Frau sei nicht ordinationsfähig und darum von den vom Ordo abhängigen Funktionen liturgischer und jurisdiktioneller Art auszuschließen, bildet auch bei den Dekretalisten die oben (S. 163) erwähnte Aussage des Ambrosiaster, die zur Folge hat, daß die Diakonissenordination als bloße Benediktion und das Amt der Diakonisse lediglich als Privileg, die Homilie während der Matutin zu lesen, interpretiert wird. Daneben berufen sich die Dekretalisten häufig auf das Argument der Dekretale *Nova quaedam*, die Schlüsselgewalt sei Maria (und darum dem weiblichen Geschlecht) nicht verliehen worden. Wie an Hand vieler Quellenbelege aufgezeigt werden konnte, beruht das Urteil der Dekretalisten in dieser Frage nicht anders als das der Dekretisten auf einer verengten und negativen Vorstellung vom Wesen der Frau. Ihrer vom Zeitempfinden geprägten Anschauung entsprechend ordnen sie liturgische und jurisdiktionelle Funktionen grundsätzlich und ausschließlich nur dem Mann zu (*virilia officia*), halten also die Ausübung derselben durch die Frau mit ihrem als minderwertig betrachteten Wesen für unvereinbar (vgl. S. 145, 160). Die von den nachfolgenden Dekretalisten öfter wiederholte Aussage der Glossa ordinaria des Bernhard von Botone, der Frau komme die Schlüsselgewalt nicht zu, weil sie nicht Gottes Ebenbild sei und dem Mann in völliger Unterordnung dienen müsse (vgl. S. 141f.), ist gewissermaßen exemplarisch für den zwischen der Geringschätzung der Frau und ihrem Ausschluß vom kirchlichen Amt bestehenden kausalen Zusammenhang, der – ebenso wie für die betreffenden Vorschriften des Corpus Iuris Canonici – auch bestimmend für das darauf aufbauende geltende Recht ist.

EXKURS:

EXEGETISCHE BEMERKUNGEN
ZUM (PATRISTISCHEN) SCHRIFTBEWEIS
FÜR DIE UNTERORDNUNG DER FRAU

In Anbetracht dessen, daß die Väter (und in Übereinstimmung mit ihnen Gratian – ihm folgend auch die überwiegende Mehrzahl der Dekretisten und Dekretalisten) aus bestimmten Schriftstellen des Alten und Neuen Testaments den Minderwert der Frau und in Verbindung damit einschneidende Freiheits- und Rechtsbeschränkungen für sie herleiten, ist eine Untersuchung des von ihnen geführten Schriftbeweises auf seine Tragfähigkeit hin sowie eine Prüfung der Verbindlichkeit der dafür verwandten Schriftstellen selbst erforderlich, zumal die patristischen auctoritates im Gratianischen Dekretbuch eine wesentliche Quelle für das geltende Recht bilden [1] und auch dessen Bestimmungen für die Frau geprägt haben [2].

Gen 1,27 (auch Gen 2,7–24) und 1 Kor 11,6 f. sind nach cc. 13 und 19, C. 33 q. 5 im Dekretbuch Gratians der Schriftbeleg für die Aussage des Ambrosiaster, die Frau sei nicht Gottes Ebenbild [3]. Prüfen wir

---

[1]) Vgl. dazu Munier, Sources patristiques S. 205 ff.; R. Metz, Saint Augustin et le Code de droit canonique de 1917, RDC 4, 1954, S. 405–419.

[2]) Vgl. dazu oben S. 77 f. mit Anm. 27.

[3]) Dazu s. oben S. 54 f. – Gegenüber dem möglichen Einwand, daß es sich bei den Aussagen des Ambrosiaster ja nicht um die Lehre echter Kirchenväter handle und darum auch seiner Auffassung von dem Nicht-gottebenbildlich-Sein der Frau kein Gewicht zukomme, ist darauf hinzuweisen, daß der Einfluß des Ambrosiaster auf Lehre und Recht der Kirche nicht leicht überschätzt werden kann, weil seine Schriften über Jahrhunderte hin Ambrosius und Augustinus zugeordnet wurden. Im übrigen ist die Gottebenbildlichkeit der Frau auch bei den echten Kirchenvätern eine sehr angefochtene, zum Teil geleugnete Wahrheit (vgl. darüber v. d. Meer S. 78 f.; ebenfalls Schüßler S. 72). In einem bestimmten Sinne ist die Frau auch nach Thomas nicht Gottes Ebenbild, dazu s. oben S. 142 Anm. 82. Diese Anschauung ist ebenfalls noch bei zeitgenössischen Theologen festzustellen, so bei H. Doms, Zweigeschlechtlichkeit und Ehe, in: Mysterium Salutis. Grundriß heilsgeschichtlicher Dogmatik Bd. 2, hg. v. J. Feiner u. M. Löhrer, Einsiedeln 1967, S. 730 f., 734 f.; ders., Ehe als Mitte zwischen ihrem Urbild und ihrem Nachbild, in: Ehe im Umbruch, hg. v. A. Beckel, Münster 1969, S. 241, 243.

zunächst die Stichfestigkeit des alttestamentlichen Schriftbeweises. Gen 1,27a wird in c. 13 nahezu wörtlich zitiert[4]; dadurch, daß der Ambrosiaster den Ausdruck *homo* ausschließlich im Sinne von *vir* deutet, leitet er aus V. 27a die Gottabbildlichkeit allein des Mannes ab. Ist es aber zulässig, den hebräischen Begriff ādām – denn auf diesen muß ja zurückgegangen werden – in Gen 1,26 f. in dieser Weise zu verstehen, also ausschließlich auf den Mann zu beschränken? Das ist nach dem heutigen Stand der Exegese abzulehnen. Wie die Begriffsuntersuchungen über ādām ergeben haben, ist die Kollektiv-Bedeutung des Wortes die ursprüngliche[5], und sie ist in Gen 1,26 f. vorhanden[6]. Demzufolge ist nach dem Urteil der Kommentatoren die Gottebenbildlichkeit der Frau in Gen 1,26 f. ebenfalls ausgesagt, da ja eben die Gattung „Mensch", zu der, wie in V. 27 b („als Mann und Frau schuf er sie") auch ausdrücklich betont wird, beide Geschlechter gehören, als Gottes Bild geschaffen wird[7]. – Aus der Tatsache, daß der Text von Gen 1,27 folgender ist:

וַיִּבְרָא אֱלֹהִים אֶת־הָאָדָם בְּצַלְמוֹ בְּצֶלֶם אֱלֹהִים בָּרָא אֹתוֹ זָכָר וּנְקֵבָה בָּרָא אֹתָם

„Und es schuf Gott den Menschen (ādām) in seinem Bild, im Bild Gottes schuf er ihn; als Mann und Frau schuf er sie" – daß also ein Wechsel von Singular- und Pluralobjekt vorliegt, schloß allerdings noch J. Boehmer[8], daß hā ādām in V. 27a auf den Mann (bzw. auf die männ-

---

[4]) „... Sic etenim dicit (sc. scriptura): Et fecit Deus hominem; ad imaginem Dei fecit illum". Gen 1,27 b freilich („männlich und weiblich erschuf er sie") ist vom Ambrosiaster weggelassen – der Versteil hätte seine Beweisführung ja auch von vornherein unmöglich gemacht.

[5]) Vgl. Gesenius S. 10; L. Köhler – W. Baumgartner, Lexicon in Veteris Testamenti libros, Leiden 1953, S. 12: „אָדָם ist Kollektiv und heißt (die) Menschen, Leute" (wird mit pl. u. sg. verbunden); „spät und vereinzelt אָדָם einzelner Mensch ... Gen 2,5–5,5 spielen das Kollektiv אָדָם = (die) Menschen und n(omen) m(asculini) Adam ineinander über, daher הָאָדָם z. B. Gen 2,7.8.19; 4,1 der (Typus) Mensch = Adam, aber אָדָם Gen 5,1a (die) Menschen". Vgl. auch Stier S. 13.

[6]) Vgl. Heinisch S. 101; Procksch S. 449 f.; v. Rad S. 44; Schmidt S. 144 f. (S. 145 Anm. 1 bringt viele weitere Literaturhinweise).

[7]) Vgl. Procksch S. 450; v. Rad S. 46 f.; Eichrodt II 81; Loretz S. 87; W. Trilling, Am Anfang schuf Gott ... Eine Einführung in den Schöpfungsbericht der Bibel, 2. Aufl. Leipzig 1964, S. 68; H. Wildberger, Das Abbild Gottes (Gen 1,26–30) I, ThZ 21, 1965, S. 249.

[8]) Wieviel Menschen sind am letzten Tage des Hexaemerons geschaffen worden?, in: ZAW 34, 1914, S. 34. – F. Schwally, Die biblischen Schöpfungsberichte, in: ARW 9, 1906, S. 172–175 will V. 27 entnehmen, daß es sich in Gen 1 ursprünglich um einen androgynen Mythos gehandelt habe – diese Auffassung teilt neuerdings P. Winter, ZAW 68, 1956, S. 78 f; 70, 1958, S. 260 f. – und will (in V. 27 b) anstelle

liche Menschheit) einzuschränken sei und damit von ihm allein die
Gottebenbildlichkeit ausgesagt werde: „Nach dem Bilde Gottes wird
,der Mensch' κατ' ἐξοχήν = der Mann geschaffen, nicht das Weib (vgl.
1 Kor 11,7): er ist der im אתו bezeichnete Er. Als zweites Moment
wird hinzugefügt, daß die Menschheit in einen männlichen und einen
weiblichen Teil gespalten ist: diese Zweiheit wird in אתם ausgedrückt und eben mit dieser Pluralform auch dem Scheine gewehrt, als
ob etwa Mann und Weib auf eine und dieselbe Rangstufe gehörten.
אתם weist also auf die männliche und weibliche Hälfte der Menschheit hin". Die Beschränkung der Gottebenbildlichkeit auf den Mann
folgert Boehmer aus dem Umstand, daß man dem alttestamentlichen
Erzähler nicht zutrauen könne, daß er der Frau die analoge Herrschaft
über die Tierwelt (vgl. V. 26), die Ausdruck und Konsequenz der
Gottebenbildlichkeit ist, zugeschrieben habe wie dem Manne. Das
Alte Testament mit seiner Auffassung von der Frau sei dafür Zeuge:
„Eine Religion, deren Bekenner noch heute beten:

ברוך אתה יי אלהינו מלך העולם ׳שלא עשני אשה ⁹

(Sachs, Gebetbuch der Israeliten S. 6) und in diesem Punkte sich
Platos Sterbegebet gleichstellen; eine Religion, deren Kultzeichen die
Beschneidung ist, und der die Frau gemäß Gen 2,18 ff. als den Tieren
(so oder so) gleichgeordnete ,Hilfe' des Mannes gilt, um nur einige
Charakteristika zu nennen, ja die noch im Neuen Testament Ausläufer
wie 1 Kor 7, ferner 11,7–10 hat: für eine solche Religion ist der
Gedanke, daß auch das Weib Gottes Bild und an der Herrschaft der
Welt beteiligt sei, schlechthin unvollziehbar. Wer es anders ansieht,
überhaupt alle, die der Frau im Alten Testament eine verhältnismäßig
hohe religiöse Stellung zuweisen, stehen im Banne der herkömmlichen
christlich-idealisierenden Auslegung von Gen 1 und 2, insbesondere
der Deutung Jesu Mt 19,4–6 u. ä. Der Erzähler hat nach allem ירדו ¹⁰
auf die Menschheit אדם, d. i. auf eine Gruppe von Männern, auf alle
(ob viele oder wenige) damals vorhandenen Männer bezogen. Die
Gesamtheit der ihm zeitgenössischen Männerwelt ist zur Herrschaft
über Tiere und Pflanzen berufen: das wird Gen 1,26 auf den ursprüng-

---

des אתֹם ׳אתֹ ansetzen; dagegen: Eichrodt II 81 mit Anm. 35, ebenfalls
v. Rad S. 47 („Der Plural in V. 27 [„schuf er sie"] in seinem beabsichtigten
Gegensatz zu dem Singular [„ihn"] verwehrt die Annahme der Schaffung eines
ursprünglich androgynen Menschen").

⁹) Übersetzt: Gepriesen bist du, Jahwe, unser Gott, König der Ewigkeit, der du
mich nicht als Frau geschaffen hast!

¹⁰) D. h.: sie sollen herrschen ... (Gen 1,26).

lichen Willen Gottes zurückgeführt"[11]. W. H. Schmidt setzt sich in seiner auf den neuesten Forschungsergebnissen fußenden Monographie kritisch mit der Auffassung Boehmers auseinander[12]. Er stimmt Boehmer darin zunächst zu, daß nach Gen 1,26 nicht ein Menschen p a a r (wie in Gen 2,7.21f.) geschaffen werde[13], sondern d i e M e n s c h h e i t : „Während אדם in der jahwistischen Schöpfungserzählung Gen 2–3 und in dem priesterschriftlichen Toledotbuch Gen 5,1a.3–5 einen einzelnen bezeichnet, ist in Gen 1 eindeutig eine Mehrzahl: ‚das menschliche Geschlecht' gemeint. Das zeigen der Plural des Verbums in V. 26 b („damit s i e herrschen") und die Einführung des Segenswortes V. 28. Auch nach akkadischen Schöpfungserzählungen wird sogleich ‚die Menschheit' erschaffen ...[14]. Die pluralische Bedeutung „Menschheit" liege auch trotz der Verwendung des Artikels bei ādām in V. 27 (abweichend von V. 26) vor[15]. Der Artikel könne in V. 27 stehen, weil das Wort bereits in V. 26 genannt sei[16]. אֹתוֹ (= ihn) in V. 27a beziehe sich auf הָאָדָם „der Mensch" (V. 27a), das kollektiv zu verstehen sei; der Plural אֹתָם (= sie) in dem (sekundär zugesetzten) Versteil 27b verweise auf die Zweizahl der Geschlechter, insofern würden die beiden in V. 27 nebeneinander stehenden Singular- und Pluralsuffixe sich nicht stoßen[17]. Nach Meinung Schmidts erscheint V. 27b („als Mann und Frau schuf er sie") insofern unnötig, als „Mensch" in Gen 1,26f. kollektiv für „die Menschheit" stehe und damit den in V. 27 b angezeigten Plural schon beinhalte. Daß es sich bei diesem Versteil in der Tat um einen sekundären Anhang handele, lasse sich an Hand des Sprachgebrauchs, des Stils und Metrums in V. 27b aufweisen. Wie die Priesterschrift bei den Pflanzen

---

[11]) B o e h m e r a. a. O. S. 33.

[12]) Vgl. S c h m i d t S. 145 Anm. 1.

[13]) Dieser von S c h m i d t zurückgewiesenen Auffassung ist z. B. G u n k e l S. 112f.; ebenso H e i n i s c h S. 101; M o r a n t S. 61. – Mit Recht bemerkt B o e h m e r S. 33 zu dieser Interpretation: „Es scheint, daß unbewußt und unwillkürlich die Paradies-Erzählung Gen 2f., wo ja fraglos ein Menschen p a a r (und sonst kein Mensch) auftritt, für die Auffassung von 1,26–30 Modell gestanden und die Auslegung dieser Stelle (suggestiv) beeinflußt habe. Begreiflich genug, wenn das ganze Schwergewicht einer Jahrhunderte, ja Jahrtausende alten Tradition sich in den Weg der Forschung geschoben hat ... "

[14]) S c h m i d t S. 145.

[15]) S c h m i d t weist S. 145 Anm. 1 auf zahlreiche Parallelen hin, u. a. auf Gen 9, 6.5; 6,6 f.; 7,23.

[16]) Die entsprechende Parallele sei bei „Licht" Gen 1,3–4 vorhanden (S c h m i d t S. 145 Anm. 1).

[17]) S c h m i d t S. 145 Anm. 1 (unten).

und Tieren im Hinblick auf die kultischen Verordnungen „nach ihren Arten" hinzusetze (Gen 1,11f. 21.24f.), so füge sie bei dem Menschen den Satz „als Mann und Frau schuf er sie" ein (die Kultgesetze bedürften dieser Unterscheidung[18]); damit sei zugleich ausgesagt, daß die Menschheit „von der Schöpfung an in beiden Geschlechtern" bestehe[19]. Im Gegensatz zu Boehmer sieht Schmidt also in V. 27 (Schöpfung des Menschen nach dem Bilde Gottes) eine die Frau mit einbeziehende Aussage des priesterschriftlichen Erzählers. Allerdings fügt er einschränkend hinzu, daß es in V. 27b („männlich und weiblich schuf er sie") nicht „um eine schöpfungsgemäße Gleichstellung von Mann und Frau" gehe; zwar beziehe sich V. 28 auf beide, d. h. Segen und Herrschaftsrecht[20] würden dem Menschen (nicht nur dem Mann) zugesprochen, aber V. 27b nenne den Mann vor der Frau. Wenn auch der Vorrang des Mannes in der Priesterschrift bei weitem nicht so stark ausgeprägt sei wie beim Jahwisten (Gen 2,7.18–25), so sei er aber doch auch hier vorhanden (in dem Zusammenhang verweist Schmidt auch auf Num 1; 3,15 ff.)[21]. Zu Boehmers Auslegung von Gen 1,26f. sei (über das von Schmidt Gesagte hinaus) noch folgendes kritisch vermerkt: indem Boehmer Gottebenbildlichkeit und Herrschaftsrecht in Gen 1,26f. nur vom Mann ausgesagt findet, übersieht er m. E. ganz, daß in V. 28, in dem Herrschaftsauftrag und -recht wiederholt werden, die Frau mit angesprochen ist; denn unmittelbar vorher (V. 27b) wird auf die geschlechtliche Differenzierung der Menschengattung hingewiesen: „als Mann und Frau schuf er sie", darauf folgt (V. 28): „Gott segnete sie und sprach zu ihnen: ‚Seid fruchtbar und mehret euch und füllet die Erde und machet sie untertan und herrschet über des Meeres Fische ... und über alles Erdgetier ...‘". Den Auftrag zur Fortpflanzung will der alttestamentliche Erzähler höchstwahrscheinlich an beide Geschlechter gerichtet wissen[22] (zumal unmittelbar

---

[18]) Schmidt führt S. 146 Anm. 1 zahlreiche Belege dafür an, z. B. die für Frauen und Männer verschiedenen Reinheitsvorschriften des Leviticus-Buches u. a.
[19]) Schmidt S. 145f.; vgl. auch Westermann S. 221.
[20]) Schmidt sieht wie viele andere Kommentatoren in der Herrscherstellung des Menschen (Gen 1,26.28) eine Folge seiner Gottebenbildlichkeit (ebd. S. 142); vgl. auch unten S. 171 Anm. 23.
[21]) Schmidt S. 146f. mit Anm. 1 (S. 147).
[22]) Jervell S. 94, 110 weist allerdings an Hand von rabbinischen Quellen nach, daß im Spätjudentum die Auffassung bestand, daß der Fortpflanzungsauftrag (Gen 1, 28) nur dem Mann auferlegt sei; der Mann vermindere seine Gottebenbildlichkeit, wenn er sich nicht fortpflanze. Vgl. auch Schaller S. 156 („Daß auch für eine Frau das Gebot Gen 1,28 gilt, ist vereinzelt bejaht worden [vgl. Billerbeck II 372f.];

vorher von der geschlechtlichen Differenzierung der Menschengattung
die Rede ist), die weiteren Imperative „machet (die Erde) untertan"
und „herrschet" schließen sich sogleich daran an und sprechen dasselbe
Subjekt an: nämlich die aus Männern und Frauen bestehende Gattung
„Mensch". Da nun aber die Herrschaft über die außermenschliche
Schöpfung Auswirkung und Folge der Gottebenbildlichkeit ist (vgl.
Gen 1,26)[23], ist die Aussage von der Schöpfung des ādām als Bild
Gottes (1,26 f.) auch auf die Frau zu beziehen[24]. Das schließt selbst-
verständlich nicht aus, daß die Priesterschrift wie überhaupt das Alte
Testament in dem Mann fraglos den vollwertigeren Menschen
sieht[25] und darum auch ihm vornehmlich die Würde als Bild Gottes
zuerkennt – mit dem Hinweis auf diesen Sachverhalt trifft Boehmer

---

jedoch ist dies nicht eine allgemein verbreitete Ansicht gewesen. Dem israelitischen
Eherecht entspricht eigentlich nur der Bezug dieses Gebotes auf den Mann").– Es
bleibt selbstverständlich fraglich, ob die rabbinische Interpretation dem Aussage-
gehalt von Gen 1,28 wirklich entspricht. Da aber das AT das Zeugen als ausschließliche Fähigkeit des Mannes ansah, ist die rabbinische Auslegung von Gen 1,28 nicht
völlig unmöglich; vgl. dazu Gen 9,1.7 („Gott segnete den Noe und seine Söhne und
sprach zu ihnen: ‚Seid fruchtbar, mehret euch und erfüllet die Erde ... Ihr aber seid
fruchtbar und mehret euch, regt euch auf der Erde und beherrscht sie'"); der gleiche
Auftrag, wie er in Gen 1,28 vorliegt, richtet sich hier ausschließlich an Männer.

[23]) Vgl. F. Horst, Gottes Recht. Gesammelte Studien zum Recht im Alten
Testament (Theologische Bücherei Bd. 12, Altes Testament), München 1961, S. 226,
239; E. Schlink, Gottes Ebenbild als Gesetz und Evangeliumm. Der alte und der
neue Mensch (BEvTh 8), München 1942, S. 71; ähnlich Loretz S. 93 („Die Gottebenbildlichkeit ist ... die Voraussetzung der Herrscherstellung des Menschen");
vgl. auch Westermann S. 213.

[24]) Eine Bestätigung dafür darf auch noch in Gen 5,1b.2 gesehen werden: „Am
Tage, da Gott den Menschen (ādām) erschuf, machte er ihn nach dem Bilde Gottes.
Männlich und weiblich schuf er sie, und er segnete sie und nannte ihren Namen
‚Mensch' (ādām), am Tag, da sie geschaffen wurden". Hier wird der Begriff ādām
ausdrücklich auch auf die Frau bezogen, damit aber auch die ādām kennzeichnende
Gottebenbildlichkeit; vgl. Renckens S. 96 f. z. St.: „... durch die Tatsache, daß
man Mensch ist, ist man Bild Gottes ..."; siehe auch Stier S. 13. – Boehmer
S. 34 dagegen ist der Meinung, daß in Gen 5,2 b aus textkritischen Gründen (er
beruft sich auf eine Variante der LXX und auf gewisse – aber ungenannte – Kom-
mentare) und aus sachlichen Gründen statt „ihren Namen" (שְׁמָם) „seinen
Namen" (שְׁמוֹ) gelesen werden müsse. – Andere Kommentare lassen aber das שְׁמָם
(= ihren Namen) des hebräischen Urtextes durchaus unangetastet, vgl. z. B. J.
Skinner, A critical and exegetical commentary on Genesis (The International
Critical Commentary on the Holy Scriptures of the Old and New Testament, hg.
von S. Rolles Driver u. a.), 2. Aufl. Edinburgh 1930, S. 130; ebenso La Sainte
Bible I/1 (La Genèse, traduite et commentée par A. Clamer), Paris 1953, S. 166
(„l'appellation enfin d'Adam des deux représentants d l'humanité ... ").

[25]) Vgl. A. S. Kapelrud, Art. Mensch (im AT), RGG IV 862; Köhler, Theologie S. 53.

172

(weniger scharf formulierend auch Schmidt) einen entscheidenden
Punkt, dem bisher in der Exegese sowohl des Alten wie auch des Neuen
Testaments (insofern dieses in seinen Aussagen über die Frau, besonders in den Apostelbriefen, auf der alttestamentlichen Auffassung
basiert) zu wenig Beachtung geschenkt wurde. Die Stellung, die der
Frau im Alten Testament im gesellschaftlichen und kultischen Bereich
zugewiesen wurde, muß als Kontext zu den speziellen Aussagen über
sie gesehen werden und Berücksichtigung finden; sie sei darum hier
kurz charakterisiert[26].

Schon seit frühester Zeit war die patriarchalische Großfamilie die
ausschließliche Gesellschaftsform in Israel[27]; es ist anzunehmen, daß die
Israeliten das Patriarchat bereits bei ihrer Einwanderung ins Kultur-
land mitbrachten, zumal sie von nomadischer Lebensform herkamen[28].
Für die israelitische Frau hatte das zur Folge, daß sie in sozialer und
religiöser Beziehung unter dem Mann stand. In der Ehe, die häufig
polygame Struktur aufwies, galt sie im juristischen Sinne als Eigentum
des Mannes[29], der als ihr „ba'al" über sie herrschte[30], während sie ihm
gegenüber zum Gehorsam verpflichtet war. Das Recht auf Scheidung
stand nur dem Mann zu (vgl. Dt 24,1). Ihre Aufgabe als Ehefrau
bestand wesentlich in der Ausübung der Geschlechts- und Gattungs-
funktion; wie aus den im Alten Testament angeführten Stamm-

---

[26]) Auf folgende, dieses Problem ausführlich behandelnde Literatur sei hin-
gewiesen: N. Peters, Die Frau im Alten Testament (Religiöse Quellenschriften
H. 38), Düsseldorf 1926; G. Beer, Die soziale und religiöse Stellung der Frau im
israelitischen Altertum, Tübingen 1919; J. Döller, Das Weib im Alten Testament,
BZfr. 9. Folge H. 7/9, Münster 1920; Th. Engert, Ehe- und Familienrecht der
Hebräer, München 1905; M. Löhr, Die Stellung des Weibes zu Jahwe-Religion und
-Kult, Leipzig 1908.

[27]) Vgl. M. Noth, Geschichte Israels, 6. Aufl. Göttingen 1966, S. 104, 133.

[28]) Vgl. W. Plautz, Zur Frage des Mutterrechts im Alten Testament, ZAW
N. F. 33, 1962, S. 10 mit Anm. 3. – Plautz weist nach, daß „die meisten ‚Spuren'
einstigen Mutterrechts", die man bei den Israeliten finden zu können glaubte (z. B.
Namengebung durch die Mutter; eigene Wohnung der Frau; Gen 2,24), „einer
Prüfung nicht standhalten und sich ebensogut aus anderen Gegebenheiten erklären
lassen". Nur ein bestimmter Ehetypus und die (relativ hohe) Stellung der Königin-
mutter in Juda könne auf den Einfluß einer älteren mutterrechtlichen (kana-
anäischen?) Kultur auf die patriarchalische Gesellschaftsform der Israeliten zurückgehen (S. 29 f.).

[29]) Vgl. Ex 20,17; Leipoldt S. 103; Beer S. 6 f.

[30]) Vgl. Gen 20,3; 2 Sam 11,26; dementsprechend ist die verheiratete Frau
„be'ula" (Part. Pass. von ba'al = beherrschen, besitzen; vgl. Gen 20,3; Dt 22,22;
Is 54,1), was in der LXX und bei Paulus (Röm 7,2) mit ὕπανδρος, unter der Gewalt
des Mannes stehend, wiedergegeben wird, vgl. W. Bauer, Griechisch-deutsches
Wörterbuch zu den Schriften des Neuen Testaments, 5. Aufl. Berlin 1958,Sp. 1657.

bäumen[31] besonders klar hervorgeht, wurde ihr (entsprechend damaliger Vorstellung) im Zeugungsprozeß allerdings lediglich die passive Rolle zugeschrieben: sie „empfing" den „Samen" des Mannes und „gebar" ihm Kinder[32], als eigentlicher Erzeuger neuen Lebens galt nur der Mann. Männlicher Nachwuchs war besonders erwünscht und geschätzt[33]. Die sich darin ausdrückende Minderbewertung der Frau wird überdies auch daraus ersichtlich, daß der Schätzungswert der Frau nur etwa die Hälfte von dem des Mannes betrug (vgl. Lev 27, 1–7). – Der sozialen Stellung der Frau in Israel, die von Recht und Gewohnheit des Alten Orients mitgeprägt wurde, entsprach auch ihre religiös-kultische. Das älteste Kultgesetz[34] richtet sich nur an Männer und verlangt nur von ihnen ein dreimaliges Erscheinen im Jahr im Heiligtum; die Frau war zur Teilnahme an Wallfahrten sowie am Passahmahl nicht verpflichtet. Von priesterlichen Funktionen, d. h. vom Opfer- und Tempeldienst war die Frau grundsätzlich ausgeschlossen[35]. Während sich in der Frühzeit Israels noch eine engere Beziehung der Frau zur Religion nachweisen läßt (prophetische und richterlich-charismatische Wirksamkeit von Frauen[36]) wurde sie bei voranschreitender Festigung des Priesterstandes und nach Herausbildung der Gesetzesreligion zunehmend aus dem offiziellen Kult verdrängt, wozu auch die Reinheitsvorschriften (Lev 12; 15,19 ff.) nicht unwesentlich beigetragen haben dürften. Die offizielle Religionsausübung und die Gesetzeserfüllung waren somit wesentlich Vorrecht und Pflicht des freien israelitischen Mannes, der – im Gegensatz zur Frau – als

---

[31]) Vgl. z. B. Gen 4,17 f.; Gen 5,3 ff.; 10; 11,10–26.

[32]) P l a u t z a. a. O. S. 26 weist darauf hin, daß die Wendung jld lō, „sie gebar ihm" (Kinder), vgl. z. B. Gen 30,4 f.17.19, „bei der Beschreibung der Geburt in patriarchalisch geprägten Ehen üblich" sei. – In Sap 7,1f. ist die alttestamentliche Vorstellung vom Zeugungsprozeß zu einer Theorie entwickelt, wobei sich griechischer Einfluß ausgewirkt haben dürfte: „im Mutterschoß ward ich gebildet zu Fleisch, i n   d e r   F r i s t   v o n   1 0   M o n a t e n   g e r o n n e n   i m   B l u t   d u r c h   d e n   S a m e n   d e s M a n n e s . . . ". Vgl. dazu auch E. L e s k y, Die Zeugungs- und Vererbungslehren der Antike und ihr Nachwirken, in: Abhandlungen der Akademie der Wissenschaften und der Literatur (Geistes- und sozialwissenschaftliche Klasse) Jg. 1950, Nr. 19, S. 1227–1425.

[33]) Vgl. Gen 29,31–35; 30,1–24; 35,17; Ps 127,3–5.

[34]) Ex 23,17; 34,23; Dt 16,16; vgl. dazu auch B e e r S. 34 f.

[35]) Vgl. Num 3; 4; Lev 1; 2; 3; 4. – B e e r S. 38; L ö h r (Anm. 26) S. 48 f.; E n g e r t (Anm. 26) S. 61. Nach Ex 38,8 und 1 Sam 2,22 besorgten Frauen lediglich gewisse Dienste am Eingang des hl. Zeltes; in der späteren (nachexilischen) Zeit bestand jedoch eine solche Möglichkeit nicht mehr für die Frau, vgl. Beer S. 39.

[36]) Vgl Ex 15,20f.; Ri 4,4 ff.; 5; 2 Kön 22,14 ff. Dazu vgl. auch H. R u s c h e, Töchter des Glaubens, Mainz 1959.

Träger des Bundeszeichens, der Beschneidung, allein „vollberechtigtes Glied" des Bundesvolkes war[37].

Von diesen Vorgegebenheiten her, vor allem von der Stellung her, die der israelitischen Frau der alttestamentlichen Zeit im sozialen Bereich zugewiesen wurde, muß auch die jahwistische Schöpfungserzählung (Gen 2,7–24) verstanden und beurteilt werden, aus der u. a. in den von Gratian rezipierten patristischen und pseudopatristischen Aussagen die Inferiorität der Frau bzw. ihre Nichtgottebenbildlichkeit (Ambrosiaster!) hergeleitet wird[38]. Das sog. biblizistische Verständnis von Gen 2 liegt diesen Väteraussprüchen eindeutig zugrunde und bedingt die Unhaltbarkeit ihrer Beweisführung[39]. Die Väter betrachten es als historisches Faktum, daß der Mann „Adam" der ersterschaffene Mensch ist, in dem alle anderen ihren Ursprung haben, an erster Stelle die Frau[40]. Der historischen Interpretation zufolge ist auch die von den Vätern aus Gen 2,21ff. für die Frau hergeleitete Konsequenz eine durchaus reale, ihr Leben bestimmende: der status subiectionis dem Mann gegenüber. Von dieser (an die paulinische Deutung sich anlehnenden) patristischen Exegese und Beurteilung der jahwistischen Schöpfungserzählung hat sich auch die moderne Theologie noch nicht völlig entfernt. Bis heute wird Gen 2,21ff. gewissermaßen als locus classicus für die angeblich in der Schöpfungsordnung angelegte und begründete Unterordnung der Frau unter den Mann

---

[37]) Beer S. 37 f.; vgl. Köhler, Theologie S. 53. Daß der Frau in der Jahwereligion keine aktive, verantwortliche Rolle eingeräumt wurde, läßt sich auch daran ablesen, daß das AT von den Eigenschaftswörtern „fromm" (חָסִיד), „gerecht" (צַדִּיק), „heilig" (קָדוֹשׁ) keine Femininformen kennt (vgl. Leipoldt S. 72) und daß das Ich bw. der offizielle Beter der Psalmen nur der Mann ist (dafür einige charakteristische Beispiele: „Selig zu preisen der Mann, der in der Ruchlosen Rat nicht wandelt... vielmehr am Gesetze des Herrn seine Lust hat..." [Ps 1,1f.]. „Deine Hand sei über dem Mann deiner Rechten, über dem Menschensohn, den du dir aufzogst" [Ps 80,18]. „Selig zu preisen jeder, der fürchtet den Herrn, der auf seinen Wegen einhergeht! Deiner Hände Erwerb kannst du in Wahrheit genießen... Dein Weib blüht auf wie ein fruchtbarer Weinstock in deines Hauses innerem Raum, deine Söhne blühen wie Ölbaumpflänzchen rings um deinen Tisch. Ja, in Wahrheit, so wird gesegnet der Mann, der da fürchtet den Herrn" [Ps 128,1–4]).

[38]) Vgl. cc. 13 und 20 in C. 33 q. 5.

[39]) Renckens S. 253 wendet sich kritisch gegen eine voreilige Berufung auf die Lehre der Väter wegen ihres oft „sklavisch am Buchstaben hängenden" Kommentars zur Schrift.

[40]) Vgl. c. 13 in C. 33 q. 5 („Hec imago Dei est in homine, ut unus factus sit, ex quo ceteri oriantur, habens inperium Dei, quasi uicarius eius..."); ebenso c. 20 ibid. („... Ideo non duo a principio facti uir et mulier... sed primum uir, deinde mulier ex eo...").

betrachtet[41]; verstärkt durch die darauf zurückgreifenden paulinischen Aussagen (1 Kor 11,3 ff.; 1 Tim 2,11 ff. u. a.), ist die Schriftstelle auch maßgebend für die inferiore Stellung der Frau nach dem geltenden kirchlichen Recht geworden. Zu dem Festhalten am nahezu wörtlichen Verständnis der Aussage von Gen 2,21 ff. hat wesentlich das Dekret der Bibelkommission vom 30. Juni 1909 „über den historischen Charakter der ersten drei Kapitel der Genesis" (Denz. 2121–2128) beigetragen, in dessen Paragraph 3 als exegetisches Prinzip festgesetzt wird, daß, wo es in diesen Genesiskapiteln um „Tatsachen" gehe, „welche die Grundlagen der christlichen Religion berühren", man „den buchstäblichen historischen Sinn" der betreffenden Stelle nicht in Zweifel ziehen dürfe[42]; es werden in dem Zusammenhang einige Beispiele genannt, die als solche mit der Glaubenslehre zusammenhängenden Tatsachen anzusehen seien, u. a. auch die „formatio primae mulieris ex primo homine" (Denz. 2123). H. Renckens, der der Meinung ist, daß die Bibelkommission mit dem gen. Paragraphen „einen unglücklichen Griff getan hat", beschreibt die Auswirkung des Dekrets auf die Exegese von Gen 2,21 ff. folgendermaßen: „Ohne nähere Motivierung kam man zu der künstlich herbeigeführten einmütigen Ansicht, daß ‚somit' die Rippe zu der symbolischen Einkleidung des Berichtes gehört, daß aber eine physische Herkunft der Frau aus dem Mann als eine Tatsache gelehrt werde"[43]. Noch nach der Lockerung des Dekrets durch den Brief des Sekretärs der Bibelkommission an Kardinal Suhard (im Jahre 1948)[44], ja sogar noch nach und trotz der Verlautbarung der Bibelkommission selbst, ihre früheren Dekrete seien als zeitbedingte zu verstehen[45], blieb die katholische Exegese zu einem guten Teil in der traditionellen Erklärung von Gen 2,21 ff.

---

[41]) Vgl. J. S c h i l d e n b e r g e r, Art. Adam, LThK I 126 (durch den Ursprung der ersten Frau [Eva] aus Adam [2,21 f.] werde sowohl die Gleichwertigkeit wie die Zu- und U n t e r o r d n u n g d e r F r a u g e g e n ü b e r d e m M a n n grundgelegt); ähnlich M o r a n t S. 130; M u s c h a l e k S. 207. Sehr deutlich bringt dieses Moment auch C o n c e t t i S. 99 ins Spiel zur Begründung des Ausschlusses der Frau vom Amtspriestertum: „Es ist . . . wahr, daß in der Schöpfungsordnung – die Bibel sagt dies deutlich genug – der Primat dem Mann gehört"; ähnlich argumentiert D o m s, Ehe als Mitte zwischen ihrem Urbild und ihrem Nachbild S. 241–243.
[42]) R e n c k e n s S. 208.
[43]) Ebd. S. 209.
[44]) Vgl. dazu R e n c k e n s S. 208 f.; ebenfalls S c h w e g l e r S. 25.
[45]) Vgl. RB 62, 1955, S. 414–419; dazu N. G r e i t e m a n n, Rabies theologica, in: Wort und Wahrheit 16, 1961, S. 242: „Die Dekrete der Bibelkommission aus den Jahren 1905–1915 und 1932" wurden „zwar nicht aufgehoben, aber die Handhabung ihres verpflichtenden Charakters wurde seit 1955 gelockert".

befangen, während sie sich in bezug auf andere Aussagen des jahwistischen Schöpfungsberichtes sehr wohl vom Literalsinn löste. So stehen neuere Veröffentlichungen katholischer Autoren (aus den 50er und 60er Jahren) der Entwicklungslehre keineswegs ablehnend gegenüber, obwohl das buchstäbliche Verständnis von Gen 2,7ff. sie ebenfalls ausschließt – am Ursprung der Frau aus dem Mann dagegen halten sie (unter Berufung auf das Dekret der Bibelkommission) unverändert fest[46]. Das von der Naturwissenschaft bereits abgegebene Urteil, von einer Herkunft der Frau aus dem Manne könne nicht die Rede sein[47], fordert aber das entschiedene Abrücken von der biblizistischen Deutung des Textes[48]. Dazu ist die neueste Exegese heute auch weitgehend bereit, indem sie der Darstellung der Erschaffung der Frau bei dem Jahwisten nur symbolhafte oder ätiologische Bedeutung beimißt. Das Ergebnis dieser Exegese ist aber wiederum vielfach, daß aus der angeblich gleichnishaften Form des Textes die Unterordnung der Frau unter den Mann als göttliche Schöpfungsordnung deduziert wird[49] – in gänzlichem Außerachtlassen des von einem langen Patriarchat geprägten Milieus des Verfassers. – Renckens ist der begründeten Auffassung, daß die Bibelkommission im Hinblick auf die neutestamentlichen Texte 1 Kor 11,7–12; 1 Tim 2,13; Eph 5, 28–30 die „Bildung der ersten Frau aus dem ersten Mann" als ein mit der Glaubenslehre zusammenhängendes historisches Faktum erklärte; in diesen Texten wird nämlich auf Gen 2,21ff. (Erschaffung der Frau aus dem Mann) als auf eine reale Begebenheit Bezug genommen[50]. Als weiteres Motiv für ihre Erklärung komme in Betracht, daß Gen 2, 21ff. einen Platz in der kirchlichen Tradition habe, die in der Erschaffung Evas gern ein Vorbild für die Geburt der Kirche aus der

---

[46]) So Morant S. 128 f. (beachte auch S. 128 Anm. 9 [S. 211], wo weitere dieselbe Auffassung vertretende Exegeten genannt werden), S. 145. Ebenso Muschalek S. 205 f., 230 f.

[47]) Vgl. Schwegler S. 90; Muschalek S. 204 f.

[48]) Auf die verhängnisvollen Konsequenzen, die sich bereits im Laufe der Kirchengeschichte aus einer unkritischen Bibelerklärung ergeben haben, weist mit Recht Schwegler S. 25–28 hin.

[49]) So bei Schildenberger (oben Anm. 41) Sp. 126; Renckens S. 200, bes. S. 254 f.; Schwegler S. 90 und mit Berufung auf Schwegler (allerdings zurückhaltender) auch Haag, Schöpfungsgeschichte S. 49 („Es soll nicht gelehrt werden, wie sie [sc. die Frau] erschaffen wurde, sondern was sie ist: die naturgleiche Partnerin des Mannes, die aber doch in einer gewissen Abhängigkeit vom Manne lebt").

[50]) Auf die genannten Texte wird weiter unten S. 188 ff. eingegangen, da sie den von Gratian verwerteten auctoritates patrum z. T. zugrunde liegen.

Seite Christi sah[51]. Renckens meint indessen zu den genannten Gründen der Verlautbarung der Bibelkommission: „Mag das neutestamentliche Faktum, das mit einer Gegebenheit des Alten Testaments in typologischer Relation steht, noch so bedeutsam und die Berufung auf das Alte Testament noch so dringend sein, so darf man daraus nicht schließen, daß deshalb die alttestamentliche Gegebenheit ein historisches Faktum sei: ein literarisches Faktum genügt offenbar... Das Alte Testament ist für sie (scil. die neutestamentlichen Schriftsteller, vor allem Paulus) ein Vorrat, aus dem sie ohne Bedenken alles nehmen, was ihnen nur einigermaßen für ihren Zweck paßt, bisweilen so, wie es ihnen zufällig einfällt... Wo deshalb die Heilige Schrift sich selbst so oft zitiert und kommentiert und neuinterpretiert, scheinen wir, für die Beantwortung der Frage, was objektiv geschehen ist, zu dem exegetischen Prinzip gedrängt zu werden, daß die älteste Schriftstelle, welche zum Ausgangspunkt einer ganzen Reihe von Zitaten und Anspielungen wurde, einen gewissen Primat vor der ganzen Tradition, die durch sie geschaffen wurde, behält... Mit anderen Worten: Die späteren Gegebenheiten, die in Abhängigkeit von der Genesis über die Entstehung der ersten Frau sprechen, sind von der Art, daß als Endergebnis der Untersuchung sich herausstellen könnte, daß wir das letzte Wort der Genesis geben müssen"[52]. Damit sind wir nun auf den Text selbst verwiesen, für dessen sachgemäßes Verständnis vornweg ein Hinweis auf die Abfassungszeit der jahwistischen, gegenüber der priesterschriftlichen um etwa 500 Jahre älteren Schöpfungserzählung dienlich sein mag: Der Jahwist ist höchstwahrscheinlich nach Davids Tod und vor der Regierungszeit Rehabeams anzusetzen, also im 10.–9. Jh. v. Chr.; er lebte vermutlich in der Nähe der Salomonischen Residenz[53].

Gen 2.3 ist, literarkritisch gesehen, durch den Jahwisten aus ursprünglich voneinander unabhängigen Themenkreisen zu einem geschlossenen

---

[51] Vgl. R e n c k e n s S. 213.
[52] R e n c k e n s S. 214 f.
[53] So H. W. W o l f f , Das Kerygma des Jahwisten, in: Gesammelte Studien zum Alten Testament (Theologische Bücherei Bd. 22, Altes Testament), München 1964, S. 349 f. Nach E. S e l l i n – G. F o h r e r , Einleitung in das Alte Testament, 10. Aufl. Heidelberg 1965, S. 165 herrscht lediglich Übereinstimmung darüber, daß J n i c h t n a c h 7 2 2 v. C h r. zu datieren ist, über die obere Grenze der Entstehungszeit jedoch bestehen unterschiedliche Meinungen. Im Unterschied zu W o l f f können nach S e l l i n - F o h r e r die Jahrzehnte zwischen 850 und 800 v. Chr. als Entstehungszeit von J angesehen werden.

Ganzen komponiert, das seiner literarischen Gattung nach ein „groß-
ausgebautes anthropologisches Aitiologumenon" ist, insofern es nämlich Antwort auf die Frage gibt: „Wie ist es mit dem empirisch-
geschichtlichen Menschen zu seinem jetzigen Status, zur miseria conditionis humanae gekommen?"[54]. Der Sündenfall ist also das
eigentliche Thema von Gen 2,4b–3,24[55]. Mit diesem Kernthema der
Erzählung sind verschiedene randständige Themen, der Gattung nach
ätiologische Sagen, verwoben, zu denen auch Gen 2,21ff. (die Erschaffung der Frau) zählt[56]. Haag äußert die Vermutung, die er überzeugend begründet, daß der Bericht über die Erschaffung des Menschen
(Gen 2,7 : ādām) sich ursprünglich auf beide Geschlechter bezog, dann
aber, als der Verfasser eine volkstümliche Erzählung von der Erschaffung der Frau in seinen Bericht einarbeitete, auf den Mann eingeschränkt wurde[57], der damit an den Anfang der Menschheit gestellt
wurde. Es entspricht nämlich dem streng monogenistischen Denken des
Jahwisten bzw. seinem israelitisch-jüdischen Stammvater-Denken, nicht
nur einzelnen Völkern einen bestimmten Stammvater als Ursprung
zuzuordnen[58], sondern darüber hinaus die ganze Menschheit auf einen
einzigen Ausgangspunkt und Ursprung, konkretisiert in einem einzelnen Menschen (ādām), zurückzuführen; auf diese Weise erklärt er
die Einheit der Menschheit[59]. Daß dieser Mensch, der „als absoluter
Anfangspunkt die Fülle alles dessen, was menschlich ist, in sich
trägt"[60], für die Vorstellungswelt des Jahwisten (wie des Alten Testaments überhaupt) nur ein Mann sein konnte und mußte, ist unbestreitbar; nach J sind ja auch die Ursprünge der verschiedenen Völker
(Israel, Edom, Moab, Ammon usw.) nicht Stammeltern, sondern

---

[54]) Stier S. 15; vgl. Haag, Themata der Sündenfall-Geschichte S. 110 f.

[55]) Vgl. Haag a. a. O. S. 111.

[56]) Vgl. Stier S. 15; F. Hesse, Art. Paradieserzählung, RGG V 99.

[57]) Vgl. Haag, Themata der Sündenfall-Geschichte S. 109 f.; (es sei allerdings
unklar, ob der Jahwist die Perikope über die Erschaffung der Frau schon mit der
adāmāh-Erzählung verbunden vorgefunden oder ob er sie mit ihr verbunden habe,
ebd. S. 110); ders., Sündenfall-Erzählung S. 2 f.

[58]) So werden z. B. die Kanaaniten nach Gen 9,18.22 von einem gemeinsamen
Stammvater Cham, dem Sohn Noes, hergeleitet; nach Gen 28,13 f. (vgl. Gen 35,
10 ff.) ist Jakob der Stammvater Israels, sein Bruder Esau der Stammvater der
Edomiter (Gen 36,9 ff.); s. auch Gen 10 (Völkertafel). Auf diese Weise erklärt der
Jahwist die an sich nicht mehr feststellbare und zu erhellende Entstehungsgeschichte
der einzelnen Völker und Stämme. Vgl. dazu Renckens S. 226; Wolff (oben
Anm. 53) S. 360.

[59]) Vgl. Renckens S. 198 f.

[60]) Renckens S. 199.

Stamm väter, entsprechend der allgemeinen Auffassung des Alten Testaments, daß nur der Mann fähig ist, Leben zu zeugen[61]. Dieser Zeugungsvorstellung bzw. dem (dadurch bedingten) monogenistischen Stammvater-Denken zufolge mußte daher – nach der Konzeption des Jahwisten – die erste Frau aus dem Adam-Menschen stammen[62], damit alle Menschen in ihm ihren Ursprung hätten; der Jahwist konnte diesen Vorgang nur durch ein unmittelbares Eingreifen Gottes erklären (eine normale Zeugung war ja ausgeschlossen). In diesem Zusammenhang verdient Beachtung, daß dieAuffassung von einer Herkunft der Frau aus dem Mann nicht nur im Alten Testament anzutreffen ist; auch der Mythos kennt ähnliche, in patriarchalischen Kulturen beheimatete Vorstellungen von einer sekundären Erschaffung der Frau[63]. Die alttestamentliche Erzählung (Gen 2,21ff.) ist auf dem Hintergrund dieser mythischen Vorstellungen zu sehen: sie greift eine

---

[61]) Vgl. dazu oben S. 173 mit Anm. 32. Wenn im AT gewisse Stämme nach Frauen benannt und von ihnen hergeleitet werden (z. B. „Rahel"- und „Lea"-Stämme, dazu vgl. S. Mowinckel, ZAW Beih. 77, 1958, S. 129–150), so hat das seinen Grund in der polygamen Struktur der Ehe im Alten Testament, die nach Plautz (oben Anm. 28) S. 15 u. a. dadurch gekennzeichnet ist, daß „das Verhältnis jeder Frau zu ihren eigenen Kindern enger ist als das des Mannes zu allen seinen Kindern". Das ändert jedoch nichts an der Tatsache, daß – so Plautz S. 17 – „alle, Mütter und Kinder ... dem gemeinsamen Ehegatten und Vater untergeordnet" sind, „nach dem Name, Verwandtschaft und Erbe der Kinder bestimmt werden, wie es vaterrechtlicher Ordnung entspricht".

[62]) So J. Scharbert (Rezension zu J. de Fraine, La Bible et l'origine de l'homme) BZ 6, 1962, S. 309 („Daß sowohl die Verfasser der biblischen Urgeschichte als auch Paulus Adam nur als den einzigen ersten Menschen kennen, ist selbstverständlich wegen des israelitisch-jüdischen Stammvater-Denkens. Da die Frau ebenfalls Mensch ist, mußte sie nach dieser Auffassung auch vom Adam-Mensch stammen, was man sich aber dann nur aus einem unmittelbaren Eingreifen Gottes erklären konnte"). Ähnlich Renckens S. 198 („Es paßt durchaus in den streng monogenistischen Gedankengang des Paradiesesberichtes ... daß die erste Frau aus dem ersten Menschen gebildet wird, also selbst der zweite Mensch ist").

[63]) Bei den Eskimos erzählt man z. B., daß die Frau aus dem Daumen des Mannes erschaffen wurde (vgl. Westermann S. 314); weitere Beispiele für die mythische Vorstellung von der Herkunft der Frau aus einem Körperteil (u. a. auch aus der Rippe) des Mannes bei L. J. Seifert, Sinndeutung des Mythos. Die Trinität in den Mythen der Urvölker, Wien 1954, S. 250f., ferner bei H. Baumann, Schöpfung und Urzeit des Menschen im Mythus der afrikanischen Völker, Berlin 1936 (Nachdr. 1964) S. 128, 159, 240, 249; letzterer (ebd. S. 239 f.) will allerdings diese Mythengruppe, besonders das Motiv der Rippe, auf christlich-islamischen Einfluß zurückführen, was jedoch nicht unbestritten ist. – Erwähnenswert ist in diesem Zusammenhang auch die mit der Annahme einer sekundären Erschaffung der Frau nicht selten verbundene Auffassung des Mythos, die Frau sei ein in irgendeiner Form defektes Wesen (vgl. dazu Baumann a. a. O. S. 204, 369).

sehr alte, längst fest geprägte Tradition auf [64]. Der Jahwist verwendet das ihm vorliegende mythische Motiv der Herkunft der Frau aus dem Mann freilich nicht nur, um die gesamte Menschheit – die Frau nicht ausgenommen – auf einen letzten und einzigen Ursprung und Stammvater zurückzuführen, er will dadurch zweifellos auch begründen, warum der Mann in der Frau – im Gegensatz zu den Tieren – ein ihm im tiefsten verwandtes Wesen erkennt (V. 23a) [65], vor allem, warum die Liebe die beiden Geschlechter bis zu dem „Ein-Fleisch-Werden" aneinander bindet (V. 24) [66]. Daß der Verfasser die Liebe zwischen Mann und Frau aber durch das erwähnte Motiv erklärt und sie damit auf eine ursprüngliche Einheit der Geschlechter zurückführt, die er nur im Mann verkörpert sieht (vgl. V. 21), zeigt eindeutig seine Befangenheit im patriarchalischen Denken und Vorstellungshorizont. Die dem Mann nach J zugewiesene Vorrangstellung kommt auch darin zum Ausdruck, daß allein der Mann als der Namen-Gebende sowohl gegenüber den Tieren (V. 19 f.) als auch der Frau gegenüber (V. 23; Gen 3, 20) auftritt [67]. Eine im Vergleich zum Mann sekundäre Bedeutung und Stellung der Frau (nach J) folgern manche Exegeten ferner daraus, daß Jahwe die Frau aus der Rippe [68] des Mannes bildet, um ihm eine

---

[64]) So Westermann S. 313.

[65]) Durch die sog. Verwandtschaftsformel in Gen 2,23 („Bein von meinem Gebein und Fleisch von meinem Fleisch") wird dieses Empfinden ausgedrückt; vgl. dazu W. Reiser, Die Verwandtschaftsformel in Gen 2,23, in: ThZ 16, 1960, S. 4 („Der Mensch ist trotz der großen Nähe zum Tier dem Tier im tiefsten nicht verwandt. Der Mensch ist nur dem Menschen verwandt. Das ist der Sinn der Verwandtschaftsformel in der jahwistischen Erzählung von der Erschaffung der Frau").

[66]) So Gunkel S. 13; ähnlich v. Rad S. 68; Renckens S. 199 f. Gegen die Vermutung, daß Gen 2,24 möglicherweise auf ursprüngliches in Israel bestehendes Mutterrecht zurückweise (so Gunkel S. 13), wendet sich Plautz (oben Anm. 28) S. 28 (mit Berufung auf Procksch): „Es handelt sich also bei Gen 2,24 nicht um eine Rechtssitte, sondern um eine Naturgewalt".

[67]) Vgl. dazu Westermann S. 311 („In der Benennung entdeckt, bestimmt und ordnet der Mensch seine Welt... Damit wird eine allerhöchste Autonomie des Menschen in einem begrenzten Bereich zum Ausdruck gebracht"); ähnlich Loretz S. 115; Schmidt S. 229 Anm. 1.

[68]) In der Deutung dieses Motivs ist unter den Exegeten noch keine Übereinstimmung erreicht. Nach S. N. Kramer, Enki and Ninhursag. A Sumerian „Paradise" Myth, BASOR Suppl. 1, 1945, S. 8 f. ist das Symbol der Rippe wahrscheinlich auf ein sumerisches Wortspiel zurückzuführen; so auch Westermann S. 314 (unter Hinweis auf J. B. Pritchard, Man's Predicament in Eden, in: RvRel 13, 1948/ 1949, S. 15: „... in Sumerian there is established through a play upon words, a definite connection between the rib and ‚the lady who makes live‘"); gegenüber

„Hilfe, die ihm entspricht" (V. 18), zuzuführen; in diesem Sinne interpretiert Gunkel: der Mythos meine nicht, „daß das Weib ursprünglich dem Mann ‚koordiniert' sei, nicht ‚unter ihm' stehe", vielmehr sei das Weib nur die „Hülfe" des Mannes und der Mann „der Mensch". Der Mythos stelle nicht Ideale hin, sondern wolle Tatsachen erklären[69]. Andere Erklärer dagegen legen das Gewicht mehr auf die den Begriff „Hilfe" näher bestimmende Wendung כְּנֶגְדּוֹ, der sie entnehmen, daß der Mann (nach J) in der Frau „sein Gegenüber, seine Entsprechung"[70], einen ebenbürtigen Beistand[71] findet, wodurch nach ihrer Meinung eine Minderbewertung der Frau ausgeschlossen ist[72]. Den Inhalt des Begriffs „Hilfe", die die Frau dem Mann nach Gen 2,18 sein soll, umschreibt Renckens im Hinblick auf den Vorstellungshorizont des Jahwisten folgendermaßen: „Der Hagiograph zielt auf das soziale Phänomen der Familie im Ganzen; man verkennt die universale Tragweite des Berichtes, wenn man hier nur an den Geschlechtsakt denken will. Aber noch weniger kann man diesen aus-

---

einer äthiologischen Sicht des Rippen-Motivs, wie sie z. B. bei v. R a d S. 67 f. u. a. vorliegt, ist damit nach W e s t e r m a n n Zurückhaltung geboten. Nach H. B a u m a n n, Das doppelte Geschlecht. Ethnologische Studien zur Bisexualität in Ritus und Mythos, Berlin 1955, S. 304 (s. auch S. 170 f. mit Anm. 122) handelt es sich bei dem Erzählmotiv: Erschaffung der Frau aus der R i p p e des Mannes um eine verkürzte Ausdrucksweise und Wiedergabe einer zugrunde liegenden mythischen Vorstellung, wonach die Frau aus der linken (d. h. in der Sprache des Mythos: der weiblichen) Seite des als androgyn aufgefaßten Urmenschen Adam gebildet wurde. – O. S c h i l - l i n g, Das Mysterium Lunae und die Erschaffung der Frau nach Gen 2,21 f., Paderborn 1963, gelangt auf Grund eines religionsgeschichtlichen Vergleichs zu der Vermutung, es handle sich bei der Rippe um eine Monddarstellung und damit um ein Fruchtbarkeitssymbol, das der biblische Autor habe, indem er dieses Symbol aufgriff, das Mondidol dem Schöpfergott in die Hand gegeben und so jede Art von physischer und mythischer Selbstzeugung durch den Schöpfungsgedanken überwunden.

[69]) G u n k e l S. 13; ähnlich D ö l l e r (Anm. 26) S. 6, der jedoch – im Unterschied zu G u n k e l – die Stelle völlig unkritisch deutet: „Eine gewisse Abhängigkeit des Weibes vom Mann kommt schon im Schöpfungsbericht zum Ausdruck, indem sie seine Gehilfin, bloß um seinetwillen da ist".

[70]) L o r e t z S. 115 f.

[71]) So v. R a d S. 66 f.; ähnlich E i c h r o d t II 77.

[72]) Manche Exegeten (so z. B. S c h m i d t S. 201 – übrigens im Widerspruch zu S. 147 Anm. 1 (!) –, ebenfalls W e s t e r m a n n S. 316 f.) erliegen allerdings der Gefahr einer Idealisierung, indem sie jegliche Form einer sekundären Stellung der Frau der jahwistischen Schöpfungserzählung zufolge bestreiten wollen. Dagegen bemerkt mit Recht B e r t i n e t t i S. 88: „Man wird durch keinen exegetischen Kunstgriff leugnen können, daß der zweite Schöpfungsbericht eine, allerdings nur begrenzte, Priorität des Mannes annimmt".

schließen. Dafür spricht die Perikope selbst deutlich genug"[73]. Zusammenfassend läßt sich über die Perikope Gen 2,21–24 sagen, daß sie **nicht als historisches Faktum**[74], sondern – nach Renckens – als **ätiologische Erklärung** und „Interpretation einiger empirischer Gegebenheiten" zu sehen ist, nämlich folgender:

„1. Die absolute Einheit des menschlichen Geschlechtes;

2. das Verhältnis zwischen Mann und Frau;" (wie es der Jahwist vorfindet und sieht)

„3. der hebräische Ausdruck für Blutsverwandtschaft: ‚Jemandes Fleisch und Bein sein';

4. die hebräischen Wörter für Mann und Frau; isch und isschah"[75].

Der ätiologische Charakter der jahwistischen Schöpfungserzählung, in der eindeutig mythisches Gedankengut verarbeitet ist, verbietet es aber, aus ihr irgendwelche dogmatischen oder rechtlichen Konsequenzen zu ziehen derart, daß die Frau nicht gottebenbildlich, daß sie gemäß der Schöpfungsordnung inferior und darum dem Mann zu Recht untergeordnet sei[76]; eine Exegese, die solche Schlüsse aus Gen 2 zu ziehen sich nicht scheut, ignoriert vollständig den zeitgeschichtlichen Horizont des biblischen Schriftstellers (was aber in jeder Hinsicht unzulässig ist[77]) oder basiert noch auf derselben oder doch ähnlichen soziologischen Struktur, wie sie dem biblischen Verfasser vorlag, so daß sie keine kritische Distanz von ihm besitzt, wie das z. B. bei den Kirchenvätern (vgl. die oben S. 54 ff. angeführten Kapitel bei Gratian) eindeutig zutrifft. In jedem Fall kommt es dann aber zu einer Fehl-

---

[73]) Renckens S. 195. – Nach dem Targum Jeruschalmi I wird die „Hilfe", die Adam in der Frau zuteil wird, ausschließlich auf die Geschlechtsgemeinschaft beschränkt, wie aus der aramäischen Übersetzung von Gen 2,18 hervorgeht: „Es ist nicht in der Ordnung, daß Adam allein schlafe, ich will ihm eine Frau, die als Stütze an seiner Seite sei, schaffen" (Schaller S. 38); ähnlich interpretiert Augustinus, De Genesi ad litteram I 93 (CSEL 28/1 S. 271) den Begriff „Hilfe" nur als Beitrag der Frau zur Erzeugung von Nachkommenschaft („Si autem quaeritur, ad quam rem fieri oportuit hoc adiutorium, nihil aliud probabiliter occurrit quam propter filios procreandos, sicut adiutorium semini terra est, ut uirgultum ex utroque nascatur"). Dagegen Westermann S. 317: „Mit der ‚Hilfe, die ihm entspricht' ist weder das Geschlechtswesen Frau noch die Frau als Arbeitskraft zur Hilfe beim Ackerbau gemeint; jede solche Eingrenzung verdirbt den Sinn dieser Stelle. Es ist die personale Gemeinschaft von Mann und Frau in umfassendem Sinn gemeint...)vgl. auch ebd. S. 309).

[74]) Vgl. Renckens S. 203, 227f.; Haag, Schöpfungsgeschichte S. 49; Loretz S. 120; Westermann S. 313.

[75]) Renckens S. 203 f.; s. auch Begrich S. 28.

[76]) So auch Bertinetti S. 88; ähnlich Loretz S. 28 f. mit Anm. 45, 46.

[77]) Vgl. Schwegler S. 19 f., 86.

interpretation und von daher zu falschen Schlußfolgerungen für die rechtliche Einordnung und Wertung der Frau. Es ist auch noch darauf hinzuweisen, daß der priesterschriftliche Bericht (Gen 1) eine gewisse Korrektur und Relativierung der jahwistischen Schöpfungserzählung darstellt, die vielfach zu Unrecht absolut gesetzt[78] oder als nähere Erklärung zu Gen 1 aufgefaßt wurde[79], was sich für die Wertung der Frau ungünstig auswirken mußte. Das Verhältnis zwischen den beiden Schöpfungserzählungen ist vielmehr folgendes: „Das zweite Kapitel (scil. der Genesis) ist... älter als das erste, es fügt diesem kein historisches Detail hinzu... Das Verhältnis ist umgekehrt. Gen 1 ist jünger, stellt ein weiteres Stadium der Entwicklung dar und ist deshalb theologisch vorsichtiger: Gen 1 führt die anthropomorphen Bilder von Gen 2 auf ihren Kern, auf ihren Lehrgehalt zurück. So auch bezüglich der Entstehung und Gleichwertigkeit der beiden Geschlechter... (Gen 1,27; vgl. 5,1f.)"[80]. – Für die zeitlose und damit gültigere Formulierung von Gen 1 (im Vergleich zu Gen 2) dürfte auch noch sprechen, daß Jesus nach Mt 19,4–6 ausdrücklich auf den priesterschriftlichen Schöpfungsbericht Bezug nimmt, von Gen 2 dagegen nur das „Ein-Leib-Werden" von Mann und Frau in der Ehe aufgreift. Vom Ursprung der Frau aus dem Mann, von einer abgeleiteten, inferioren Existenz der Frau ist bei Jesus keine Rede; vielmehr weist er das aus solcher Vorstellung und aus Herzenshärte (Mt 19,8) resultierende einseitige Scheidungsrecht des Mannes als illegitim und unvereinbar mit der gottgewollten Ordnung der Ehe ab (vgl. Mt 19,3–9). Dadurch kommt deutlich zum Ausdruck, daß Jesus die Frau als eigenständige, freie, gleichwertige Person mit dem Anspruch auf gleiche Rechte gewertet wissen will[81], also weder als Besitzobjekt des Mannes noch als ein in irgendeiner Form seiner Herrschaft unterstelltes Wesen.

Außer den beiden Schöpfungserzählungen, vor allem der jahwistischen, verwenden die Kirchenväter und – in Anlehnung an sie und vor allem an Paulus – auch Gratian die Erzählung vom Sündenfall (Gen 3) als Stütze für den status subiectionis der Frau; sie sehen in

---

[78]) So vor allem in der Erklärung der Bibelkommission (vgl. S. 175) über den historischen Charakter der Erzählung von der Herkunft der Frau aus dem Mann.

[79]) Darauf weisen Renckens S. 205 und Boehmer (Anm. 8) S. 31ff. hin und wenden sich mit Recht gegen eine solche Deutung.

[80]) So Renkens S. 205; s. auch Schmidt S. 229; ähnlich Bertinetti S. 89.

[81]) Vgl. Metz, Statut S. 62.

Eva und damit in der Frau überhaupt die Urheberin der Sünde, die
als solche unter der Herrschaft des Mannes stehen müsse (vgl. C. 33
q. 5 cc. 18 und 19 sowie das dictum Gratiani C. 15 q. 3 princ.). Grundsätzlich ist einer solchen Interpretation und Schlußfolgerung aus Gen 3
entgegenzuhalten, daß die Erzählung vom Sündenfall nicht als historischer Bericht gesehen werden darf[82], sondern als Ätiologie zu verstehen ist, die unter Verwendung mythischer Vorstellungen auf die
Frage nach dem Woher des Bösen und des Leides in der Welt folgende
Antwort gibt: „Es kommt nicht von Gott, sondern es kommt einzig
und allein von der Sünde der Menschen ... Dabei wird die Sünde
eindeutig definiert als ein Sich-Hinwegsetzen des Menschen über den
Willen und die Ordnung Gottes. Demgegenüber bleibt es recht unwichtig, worin die Sünde konkret bestanden habe"[83]. Der Verfasser
verarbeitete in seiner Erzählung mehrere ihm vorliegende Überlieferungsstoffe, die von einer Ursünde des Menschen in jeweils verschie-
denartiger Form berichten[84]. Nach J. Begrich ist die sog. Paradies-
oder Sündenfallerzählung aus der Komposition von zwei verschiedenen Stoffen hervorgegangen: Der eine handelte von der Schuld eines
Urmenschen, die er im Garten Eden beging; zur Strafe vertrieb Gott
ihn aus dem Garten. Die andere Quelle erzählte von der Frau und
der Schlange (vgl. Gen 3,1–6a); für die Übertretung eines bestimmten
Verbotes wurde die Frau bestraft, die Schlange für die Verführung
zur Übertretung[85]. Die Geschichte vom Urmenschen wurde nach
Begrich wegen ihrer stark mythologischen Färbung reduziert, indem
die Ursache der Verfluchung des Urmenschen bei der Verbindung der
zwei Überlieferungsstoffe eliminiert wurde und der Redaktor anstatt
dessen den Mann (ādām) an der Schuld der Frau teilnehmen ließ[86]

---

[82]) Vgl. H e s s e (Anm. 56) Sp. 99; ebenso L o r e t z S. 120, 131.

[83]) H a a g, Schöpfungsgeschichte S. 45 f.; vgl. d e r s., Sündenfall-Erzählung S. 7.

[84]) Näheres darüber bei B e g r i c h ; H a a g, Themata der Sündenfall-Geschichte
S. 101ff.; d e r s., Sündenfall-Erzählung; vgl. auch Westermann S. 258, 265 f.

[85]) Vgl. B e g r i c h S. 29 u. ö. Auch nach H a a g, Sündenfall-Erzählung S. 5 ff. ist
die in unserm Zusammenhang bedeutsame Versuchungsgeschichte (Gen 3,1–7) eigenständiger Herkunft; sie sei durch J in das ‚Garten-Eden-Thema‘ (das nach H a a g
vom sog. adāmāh-Thema in Gen 2–3 zu unterscheiden ist) eingearbeitet worden.
Vgl. auch W e s t e r m a n n S. 265 f.

[86]) B e g r i c h S. 36 f. Von daher erkläre sich auch „die Knappheit und Blässe in
der Erzählung der Verführung des Mannes"; es fehle die psychologische Vertiefung
wie bei der Verführung der Frau durch die Schlange (S. 29/30). Andere Exegeten,
die sich nicht dem Problem der Quellenanalyse bei J stellen, wollen, voreilig
urteilend, in der Knappheit der Darstellung die Meinung des Erzählers ausgespro-

(vgl. Gen 3,6). Die Versuchungsgeschichte (Gen 3,1–7) – in ihrem Mittelpunkt stehen Schlange und Frau – ist kanaanitischer Herkunft und enthält eine betonte Polemik gegen den Schlangenkult (bzw. Baalskult), der in Palästina archäologisch nachgewiesen ist[87]; es handelt sich dabei um einen Fruchtbarkeitskult: „The figure that looms behind the serpent in Gen 3 is the Canaanitic Baal, appearing in the guise most tempting to Israel: that of a serpent. For in this particular shape he was the life-giver, the life-renewer, the phallus. As such he belonged especially to the Canaanitic autumn and New Year feast, with its sexual excitement and frenzy. But to the prophets and their circles this ‚renewal of life‘ was simply and solely immorality and sensuality (cf. Hos 4,12b–14)"[88]. Die Vorstellung, daß die Frau als erste der Verführung (durch die Schlange) erliegt und dann ihrerseits den Mann verführt, findet sich in ähnlicher Form in mehreren aus patriarchalischen Kulturen stammenden Sündenfallmythen, in denen der Frau die Übertretung eines Verbotes und im Zusammenhang damit der Verlust des Lebens und des Paradieses angelastet wird[89]. Daß dieses vorgegebene mythische Motiv von dem Verfasser rezipiert und für seine israelitische Verhältnisse und Geschichte veranschaulichende und deutende Erzählung verwertet wurde, dürfte in der gemein-alttestamentlichen Erfahrung begründet sein, daß sich die israelitischen Frauen – und zwar nicht zuletzt wegen der rein männlichen Prägung des Jahwekultes – zu den benachbarten Fremdkulten hingezogen fühl-

---

chen finden, daß die Frau über den Mann einen besonderen Einfluß zum Bösen wie zum Guten habe (vgl. B e g r i c h S. 29). Wieder andere konstruieren aus der Er-zählung eine leichtere Verführbarkeit und damit sittliche Minderwertigkeit der Frau im Vergleich zum Mann, z. B. K. B u d d e , Die biblische Paradiesesgeschichte (ZAW, Beih. 60), Gießen 1932, S. 46: „Ihre Klugheit beweist sie (sc. die Schlange) schon dadurch, daß sie sich an das Weib richtet, das selbstverständlich als das unverstän-digere und sinnlichere der beiden Menschenwesen gilt . . . "; ähnlich urteilen H e i -n i s c h S. 120 und P r o c k s c h S. 31.

[87]) Vgl. H a a g , Sündenfall-Erzählung S. 5; R e n c k e n s S. 247; beachte beson-ders F. H v i d b e r g , The Canaanitic Background of Gen I–III, in: VT 10, 1960, 285–294 (ebd. S. 287: „The Canaanitic Baal appears not only in the form of a man . . . but also in the form of a serpent"); s. auch L o r e t z S. 117, 121.

[88]) H v i d b e r g a. a. O. S. 289.

[89]) Dazu vgl. S e i f e r t (oben Anm. 63) S. 272 f., 286 (ausdrücklich wird dabei auf die Abhängigkeit dieses mythischen Motivs von der patriarchalischen Gesellschafts-kultur hingewiesen); vgl. auch F. H e r r m a n n , Symbolik in den Religionen der Naturvölker (Symbolik der Religionen, hg. v. F. H e r r m a n n , Bd. 9) Stuttgart 1961, S. 132.

ten und dadurch eine Gefahr für die Jahwereligion waren[90]. Nicht mit einer angeblich leichteren Versuchlichkeit oder Verführbarkeit, d. h. sittlichen Minderwertigkeit der Frau ist es demnach in Verbindung zu bringen, daß sie nach Gen 3 als Verführerin des Mannes hingestellt wird (wie es auf Grund von Geringschätzung der Frau wiederholt geschehen ist[91]), wohl dagegen mit der Tatsache, daß die Frau durch den Ausschluß vom Jahwekult, also durch ihre unzureichende religiöse Entfaltungsmöglichkeit und Bildung, dazu verleitet wurde, Ersatzreligionen zu suchen[92]. Für das göttliche Strafurteil ist dem Text (Gen 3,8–19) zufolge die Frage nicht bestimmend, wer von den beiden Menschen zuerst der Sünde verfallen war – wie auch immer die Rolle der Frau durch den Erzähler aus dem oben erläuterten Grunde dargestellt wird. Beide werden persönlich und unmittelbar

---

[90]) Vgl. dazu Gen 31,19; Ri 17,4 ff.; 1 Kön 15,13; Jer 7,17; 44,15–19.25. Nach B e e r S. 41 mit Anm. 2 waren viele der bei Ausgrabungen in Palästina gefundenen Amulette und Götterfiguren, darunter Darstellungen der Fruchtbarkeitsgöttin Astarte, im Besitz israelitischer Frauen. – Wegen der Gefahr der Kulturverfremdung und Abgötterei waren in Israel Ehen israelitischer Männer mit heidnischen Frauen streng verboten, vgl. Ex 34,16; Esr 9,1ff.; Neh 13,23 ff.

[91]) Vgl. oben Anm. 86. Die Äußerungen der genannten Kommentatoren stehen in nichts denen des rabbinischen Spätjudentums nach, die noch in das NT hinein fortwirkten (vgl. 1 Tim 2,14 und 2 Kor 11,3) und ihren Einfluß auf die Kirchenväter ebenfalls nicht verfehlt haben (über die rabbinischen Auslegungen zu Gen 3 s. E. B r a n d e n b u r g e r, Adam und Christus. Exegetisch-religionsgeschichtliche Untersuchung zu Röm 5,12–21; 1 Kor 15 [WMANT Bd. 7] 1962, S. 39 f., 49 f., 44 f.).

[92]) Auf diese negative Auswirkung des weitgehenden Ausschlusses der Frau von der Jahwereligion weisen ausdrücklich einige Autoren hin, so K ö h l e r, Theologie S. 53: „Die Abmachung Jahwes mit Israel ist eine Abmachung mit den Männern; denn sie stellen das Volk dar. ... Die Frau hat in dieser Offenbarung keinen Platz; deshalb ist sie für die Verehrung Jahwes eine dauernde Gefahr". Vgl. auch W. R u d o l p h, Jeremia (Handbuch zum Alten Testament, hg. von O. Eissfeldt, Erste Reihe, Bd. 12), 3. Aufl. Tübingen 1968, S. 55: „Nach dieser Stelle (sc. Jer 7,16 ff.) ist die Verehrung der Himmelskönigin (sc. babylonisch-assyrische Ischtar) in erster Linie Sache der Frauen, die ja tatsächlich in der Jahwereligion einigermaßen zu kurz kamen". Sehr richtig stellt auch B e r t i n e t t i S. 23 f. diesen Zusammenhang heraus: „Das Fehlen geordneter religiöser Betätigungsmöglichkeiten verleitete die Frauen geradezu, inoffiziell zu wirken. So hatte die Unterbindung der Kultausübung vielfach die Herausbildung einer Art Ersatzreligion, die von männlicher Seite als Aberglaube und Götzendienst bezeichnet wurde, zur Folge. Man wird hierin einmal die ganz natürliche Reaktion auf den unberechtigten Ausschluß eines ganzen Volksteils von der zur Männerangelegenheit gewordenen Religionsausübung, zum anderen aber das Weiterleben alten Volksaberglaubens, der speziell durch die ungenügend aufgeklärten Frauen gepflegt und tradiert wurde, sehen dürfen". Ähnlich erklärt sich auch die Zugehörigkeit von Frauen zu christlichen Häresien (Montanismus etc.), darüber s. H e i n z e l m a n n, Schwestern S. 50 f.

von Gott angesprochen, zur Rechenschaft gezogen und bestraft[93]. Das Strafgericht ist seinem Inhalt nach eine religiöse Sinngebung und Deutung der konkreten empirischen Wirklichkeit, wie sie der Jahwist vorfindet, einer Wirklichkeit, die belastet ist durch vielerlei Leiden und Beschwerden für Frau und Mann. Diese Mühsal im menschlichen Leben führt der Hagiograph auf einen Fluch, auf eine göttliche Strafe zurück, die infolge einer Ursünde über die Menschheit verhängt wurde[94]. Aus der Strafandrohung Gottes, die sich gegen die Frau richtet, geht hervor, daß der Jahwist außer den Beschwerden der Schwangerschaft und den Geburtsschmerzen das Beherrschtwerden der Frau durch den Mann als Folge ihrer Sünde sieht (Gen 3,16), während die den Mann treffende Strafe sich in dessen Lebens- und Arbeitsbereich auswirkt, wie er sich der Vorstellung und Sicht des Jahwisten darbietet (Verfluchung des Ackerbodens, Mühsal des Broterwerbs, vgl. Gen 3,17ff.). Das palästinensische Kolorit ist in den Strafurteilen stark ausgeprägt[95]. In dem Satz „. . . er (der Mann) wird herrschen über dich", וְהוּא יִמְשָׁל־בָּךְ (Gen 3,16), hat man lange Zeit ein göttliches Gebot im Sinne einer Anordnung gesehen. Diese Interpretation liegt vermutlich schon im Neuen Testament vor[96]. Auch einige der bei Gratian zitierten Väterstellen scheinen Gen 3,16 als göttliche Anordnung zu fassen[97]. Die betreffende Stelle kann jedoch nicht so gedeutet

---

[93]) Vgl. Bertinetti S. 93.

[94]) Vgl. Renkens S. 256; Bertinetti S. 94; v. Rad S. 75, 81f.; ebenfalls Westermann S. 74 ff., 266 f. (mit Hinweis auf den ätiologischen Charakter außerbiblischer Sündenfallmythen, auf die die – nicht zum ursprünglichen Bestandteil der Paradiesgeschichte gehörenden – Strafsprüche der Genesis letztlich zurückgehen); Schmidt S. 215, 218.

[95]) Vgl. Stier S. 17 („Altisraelitische Ohren mochten und sollten wohl hören, daß mit Acker und Weib gerade die Fruchtträger betroffen sind, denen der kanaanäische Fruchtbarkeitskult das Gedeihen zuwirken sollte").

[96]) Die Unterordnung der Frau wird nach 1 Kor 14,34 u. a. um „des Gesetzes" willen gefordert. Die Kommentatoren verweisen öfter auf Gen 3,16. Auch nach Strack-Billerbeck III 468 hat der Apostel vermutlich diese Stelle im Auge gehabt; doch dürfe man den Ausdruck νόμος nicht pressen, auch die traditionelle Sitte habe als Tora (= Gesetz) gegolten. Zurückhaltender urteilt H. v. Campenhausen, Die Begründung kirchlicher Entscheidungen beim Apostel Paulus (Sitzungsberichte der Heidelberger Akadamie der Wissenschaften, phil.-hist. Kl., 2. Abh. Jg. 1957), S. 24: „Paulus folgt (sc. bei dem Schweigegebot für die Frau) anscheinend einer in den jüdischen Synagogen herrschenden Übung, die seiner Meinung nach auch durch das alte ‚Gesetz' bestätigt wird (14,34) . . ., aber es bleibt unklar, woran Paulus hier denkt und ob er überhaupt an eine bestimmte Stelle des Pentateuchs denkt".

[97]) Vgl. c. 15 in C. 33 q. 5 (Hieronymus zu Tit 2,5): „. . . Verbum autem

und verstanden werden (wie im übrigen auch der Kontext erkennen läßt): „ . . . die Worte ,er soll dein Herr sein' sind nicht Gebot, sondern drohende Ankündigung der Folgen des menschlichen Ungehorsams . . . Hier wird die Stellung der Frau, wie sie – entgegen der göttlichen Schöpferabsicht – im Alten Orient wirklich war, begreiflich gemacht, nicht aber eine ,Ordnung' proklamiert" [98]. Das Beherrschtwerden der Frau durch den Mann, wovon der Verfasser von Gen 3 offensichtlich Zeuge war, erscheint ihm als schicksalhaftes Verhängnis, so daß er die Erklärung und Ursache dafür (wie für die anderen den Menschen belastenden Plagen) in einer Ursünde sucht. Wenn man freilich diesen deutlich hervortretenden ätiologischen Charakter der Aussage, der im übrigen auch die Sündenfallmythen der Naturvölker kennzeichnet [99], außer acht läßt, kommt es zu der abwegigen Interpretation von Gen 3,16 als göttliches Gebot oder als Strafe, die nicht aufgehoben werden soll. Abgesehen von ihrer Unhaltbarkeit zeugt eine solche Interpretation, die bis heute Rechtskonsequenzen für die Frau in der Kirche nach sich zieht, von nicht weniger Herzlosigkeit und Rücksichtslosigkeit als die Auffassung extrem-konservativer Kalviner, „die auf Grund von Gen 3,16 die modernen Methoden der schmerzlosen Niederkunft für unerlaubt erklären und auf Grund von Gen 3,17–19a Impfung gegen Krankheiten (sogar beim Vieh!) verweigern" [100].

Die neutestamentlichen, näherhin die paulinischen Stellen, die in den von Gratian verwerteten patristischen Aussagen zum Beweis des status subiectionis der Frau herangezogen werden, stehen in Abhängigkeit von den oben behandelten alttestamentlichen Schriftstellen. In dem Ps.-Augustinus (= Ambrosiaster) zuzuordnenden Kap. 13 in C. 33 q. 5 wird als Schriftbeleg für das vermeintliche Nichtgottebenbildlich-Sein der Frau neben Gen 1,27 noch 1 Kor 11,7a zitiert: „Daher sagt

---

Domini blasphematur, uel cum contempnitur Dei prima sentencia et pro nichilo ducitur . . . dum contra legem fidemque naturae ea, que Christiana est, e t e x l e g e D e i s u b i e c t a, uiro inperare desiderat . . . "; vgl. auch cc. 18 und 19 ibid.

[98]) H. G r e e v e n, Die Frau im Urchristentum (Sonderdruck des Zentralblatts für Gynäkologie 81, 1959) S. 298; s. auch R e n c k e n s S. 255 („Statt ein Gesetz zu formulieren, konstatiert das Urteil . . . eine Tatsache"); ebenso v. d. M e e r S. 38 („Gen 3,16 ist doch kein Gesetz [im Sinne von ,Vorschrift'], sondern ein konstatiertes Faktum"); vgl. auch v. R a d S. 82.

[99]) Dazu vgl. S e i f e r t (oben Anm. 63) S. 259, 262 f.; H e r r m a n n (oben Anm. 89) S. 138–141; ebenfalls W e s t e r m a n n S. 74 f.

[100]) v. d. M e e r S. 38.

auch der Apostel: ‚Der Mann freilich soll sein Haupt nicht verhüllen, weil er Bild und Abglanz Gottes ist‘"; der Ambrosiaster fährt fort: „die Frau aber muß es verhüllen, weil sie weder Abglanz noch Bild Gottes ist (*mulier ideo uelat, quia non est gloria aut imago Dei*)[101]. Wenngleich der Schrifttext selbst diese Folgerung nicht zieht, so muß aber doch eingeräumt werden, daß der vom Ambrosiaster angefügte Satz zumindest dem Sinn des Apostelwortes entspricht, heißt es doch 1 Kor 11,7b von der Frau: „die Frau dagegen ist Abglanz des Mannes". Daraus wie aus dem Kontext geht hervor, daß nach Paulus die Gottebenbildlichkeit auf den Mann beschränkt ist (wie weiter unten noch ausführlicher dargelegt wird). Diese Folgerung wird auch in Kap. 19 in C. 33 q. 5, das dem Korintherkommentar des Ambrosiaster entnommen ist, aus 1 Kor 11 gezogen[102]. Mit der Beschränkung der Gottebenbildlichkeit auf den Mann ist für Paulus auch seine „Haupt"-Stellung gegenüber der Frau (vgl. 1 Kor 11,3; Eph 5,23) und ihre Unterordnung unter den Mann (vgl. Eph 5,22.24) gegeben, wovon in einigen von Gratian rezipierten patristischen Aussagen ebenfalls die Rede ist (vgl. cc. 15 und 19 in C. 33 q. 5). Paulus begründet die dem Mann reservierte Vorzugstellung folgendermaßen: „Der Mann ist nämlich nicht aus der Frau, sondern die Frau ist aus dem Manne. Auch wurde ja der Mann nicht um der Frau willen geschaffen, vielmehr die Frau um des Mannes willen" (1 Kor 11,8 f.; [vgl. 1 Tim 2, 13: „denn Adam wurde zuerst erschaffen, dann erst Eva"]). Deutlich ist damit Bezug genommen auf die jahwistische Schöpfungserzählung (besonders auf Gen 2,21–24), die Paulus als einen Bericht über ein tatsächliches Ereignis versteht[103]. Weiter geht aus 1 Kor 11,8 f. hervor, daß Paulus die jahwistische Schöpfungserzählung als Interpretation der priesterschriftlichen Schöpfungserzählung aufgefaßt und verwendet hat, insofern er nämlich dem Kollektiv-Begriff אָדָם (ādām) aus Gen 1,26 f. in 1 Kor 11,7a die verengte Bedeutung „Mann" unterlegt (was

---

[101]) Bei Gratian erscheint dieser Satz ebenfalls als Apostelwort, wie aus der Interpunktion ersichtlich ist, vgl. ed. Friedberg, Corpus I 1254; dagegen ist in den von A. Souter edierten „Quaestiones veteris et novi Testamenti" (CSEL 50, 243), denen das angegebene Kapitel entnommen ist, nur 1 Kor 11,7a durch den Druck als Zitat gekennzeichnet, nicht aber der vom Ambrosiaster angefügte Satz.

[102]) In wörtlicher Übereinstimmung mit c. 13 heißt es dort: „mulier debet uelare caput, quia non est imago Dei" (ed. Friedberg, Corpus I 1255).

[103]) Vgl. Jervell S. 308: „Paulus rechnet deutlich damit, daß nur der Mann am sechsten Tage geschaffen worden ist. Erst später wurde das Weib geschaffen …"; vgl. auch E. F. Scott, The Pastoral Epistles (The Moffat New Testament Commentary 13.) London 1948, S. 27.

zur Beschränkung der Gottebenbildlichkeit auf den Mann führt): „der Mann nämlich braucht sein Haupt nicht zu verhüllen, weil er Gottes Bild und Abglanz ist". Für das Verständnis von 1 Kor 11 ist zu beachten, daß Paulus hier ganz in der jüdisch-rabbinischen Tradition der Genesisauslegung steht, wie durch die exegetische Forschung einwandfrei nachgewiesen wurde[104]. Im Gefolge dieser Tradition faßt er Gen 2,21 ff. streng historisch und kommt dabei zu der Auffassung, daß ein „seinsmäßiger Unterschied"[105], eine Rangordnung zwischen den Geschlechtern bestehe, insofern der Mann zuerst und unmittelbar aus Gottes Hand hervorgegangen, die Frau hingegen später, und zwar aus dem Mann gebildet worden sei. Solches Denken ist deutlich geprägt von der rabbinischen und gemein-orientalischen Vorstellung „Alles, was wertvoll ist, geht dem anderen voran" oder „Das Ältere ist das Wertvollere"[106]. Die zeitlich frühere und unmittelbare Erschaffung des Adam durch Gott impliziert nach spätjüdischer Auffassung, daß nur er Gottes Abbild ist[107]; der Frau als dem „abgeleiteten, sekundären Wesen" wird die Teilhabe an dieser Würdestellung abgesprochen: „Eva ist nicht nach Gottes Bild geschaffen, sondern aus Adam entstanden"[108]. Wenn Paulus die Frau – im Gegensatz zum Mann, der unter Verwendung rabbinischen Sprachgebrauchs[109] als εἰκὼν καὶ δόξα

---

[104]) Vgl. bes. Jervell S. 293, 295 f., 311; Schaller S. 189; Weiß S. 270; Wendland S. 91 („Paulus bedient sich hier zweifellos einer traditionellen Auslegung der Schöpfungsgeschichte, die mit der faktischen, durchgehenden Unterordnung der Frau in kultischer und rechtlicher Hinsicht zusammentrifft, welche die antike Welt beherrschte"); Strack-Billerbeck III 427 ff.

[105]) So Jervell S. 298 f.; ähnlich Wendland S. 90.

[106]) Vgl. J. Jeremias, Art. Adam, ThW I 141; auch 1 Tim 2,13 (Hinweis auf Ersterschaffung des Adam als Motiv des Lehrverbots für die Frau) ist bestimmt von diesem Prinzip (s. dazu J. Jeremias, Die Briefe an Timotheus und Titus, NTD, Neues Göttinger Bibelwerk, hg. von P. Althaus u. G. Friedrich, Bd. 4), 8. Aufl. Göttingen 1965, S. 19; Brox S. 134 f.

[107]) Jervell S. 109 ff. bringt zahlreiche Belege aus rabbinischen Schriften für die Beschränkung der Gottebenbildlichkeit auf Adam bzw. auf den Mann; vgl. auch Schaller S. 113, 152 f., 172, bes. S. 189.

[108]) Tanch B Tazria 10, bei Jervell S. 110 (mit weiteren Quellenangaben); zusammenfassend sagt Jervell S. 111: „Die rabbinische Theologie tendiert dazu, nicht nur – heilsgeschichtlich gedacht – Eva, sondern jeder Frau die Gottebenbildlichkeit abzusprechen". Daneben gibt es aber auch noch eine andere Auffassung im Rabbinentum, wonach beide, Mann und Frau, als gottebenbildlich gelten; als gottebenbildlicher Mensch wird das Ehepaar betrachtet (Belege bei Jervell S. 111 f.). Von dieser Auffassung ist allerdings Paulus in 1 Kor 11,3 ff. nicht bestimmt, eher zeigt sich ihr Einfluß in 1 Kor 11 f. (vgl. dazu Jervell S. 311 f.).

[109]) Vgl. Jervell S. 299; Schaller S. 189.

ϑεοῦ charakterisiert wird – 1 Kor 11,7b als δόξα ἀνδρός, „Abglanz
des Mannes", bezeichnet, beschreibt er das Verhältnis der Frau zum
Mann als Abhängigkeit des Abbildes bzw. des Abglanzes vom (eigentlichen) Bild (= der Mann)[110]; auch damit steht er im Rahmen der
jüdisch-rabbinischen Tradition[111]. Dadurch ist unmißverständlich zum
Ausdruck gebracht, daß nach Paulus die Frau nicht eigentliches Abbild
Gottes ist, sondern nur der Mann (allerdings wird nicht deutlich, worin
diese durch die Schöpfung begründete, auf den Mann eingeschränkte
Gottebenbildlichkeit besteht; Jervell[112] weist darauf hin, daß im Hinblick auf spätjüdische Vorstellungen an die Herrscherstellung des
Mannes, vor allem auch an seine religiösen Vorrechte zu denken sei).
Aus der Beschränkung der Gottebenbildlichkeit auf den Mann bzw.
aus seiner primären Erschaffung leitete das Spätjudentum – und in
seinem Gefolge: Paulus – die „Haupt"-Stellung des Mannes gegenüber der Frau ab, wovon u. a. in 1 Kor 11,3 die Rede ist; Paulus
stellt hier – in Anlehnung an die rabbinische Überlieferung[113] – eine
Stufenfolge auf: Gott – Christus – Mann – Frau, in der das jeweils
vorangehende Glied als „Haupt" (κεφαλή), im Sinne von „Ober-
haupt", begründender Anfang oder Ursprung (= ἀρχή)[114] des
nächstfolgenden bezeichnet wird. Dazu bemerkt Johannes Weiß[115]:
„Die Klimax: Gott (Christus), Mann, Weib weist dem Weibe eine
nicht nur dem Manne untergeordnete, sondern auch von Christus und

---

[110]) Vgl. Jervell S. 300; H. Schier, Art. κεφαλή, ThW III 678.

[111]) Schaller S. 24, 33 weist darauf hin, daß die LXX, die von der jüdischen
Überlieferung beeinflußt ist, den Ausdruck כְּנֶגְדּוֹ (= als sein – Adams – Gegen-
stück, Gen 2,18) mit κατ' αὐτόν übersetzt. Vgl. auch Jervell S. 300.

[112]) Jervell S. 301 („gerade darin, daß das Weib nicht dieselben religiösen
Pflichten hatte wie der Mann, lag im Rabbinismus ein Grund, der Frau Gottteben-
bildlichkeit abzusprechen"); s. auch ebd. S. 109. Ähnlich auch Schaller S. 152: nach
einer rabbinischen Überlieferung bestehe die Gottebenbildlichkeit in dem Beschnitten-
sein, d. h. in der realen Zugehörigkeit zum Gottesvolk (dadurch mußte die Frau eo
ipso als nicht-gottebenbildlich gelten).

[113]) Nach Schaller S. 188 f. läßt sich in der targumischen Übersetzung von
Gen 1,26 f. und 2,18 die Aufeinanderfolge Gott-Adam-Eva nachweisen. Da Paulus
1 Kor 11,7 den Mann (gegen seine sonstige Gewohnheit und ohne auf die Mittler-
stellung Christi einzugehen) unmittelbar als „Bild Gottes" bezeichne, sei es so gut
wie sicher, daß die Reihenfolge auch bei ihm ursprünglich Gott-Mann-Frau gelautet
und er sie nur christologisch erweitert habe.

[114]) Vgl. H. Schlier, Art. κεφαλή, ThW III 678,33 f. („κεφαλή meint den, der über
dem anderen in dem Sinne steht, daß er sein Sein begründet"); Wendland S. 90
(„Der Terminus ‚Haupt' meint das Hervorragende, Vorgeordnete, besonders das
Haupt einer Gemeinschaft").

[115]) Weiß S. 270.

Gott entferntere Stellung an ... wir müssen zugeben, daß V. 3 (sc. 1 Kor 11,3) unter dem Niveau von Gal 3,28 bleibt, in echt jüdisch-rabbinischer Geringschätzung des Weibes". Paulus versucht durch die Argumentation in 1 Kor 11,3 ff. die aus dem Judentum auf die christliche Gemeinde übertragene Sitte theologisch zu begründen, die von den Frauen verlangt, in der Gemeindeversammlung, beim Beten und Prophezeien, den Schleier zu tragen. Diese Sitte hat demnach für Paulus die Bedeutung, die der Frau gemäß der „Schöpfungsordnung" zugewiesene inferiore Stellung anzuzeigen [116]. Damit hängt engstens die weitere Bedeutung zusammen, die Paulus dem Schleier in V. 10 zuweist – nämlich als Abwehrmittel gegen Dämonen zu dienen – und die aus folgender Anschauung zu erklären ist: Das Spätjudentum sah in der Gottebenbildlichkeit, die es sich auf dem Haupt, eher noch auf dem Gesicht (πρόσωπον) des Mannes befindlich dachte [117], ein Schutzmittel gegen Angriffe und Versuchungen von seiten der Dämonen [118], was darauf zurückzuführen ist, daß mit der Gottgleichheit die Herrscherstellung verknüpft wurde: der Besitz der ἐξουσία über die Tiere, über die Dämonen und über die übrigen Geschöpfe [119]. Da die Frau nach dieser von Paulus rezipierten Auffassung als bloße δόξα des Mannes den Dämonen schutzlos preisgegeben ist, muß sie einen Ersatz-Schutz, ein Machtzeichen (ἐξουσία) in Form einer Kopfbedeckung [120] tragen διὰ τοὺς ἀγγέλους [121] (V. 10). Wie Jervell [122] mit Recht bemerkt, schließt diese Verpflichtung aus, daß die Frau nach Paulus eine auch nur zweitrangige Gottgleichheit besitzt; denn das Verhüllen wäre in diesem Falle überflüssig. Außer ihrer Nichtgottebenbildlichkeit erfordert es nach Paulus auch noch die „Schwachheit" der Frau, ihre „religiös-sittliche Minderwertigkeit", daß sie eine ἐξουσία, also ein Machtzeichen auf dem Kopf trägt [123]. Diese Vorstellung geht zurück auf eine

---

[116] Vgl. W e n d l a n d S. 91.

[117] Vgl. J e r v e l l S. 303 mit Anm. 433, S. 114.

[118] Vgl. J e r v e l l S. 305 ff.

[119] Vgl. J e r v e l l S. 305.

[120] M. D i b e l i u s , Die Geisterwelt im Glauben des Paulus, Göttingen 1909, S. 18 ff. führt aus, daß dem Schleier nach verbreitetem Volksglauben eine magische Kraft zugeschrieben wurde.

[121] J e r v e l l S. 307, ebenfalls W e i ß S. 274 und H. L i e t z m a n n , An die Korinther 1.2 (Handbuch zum Neuen Testament, begr. v. H. Lietzmann, hg. v. G. Bornkamm, Bd. 9) 4. Aufl. Tübingen 1949, S. 54, der sich auf D i b e l i u s stützt, verstehen unter τοὺς ἀγγέλους Dämonen, böse Geister; vgl. dazu auch unten Anm. 128.

[122] J e r v e l l S. 308.

[123] Vgl. J e r v e l l S. 368 f.

spätjüdische Auslegung der Urgeschichte (Gen 3), wonach nur Eva, nicht Adam sündigte[124]: die Schlange vermochte Adam nicht anzufassen, die Macht Satans sei durch die Frau gekommen[125]. Den Niederschlag dieser Tradition findet man außer in 1 Kor 11,10 vor allem in 2 Kor 11,1–4[126] und 1 Tim 2,14[127], wo es ausdrücklich heißt: „und nicht Adam wurde verführt, sondern die Frau ließ sich verführen und kam zu Fall" (dieser Gedankengang bildet wie in 1 Tim 2,11ff. das Motiv für die Unterordnung der Frau in den von Gratian rezipierten patristischen Stellen, vgl. cc. 18 und19 in C. 33 q. 5). In 1 Kor 11, 10 ist die rabbinische Interpretation von Gen 3 kombiniert mit jüdischen Spekulationen über Gen 6,1ff. (Verkehr der Gottessöhne[128] mit den Menschentöchtern). J. Weiß interpretiert die Anspielung des Paulus auf diese Stelle in 1 Kor 11,10 folgendermaßen: „Wie nach

---

[124]) Vgl. Jervell S. 304 mit Anm. 436; ebenfalls Brandenburger (oben Anm. 91) S. 39 f., 44 f., bes. 49 f. (dort zahlreiche Quellenbelege).

[125]) Vgl. Jervell S. 305 mit Anm. 442; s. auch Brandenburger S. 49 f.: Nach slav. Hen. 31,6 u. Apok. Abr. 23 sei der Anschlag des Teufels gegen Adam nur über Eva möglich geworden.

[126]) Paulus vergleicht hier die Gemeinde mit einer Jungfrau, die er Christus geweiht habe. Christus und Gemeinde werden in Parallele gesetzt zu Adam und Eva. Paulus fürchtet, daß, wie Eva der Verführung der Schlange erlegen war, so auch die Gedanken der Gläubigen von der Einfalt und Lauterkeit Christus gegenüber abgekehrt werden. Der Vergleich ist nur dann zutreffend, wenn die Anschauung zugrunde liegt, daß Eva durch die Schlange zur Treulosigkeit Adam gegenüber verführt wurde. Tatsächlich gibt es eine verbreitete rabbinische Tradition, nach der Eva einer sinnlich-geschlechtlichen Verführung der Schlange erlegen war; auf diese Tradition stützt sich hier Paulus (vgl. Jervell S. 304; Brandenburger S. 50; Strack-Billerbeck I 138).

[127]) Auf die spätjüdische Tradition als Grundlage für 1 Tim 2,11ff. weisen u. a. hin Jervell S. 304f., Brandenburger S. 50, ebenfalls Brox S. 134 f. unter Berufung auf W. Nauck (Die Herkunft des Verfassers der Pastoralbriefe. Ein Beitrag zur Auslegung der Pastoralbriefe, Diss. Göttingen 1950, masch., S. 96 ff.), demzufolge es sich bei der Stelle 1 Tim 2,13–15 a, die das Lehrverbot 1 Tim 2,12 begründet, um einen kurzen Midraš handelt, der sich eng an die Regeln der rabbinischen Schriftauslegung anlehnt. Den Anlaß für das Lehrverbot bildet nach Brox S. 133 eine häretische (gnostische) Praxis; nach gnostischer Auffassung konnte nämlich die Frau zur öffentlichen Lehre in der Versammlung durchaus zugelassen werden. – Über die Frage der Verfasserschaft der Pastoralbriefe besteht in der Forschung noch keine einhellige Meinung; während sowohl von kath. wie auch noch von einigen evgl. Exegeten an der Echtheit der Briefe festgehalten wird, gewinnt (auch in der kath. Exegese) die Auffassung zunehmend an Gewicht, daß die „Annahme der Echtheit die Auslegung der Briefe eher erschwert und zum Verständnis weniger beiträgt als die gegenteilige These" (Brox S. 25; vgl. auch die eingehenden Ausführungen zur Verfasserfrage ebd. S. 22–60).

[128]) Die LXX übersetzt „Gottessöhne" (Gen 6,2) mit ἄγγελοι τοῦ θεοῦ; vgl. die Parallele in 1 Kor 11,10: διὰ τοὺς ἀγγέλους.

Gen 6,1ff. die Söhne Gottes die Töchter der Menschen, durch ihre Schönheit angelockt, verführt haben . . . , so ist noch immer die Gefahr vorhanden, die Lüsternheit der Engel (sc. Geister, Dämonen) zu reizen, wenn die Frau im Gebet sich dem himmlischen Lebenskreise naht. Darum muß sie sich verhüllen, um durch den Schleier die Angriffe der Engel fernzuhalten, die dem Manne" (insofern er nach Paulus allein Abbild Gottes ist) „nichts anhaben können" [129]. Wie in rabbinischen Quellen belegt ist, diente der Schleier im allgemeinen dazu, die Unterordnung der Frau unter den Mann anzuzeigen [130]; diese Bedeutung hat er auch nach den patristischen Aussagen bei Gratian [131]. Den inneren Zusammenhang der beiden Funktionen der Kopfbedeckung (einerseits ist sie Mittel der Dämonenabwehr, andererseits Zeichen der Unterordnung) erklärt Jervell so: „ . . . man darf . . . die ἐξουσία (vgl. 1 Kor 11,10) als eine Art Kopfbedeckung auffassen, die gerade dadurch, daß sie die sekundäre Stellung des Weibes, seine Unterordnung unter den Mann angibt, auch als ein Schutzmittel gegen Dämonen oder abtrünnige Engel dient. Durch diese Kopfbedeckung hat sie auch teil an dem durch die Gottebenbildlichkeit dem Manne gegebenen Schutze gegen Dämonen. Weil sie nicht gottgleich ist, muß sie eine Kopfbedeckung haben" [132]. – In einer gewissen Hinsicht schwächt Paulus seine Aussage über die schöpfungsgemäße Inferiorität der Frau (1 Kor 11,3ff.), durch die er die Vorschrift des Schleiertragens u. a. zu motivieren sucht, ab, wenn er in V. 11f. erklärt: „Es gilt aber im Herrn weder der Mann unabhängig von der Frau noch die Frau unabhängig vom Mann; denn wie die Frau aus dem Mann, so ist auch der Mann durch die Frau; alles aber ist aus Gott". Damit dürfte zum Ausdruck gebracht sein, daß Mann und Frau „im Herrn" aneinander gebunden sind [133] und weder dem einen noch dem andern Geschlecht letztlich eine Vorzugstellung vor Gott zukommt [134]. Die Aussage ist allerdings nicht in dem Sinne zu verstehen, als hebe sie die vorher-

---

[129] Weiß S. 274f.

[130] Vgl. dazu Strack-Billerbeck III 427–437.

[131] Vgl. cc. 13 u. 19 in C. 33 q. 5; s. auch dictum Gratiani C. 15 q. 3 princ. („in signum subiectionis uelatum caput habere").

[132] Jervell S. 309 (J. weist ebd. Anm. 459 in dem Zusammenhang darauf hin, daß der Frau nach rabbinischer Auffassung nach dem Sündenfall befohlen wurde, langes Haar zu tragen, vgl. Strack-Billerbeck III 442).

[133] Vgl. Wendland S. 92.

[134] Vgl. Lietzmann (oben Anm. 121) S. 55.

gehenden Ausführungen über den minderen seinsmäßigen Rang der Frau und ihrer daraus resultierenden untergeordneten Stellung wieder auf[135].

Von der jahwistischen Schöpfungserzählung über die Erschaffung der Frau (Gen 2,21ff.) und den jüdisch-rabbinischen Interpretationen derselben ist auch die Perikope Eph 5,22–33 deutlich beeinflußt, der Gratian (vgl. dictum p. c. 11 in C. 33 q. 5) in Anlehnung an die von ihm zitierten patristischen auctoritates (vgl. z. B. C. 33 q. 5 c. 15) die Aussage von der Frau als dem „Leib des Mannes" (*corpus viri*) wie die vom Mann als dem „Haupt der Frau" (*caput mulieris*) entnimmt; (die Bezeichnung des Mannes als „Haupt der Frau" in Eph 5,23 wurde bereits im Zusammenhang mit 1 Kor 11,3, wo sie ebenfalls verwandt wird, erörtert und auf Gen 2,21ff. als ihre Grundlage zurückgeführt, vgl. oben S. 189f.). Paulus bedient sich einer geläufigen jüdischen Formel, indem er die Frau Eph 5,28.29 σῶμα oder σάρξ des Mannes nennt[136]. Sie ist zurückzuführen auf die jahwistische Erzählung über die Entstehung der Frau aus dem Leib des Mannes[137], wie diese ihrerseits als ätiologische Erklärung u. a. für die wohl schon bestehende, die Blutsverwandtschaft bezeichnende Formel „jemandes Fleisch und Bein sein" (vgl. Gen 2,23) und für das „Ein-Fleisch-Werden" der Geschlechter (vgl Gen 2,24) anzusehen ist[138]. Da Paulus in Eph 5,31 Gen 2,24 wörtlich zitiert, folgern manche Exegeten, daß daraus die Bezeichnung der Ehefrau als σάρξ des Mannes in Eph 5,29 stamme[139]. Nach der jahwistischen Erzählung stehen jedoch beide

---

[135]) Vgl. W e n d l a n d S. 92 („Daß V. 11 alles Vorhergesagte wieder aufhebe, sollte nicht behauptet werden").

[136]) Vgl. E. S c h w e i z e r , Art. σάρξ, ThW VII 109,2ff.; 119,1; d e r s., Art. σῶμα, ThW VII 1077, 13ff.

[137]) Das dürfte auch schon dadurch angedeutet sein, daß Eph 5,30: „Denn Glieder sind wir seines (nämlich Christi) Leibes" in vielen Handschriften den Zusatz enthält: „von seinem Fleisch und von seinem Gebein", womit eindeutig auf Gen 2,23 angespielt ist. Dementsprechend interpretiert E. B e s t , One body in Christ. A study in the relationship of the Church to Christ in the epistles of the Apostle Paul, London 1955, S. 178: „The ἐκ (sc. aus seinem Fleisch etc.) suggests, that a s E v e c a m e f r o m A d a m s o t h e C h u r c h c o m e s f r o m C h r i s t; this reproduces the conception of Christ as the ἀρχή of the Church, its originating cause . . . "; vgl. auch S. F. B. B e d a l e , The Theology of the Church, in: Studies in Ephesians, hg. v. F. L. Cross, London 1956, S. 72.

[138]) Vgl. R e n c k e n s S. 203; G u n k e l S. 13.

[139]) So S c h w e i z e r , Art. σάρξ, ThW VII 137,12ff.; M u ß n e r S. 150f.: „Die Frau bildet zwar nicht den ‚Leib' oder das ‚Selbst' des Mannes; aber sie wird nach Gen 2,24 in der Ehe mit ihrem Manne ‚ein Fleisch', so daß die eheliche Liebe des

Vorgänge, Bildung der Frau aus dem Mann und das Ein-Leib-Werden der Geschlechter, wie eben erwähnt, in Korrelation, so daß es hinreichend ist, Gen 2,21–24 im ganzen als Quelle des auf die Frau angewandten „Leib"- bzw. „Fleisch"-Begriffs in Eph 5 zu bezeichnen und zu sehen. Entscheidender ist in unserem Zusammenhang die Tatsache, daß Paulus durch die Verwendung dieses Begriffes die Frau weniger als eigenständige, selbstverantwortliche Person, sondern mehr als Besitz und Eigentum des Mannes und als ein ihm untergeordnetes Wesen kennzeichnet, das auf die Leitung durch ihn, ihr „Haupt", angewiesen ist [140]. Nun darf zwar nicht übersehen werden, daß das Wort σῶμα bei Paulus i. a. „immer den ganzen Menschen, nicht einen Teil meint", und zwar „in seinem Gegenüber zu Gott oder zu seinen Mitmenschen" [141]. Es rückt damit hinsichtlich seiner Bedeutung in die Nähe von „Person". Bemerkenswert ist aber, daß σῶμα (bzw. σάρξ) nie den Mann im Verhältnis zur Frau bezeichnet, was ja im Hinblick auf das „Ein-Fleisch-Werden" der Geschlechter (vgl. Gen 2,24 und Eph 5,31) an sich auch möglich sein müßte [142], sondern immer ist der Mann nach Paulus „Haupt" der Frau, nie (oder nie auch) ihr „Leib" [143]. Als „Haupt" wird ihm Befehlsgewalt über die Frau ein-

---

Mannes, die sich auf seine Frau richtet, in ihr etwas trifft, was nun zu seinem eigenen (leiblichen) Wesensbestande gehört"; F. Foulkes, The Epistle of Paul to the Ephesians. An introduction and commentary. (The Tyndale New Testament Commentaries, hg. v. R. V. G. Tasker) Michigan 1963, S. 160: „Christ loves her (sc. the Church) as His body ... Even so husbands are to love their wives, as their own bodies. It would seem that Genesis II 24 is already in mind, though it is not quoted till verse 31 ... Paul ... comes closer to the terms of Genesis II 24 when he says, 'For no man ever yet hated his own flesh ...' ".

[140]) Ausschließlich in diesem Sinne versteht F. Rienecker, Der Brief des Paulus an die Epheser, Wuppertal 1961, S. 209 die Aussage Eph 5,28 f., ohne allerdings ihrer Zeitgebundenheit Rechnung zu tragen („Der Leib hat keinen selbständigen Willen, sondern seine gesamte Lebensbewegung wird durch die vom Haupte ausgehenden Impulse geregelt. So steht es um das Verhältnis der Gemeinde zu Christus und ebenso um das Verhältnis des Weibes zum Manne"). Vgl. auch Mußner S. 148.

[141]) Vgl. E. Schweizer, Art. σῶμα, ThW VII 1063.

[142]) Vgl. Schweizer a. a. O. S. 1060, 16: „Im Geschlechtsakt wird der Leib dem andern gehörig".

[143]) Eine Ausnahme könnte in 1 Kor 6,15 f. gesehen werden: „Wißt ihr nicht, daß eure Leiber Glieder Christi sind? Soll ich nun die Glieder Christi nehmen und sie zu Gliedern einer Dirne machen? ... Oder wißt ihr nicht, daß, wer einer Dirne anhängt, ein Leib ist (erg.: mit ihr)? ‚Denn es werden' – so heißt es – ‚die zwei zu einem einzigen Fleisch'" (Gen 2,24).

geräumt (Eph 5,22)[144]. Darüber hinaus wird er im Hinblick auf das Verhältnis Christi zur Kirche, wozu die eheliche Beziehung zwischen Mann und Frau in Parallele gesetzt wird, aufgefordert, die Frau zu lieben – und zwar „als seinen eigenen Leib"[145]. Die Frau hingegen soll sich dem Mann „in allem" (ἐν παντί) unterordnen (V. 24), ja, sie soll ihn fürchten (V. 33). Aus dieser unterschiedlichen Einstufung von Mann und Frau („Haupt"-„Leib") und aus der Verschiedenartigkeit der an beide gerichteten Forderungen bezüglich ihres Verhältnisses zueinander geht deutlich hervor, daß Paulus im strengen Sinne nur den Mann als freie und mündige Person wertet (der Grund für die Höhereinschätzung des Mannes ist, wie schon erwähnt, durch die paulinische Auffassung gegeben, daß der Mann der historisch verstandenen jahwistischen Erzählung [Gen 2,21ff.] zufolge für die Frau die Quelle der Existenz, der Ursprung ihres Seins ist[146]). Die Frau ist demgegenüber auf eine abhängige, relative und untergeordnete Stellung verwiesen[147]. Es muß also konstatiert werden, daß Paulus in 1 Kor 11 und Eph 5 über die alttestamentliche Wertung und Stellung der Frau nicht wesentlich hinausgelangt ist[148], außer daß in Eph 5 das Verhält-

---

[144]) Nach M u ß n e r S. 148 ist das Ausmaß dieser Befehlsgewalt vergleichbar mit der, die ein „Herr" über seine Sklaven hat!

[145]) Diese Wendung in V. 28a und in V. 29 („Fleisch") wird allerdings in V. 28b variiert durch die folgende: „Wer seine Frau liebt, der liebt sich selbst", wodurch eine gewisse Identität der Ehepartner ausgedrückt (vgl. dazu M e t z, Recherches S. 381) und dem Begriff „Leib" annähernd die Bedeutung von Person gegeben wird. Aber immer ist die Frau in Abhängigkeit und in Relation zum Mann gesehen (als Teil seiner selbst [„Leib"] oder als er selbst) und von seiner Person her näher bestimmt – nie umgekehrt! – Die den auf die Frau angewandten „Leib"- bzw. „Fleisch"begriff fraglos kennzeichnende sachhafte Bedeutung trifft im besonderen Maße auch auf den Begriff σκεῦος (Gerät, Gefäß) zu, der in 1 Thess 4,4 u. 1 Pt 3,7 in Anlehnung an den spätjüdischen Sprachgebrauch (in einem ausschließlich sexuellen Sinn) auf die Ehefrau appliziert wird und (in Verbindung mit κτᾶσθαι) das eheliche Verhältnis des Mannes zu seiner Frau als Besitzverhältnis charakterisiert, in dem die Frau eine nur passive Rolle einnimmt und gewissermaßen als Gebrauchsgegenstand betrachtet wird; vgl. dazu Ch. M a u r e r, Art. σκεῦος, ThW VII 361f., 366–368.

[146]) Vgl. B e d a l e (oben Anm. 137) S. 71.

[147]) Treffend bemerkt dazu W e b e r S. 184: „Als Vorbedingung der Verwirklichung jenes mystischen Ebenbildes in der Ehe erscheint also Paulus die unbedingte Untertänigkeit der Frau, und o f f e n b a r g i l t i h m G e h o r s a m a u f i h r e r S e i t e f ü r w e i t u n e r l ä ß l i c h e r, a l s i r g e n d e i n e a n d e r e E m p f i n d u n g, denn indem er vom Manne fordert: ‚Ihr Männer, liebet eure Weiber ... gleichwie Christus auch geliebt hat die Gemeinde und hat sich selbst für sie gegeben ...', sagt er im Anschluß daran den Frauen: ‚aber das Weib fürchte den Mann'".

[148]) Vgl. W e b e r S. 182f. Das trifft jedoch nicht auf 1 Kor 7 und Gal 3,27f. zu.

nis zwischen Mann und Frau in der Ehe durch die gleichnishafte
Beziehung zur Verbundenheit zwischen Christus und Kirche eine
religiöse Vertiefung, Vergeistigung und Dauerhaftigkeit erhalten
hat[149]. – Die Analogie zwischen der Ehe und dem für sie als Urbild
geltenden Verhältnis Christi zu seiner Kirche, die der Paränese an die
Eheleute in Eph 5 zugrunde liegt, geht zurück auf eine besondere Art
einer rabbinischen Auslegung von Gen 2,21ff., und zwar auf die
typologische Übertragung des Verhältnisses Adam-Eva auf das Verhältnis Adam-Israel und die damit verbundene Vorstellung, daß Israel
von Adam abstammt[150]; die Gleichsetzung Evas mit Israel ist das
Ergebnis dieser Auslegung[151]. In Eph 5,31f.[152] ist die Typologie
Adam-Israel im Zusammenhang mit Gen 2,24 auf das Verhältnis
Christus-Kirche übertragen[153], wobei Christus als der eschatologische
Adam verstanden ist[154], die Kirche als das „neue Israel"[155]. Das
von Paulus gebildete Analogieverhältnis impliziert ein unkritisches
biblizistisches Verständnis von Gen 2,21ff.; die als historischer Bericht
mißverstandene jahwistische Erzählung von der Erschaffung der Frau
aus dem Mann ermöglicht nämlich erst die Parallele zwischen Christus–Kirche einerseits und Mann–Frau andererseits und erklärt auch
die im Hinblick auf die Stellung der Kirche Christus gegenüber
erhobene Forderung unbedingter Untertänigkeit der Frau unter den
Mann. Wie wohl kaum eine andere paulinische Aussage führte gerade
Eph 5 – und zwar auf Grund der erwähnten Analogie – dazu, daß
die paulinische Auffassung von der Struktur der Ehe und von der
Unterordnung der Frau gewissermaßen als Dogma betrachtet wurde
und selbst noch bis in unsere Zeit als göttliche Anordnung interpretiert
wird[156]. Ungeachtet dessen, daß der Mann die für eine „Haupt"-

---

[149]) Vgl. W e b e r S. 184.

[150]) Vgl. S c h a l l e r S. 184, 189. Dieser Anschauung liegt auch wiederum die
männliche Zeugungstheorie bzw. der jüdische Stammvatergedanke zugrunde.

[151]) Vgl. S c h a l l e r S. 189.

[152]) „Darum wird der Mensch (ādām) Vater und Mutter verlassen und seiner
Frau anhangen; und die zwei werden zu einem einzigen Fleisch (Gen 2,24). Dieses
Geheimnis ist groß; ich meine es im Hinblick auf Christus und die Kirche."

[153]) Vgl. S c h a l l e r S. 189.

[154]) Vgl. E. S c h w e i z e r, Art. σῶμα, ThW VII 1077.

[155]) Vgl. S c h a l l e r S. 102.

[156]) Nach M ö r s d o r f II 139 ist die Hauptstellung des Mannes in der Ehe (vgl.
c. 1112 mit cc. 93, 98 § 4) in der Kanonistik allgemein als ein göttliches Grundgesetz
der Ehe anerkannt. Vgl. auch D o m s, Ehe als Mitte zwischen ihrem Urbild und
ihrem Nachbild S. 241–243.

Funktion erforderlichen höheren sittlichen und geistigen Qualitäten[157] durchaus nicht immer und allein bietet, wird sie ihm dennoch auf Grund seines Mannseins zugesprochen; eine solche „Ordnung" ist nicht nur sinnwidrig, sondern läßt auch den nötigen Respekt vor der Freiheit und Selbständigkeit der Person der Frau vermissen. Wenngleich man zwar die Ehe als Abbild des Verhältnisses Christi zur Kirche auffassen kann und muß, so ist sie es aber doch nur in einem beschränkten Sinne, insofern es sich in der Ehe – im Unterschied zum Bund zwischen Christus und Kirche – um gleichwertige und gleichberechtigte Partner handelt, deren Verhältnis zueinander eine Herrschaft des einen über den andern von seinem eigentlichen und tiefsten Wesen her ausschließt.

Die kritische Untersuchung der paulinischen und deuteropaulinischen Aussagen (1 Kor 11,3ff.; 1 Tim 2,11–14 [vgl. 1 Kor 14,34 f.[158]]; Eph 5,22–33), die in den bei Gratian angeführten auctoritates patrum und in den dicta Gratiani sowie – im Anschluß daran – auch in der Literatur der Dekretisten und Dekretalisten den „Beweis" für den status subiectionis der Frau liefern, hat ergeben, daß die genannten Stellen von einer deutlichen Minderbewertung der Frau in ontischer wie in religiös-sittlicher Hinsicht geprägt sind. Wie aufgezeigt wurde, ist diese negative Wertung der Frau auf die starke Gebundenheit des Paulus und des Verfassers der Pastoralbriefe an die spätjüdisch-rabbinische Tradition zurückzuführen[159], in deren Gefolge auch die rabbinische Genesis- und Schriftinterpretation übernommen wurde[160]. Wie die von

---

[157]) Eine höhere sittliche Forderung stellt z. B. Augustinus in zwei bei Gratian aufgenommenen Stellen an die Männer um ihres angeblichen Hauptseins willen: „...ad eos pertinet et uirtute uincere, et exemplo regere feminas" (C. 32 q. 6 c. 4); „Si caput est uir, melius debet uiuere uir, et precedere in omnibus bonis factis uxorem suam" (ibid. c. 5). Faktisch wird jedoch meistens ein Herrschafts- und Machtanspruch über die Frau und eine privilegierte Stellung ihr gegenüber aus dem angeblichen Hauptsein des Mannes abgeleitet.

[158]) Gegen die Stelle 1 Kor 14,34 f. sind textkritische Bedenken von Gewicht erhoben worden, vgl. dazu G. Fitzer, „Das Weib schweige in der Gemeinde". Über den unpaulinischen Charakter der mulier-taceat-Verse in 1 Korinther 14 (Theologische Existenz heute, hg. v. K. G. Steck u. E. Eichholz, N. F. Nr. 110) München 1963; H. Lietzmann – W. G. Kümmel, An die Korinther I.II (Handbuch zum Neuen Testament Bd. 9), 4. Aufl. Tübingen 1949, S. 75.

[159]) Vgl. die rabbinischen Quellenbelege und Parallelen zu den genannten Stellen bei Strack-Billerbeck III; s. auch Schaller S. 187–189; vgl. oben Anm. 104.

[160]) Vgl. v. Campenhausen (oben Anm. 96) S. 42; Brox S. 134 ff.

rabbinischem Denken geprägte Auffassung von der Frau in den paulinischen und deuteropaulinischen Stellen keine Verbindlichkeit beanspruchen kann, ebenso sind auch die Rechtskonsequenzen, die sowohl
Paulus bzw. der Verfasser der Pastoralbriefe [161] als auch Gratian,
gestützt auf die auctoritas patrum, daraus für die Frau herleiten,
ungerechtfertigt, weil ohne jedes reale Fundament.

---

[161]) Das „paulinische" Lehrverbot für die Frau (vgl. 1 Kor 14,34 f. und 1 Tim 2,
11 ff.) übte bereits auf die frühen Kirchenordnungen einen maßgebenden Einfluß aus,
vgl. dazu W. L o c k, A critical and exegetical commentary on the pastoral epistles
(The International critical commentary, hg. von S. Rolles Driver u. a., Bd. 11)
Edinburgh 1924, S. 29, wo auf folgende Kirchenordnungen hingewiesen wird:
Canon. Hippol. §§ 81–88 („mulier libera ne veniat veste variegata in ecclesiam . . .
n e v e o m n i n o l o q u a n t u r i n e c c l e s i a q u i a e s t d o m u s D e i". Die „Begründung" [„quia est domus Dei"] ist sehr aufschlußreich, im Hinblick auf die Wertung der Frau nämlich); Test. Dom. II 4; Const. Apost. III 6.

DOGMATISCHER TEIL

DAS TRADITIONELLE AMTSVERSTÄNDNIS ALS GRUNDLAGE FÜR DEN AUSSCHLUSS DER FRAU VOM PRIESTERLICHEN DIENSTAMT – IN KRITISCHER SICHT

Die Argumente dogmatischer Art, die zur Begründung des Ausschlusses der Frau vom Dienst im kirchlichen Amt angeführt werden, wurden in der theologischen Fachliteratur der vergangenen Jahre bereits wiederholt einer kritischen Prüfung unterzogen und durch stichhaltige Gegenargumente widerlegt[1]. Dieser Gegenbeweis läßt sich jedoch noch teilweise vervollständigen; besonders die Auseinandersetzung mit dem konservativen Amtsverständnis, auf Grund dessen gegen die Zulassung der Frau zum Ordo opponiert wird, bedarf einer solchen Vertiefung und Ergänzung, und zwar in bezug auf einen bestimmten Teilaspekt der Amtsauffassung: den der Stellvertretung. Im Rahmen dieser Arbeit kann freilich das Problem nicht ausführlich, sondern lediglich ansatzweise behandelt werden; einige grundlegende Überlegungen sollen die Fragwürdigkeit der herkömmlichen Auf-

---

[1] Außer auf die in der vorliegenden Untersuchung häufiger zitierten Arbeiten von v. d. M e e r und v. E y d e n (s. Literaturverzeichnis) sei noch auf folgende Literatur hingewiesen: V. E. H a n n o n, The Question of Women and the Priest-hood. Can women be admitted to holy orders?, London 1967; M. D a l y, Kirche, Frau und Sexus, Olten-Freiburg i. B. 1970; J. P e t e r s, Die Frau im kirchlichen Dienst, in: Concilium 4, 1968, S. 293–299; R. J. B u n n i k, Das Amt in der Kirche. Krise und Erneuerung in theologischer Sicht, Düsseldorf 1969, S. 140–147. – Aus der reichhaltigen evangelisch-theologischen Literatur, die sich mit der Frage der Ordination der Frau befaßt, seien folgende Untersuchungen erwähnt: G. H e i n t z e, Das Amt der Pastorin, in: EvTh 22, 1962, S. 509–535; H. D. W e n d l a n d, Das geistliche Amt der Frau in der heutigen Kirche, in: Kirche in der Zeit 17, 1962, S. 81–85; H. D. W e n d l a n d – O. H. v. d. G a b l e n t z – W. S t ä h l i n, Die Frau und das geistliche Amt der Kirche, in: Quatember 27, 1962/63, S. 63–77; M. B a r o t, Die Ordination der Frau: ein ökumenisches Problem, in: Zusammen. Beiträge zur Soziologie und Theologie der Geschlechter, hg. v. Ch. Bourbeck, Witten 1965, S. 329–337; I. B e r t i n e t t i (s. Lit.-Verz.); K. K l e i n, Das Amt der Pastorin, in: EvTh 26, 1966, S. 96–109.

fassung von Amt und Stellvertretung, insofern sie sich gegen eine Zulassung der Frau zum kirchlichen Amt richtet, beleuchten.

1. Die traditionelle Amtsauffassung als Argument für den Ausschluß der Frau

Der Inhaber des presbyterialen und episkopalen Amtes gilt nach der traditionellen katholischen Amtsauffassung als Stellvertreter Christi, als der, der in seinen Amtsfunktionen, vor allem in der kultischen Feier Christus darstellt und repräsentiert[2]. Obwohl das Neue Testament den Stellvertreterbegriff in dieser fest geprägten, juridisch-statischen Form noch nicht kennt – darauf wird weiter unten (S. 212 ff.) noch eingegangen –, sind Ansätze dazu doch schon verhältnismäßig früh entwickelt worden[3]; im Laufe der Zeit ist er dann zu einer wesentlichen Charakterisierung des Amtsträgers in der katholischen Theologie geworden[4]. Anknüpfend an diese Tradition wird die Stellvertreterfunktion des Priesters sowie der kirchlichen Amtsträger überhaupt in mehreren Enzykliken Pius' XII.[5] hervorgehoben, besonders nachdrücklich und wiederholt in seiner Enzyklika „Über die heilige Liturgie" (Mediator Dei): „Der Diener des Altars vertritt die Person Christi als des im Namen aller Glieder opfernden Hauptes"

---

[2]) Vgl. dazu die grundlegende Untersuchung von P. E. Persson, Repraesentatio Christi. Der Amtsbegriff in der neueren römisch-katholischen Theologie (Kirche und Konfession Bd. 10), Göttingen 1966; (eine begriffliche Unterscheidung zwischen Stellvertretung und ‚repraesentatio' wird vom Verf. nicht vorgenommen, beide Begriffe hängen innerlich zusammen).

[3]) Vgl. dazu J. Pascher, Die Hierarchie in sakramentaler Symbolik, in: Episcopus. Studien über das Bischofsamt (Festschrift für Kard. M. v. Faulhaber), Regensburg 1949, S. 278–295, besonders S. 290–294; M. C. Vanhengel, Die Rolle des Priesters in der Symbolik der Sakramente, in: Theologie der Gegenwart 9, 1966, S. 137–144, besonders S. 137–139. Vgl. auch den Text aus dem Ambrosiasterkommentar zu 1 Kor 11,10 (bei Gratian C. 33 q. 5 c. 19): „mulier... non habeat potestatem loquendi, quia episcopus personam habet Christi. Quasi ergo ante iudicem Christum, ita ante episcopum sit, quia uicarius Domini est, propter peccatum originale debet subiecta uideri" (Corpus, ed. Friedberg, I 1255 f.).

[4]) Vgl. Persson (dort viele Quellenbelege); W. Kasper, Amt und Gemeinde, in: Glaube und Geschichte, Mainz 1970, S. 396 Anm. 24 weist auf den Bedeutungswandel hin, den der Begriff repraesentatio vom 1. zum 2. Jahrtausend von einer „mehr symbolisch-sakramental-aktualistischen" zu einer mehr juridisch-statischen Auffassung" machte.

[5]) So in den Rundschreiben „Mystici Corporis Christi" (AAS 35, 1943, 193–248, bes. 200, 210 f., 232) und „Humani generis" (AAS 42, 1950, 561–577, bes. 568).

(... *personam Christi utpote Capitis gerit*)[6]. „Nur den Aposteln und späterhin denen, die rechtmäßig von ihnen und ihren Nachfolgern die Handauflegung empfangen haben, wird die priesterliche Gewalt erteilt, kraft deren sie gegenüber dem von ihnen vertretenen Volk die Person Jesu Christi darstellen" (... *Iesu Christi personam sustinent*)[7]. Die Fähigkeit des Priesters, Christus in dieser Form zu vertreten und zu repräsentieren, wird nach katholischer Lehre auf die Gnadenwirkung der Priesterweihe zurückgeführt, näherhin auf die Einprägung des sakramentalen Weihecharakters. Auch darüber spricht die erwähnte Enzyklika Pius' XII.: Die Priester sind „allein ... mit dem unauslöschlichen Merkmal gekennzeichnet, durch das sie Jesus Christus als Priester gleichförmig werden"[8]; ähnlich an anderer Stelle: „Durch die Priesterweihe dem Hohenpriester angeglichen, besitzt er (scil. der Priester) die Vollmacht, in der Kraft und an Stelle der Person Christi selbst zu handeln"[9].

Die Auffassung der Enzyklika von der Stellvertretung – sie findet sich auch noch in der Lehre des Zweiten Vatikanischen Konzils[10] – wird von J. Pascher[11] unter ausdrücklichem Bezug auf das Rundschreiben weiter entfaltet. Pascher sieht in der christlichen Eucharistiefeier eine Darstellung und Vergegenwärtigung des geschichtlichen Abendmahls, ein heiliges Spiel, in dem dem Priester die Aufgabe zufällt, „die Person Christi zu tragen" (diesen Ausdruck verwandte ebenfalls die Enzyklika) „oder, um es genauer zu sagen, im entscheidenden Bilde darzustellen"[12], wozu ihn nach Pascher die Weihe befähigt: „Was zunächst den priesterlichen Darsteller betrifft, so ist er durch die erhöhte Stellung am Altar und durch die Kultkleidung aus dem Volk herausgehoben. Er ist der Darsteller Christi. Selbst theologisch wird

---

[6] AAS 39, 1947, 556; deutscher Text nach: Unseres Heiligen Vaters Pius' XII. Rundschreiben über die heilige Liturgie (lat.-deutsch), Freiburg 1948, Nr. 92 (S. 81); vgl. auch Nr. 83: „Der Priester handelt nur deshalb an Stelle des Volkes, weil er die Person unseres Herrn Jesus Christus vertritt, insofern dieser das Haupt aller Glieder ist und sich selbst für sie opfert ... Das Volk aber, das unter keiner Rücksicht die Person des göttlichen Erlösers darstellt noch Mittler ist zwischen sich selbst und Gott, kann in keiner Weise priesterliche Rechte genießen" (a. a. O. S. 75); AAS 553 f.

[7] Ebd. Nr. 40 (a. a. O. S. 43); AAS 538.

[8] Ebd. Nr. 42 (a. a. O. S. 45); AAS 539.

[9] Ebd. Nr. 68 (a. a. O. S. 63); AAS 548. Zahlreiche weitere Belege für diese Auffassung bei Persson S. 73 ff., 90 f., 115 mit Anm. 80, 116 f.

[10] Vgl. dazu unten S. 209 f. Siehe auch Persson S. 12 mit Anm. 15.

[11] Die Hierarchie S. 278–283.

[12] Ebd. S. 282.

seine Bedeutung mit den Kategorien des Schauspiels bestimmt, wenn es heißt, er und er allein sei bei der Eucharistiefeier *in persona Christi*" (*persona* hat in diesem Zusammenhang nach Paschers Auffassung wieder viel von seiner alten Grundbedeutung als „Maske" oder „Rolle" in einem Schauspiel erhalten[13]); „... um diese Rolle im Kultdrama spielen zu können", braucht der Priester „eine innere ihm durch das Weihesakrament aufgeprägte Christusähnlichkeit"[14].

Wenngleich die Fähigkeit des Priesters, Christus in dieser Weise zu repräsentieren, als eine Auswirkung des Weihesakramentes, also einer pneumatischen Kraft, verstanden wird, so gilt dennoch paradoxerweise, aber unbestreitbar das männliche Geschlecht des Priesters – eine biologische Qualität – in der traditionellen katholischen Theologie als Hauptvoraussetzung für die Stellvertretung Christi im Amt. Während diese Auffassung in der Enzyklika ‚Mediator Dei' und ebenso in Texten des Zweiten Vatikanischen Konzils freilich nur in implizierter Form, nichtsdestoweniger aber deutlich genug zum Ausdruck kommt[15], hat sie auf die Konzeption verschiedener katholischer Autoren von Amt und Stellvertretung einen bestimmenden Einfluß geübt. Nach O. Semmelroth, dessen Amtsverständnis in dieser Weise geprägt ist[16], geschieht in der Kirche eine Fortsetzung und bildliche Darstellung der „erlösenden Begegnung", die sich zwischen Christus und der Menschheit vollzog; sie werde in der Kirche dadurch konkretisiert, „daß ihre geweihten Amtsträger kraft des unauslöschlichen Weihemerkmals Christus vertreten und daß die Gemeinde Mariens Empfangen und Mitopfern nachvollzieht, indem sie das Wort des Lehr- und Hirten-

---

[13]) Vgl. ebd. S. 283.

[14]) P a s c h e r, Die christliche Eucharistiefeier als dramatische Darstellung des geschichtlichen Abendmahles, München 1958, S. 4; vgl. d e r s., Die Liturgie der Sakramente, 3. Aufl. Münster 1962, S. 9. Ähnlich S c h m a u s, Dogmatik IV/1, 6. Aufl. 1964, S. 757. – Nicht selten wird die Auffassung vertreten, die Einheit zwischen Christus und dem Priester komme besonders beim Rezitieren der Konsekrationsworte zum Ausdruck, indem der Priester spreche: „Hoc est corpus meum", nicht aber „Hoc est corpus Christi" (so P r e m m III/1 S. 26; ähnlich P a s c h e r, Die Hierarchie S. 295).

[15]) Vgl. Rundschreiben über die heilige Liturgie Nr. 198 (a. a. O. S. 159; AAS 39, 1947, 592); Dekret über Dienst und Leben der Priester (Presbyterorum ordinis) Art. 11 (AAS 58, 1966, 1008); Dogmatische Konstitution über die Kirche (Lumen gentium) Art. 20/21 (AAS 57, 1965, 23 f.).

[16]) Nach P e r s s o n S. 121 erscheinen bei ihm „die üblichen Gedankengänge" (über Amt und Stellvertretung) „in außergewöhnlich klaren und konzentrierten Formulierungen".

amtes hört und das Opfer des Priesteramtes mitfeiert"[17]. Im Opfer
der Eucharistie sieht Semmelroth dementsprechend ein sakramentales
Abbild jenes „himmlichen Opferkultes', in dem das Opfer Christi
und das Mitopfer Mariens auf Kalvaria die ewige Gültigkeit vor dem
Vater hat"[18]. Noch deutlicher ist die Ausübung des Amtes als männliche Rolle, die Funktion der Gemeinde dagegen als weibliche gekennzeichnet, wenn Semmelroth bemerkt: „Was Paulus im fünften Kapitel
des Briefes an die Epheser über das Verhalten des Mannes seiner Frau
gegenüber schreibt, gilt weithin für das Verhalten des Priesters seiner
Gemeinde gegenüber, das (Text: die) ja in ähnlicher Weise wie die Ehe,
ja noch viel realistischer, Nachbild der Begegnung zwischen Christus
und Maria ist"[19]. Eine solche in den Kategorien geschlechtlicher Polarität befangene Auffassung vom Amt und seinem Verhältnis zur Gemeinde – sie ist ähnlich auch bei anderen Autoren anzutreffen[20] – hat
freilich notwendig zur Folge, daß der Frau die Befähigung zum kirchlichen Amt völlig abgesprochen wird. Christus, der Bräutigam der
Kirche und ihr Haupt, das lebenzeugende Prinzip für sie, – so und
ähnlich wird argumentiert – könne von einer Frau, die ein dem
Mann unterworfenes, passiv-empfangendes Wesen, also nicht „Haupt"
(wie er) sei, nicht repräsentiert werden. Nicht selten bildet diese Vorstellung das wesentliche Argument für den Ausschluß der Frau vom
Ordo; so bei E. Krebs, der bemerkt: „Als Vater, Gatte und Bräutigam
steht Christus seiner Kirche gegenüber ... Vater sein und Bräutigam
sein ist aber beides Manneswerk. Und so liegt im Amte des Priesters
eine mystische Beziehung zum Mannsein, die es begreiflich erscheinen
läßt, daß Christus dieses männliche Amt dem Manne anvertraut

---

[17]) Maria S. 131; ders., Amt S. 208 („Die Begegnung der lehrenden Amtsträger
der Kirche mit der hörenden Gemeinde ist kraft der Einsetzung Christi Darstellung
der Offenbarung Gottes in Jesus Christus an die empfangenden und daher die
hörende Maria nachbildenden Gemeindeglieder"). Ähnlich, allerdings zurückhaltender – der Vergleich der Gemeinde mit Maria ist aufgegeben – äußert sich der Verf.
auch noch in ‚Demokratie in der Kirche?', in: Martyria – Leiturgia – Diakonia (Festschrift für H. Volk), hg. v. O. Semmelroth, Mainz 1968, S. 406.

[18]) Maria S. 99.
[19]) Ebd. S. 149.
[20]) So bei Laurentin, Marie, L'Eglise et le Sacerdoce II S. 74 ff.: Die Kirche
habe zwei Aspekte, sie sei „Jésus-Christ répandu et communiqué" und „l'épouse du
Christ"; nach dem ersten Aspekt sei die Kirche männlich und werde durch Männer
repräsentiert, nach dem zweiten Aspekt sei sie wesentlich weiblich; ihr Typos sei
Maria. Ähnlich A. Wintersig, Liturgie und Frauenseele (Ecclesia orans. Zur
Einführung in den Geist der Liturgie, hg. von I. Herwegen, Bd. 17), Freiburg 1925,
S. 16 ff.

hat"[21]. Auch nach M. Schmaus besteht ein innerer kausaler Zusammenhang zwischen dem männlichen Geschlecht des Priesters und der Stellvertretung Christi, der es nach seiner Meinung rechtfertigt, daß das Amt dem Mann vorbehalten bleibt: „So (scil. wie bei Christus) bedeutet nun auch beim Priester sein Charakter als Mann einen natürlichen Hinweis auf seine Sendung, in der Öffentlichkeit der Welt die Botschaft vom Reiche Gottes zu verkündigen und die Sakramente zu spenden und so in einem in der Kraft Christi vollzogenen Schöpfertum göttliches Leben zu vermitteln. Sache der Frau ist es mehr, das Leben aufzunehmen und zu hegen"[22]. Selbst noch in neueren Veröffentlichungen wird mit ähnlicher Begründung eine Zulassung der Frau zum Dienst im kirchlichen Amt abgelehnt[23].

2. Die Fragwürdigkeit der traditionellen Auffassung von Amt und Stellvertretung

Abgesehen von einer eindeutigen Minderbewertung der Frau – sie ist angeblich nicht befähigt, Christus, das Haupt, zu repräsentieren, da sie inferior ist etc. – impliziert die herkömmliche, aber noch heute verbreitete

---

[21]) Katholische Lebenswerte V/2, 1. u. 2. Auflage Paderborn 1925, S. 483 f.; vgl. auch G. Bichlmair, Der Mann Jesus, 2. Aufl. Wien 1946, S. 118: „Christus ist der Bräutigam, die Kirche seine Braut. Als Stellvertreter und Mitarbeiter Christi mußten auch die Apostel und deren Nachfolger in eine ähnliche Stellung zur Kirche treten. Sie sollten den einen Bräutigam der Kirche sinnbildlich darstellen. Dafür konnten naturgemäß nur Männer in Frage kommen". Ebenso argumentiert Wintersig a. a. O. S. 18.

[22]) Dogmatik IV/1, 5. Aufl. 1957, S. 661; in der 6. Aufl. (1964) S. 753 f. wird diese Auffassung, der eindeutig die aristotelisch-thomistische Vorstellung vom Zeugungsprozeß zugrunde liegt (vgl. dazu v. d. Meer S. 177 ff.), aufgegeben, die Behauptung einer wesensmäßigen Zuordnung nur des Mannes zur Öffentlichkeit aber noch aufrecht erhalten (ebd. S. 753).

[23]) So bei Concetti S. 99 („... die Rolle des Vermittlers" gehört „dem Willen Gottes und Christi gemäß dem Mann infolge seiner Vorrangstellung und wegen seiner natürlichen Fähigkeiten, in konkreten Ausdrucksformen den höchsten Vermittler, welcher Christus ist, darzustellen"); s. auch A. Winklhofer, Kirche in den Sakramenten, Frankfurt 1968, S. 227 („Soll nun er, das Haupt, entgegen der Schöpfungsordnung ... im Realsymbol durch eine Frau, die dem Mann ‚unterworfen‘ und nicht ‚Haupt‘ ist, dargestellt werden können? Das Amt in der Kirche folgt der Schöpfungsordnung"); Remberger S. 134 f. (ders. neuerdings auch in Theologie der Gegenwart 13, 1970, S. 98 f.) spricht der Frau lediglich die Fähigkeit zur Stellvertretung Christi im sog. allgemeinen Priestertum zu. Vgl. ferner C. Bamberg, Die Aufgabe der Frau in der Liturgie, in: Anima 19, 1964, S. 304–317; I.-F. Görres, Über die Weihe von Frauen zu Priesterinnen, in: Der Christliche Sonntag 17, 1965, S. 197–199.

Auffassung von Stellvertretung, auf Grund deren der Frau der Zugang
zum kirchlichen Amt verweigert wird, ein Amtsverständnis, das mit
den biblischen Aussagen über Kirche und Amt nicht in Übereinstimmung gebracht werden kann. Während nämlich das Amt (nach der
paulinischen Konzeption der Kirche als „Leib Christi") Organ und
Funktion unter anderen mannigfachen Funktionen innerhalb des
Leibes ist (vgl. z. B. Röm 12,4–8; 1 Kor 12,27 ff.), eingegliedert in
den Gesamtorganismus des Leibes, werden das Amt und der Träger
desselben nach der traditionellen Amtsvorstellung in betonter Form
als der Gemeinde und der Kirche gegenübergestellt verstanden;
Amt und Amtsträger erscheinen ausgegliedert, herausgenommen aus
der Einheit des Leibes und werden Christus als dem „Haupt" und
„Bräutigam" der Kirche (vgl. Eph 5,23 ff.) zugeordnet. Dementsprechend werden auch die neutestamentlichen Aussagen von der Kirche
als dem „Leib" und der „Braut Christi", die an und für sich das
Verhältnis des erhöhten Herrn zur Kirche in ihrer Gesamtheit
veranschaulichen, im Gefolge der traditionellen Ekklesiologie – zu
Unrecht – auf das Verhältnis zwischen kirchlichen Amtsträgern und
Laiengemeinde bezogen[24]. So – neben anderen Theologen[25] – ausdrück-
lich bei O. Semmelroth: „Wenn die Überlieferung wie auch die Heilige
Schrift die Kirche Braut des Herrn nennt, dann ist damit, genau gesehen, eigentlich die Gemeinde, insofern sie dem Amt gegenübersteht,
gemeint. Denn das Amt vertritt nach katholischem Verständnis gerade
Christus, den Bräutigam. Man muß es also, genau genommen, aus der
Kirche, insofern sie Braut ist, ausklammern. Ähnlich ist es mit der
Aussage, die Kirche sei der Leib Christi. Insofern da eine Wirklichkeit
gemeint ist, die Christus, dem Haupt, gegenübersteht, ist auch hier
wieder zunächst einmal das Amt ausgeklammert. Denn dieses ist ja
sichtbare Darstellung des Hauptes der Kirche"[26]. Die bei Semmelroth
freilich noch gewahrte Unterscheidung zwischen Christus und dem
Priester ist bei Wintersig gewissermaßen aufgehoben; er bemerkt: „In
besonderer Weise der Kirche und der Seele gegenüber Christus, also
Bräutigam zu sein, in heiliger Liebe und gnadenvoller Zeugung, das

---

[24]) Vgl. P e r s s o n S. 129 f.
[25]) Z. B. K r e b s , W i n t e r s i g , L a u r e n t i n (vgl. oben S. 205 f. mit Anm. 20
u. 21).
[26]) Amt S. 27; vgl. d e r s ., Maria S. 130, 146.

ist Wesen und Beruf der heiligen priesterlichen Ordnung, die aus der Reihe der Gläubigen heraus ihnen gegenübertritt"[27].

Zur Bildung dieses Amtsverständnisses hat fraglos eine illegitime Übertragung der Eheparänese in Eph 5,22–33 auf das Verhältnis Amt–Gemeinde in Verbindung mit einem unbiblischen, simplifizierten Begriff von Stellvertretung erheblich beigetragen. Nach Eph 5 ist ja die Ehe Abbild des Bundes zwischen Christus und der Kirche, wobei die Stellung des Mannes mit der Christi verglichen wird, die der Frau mit der Stellung der Kirche[28]. In Angleichung daran und auf Grund der Stellvertretungstheorie sieht die traditionelle Theologie den Bischof als den Bräutigam der Ortskirche, was seinen Niederschlag im Ritus der Bischofsweihe gefunden hat: in der Übergabe des Ringes an den Bischof. Das Ringsymbol deutet an, daß der Bischof als der Vertreter und Repräsentant Christi mit der Ortskirche vermählt wird[29]. Diese geistliche Ehe galt als so real, daß aus ihr weitreichende kirchenrechtliche Folgerungen gezogen wurden, und zwar in völliger Analogie zur „leiblichen" Ehe[30], die zum Teil noch heute nachwirken. Ebenfalls wird das Verhältnis des Pfarrers zur Gemeinde in Anlehnung an Eph 5 als geistliche Ehe gefaßt[31]; die nach Eph 5 vom Mann erwartete Haltung seiner Frau gegenüber gilt als Maßstab und Norm auch für das Verhalten des Priesters der Gemeinde gegenüber[32].

Unter Amt und Stellvertretung ist also verstanden, die Stelle Christi als des Hauptes und Leben spendenden Bräutigams der Kirche im Gegenüber zu ihr einzunehmen und so seine Funktion fortzusetzen. Die Fähigkeit dazu wird, wie oben S. 203 ff. ausgeführt, an zwei Voraussetzungen geknüpft: an das männliche Geschlecht und an die Or-

---

[27]) Liturgie S. 18. Eine ähnliche Form der Überhöhung der Stellung des Priesters liegt auch bei Premm III/2 S. 389 vor: „Durch die Priesterweihe wird der Geweihte dem irdischen Bereich entzogen und steht wie ein anderer Christus vor uns, als Mittler zwischen Gott und Mensch in allen religiösen Belangen".

[28]) Vgl. dazu Exegetischer Exkurs S. 195 ff.

[29]) Die Ringformel lautet nach dem Pontificale Romanum (Regensburg 1888) I 84: „Accipe annulum, fidei scilicet signaculum: quatenus sponsam Dei, sanctam videlicet Ecclesiam, intemerata fide ornatus, illibate custodias" (die Formel verwendet allerdings nicht die dem Mittelalter an sich durchaus bekannte Ausdrucksweise „sponsa episcopi"). Über Herkunft und Entwicklung des Ringsymbols s. V. Labhart, Zur Rechtssymbolik des Bischofsrings (Rechtshistorische Arbeiten, hg. v. K. S. Bader, Bd. 2), Köln 1963.

[30]) Dazu s. J. Trummer, Mystisches im alten Kirchenrecht. Die geistige Ehe zwischen Bischof und Diözese, in: ÖAKR 2, 1951, 62–75.

[31]) Vgl. Trummer a. a. O. S. 66.

[32]) Vgl. Semmelroth, Maria S. 149.

dination. Aus dem Faktum, daß dem männlichen Geschlecht nach der traditionellen dogmatischen Auffassung und nach geltendem kirchlichen Recht die größere Bedeutung für die Christusrepräsentanz zukommt – ist doch bis heute die gültige Ordination an erster Stelle von dieser Bedingung abhängig –, geht hervor, daß die Stellvertretung des Amtsträgers darauf abzielt, Christus in seiner irdischen Existenz, als Mann, darzustellen und abzubilden [33]. Die äußere, biologische Ähnlichkeit mit dem historischen Jesus (aus der man freilich – sehr voreilig – auch eine seelische Übereinstimmung und Ähnlichkeit der Natur folgert) gilt demzufolge als hauptsächliches Erfordernis für die amtliche Stellvertretung [34], immer freilich unter der Voraussetzung der sakramentalen Ordination, die nach traditioneller Lehre die mit dem männlichen Geschlecht vermeintlich gegebene natürliche Befähigung zur Repräsentanz Christi gnadenhaft vervollkommnet und zugleich eine konstitutive Grenze zwischen Klerus und Laienschaft setzt [35]. In dem Dekret über Dienst und Leben der Priester („Presbyterorum ordinis") des II. Vatikanischen Konzils ist diese Wirkung des Weihesakraments folgendermaßen beschrieben: „Dieses zeichnet die Priester durch die Salbung des Heiligen Geistes mit einem besonderen Prägemal und macht sie auf diese Weise dem Priester Christus gleichförmig, so daß sie in der Person des Hauptes Christus handeln können" [36]. Von der

[33]) Tatsächlich spielt das Moment der Sichtbarkeit der Stellvertretung Christi bzw. der Christusrepräsentanz im traditionellen Amtsverständnis eine entscheidende Rolle, vgl. dazu Persson S. 22, 24 mit Anm. 38. Im Papstamt erreicht diese Sichtbarkeit den dichtesten Grad: „In den Handlungen des Papstes ist Christus selbst tätig. In ihnen tritt Christus jeweils im Hier und Jetzt hervor. Im Tun des Papstes wird Christus selbst hör- und sichtbar. Der Papst spielt ja die Rolle Christi. Man kann von ihm sagen: Personam Christi gerit . . . ". Der Papst repräsentiert „im sichtbaren Bereich Christus, das Haupt der Kirche" (Schmaus, Dogmatik III/1, 3.–5. Aufl. 1958, S. 488).

[34]) So deutlich bei Bichlmair (vgl. oben S. 206 Anm. 21), ebenso nach Concetti (vgl. S. 206 Anm. 23); ähnlich auch bei Schmaus, Dogmatik IV/1(6. Aufl.) S. 753: „Es ist naheliegend, daß jener Getaufte, der Christus in einer besonderen Weise als Werkzeug dient, auch an seiner natürlichen Eigenart teilnimmt"; Premm III/2 S. 242 f.: „Der Priester ist Abbild des Hohenpriesters Christus, Führer der Gläubigen, Autoritätsperson – alles Dinge, die wesentlich dem männlichen Bereich zugehören".

[35]) Nach der Enzyklika Pius' XII. „Mediator Dei" (AAS 39, 1947, 539) hat die durch die Priesterweihe gezogene Grenzlinie zwischen Klerus und Laienschaft einen ebenso fundamentalen Charakter wie diejenige, die durch die Taufe zwischen Christen und Nicht-Christen entsteht.

[36]) Dekret über Dienst und Leben der Priester Art. 2 (AAS 58, 1966, 992); deutscher Text nach LThK, Ergänzungsband III 151.

Bischofsweihe als der „Fülle des Weihesakramentes"[37] gilt das nach
der Lehre des II. Vaticanum in besonderem Maße; durch sie wird der
Bischof ohne weiteres zum „Stellvertreter", mehr noch: zum „Typus
Christi"[38]: „Aufgrund der Überlieferung . . . ist es klar, daß durch die
Handauflegung und die Worte der Weihe die Gnade des Heiligen
Geistes so übertragen und das heilige Prägemal so verliehen wird, daß
die Bischöfe in hervorragender und sichtbarer Weise die Aufgabe Christi selbst, des Lehrers, Hirten und Priesters, innehaben und in seiner
Person handeln"[39]. – Daß die so verstandene Stellvertretung in eine
äußerst bedenkliche Nähe zur Identifikation des Bischofs mit Christus
gerät, ist aus den Konsequenzen ersichtlich, die daraus für das Verhalten der dem Bischof zugeordneten Kirchenglieder diesem gegenüber
gezogen werden: Die „Gläubigen" müssen nach der Kirchenkonstitution „dem Bischof anhangen wie die Kirche Jesus Christus und wie
Jesus Christus dem Vater, damit alles in Einigkeit übereinstimme"[40];
denn: „Wer sie (scil. die Bischöfe) hört, hört Christus, und wer sie
verachtet, verachtet Christus und ihn, der Christus gesandt hat"[41];
die Priester sollen „die Autorität des obersten Hirten Christus" im
Bischof „hochachten" und schulden ihm aus diesem Grunde Liebe und
Gehorsam[42]. Wenngleich es freilich daneben an Ermahnungen für die
Bischöfe oder Priester, ihr Amt im Geiste Christi auszuüben, gewiß
nicht fehlt[43], so muß man doch aus den obigen Stellen den Eindruck
gewinnen, daß der Amtsträger als Mann und einzig wegen seiner
Ordination schon in eine solche Nähe zu Christus gerückt bzw. an
seine Stelle gesetzt wird, daß er gewissermaßen die Rechte dessen, den
er vertritt, für sich beanspruchen darf. Diese Tendenz wird außerdem
noch verstärkt durch die auch in den Texten des Zweiten Vatikanischen Konzils beliebte Anwendung des Vaterbegriffs auf den Bischof
und den Priester – ebenfalls eine Folgererscheinung der traditionellen

---

[37]) Dogmatische Konstitution über die Kirche Art. 26 (AAS 57, 1965, 31; LThK,
Erg.-Bd. I 243).
[38]) Ebd. Art. 27 mit Anm. 94 (AAS 57, 1965, 32; LThK, Erg.-Bd. I 245).
[39]) Ebd. Art. 21 (AAS 57, 1965, 25; LThK, Erg.-Bd. I 221).
[40]) Ebd. Art. 27 (AAS 57, 1965, 33; LThK, Erg.-Bd. I 247).
[41]) Ebd. Art. 20 (AAS 57, 1965, 24; LThK, Erg.-Bd. I 217).
[42]) Dekret über Dienst und Leben der Priester Art. 7 (AAS 58, 1966, 1003;
LThK, Erg.-Bd. III 177). Eine ähnliche Forderung richtet sich in dem Dekret über
die Hirtenaufgabe der Bischöfe in der Kirche Art. 16 (AAS 58, 1966, 680; LThK,
Erg.-Bd. II 179) an alle Gläubigen.
[43]) Vgl. dazu Dekret über die Hirtenaufgabe der Bischöfe Art. 15, 16 (AAS 58,
1966, 679 ff.).

Auffassung von Stellvertretung[44]; dabei wird der Amtsträger als Stellvertreter Gottes, des Vaters, gesehen; sein Amt gilt als väterliche Funktion[45]. Der Bezeichnung des Amtsträgers als „Vater" korrespondiert in ausgeprägter Weise die Verpflichtung zum Gehorsam auf seiten der Laien[46]. Das im Voraufgehenden näher charakterisierte traditionelle Verständnis von Stellvertretung läßt sich auf zwei bestimmte Ursachen zurückführen. Einerseits dürfte es in dem Bedürfnis des Menschen begründet sein, des Transzendenten im Immanenten habhaft und ansichtig zu werden, das Unverfügbare Gottes im Irdischen greifbar zu machen[47]. Es handelt sich bei diesem Bestreben des Menschen um ein vordergründiges religiöses Verlangen, das sich der Anstrengung entziehen will, den transzendenten Gott zu finden, der jeder kirchlichen Institution übergeordnet ist und darum nie völlig in Deckung mit ihr gebracht werden kann. Andererseits liegt der Stellvertretungstheorie mit ihren Folgerungen für den Amtsträger zweifellos auch die Absicht zugrunde, der Autorität des Amtsträgers gegenüber den ihm Untergebenen eine möglichst große Dignität zu verleihen, die sie jeder menschlichen Kritik enthebt[48]. Jesu Wort Mt 23,2–12 richtet sich

---

[44]) Vgl. P e r s s o n S. 90, 117.

[45]) Vgl. Dekret über die Hirtenaufgabe der Bischöfe Art. 16 (AAS 58, 1966, 680); Konstitution über die Kirche Art. 21, 28 (AAS 57, 1965, 24, 35).

[46]) Dazu vgl. P e r s s o n S. 101 f., 117 f.; ferner F. W u l f , Stellung und Aufgabe des Priesters in der Kirche nach dem Zweiten Vatikanischen Konzil, in: Geist und Leben 39, 1966, S. 48 („Vielleicht wird man nach einigen Jahrzehnten sogar urteilen, daß auch das Priesterbild des Zweiten Vatikanischen Konzils, vor allem im Priesterdekret [vgl. ebd. Nr. 9 über das Verhältnis des Priesters zu den Laien], noch stark von paternalistischen Vorstellungen mitbestimmt ist").

[47]) Vgl. S e m m e l r o t h , Amt S. 41 („Das Geistliche Amt... stellt den Gott dar, dessen Volk die Kirche ist, und bietet Gott dem Volke sichtbarlich zur Begegnung hin, auf daß es sich als Volk Gottes erlebe").

[48]) Zu einer solchen Begründung von Autorität bzw. Gehorsam bemerkt A. M. H e n r y , Obéissance commune et obéissance religieuse (Supplément de la Vie Spirituelle 6, 1953) S. 262 mit Recht kritisch: „Toute théologie de l'obéissance dont l'insistance irait dans le sens d'une identification entre supérieur et autorité du Christ, risquerait de compromettre gravement les valeurs religieuses et personnelles les plus fondamentales et les plus certaines" (zitiert nach A. M ü l l e r , Das Problem von Befehl und Gehorsam im Leben der Kirche. Eine pastoraltheologische Untersuchung, Einsiedeln 1964, S. 126 Anm. 1; M ü l l e r weist S. 125 f. ebenfalls auf die negativen Auswirkungen einer Identifikation der menschlichen Autorität mit der göttlichen für die Auffassung vom Gehorsam hin: „... Eine Gehorsamslehre geht besser statt von der Gleichsetzung vom Unterschied aus, der zwischen Gehorsam gegen Gott und Gehorsam gegen Menschen besteht"). Vgl. zu dem Problem auch K a s p e r (oben Anm. 4) S. 398; ferner P e r s s o n S. 50.

gegen beide Fehlhaltungen; er verurteilt darin scharf die Gewohnheit der Pharisäer (die er ausdrücklich auch als mögliche Gefahr für seine Jünger voraussieht), sich als „Meister", „Vater", „Führer" bezeichnen zu lassen und sich diese Rolle dem Volk gegenüber anzumaßen. Jesus betont, daß nur einer Vater, nur einer Meister und Führer ist, und weist damit jegliche Form von Aneignung dieser Prädikate durch einen Menschen als illegitim zurück. Dadurch ist aber zugleich auch die noch heute vertretene Auffassung entkräftet und widerlegt, die „vertikal-autoritative" Komponente müsse in der Kirche betont manifestiert werden, sie dürfe nicht „in die Horizontale eingeebnet" werden, da der Glaubensvollzug auf sie angewiesen und auf sie bezogen sei[49]. Jesu Wort „ihr alle seid Brüder" (Mt 23,8) meint nämlich, daß der eine Gott und „Vater im Himmel" (vgl. Mt 23,9) nicht anders bezeugt werden will in dieser Welt als in dem Menschen, der sich den Mitmenschen gleichordnet, der sich nicht über sie erhebt, sondern zum schlichten mitmenschlichen Dienst an ihnen bereit ist (vgl. Mt 23,11f.; vgl. auch bes. Mt 5,14–16).

Gegenüber dem Versuch, den Amtsträger vorschnell auf die Seite Christi zu stellen, ihn gleichsam mit Christus zu identifizieren und der Kirche gegenüberzusetzen – aus welchen Gründen er auch immer vollzogen wird –, ist mit aller Entschiedenheit darauf hinzuweisen, daß nur e i n e r „Haupt", „Herr" und „Bräutigam" der Kirche ist, der zur Rechten Gottes erhöhte Christus (vgl. Eph 4,4 ff.; Eph 5,23b). Er ist Herr und Haupt der Kirche nicht auf Grund dessen, daß er in seiner historischen Existenz als Mann erschien – solche Auffassung

---

[49]) So W. H e i n e n , Die Gestalten des Vaters und des Paternalen in der Lebensgestaltung der Gesellschaft, in: Jahrbuch des Instituts für christliche Sozialwissenschaften der Westfälischen Wilhelms-Universität Münster, hg. von J. Höffner und W. Heinen, Bd. 6, Münster 1965, S. 18: „Die Verewigung des Sohnesstatus oder des Tochterstatus in allgemeiner Verbrüderung widerspricht der Seinsordnung, wenn die Vertikale (hierarchische Über- und Unterordnung) in die Horizontale eingeebnet werden soll". Ähnlich F. G a m i l l s c h e g in: Die Presse, 18. Jan. 1965, S. 3: „Mit dieser horizontal-brüderlichen Komponente muß in der Kirche aber die vertikalhierarchisch-autoritative Komponente zusammenwirken, um die für alle Christen gebotene Kreuzesform zu wahren ... Für diese Komponente haben die Konservativen, die ‚Rechtskatholiken' zu sorgen" (zitiert nach W. D a i m , Progressiver Katholizismus I, München 1967, S. 124). D a i m wendet sich gegen diese Auffassung a. a. O. S. 116 ff., ferner in: Rückkehr zur Brüderlichkeit, in: Kirche und Zukunft, Wien 1963, S. 11 ff. mit Berufung auf Mt 23,8 f.; nach seiner Ansicht läßt sich auch das kirchliche Amt unter den Bruderbegriff subsumieren und durch ihn umschreiben. So auch W. D i r k s , Über die Stellung des Laien in der Kirche, in: M. Lehner – A. Hasler, Neues Denken in der Kirche. Standpunkte (Luzern 1968) S. 207 ff.

verrät eine ungeistliche Denkweise –, sondern insofern er der m e n s c h -
gewordene G o t t ist[50], der sich durch sein Leiden und Sterben die
Kirche erwarb und sie sich als seinen „Leib" zu eigen machte (vgl. Eph
2,13 ff.; Eph 5, 25 f. 29; Apg 20,28). „Alles Leben und Wachstum, der
ganze ‚Aufbau' des Leibes", geht allein von ihm, dem einzigen Haupt
aus[51], und zwar durch die Kraft des πνεῦμα[52]. „Von ihm aus wird
der ganze Leib zusammengefügt und fest zusammengehalten durch
jedes einzelne Gelenk, das da einen Dienst zu verrichten hat je nach
der Kraft, die jedem einzelnen Glied zugemessen ist, und so geht das
Wachstum des Leibes vor sich" (Eph 4,16). Die verschiedenen Dienst-
ämter in der Kirche sind geistliche Gnadengeschenke (Charismen) des
erhöhten Herrn, die er ihr zum Aufbau einstiftet: „‚Aufsteigend zur
Höhe . . . gab er den Menschen Gaben' . . . Er gab die einen als Apostel,
andere als Propheten, andere als Hirten und Lehrer, um die Heiligen
heranzubilden zur Ausführung ihres Dienstes: zur Erbauung des
Leibes Christi" (Eph 4, 8.10 ff.)[53]. Die mit dem Charisma der Leitung
(1 Kor 12,28) begabten Träger des Vorsteheramtes (vgl. Röm 12,8;
1 Thess 5,12) treten ebensowenig wie die Glieder mit anderen Gaben
und Aufgaben um ihres Amtes willen aus ihrer Gliedstellung heraus,
die sie innerhalb der Kirche haben; als bleibende Glieder nehmen sie
niemals die Stelle des Hauptes dem „Leib" gegenüber ein. Sie sind
gewissermaßen Organe, durch die der erhöhte Christus seine Kirche
– zusammen mit den Trägern anderer Charismen[54] – leiten und er-
bauen und zu einer „heiligen Priesterschaft" (vgl. 1 Petr 2,5.9) heran-
bilden will[55]. Sie stehen also Christus gegenüber in einer Dienstfunk-

---

[50]) So – mit Recht – auch D a l y S. 189, 206.

[51]) R. S c h n a c k e n b u r g, Die Kirche im Neuen Testament (Quaestiones disputatae Bd. 14), Freiburg 1961, S. 151 f.

[52]) Vgl. S c h n a c k e n b u r g a. a. O. S. 152; H. S c h ü r m a n n, Die geistlichen
Gnadengaben, in: De Ecclesia I, hg. v. G. Baraúna, Freiburg-Frankfurt 1966, S. 505.

[53]) Vgl. S c h n a c k e n b u r g a. a. O. S. 114, 152; R i t t e r - L e i c h S. 68 f.;
S c h ü r m a n n a. a O. S. 500. Demzufolge läßt sich eine Scheidung zwischen charis-
matischen und amtlichen Diensten nicht durchführen; die charismatische Grundstruk-
tur der Kirche umgreift auch das geistliche Amt. Vgl. dazu S c h ü r m a n n S. 504;
K a s p e r a. a. O. S. 401; H. K ü n g, Die charismatische Struktur der Kirche, in:
Concilium 1, 1965, 288; W. P e s c h, Kirchlicher Dienst und Neues Testament, in:
Zum Thema Priesteramt, hg. von Pesch, Kötting, Dias u. a., Stuttgart 1970, S. 14 f.

[54]) Dazu vgl. K a s p e r a. a. O. S. 402: „Die Strukturierung der Gemeinde
erfolgt innerhalb einer charismatischen Struktur nicht allein vom Amt her; sie ist
nicht ‚dualistisch' auf die Polarität Amt–Gemeinde begründet, sondern ‚pluralistisch'
auf eine Fülle von Charismen".

[55]) Vgl. S c h n a c k e n b u r g a. a. O. S. 25, 152; R i t t e r - L e i c h S. 69, 72.

tion, wie an vielen Stellen des Neuen Testaments betont wird (vgl. Röm 12,4; 1 Kor 3,5ff.; 1 Kor 4,1; 1 Petr 4,10f.; 2 Kor 6,3ff.). Anders als Dienst und Gehorsam Christus gegenüber gibt es im Neuen Testament keine Form von Stellvertretung; nie ist darunter verstanden, die Stelle Christi (als des Hauptes der Kirche) einzunehmen (das ergibt sich schon aus der wesenhaften Ungleichheit von Haupt und Glied), seine Rolle im Gegenüber der Kirche zu spielen, oder gar die abbildhafte Darstellung des Mannes Jesus [56]. In letzterer Auffassung wird das Unvermögen, theologisch zu denken, sowie die Ungeistigkeit und Geschlechtsbetontheit des traditionellen Amtsverständnisses besonders spürbar. In diesem Zusammenhang dürfte ein Hinweis darauf nicht unangebracht sein, daß schon nach dem im Bereich des Kirchenrechts gültigen Begriff von Stellvertretung das Geschlecht für die Stellvertretung irrelevant ist; die Abstraktion von der konkreten Person des zu Vertretenden ist hier so weit entwickelt, daß dieses Prinzip selbst für den Akt der Eheschließung gilt, bei der das Geschlecht der Partner unbestreitbar eine entscheidende Rolle spielt: der verhinderte Partner ist nicht darauf angewiesen, sich durch eine Person seines Geschlechts vertreten zu lassen [57]. Dieses Beispiel veranschaulicht besonders klar, worum es sich bei der Stellvertretung handelt: um einen personal-geistigen Akt, der im Namen des Vertretenen gesetzt wird [58], nicht aber um eine bildliche Darstellung des Vertretenen. Der Wille dessen, der sich vertreten läßt, ist allein maßgebend für den Akt seines Stellvertreters [59]. Als geistiger, personaler Akt ist auch die Stellvertretung nach neutestamentlichem Verständnis, so verschieden sie auch in anderer Hinsicht vom juristischen Institut der Stellvertretung ist [60], frei von jeglicher Geschlechtsgebundenheit.

---

[56]) Vertreter solchen Verständnisses von Amt und Stellvertretung wurden oben S. 206 mit Anm. 21, S. 209 mit Anm. 33, 34 genannt.

[57]) Vgl. A. Kradepohl, Stellvertretung und kanonisches Eherecht (Kanonistische Studien und Texte, hg. von A. M. Koeniger, Bd. 17), Bonn 1939, S. 100, 143.

[58]) Vgl. Mörsdorf I 230.

[59]) Vgl. Kradepohl a. a. O. S. 7 (Der Willensakt des Stellvertreters muß „dem seines Vollmachtgebers konform sein").

[60]) Der Unterschied ist vor allem dadurch begründet, daß zwischen dem zu Vertretenden (Christus) und seinem Stellvertreter eine wesenhafte Inkongruenz besteht, weswegen der Begriff Stellvertretung im Grunde unangemessen ist und nur unter Berücksichtigung dieses Sachverhalts, also mit Vorbehalt gebraucht werden darf; (vgl. dazu die Ausführungen von Kasper a. a. O. S. 396: „der Repräsentationsgedanke . . . beinhaltet nicht eine mystische oder juristische Identifizierung mit Christus, sondern enthält eindeutig eine Differenzierung. Gerade indem die Kirche bzw. das Amt ganz hinter dem Auftrag verschwindet, sich unwichtig macht, ist sie Epi-

Die Fähigkeit zur amtlichen Stellvertretung gründet nach dem Zeugnis des Neuen Testaments in einer gnadenhaften Begabung des Menschen zur Amtsführung, in dem Charisma der Leitung bzw. des Hirtendienstes, das allerdings erst durch die Glaubenshingabe an Christus und durch die innere Verbundenheit des Amtsträgers mit ihm aktiviert und wirksam wird. Zwar haben die Amtsfunktionen auch unabhängig von der inneren Haltung des Amtsträgers ihre Gültigkeit, aber ein stellvertretender Dienst im eigentlichen und vollen Sinn – und das gilt nicht nur für den Träger eines Amtes, sondern für den Christen überhaupt – ist ohne einen existentiellen Glaubensvollzug nicht möglich[61]. Von dem Einssein mit Christus ist ausdrücklich die Rede, wo im Neuen Testament über Stellvertretung bzw. Zeugnis für Christus im amtlichen Sinne gesprochen wird. Als klassische Stelle wird häufig 2 Kor 5, 20 angeführt, ohne daß allerdings auch der Kontext (2 Kor 5, 14 ff.) berücksichtigt wird, der aber gerade die gnadenhaften Voraussetzungen für die Stellvertretung beleuchtet: „Die Liebe Christi drängt uns, wenn wir dies bedenken: Einer ist für alle gestorben, somit sind alle gestorben. Er starb aber für alle, damit die Lebenden nicht mehr sich selbst leben, sondern ihm, der für sie starb und für sie auferweckt wurde... Ist also einer in Christus, ist er eine Neuschöpfung. Das Alte ist vergangen, siehe es wurde neu. Alles aber ist aus Gott, der uns mit sich versöhnte durch Christus und uns den Dienst der Versöhnung übertrug. Ja, Gott war es, der in Christus die Welt mit sich versöhnte, ihnen ihre Vergehen nicht anrechnete und uns die Botschaft der Versöhnung auferlegte. Für Christus (ὑπὲρ Χριστοῦ [62]) also wirken

phanie Christi"). Ein weiterer, mit dem oben genannten zusammenhängender Unterschied zur Stellvertretung im juristischen Sinn liegt m. E. darin, daß der Amtsträger die Fähigkeit zur stellvertretenden Funktion nicht in sich selbst hat, sondern daß sie ihm gnadenhaft von Christus geschenkt wird.

[61] Vgl. dazu die beachtenswerten Ausführungen von K. R a h n e r, Kirche und Sakramente (Quaestiones disputatae Bd. 10), Freiburg 1960, S. 87–95.

[62] J.E. B e l s e r, Der zweite Brief des Apostels Paulus an die Korinther, Freiburg 1910, S. 190 übersetzt ὑπὲρ Χριστοῦ mit „an Christi Statt" (er bezieht sich dabei auf Mt 10,40; außerdem stützt er sich auf 2 Kor 5,15, wo ὑπέρ ebenfalls die Bedeutung von „anstelle von" habe). Ebenso K. P r ü m m, Diakonia Pneumatos. Der Zweite Korintherbrief als Zugang zur apostolischen Botschaft. Auslegung und Theologie, Freiburg 1967, I 345: „... Diese Gleichstellung der Apostel mit Christus im entscheidenden Punkt der letzten Herkunft der Beauftragung steht übrigens ja schon durch die Verse 18 und 19 fest. Das erlaubt es, mit Chrysostomus dem ‚für Christus' in V. 20 dieselbe sachliche Bedeutung beizumessen wie einem ‚an Stelle Christi'". – W. B a u e r, Griechisch-deutsches Wörterbuch, 5. Aufl. Berlin 1958, Sp. 1658 dagegen übersetzt ὑπὲρ Χριστοῦ (2 Kor 5,20) zurückhaltender mit „als Christi Helfer bitten wir".

wir als Gesandte, indem Gott gleichsam durch uns die Aufforderung
ergehen läßt; für Christus bitten wir: laßt euch versöhnen mit Gott!"
Der innere Zusammenhang von Gottes Heilstat am Apostel und
seinem Dienst für Christus, der hier deutlich hervortritt, wird von
J. E. Belser richtig gekennzeichnet, indem er bemerkt: „ . . . ihnen (scil.
den Aposteln) hat Gott den Versöhnungsdienst verliehen, nachdem
sie vorher die Versöhnung an sich selbst erfahren und erlebt haben,
weshalb sie dann nicht ein fremdes, sondern ein ihnen zu eigen gewor-
denes glückliches Geheimnis verkünden" [63]. – Das von Jesus an die von
ihm ausgesandten 70 Jünger gerichtete Wort: „Wer euch hört, hört
mich, und wer euch verachtet, verachtet mich . . . " (Lk 10,16) – häufig
mißbraucht, weil aus dem Kontext gerissen und verabsolutiert – ist
eine Zusage, deren Wirkmächtigkeit ebenfalls an das Einssein der
Gesandten mit ihrem Herrn als unabdingbare Voraussetzung geknüpft ist. Die Jünger stehen unter der Weisung ihres Herrn: „Gehet
hin! Seht, ich sende euch wie Lämmer mitten unter Wölfe" (Lk 10,3) [64].
Den nach Erfüllung ihres Auftrages zurückkehrenden Jüngern, die
ihrer Freude darüber Ausdruck geben, daß sie im Namen ihres Herrn
Macht über die Dämonen besitzen, erwidert Jesus, daß nur Grund
zur Freude darüber besteht, daß sie für immer mit Gott verbunden
sind: „ . . . freut euch, daß eure Namen aufgezeichnet sind im Himmel"
(Lk 10,20). Die Erwählung von seiten Gottes und ihre freie, bereit-
willige Annahme von seiten der Menschen sind also konstitutiv für
das fruchtbare Wirken dessen, der in einem besonderen Amt und
Auftrag für das Reich Gottes arbeitet; keineswegs bewirkt schon das
Amt (bzw. die Ordination) an und für sich die in Lk 10,16 ausgesagte
Identität des menschlichen Wortes mit dem Christi (welche Auffassung
allerdings in der Kirchenkonstitution des II. Vaticanum zum Ausdruck

---

[63]) A. a. O. S. 187. Ähnlich A. S c h l a t t e r, Paulus, der Bote Jesu. Eine Deutung
seiner Briefe an die Korinther, Stuttgart 1934, S. 565: „ . . . Wer im Christus ist, hat
Gott für sich. Zugleich mit dem Empfang der göttlichen Liebe wurde Paulus, da er
ja nicht für sich selber lebt, mit dem Dienst begnadet, der entsprechend dem, was
ihm selber geschah, darin besteht, daß er der Bote jenes göttlichen Willens ist, der die
Versöhnung schafft".

[64]) Dadurch ist deutlich die ganz andere Lebensweise und -ausrichtung der Jünger
im Vergleich zu ihrer Umgebung charakterisiert, aus der sich notwendig eine span-
nungsvolle und gefährliche Lage für sie ergibt, die sie nur in unbedingtem Vertrauen
auf ihren Herrn bestehen können (vgl. W. G r u n d m a n n, Das Evangelium nach
Lukas [Theologischer Handkommentar zum Neuen Testament, hg. von E. Fascher,
Bd. 3] 2. Aufl. Berlin 1961, S. 209).

kommt[65]); die Botschaft des Neuen Testaments weiß darum, daß es unter den Amtsträgern Hirten geben kann, die diesen Namen nicht verdienen, die sich wie „Diebe" und „Räuber" den ihnen anvertrauten Menschen gegenüber verhalten (vgl. Joh. 10,1), oder solche, die nur gezwungen ihren Dienst tun und sich von Gewinn- und Herrschsucht in ihrem Amt leiten lassen (vgl. 1 Petr 5,2 f.). Von ihnen kann die Zusage Jesu über das Wirksamwerden seines Wortes in ihnen nicht gelten. – Daß die Bindung an Jesus allein die Fähigkeit und Würdigkeit für den stellvertretenden Dienst im Amt verleiht, zeigt sich besonders klar an der Berufung des Simon Petrus in das Hirtenamt (vgl. Joh 21,15–17). Dreimal richtet Jesus an Petrus die Frage, ob er ihn liebe, ob er ihn mehr liebe als die anderen. Jesus macht also die Übertragung der Hirtensorge auf Petrus allein von dessen Liebe zu ihm abhängig. Denn Jesus ist und bleibt der einzige wahre Hirt (vgl. Joh 10,11ff.), der „Erst- und Haupthirt" (ἀρχιποιμήν, vgl. 1 Petr 5,4), nur ihm gehören die Schafe – dadurch, daß er sie dem Apostel „zum Weiden überantwortet", begibt er „sich nicht seines Eigentumsrechtes an ihnen"[66]; darum vermag auch nur derjenige, der mit dem einzigen wahren Hirten durch Glaube und Liebe eins geworden ist, dessen „Schafe" im rechten Sinne zu „weiden" und so den stellvertretenden Dienst an ihnen zu leisten. Allein durch die unbedingte Hingabe und den Glauben an Christus wird dem Amtsträger die für die Amtsausübung erforderliche Kraft zuteil. Der neutestamentlichen Botschaft zufolge ist das Angewiesensein des Apostels auf diese Ausrüstung durch die Kraft des Geistes (vgl. Apg 1,8) so grundlegend und total, daß es daneben kein Verlassen und Bauen auf die Kräfte der eigenen Natur oder des Geschlechts geben kann und gibt (vgl. dazu 2 Kor 3,5 f.; 10, 3 ff.; 1 Kor 2,4 f.; Kol 1,28 f.). Der Apostel versteht sich vor Christus ja gerade als einer, der aus sich heraus „schwach" ist (vgl.

---

[65]) Vgl. Dogmatische Konstitution über die Kirche Art. 20 (AAS 57, 1965, 24). Genauer differenziert P. Fransen, Einige dogmatische Bemerkungen über das christliche Priestertum, in: Der Priester in einer säkularisierten Welt (Informationsblatt des Instituts für europäische Priesterhilfe Jg. 2, 1968, H. 1/2) S. 46: die Hierarchie handle nur in ihrer Heiligungsaufgabe, näherhin bei der Sakramentenspendung „in persona Christi", nicht aber in der Ausübung der Jurisdiktionsgewalt. „Der Wille der Hierarchie kann nicht rein und einfach mit dem göttlichen Willen gleichgesetzt werden". Vgl. ders., Art. (Heilige)Weihen, in: Sacramentum Mundi IV, Freiburg 1969, 1281–1283. Zu der Problematik s. auch Persson S. 49 f.

[66]) R. Schnackenburg, Episkopos und Hirtenamt. Zu Apg. 20,28, in: Episcopus (Festschrift für Kard. M. v. Faulhaber) S. 80.

2 Kor 12,9.10; 1 Kor 2,3; 4,10) – ein Selbstverständnis, das zur gängigen Vorstellung von der Natur des Mannes eindeutig im Widerspruch steht[67]. Er weiß aber, daß er im Eingeständnis seiner eigenen Schwäche stark ist (2 Kor 12,10), weil in dieser Haltung alles von Gott erwartet wird und „die Kraft Gottes in der Schwachheit zur Vollendung kommt" (vgl. 2 Kor 12,9). Das Vertrauen darauf, „in der Gnade, die in Christus Jesus ist", stark zu werden (2 Tim 2,1; vgl. 2 Kor 4,7ff.), ist nur als ausschließliches und unbedingtes wirkmächtig.

Solange nun aber kirchliche Lehre und kanonisches Recht in Verkennung der Tatsache, daß Gott in seiner Freiheit ebensogut Frauen wie Männern das auf das Amt hingeordnete Charisma verleihen kann, weiterhin das männliche Geschlecht des Ordinanden zur unabdingbaren Voraussetzung für die gültige Ordination und damit für den Priesterberuf deklarieren, wird zweifellos einer ungeistlichen und unbiblischen Amtsauffassung und -ausübung Vorschub geleistet; dies umso mehr, als sich die Stellung der Frau in der profanen Gesellschaft auf die volle Gleichberechtigung hin entwickelt und der Ausschluß der Frau vom kirchlichen Amt darum nicht mehr wie noch in frühchristlicher Zeit als unreflektierte, unangefochtene Selbstverständlichkeit gilt. Statt die Fähigkeit zur Amtsausübung auf die Kraft und den Geist Gottes zu gründen, ist der Priester der einseitig männlich geprägten Amtsstruktur entsprechend eher geneigt, sie von seinem Mannsein zu erwarten und damit seinem Geschlecht eine wesentliche Bedeutung für die Christusrepräsentanz beizumessen. Dabei läuft er freilich Gefahr, den Dienstcharakter des Amtes weitgehend zu verfehlen, da er nicht selten die ihm als Mann von der Gesellschaft immer noch zugebilligte, auf Unterdrückung der Frau beruhende Rolle des Herrentums und des eigenmächtigen Auftretens übernimmt, ohne Rücksicht darauf, daß sie der Gesinnung Jesu völlig entgegengesetzt ist (vgl. Lk 22,25 ff.)[68]. In welchem Maße das genuin christliche Verständnis von Amt und Stellvertretung durch das Patriarchat und die notwendig damit verbundenen menschlichen Fehlhaltungen verhindert wird, läßt sich be-

---

[67] Vgl. dazu B i c h l m a i r (oben Anm. 21) S. 216: „Der Mann mit seinen schöpferischen, zur Tat neigenden Anlagen, der Mann als Wirker und Werker ist ein Ebenbild und Abglanz des schöpferischen, m a c h t v o l l waltenden und wirkenden Gottes . . . " (s. auch ebd. S. 7, 127).

[68] Auf eine (der unentfalteten Persönlichkeit der Frau korrespondierende) Fehlentwicklung des Mannes im Patriarchat weisen nachdrücklich D a l y S. 171ff. und L. R i n s e r , Unterentwickeltes Land Frau, Würzburg 1970, S. 23, 81f., 88 hin.

sonders plastisch durch folgende Aussage veranschaulichen, die durchaus nicht singulär ist und die unterschiedliche Wertung der Geschlechter in der katholischen Kirche deutlich kennzeichnet: Die Kirche hat „zwar weibliche, mütterliche Züge, aber sie ist nicht Weibersache. Ihr Stifter ist der ewige Gott und vollkommenste Mann, Jesus Christus. Er hat sie nicht auf leicht entzündliche Frauen gegründet, sondern auf zwölf Apostelmänner. Die Frauen sind vom Kirchenregiment (!) ausgeschlossen, und Sankt Paulus schreibt: ‚Die Frauen müssen in der Kirche den Mund halten‘ (1 Kor 14,34). Die göttlichen Gewalten der Sündenvergebung, der gottesdienstlichen Opferhandlung und der Gnadenvermittlung ruhen nur auf den Männerschultern der Apostel, des Papstes, der Bischöfe, der Priester. Sie ist auf harten, unzerstörbaren und sturmumtobten Fels gegründet – und Felsenart ist Männerart. Deshalb ist die Kirche von Anfang an und für alle Zeit Männersache ... “ [69]. Schon um einer Reinigung der Amtsauffassung von der-

---

[69]) H. S t a d l e r, Männergespräche, 3. Aufl. Leutesdorf 1961, S. 24 (die Schrift ist mit dem „Imprimatur“ des Generalvikars der Diözese Trier, Dr. Weins, versehen). Ähnlich B i c h l m a i r S. 11: „Von einem Manne wurde die christliche Religion begründet. Wie sollte sie nicht auch Sache des Mannes sein? Zwölf Männer waren die ersten Mitarbeiter des Mannes Jesus. Männer machte er zu Säulen der Kirche. Männer berief er zu Priestern und Ausspendern seiner Sakramente. Männer waren in erster Reihe die Fahnenträger seines Reiches. Männern sind die ersten (!) Plätze im katholischen Gotteshaus vorbehalten“. – Im Zusammenhang damit, daß die bestehende vaterrechtliche Struktur in der Kirche als göttliche Anordnung verstanden wird, erfolgt auch bei K. R a h n e r, Der Mann in der Kirche, in: Sendung und Gnade. Beiträge zur Pastoraltheologie, Innsbruck 1959 eine höhere Wertschätzung des männlichen Wesens: Der Mann habe von Natur „ein Empfinden für die transzendentale Reinheit des Religiösen“ (S. 304), für ihn sei die „transzendentale, anonyme, indirekte, still-verschwiegene Seite der Religion charakteristisch“ (305); er empfinde Scham, über das Heilige zu reden (306). Die dem Mann eigene Aufgabe bestehe darin, Ruhe, Vernunft, Verläßlichkeit, Verantwortungsbewußtsein, Klarheit des Willens in die Kirche hineinzubringen (308). Etwa das Gegenteil von den (auf Seite 304–306) dem Mann zugesprochenen Eigenschaften bezeichnet Rahner als Feminismus; obwohl er sie ebenfalls als legitime Ausprägungen des Menschlichen hinzustellen sich bemüht – ein aussichtsloses Unterfangen, handelt es sich doch dabei um durch Unterdrückung bedingte Fehlformen des Menschlichen! –, wird dennoch offensichtlich, daß er sie nicht in gleicher Weise zu würdigen und zu schätzen imstande ist. Darum auch seine Forderung nach einem „männlichen Christentum“ (S. 296 ff.). In seinen neueren Veröffentlichungen zur Frage hat sich der Verf. allerdings von dieser extremen Sicht distanziert, vgl. K. R a h n e r, Die Frau in der neuen Situation der Kirche, in: Theologisches Jahrbuch, Leipzig 1966, S. 121–133. – Eine deutliche Minderbewertung der Frau impliziert auch die sehr klischeeverhaftete (auf die obigen Ausführungen Rahners gestützte) Beschreibung des Wesens der Geschlechter in seiner Auswirkung auf die Kirche von H. H a l b f a s, Jugend und Kirche. Eine Diagnose, Düsseldorf 1964, S. 205 ff.

artig ungeistlichen Elementen willen ist es erforderlich, daß auch der Frau der Zugang zum Priesterberuf eröffnet wird und das Amt damit erstmalig seine voll-menschliche Ausprägung erhält. Unter dieser Voraussetzung kann dann das vom Amtsträger geforderte Zeugnis für Christus in einer geläuterten und vollkommeneren Form vollzogen werden [70], wird doch an einer so erneuerten Amtsstruktur erst wirklich ablesbar, daß die Stellvertretung und Repräsentanz Christi nicht auf Grund des (männlichen) Geschlechts erfolgt, sondern allein durch die innere Umgestaltung des M e n s c h e n zum Bild Christi durch die Kraft des Geistes (vgl. 2 Kor 3,18), wie es die Galaterstelle 3,27 f. ein für allemal gültig bezeugt: „Ihr alle, die ihr auf Christus getauft wurdet, habt Christus angezogen. Da gilt nicht mehr Jude und Hellene, nicht Sklave und Freier, n i c h t M a n n u n d F r a u; denn alle seid ihr eins in Christus Jesus". Nur wenn der Amtsträger auf Grund seiner inneren Verbundenheit und Einheit mit Christus transparent wird für ihn – sein Geschlecht ist dann irrelevant geworden –, wird Christi Wort Wirklichkeit: „Wer euch hört, hört mich" (vgl. Lk 10,16). Aber selbst noch in Anbetracht solchen nicht auf das Geschlecht, sondern auf die Kraft Christi gegründeten Zeugnisses gilt es zu bedenken, worauf H. Gollwitzer mit Recht hinweist: „Sein Stellvertreten" – nämlich das Christi für Gott – „reicht weit über unser Stellvertreten hinaus, geht ihm vorher, überholt es, übertrifft es, ergänzt es und erfüllt es ... Er

---

[70]) Eine ähnliche Auffassung vertritt J. P e t e r s (Anm. 1) S. 297 f.: Ein nur vom Mann getragenes und geprägtes Amt führe notwendig zu einer Vereinseitigung und damit zur Verarmung des Amtes und der Heilsvermittlung in der Kirche. Die „Vermenschlichung des Amtes", seine Ausweitung und Bereicherung sei aber gerade gefordert, darum müsse auch die Frau ihren Platz im Amt haben: „Gemeinsam müssen sie (scil. Mann und Frau) dem Amt das Gesicht geben und das Amt ausüben, so daß das Amt seine Einseitigkeit verliert (297)... Ganz ist der Mensch nur in Mann und Frau da, und mit diesem Argument möchten wir feststellen, daß es nicht nur möglich, sondern auch wünschenswert wäre, daß die Frau zum Amt zugelassen wird... Die erste Frage bezüglich des Amtsträgers wird also nicht sein: Muß es ein Mann sein oder kann es auch eine Frau sein – sondern: Wie kann bei der Heilsvermittlung möglichst vollkommene Menschlichkeit in Dienst genommen werden?" (298). – Daß die Zulassung der Frau zum Amt positive Auswirkungen für das Amt und seine Struktur haben kann und wird (vor allem auch in bezug auf eine Reinigung desselben von patriarchalischen Elementen), wird dagegen von E. G ö s s m a n n, Die Frau als Priester? (Concilium 4, 1968, 288–293) nicht erkannt. Sie erwartet, daß sich das Amt ohne Mitwirkung der Frau „von innen heraus und in Beziehung zur Gemeinschaft neu konstituiert"; erst dann habe es „Sinn, daß es auch der Frau übertragen" werde (291f.). Hier fehlt es doch wohl an dem notwendigen objektiven Blick für organische Entwicklung.

ist denen anwesend, denen wir abwesend sind. Er läßt die nicht im Stich, die wir im Stiche lassen. Sein Lieben ist größer als das unsrige. Die Hoffnung auf sein Stellvertreten ist die Hoffnung unseres Stellvertretens"[71].

---

[71]) Von der Stellvertretung Gottes. Christlicher Glaube in der Erfahrung der Verborgenheit Gottes. Zum Gespräch mit Dorothee Sölle, München 1967, S. 147 f.

SCHLUSS

GLEICHBERECHTIGUNG DER FRAU
IN DER KIRCHE

ein Erfordernis der Gerechtigkeit und Grundvoraussetzung für eine volle Entfaltung und Mitarbeit der Frau im kirchlichen Dienst

Wenn am Schluß unserer Untersuchung das Ergebnis steht, daß die den Kanon 968 § 1 (und die sachlich damit in Zusammenhang stehenden Kanones) stützenden Rechtsquellen eine ausgeprägte Vorstellung vom seinsmäßigen und ethischen Minderwert der Frau implizieren; daß die diesen Quellen z. T. zugrunde liegenden biblischen Aussagen über den Stand der Unterordnung der Frau durch historisch-kritische Exegese als zeitbedingt und daher als nicht beweiskräftig erwiesen wurden; daß ferner dem aus dem traditionellen Verständnis von Amt und Stellvertretung resultierenden Argument für den Ausschluß der Frau vom Amt keinerlei Tragfähigkeit zukommt, so kann es mit dieser Feststellung nicht sein Bewenden haben. Für eine sachgerechte Behandlung des vorliegenden Problems ist nämlich die Berücksichtigung der Tatsache unerläßlich, daß es sich ja bei dem Ausschluß der Frau vom Amt nicht um ein Faktum von nur theoretischer Bedeutung, sondern um eine die Frau betreffende gesetzliche Bestimmung handelt, durch die ihr Freiheitsraum erheblich eingeschränkt und sie infolgedessen an der Entfaltung ihrer Person zum Schaden für die Kirche und die Gesellschaft gehindert wird. – Nicht selten begegnet man freilich dem Einwand, daß die Frau von ihrem Wesen her gar nicht die Eignung für das kirchliche Amt biete und folglich auch nicht von einem Freiheitsentzug gesprochen werden könne. Solche apriorische, durch keinerlei Erfahrungstatsachen begründete Behauptung basiert jedoch auf einer überholten und verengten Vorstellung vom Wesen der Frau, die sich, wie die Geschichte der Frauenbewegung bezeugt, dem Fortschritt der Frau in beruflicher Hinsicht bereits früher wiederholt hemmend in den Weg stellte[1]; dabei wird u. a. unterstellt, die Frau eigne sich nicht für das Wirken im öffentlichen Bereich, ihr komme die verborgene, mehr passive Rolle in der Gesellschaft zu; sie habe nicht die Fähigkeit zu leiten und zu führen, weil es ihr an der dazu erforderlichen Objektivität und Entscheidungskraft fehle. Ihr ureigenster Platz sei der „Herd", nicht aber der „Altar"[2]. Ihrem angeblich so beschaffenen Wesen entsprechend wird der Frau ein beschränkter Wirkungsbereich zugeordnet, der freilich für das kirchliche Amt keinen Raum läßt; dabei stützt man sich auf das naturrechtliche Prinzip „Jedem das Seine" und findet auf diese Weise für solches Verhalten der Frau gegenüber eine Rechtfertigung[3]. Daß jedoch aus solcher Anwendung dieses Prinzips in der vorliegenden Frage nicht anders als in anderen sozialen Problemen (z. B. in der Sklaven- und Negerfrage[4]) eine willkürliche, der Gerechtigkeit widersprechende Regelung resultieren muß, liegt auf der Hand; denn das Wesen der Frau läßt sich ja nicht in der oben beschriebenen Weise definieren. Auf Grund von soziologischen und ethnologischen Forschungen ist heute anerkannt, daß die als Wesenseigenschaften betrachteten unterschiedlichen Verhaltensweisen der Geschlechter von sozialen und kulturellen Bedingungen und Gegebenheiten abhängig sind und darum dem geschichtlichen Wandel unterliegen[5]. So wurde auch das herkömmliche Bild von der

---

[1]) Vgl. dazu J. M ö r s d o r f , Gestaltwandel des Frauenbildes und Frauenberufs in der Neuzeit (Münchener theologische Studien, 2. syst. Abt. Bd. 16), München 1958, S. 288–290; B. F r i e d a n , Der Weiblichkeitswahn oder Die Mystifizierung der Frau, Hamburg 1966, S. 55–68; Vaerting S. 242 f.; J. L e c l e r c q , Familie im Umbruch S. 63, 66.
[2]) So H e i n e n (S. 212 Anm. 49) S. 22, s. auch S. 18 u. im ganzen. – Beschreibungen des konservativen Frauenbildes z. B. bei S c h ü ß l e r S. 29 ff. und bei R i n g e l i n g S. 22 f.
[3]) So z. B. bei K r e b s (S. 206 Anm. 21) S. 478 ff.; S c h m a u s , Dogmatik IV/1 (6. Aufl.) S. 754; ähnlich bei P r e m m III/2 S. 243 („Die Frau ist vom Priestertum ausgeschlossen nicht wegen ihrer Minderwertigkeit, sondern wegen ihrer Anderwertigkeit, die auf den Weg des mütterlichen Dienstes verweist, der ein verborgenes, nicht-amtliches Priestertum ist").
[4]) Vgl. dazu A. M. K n o l l , Katholische Kirche und scholastisches Naturrecht. Zur Frage der Freiheit, Wien 1962, S. 24 ff.; W. D a i m , Die kastenlose Gesellschaft, München 1960, S. 359 f.
[5]) Auf folgende grundlegenden (z. T. schon zitierten) Untersuchungen sei verwiesen: M. V a e r t i n g , Wahrheit und Irrtum in der Geschlechterpsychologie, 2. Aufl. Weimar 1931; M. M e a d , Male and Female, New York 1949 (dt.: Mann und Weib. Das Verhältnis der Geschlechter in einer sich wandelnden Welt, Konstanz 1954); S. H u n k e , Am Anfang waren Mann und Frau. Vorbilder und Wandlungen der Geschlechterbeziehungen, Hamm 1955 (dort liest man z. B. S. 261: „Was wir als

Frau von ihrem besonders in der Vergangenheit sehr eingeschränkten Tätigkeitsbereich (in Haus und Familie) abgeleitet, dann aber als im Psychischen, ja im Metaphysischen verankerte und darum unveränderliche Wesensstruktur der Frau ausgegeben[6]. (Wenn Frauen zuweilen diese Vorstellung von ihrem Wesen bestätigten[7], so ist das keineswegs ein Beweis für die Richtigkeit der Auffassung; denn als manipulierter, unfreier Mensch war und ist die Frau vielfach noch nicht in der Lage, über sich selbst in eigenständiger und kompetenter Weise etwas auszusagen[8].) Da also nach den modernen soziologisch-anthropologischen Untersuchungsergebnissen eine Wesensbeschreibung der Frau, die alle individuellen Ausprägungen ihres Geschlechts integriert, nicht möglich ist, weil „bei dominierender Stellung eines Geschlechts die absolute

---

,männlich' und ,weiblich' bezeichnen, ist das Produkt unserer Kultur und kann ebenso wenig wie das Dogma von der polaren Gegensätzlichkeit der Geschlechter Allgemeingültigkeit beanspruchen"; S. 264: „Es gilt, die geschichtlich-soziologischen Prägungen der Geschlechter nicht mit ihrem eigentlichen Gesicht zu verwechseln"); H. S c h e l s k y, Soziologie der Sexualität, Hamburg 1962; H. R i n g e l i n g, Die Frau zwischen gestern und morgen. Der sozialtheologische Aspekt ihrer Gleichberechtigung, Hamburg 1962; S. F a r b e r – R. H. W i l s o n (Hrsg.), The potential of woman. A symposium, New York 1963; E. E. M a c c o b y (Hrsg.), The development of sex differences, Stanford 1966.

[6]) Vgl. dazu H u n k e S. 251; R i n g e l i n g S. 15, 33. – Wenn G. v. L e F o r t in „Die ewige Frau" (19. Aufl. München 1960) die Bestimmung der Frau auf die Formel „Mutter und Magd" gebracht hat, so ist damit ebenfalls die herkömmliche Rolle der Frau zu einer Wesensstruktur der Frau verfestigt worden; W. T r i l l h a a s bemerkt dazu, „daß hier ein spätbürgerliches Ideal christlich gedeutet und verfälscht" werde (zitiert nach L. P r e l l e r, Die berufstätige Frau als Glied der Gesellschaft, in: Die berufstätige Frau heute und morgen [Schriften der Gesellschaft für sozialen Fortschritt Bd. 17] Berlin 1966, S. 50).

[7]) So z. B. O. S c h n e i d e r, Vom Priestertum der Frau, 2. Aufl. Wien 1937 (ein Passus aus ihrem Buch ist von P r e m m III/2 S. 243 als Beweis dafür herangezogen worden, daß es sich bei seinen Ausführungen über den Ausschluß der Frau vom Ordo nicht „um Männertheologie" handle; die „Beweisführung" scheitert jedoch daran, daß Premm außer acht läßt, daß es sich bei diesen sog. Selbstaussagen der Frau um eine Rekapitulation der „Männertheologie" handelt, die aus der mangelnden Eigenständigkeit der Frau resultiert); vgl. auch O. M o ß h a m m e r, Priester und Frau, Freiburg 1958.

[8]) Diese Tatsache wird von J. L e c l e r c q a. a. O. S. 61 freimütig zugegeben: „Alles, was öffentlich gesagt wurde, kam aus dem Munde der Männer ... Man betrachtete die Frau als geistig unterlegen. Sie taugte nur für den Haushalt, wo sie dem Mann zu dienen hatte ... Da die Männer dies alles unaufhörlich wiederholten und da sie allein sprachen, glaubten es die Frauen ..."; ein Widerstand dagegen sei scharf verurteilt worden. Vgl. auch V a e r t i n g S. 14: „Die beherrschten Frauen haben die Tendenz, die Anschauungen der Männer im allgemeinen kritiklos zu übernehmen ..." (ebenso S. 46); P r e l l e r a. a. O. S. 44, 50.

Geschlechterdifferenz nicht feststellbar ist"[9], vielleicht aber auch niemals möglich sein wird, weil das die Geschlechter Verbindende – das Menschsein – immer überwiegt im Vergleich zu dem sie Unterscheidenden[10], ist folglich auch eine Abgrenzung des der Frau zukommenden Freiheitsbereichs nicht durchführbar. Wo eine solche beschränkende Abgrenzung dennoch vorgenommen wird wie im Falle des Ausschlusses der Frau vom kirchlichen Amtsbereich, ist sie immer ein gegen die Freiheit und Eigenständigkeit ihrer Person verstoßender willkürlicher Vorgriff und darum schweres Unrecht. Ein solches Vorgehen zeigt klar, daß die Frau trotz aller entgegengesetzten Beteuerungen noch immer nicht als eine dem Mann gleichwertige Person geachtet wird, daß also die geringschätzige Auffassung von der Frau, wie sie in den oben S. 44–62 behandelten Quellen in krasser Form zutage trat, weiterwirkt[11] und der Begriff der „Andersartigkeit" der Frau, mit dem man den Freiheitsentzug zu rechtfertigen sucht, als Deckmantel für die fortbestehende Minderbewertung der Frau gebraucht wird[12]. Wert und

---

[9]) Hunke S. 264; so auch Vaerting S. 9: „Erst wenn beide Geschlechter unter ganz gleichen Bedingungen aufwachsen, werden wir der Lösung der Frage nach den naturgegebenen Geschlechtsunterschieden näher kommen. Das aber wird erst bei einer voll realisierten Gleichberechtigung der Geschlechter der Fall sein"; richtig bemerkt Vaerting auch S. 11: „Die Andersartigkeit der Frau, wie sie heute vorwiegend in Erscheinung tritt, ist nicht angeboren, sondern es ist die typische Andersartigkeit, die Herrschende von Beherrschten unterscheidet". Vgl. auch Ringeling S. 35.

[10]) So schon Vaerting S. 17 („In den wissenschaftlichen Untersuchungsergebnissen der letzten Jahrzehnte kommt ganz allgemein eine überwiegende Ähnlichkeit der Geschlechter und nur eine geringe Verschiedenheit zum Ausdruck. In allen Fällen war die Ähnlichkeit größer als die Verschiedenheit. Die große Mehrheit der Männer und Frauen zeigte die gleichen Eigenschaften, nur eine kleine Minderheit Unterschiede. Die als spezifisch männlich geltenden Eigenschaften fanden sich fast bei ebenso viel Frauen als Männern, und die als typisch weiblich geltenden Eigenschaften bei fast ebenso viel Männern als Frauen. Der Unterschied zwischen Individuen des gleichen Geschlechts zeigte sich viel größer als zwischen Mann und Weib"); s. auch ebd. S. 21. Vgl. auch Ringeling S. 33 ff.

[11]) Dafür liefert z. B. die Untersuchung von H. Anger, Probleme der deutschen Universität. Bericht über eine Erhebung unter Professoren und Dozenten, Tübingen 1960, S. 451–500 zahlreiche Belege; vgl. dazu auch oben S. 166 Anm. 3, S. 219 mit Anm. 69.

[12]) Eine ähnliche Feststellung macht auch Vaerting S. 22 f.: „Obschon heute infolge fortschreitender Gleichberechtigung die Theorie von der Gleichwertigkeit der Geschlechter anerkannt ist, blickt doch noch sehr häufig der alte Pferdefuß der weiblichen Inferiorität aus den Darstellungen der Geschlechterpsychologen hervor, weil der Mann immer noch die Vorherrschaft besitzt". Eine Analyse der verschie-

Würde der Person werden nämlich dadurch anerkannt und respektiert, daß der Person die volle Freiheit eingeräumt wird, d. h., daß ihr z. B. die menschlichen Grundrechte der freien Berufswahl und der freien Entfaltungsmöglichkeit zuerkannt werden[13]. Nur so wird der in der Schöpfung grundgelegten Wirklichkeit Rechnung getragen, daß der Mensch frei geschaffen ist, daß ihm Wissen um sich selbst und Selbstbesitz eignet, daß er dazu befähigt und ermächtigt ist, über sich selbst zu verfügen[14]. Für die Frau gilt diese Schöpfungswirklichkeit in demselben Maß wie für den Mann: auf Grund ihres eigenständigen, selbstverantwortlichen Personseins ist es ihr ebenso ermöglicht und aufgegeben, sich selbst zu „definieren", sich zu begrenzen im Horizont der vollen Freiheit[15], sich z. B. nach vorheriger Wahl für einen bestimmten Beruf und Lebensstand selbständig zu entscheiden. Die gleiche Würde ihrer Person fordert darum die gleichen Möglichkeiten und Vorbedingungen des Freiheitsvollzuges; solange sie nicht gewährt werden, mangelt es an dem notwendigen Respekt vor der Würde und Freiheit ihrer Person, ist die Frau noch immer nicht aus dem status subiectionis entlassen.

Der Anspruch der Frau auf Anerkennung der Freiheit ihrer Person auch und gerade im Raum der Kirche ist jedoch, tiefer gesehen, letztlich darum unverzichtbar und unabdingbar, weil Gott in seiner souveränen Freiheit und Verfügungsmacht über den Menschen unbedingt anerkannt sein will. Als Herr und Haupt der Kirche gibt Christus (Gott) seine mannigfachen Gaben und Kräfte zum Aufbau seines Leibes in einer von Menschen unberechenbaren und absoluten Freiheit; er, dessen Geist „einem jeden zuteilt, wie er will" (1 Kor 12,11), ist frei und mächtig, wie andere Charismen so auch das spezifisch auf

---

denen Wesensbeschreibungen der Frau, wie sie nicht selten bei Theologen vorkommen, bestätigt diese Aussage, vgl. dazu Schüßler S. 77 f. Daß die These „gleichwertig – aber andersartig" die fortbestehende Minderbewertung der Frau verdeckt (schon Vaerting S. 14 übte Kritik an der These), erhellt vor allem daraus, daß sich die Rechtsstellung der Frau in der Kirche gegenüber früher kaum geändert hat, also nach wie vor die Folge ihrer Geringschätzung ist.

[13]) Vgl. Enzyklika „Pacem in terris" Johannes' XXIII. (AAS 55, 1963, 259 ff.).

[14]) Vgl. ebd. (AAS 55, 259); J. B. Metz, Art. Freiheit, HthG I 408; K. Rahner, Würde und Wert des Menschen, in: Schriften zur Theologie II, Einsiedeln-Köln 1955, S. 258 f.

[15]) Vgl. Metz a. a. O. S. 411.

das Amt hingeordnete Charisma[16] ebensogut Frauen wie Männern zukommen zu lassen. Die Ehrfurcht vor dieser souveränen Freiheit und Verfügungsgewalt Christi (bzw. Gottes) über den Menschen gebietet, daß von seiten der amtlichen Kirche im Gehorsam ihrem Haupt und Herrn gegenüber Sorge dafür getragen wird, daß die von Gott geschenkten verschiedenartigen Charismen für den Aufbau der Kirche voll zur Entfaltung kommen können – eine Verhinderung dessen wäre eine Veruntreuung der Gnadengaben Gottes und darum notwendig schuldhaft[17]. Die kirchliche Rechtsordnung ist daher so zu gestalten, daß Frauen und Männern der volle und gleiche Freiheitsraum eingeräumt wird, damit sie dem Ruf und Anspruch Gottes, welcher Art er auch sein mag, Folge leisten können. Solange die Amtskirche in Lehre und Rechtsordnung die Auffassung zur Norm erhebt, Gott berufe keine Frau zum amtlichen Dienst, setzt sie dem Wirken des Geistes in der Kirche in eigenmächtiger Weise Schranken entgegen[18].

Wenn darum katholische Frauen heute in zunehmender Zahl an dieser Handlungsweise der in der Kirche verantwortlichen Amtsträger

---

[16]) Dem biblischen Befund zufolge (vgl. z. B. Gal 1,15; Hebr 5,4 ff.; Röm 12,6 ff.; 1 Kor 12,27 ff.; Apg 6,3 ff.) ist es eindeutig, daß das Amt das zuvor von Gott verliehene Charisma voraussetzt, Amt und Charisma also nicht als zwei disparate und voneinander unabhängige Größen aufzufassen sind; dazu vgl. (außer der oben S. 213 Anm. 53 angegebenen Literatur) P e t e r s S. 297, ferner v. E y d e n S. 357.

[17]) Beachte dazu: Dogmatische Konstitution über die Kirche Art. 12 (AAS 57, 1965, 16 f.; dort ist allerdings bezeichnenderweise nur von den nicht auf das Amt hingeordneten Charismen die Rede); s. aber H. K ü n g, Die Kirche (Ökumenische Forschungen, hg. v. H. Küng u. J. Ratzinger, I/1), Freiburg 1967, S. 496: „Nicht nur die ohne besondere Sendung aufbrechenden Charismen, sondern auch die besondere (scil. die amtliche) Sendung gründen in der Gnade des in Freiheit berufenden Gottes selbst, dessen willige Werkzeuge nicht nur die gesandten, sondern auch die sendenden Menschen zu sein haben".

[18]) Von evangelischer Seite wurde bereits auf solche unzulässige Verhaltensweise und ihre negativen Auswirkungen für die Kirche deutlich hingewiesen: H e i n t z e (oben S. 201 Anm. 1) S. 531 f. bemerkt: „Wir geraten jedenfalls in größte Gefahr, dem Geiste Gottes zu wehren, wenn die Sorge um eventuelle ‚Grenzüberschreitungen' der Frau und um eventuelle Beeinträchtigung ‚männlicher Vorrechte' bei uns kräftiger wird als der Dank für die große Bereicherung, die der Kirche schon jetzt durch den selbständigen, partnerschaftlichen Dienst der Frau geschenkt ist"; (s. auch ebd. S. 526 f.). Neuerdings wird auch von einsichtigen katholischen Theologen vor dieser Gefahr gewarnt, so z. B. von P e t e r s S. 295: es sei anmaßend, den Geist Gottes auf ein einziges Geschlecht beschränken zu wollen. „Wer weiß, ob wir ihn damit nicht teilweise auslöschten". Während zahlreiche evangelische Gliedkirchen aus dieser Erkenntnis entsprechende Konsequenzen gezogen haben, indem sie die Frau zur Ordination zulassen, fehlt in der kath. Kirche allerdings bis jetzt noch eine praktische Auswirkung solcher Einsicht.

und der dadurch ausgedrückten Mißachtung der Frau Anstoß nehmen und für ihre Gleichstellung mit dem Mann im Raum der Kirche eintreten, so geht es dabei letztlich nicht um das Erstreben von Rechten um der Rechte willen, nicht um „das Anmelden eines Anspruchs des Menschen von ihm her", sondern vielmehr um „das Bezeugen des Anspruches Gottes" und seines Rechtes auf den Menschen[19], bietet doch die Gleichberechtigung allererst die Voraussetzung dafür, daß die Frau dem Anspruch Gottes und seinem Ruf an sie in seiner von Menschen nicht errechenbaren und bestimmbaren Form und Vielfalt[20] in Freiheit antworten kann; so gesehen ist sie Ermöglichung zum Dienst Gott gegenüber im Raum der Kirche und damit zugleich auch Entfaltungsmöglichkeit der Person der Frau.

Sosehr die zum Bewußtsein ihrer Personwürde erwachte Frau (und mit ihr jede andere diskriminierte Menschengruppe) selbst dazu aufgerufen und innerlich verpflichtet ist, die ihr zustehenden Rechte, die ihr die Möglichkeit zum Dienst und zur Übernahme von Verantwortung in der Kirche eröffnen sollen, als Zeichen ihrer Personwürde zu

---

[19] Vgl. F. K. S c h u m a n n, Die Frage der Menschenrechte in der Sicht des christlichen Glaubens, in: Wort und Gestalt, Witten 1956, S. 374. So auch P. A l t h a u s, Person und Persönlichkeit in der evangelischen Theologie, in: Person und Recht, München 1962, S. 14: „Das Recht der Persönlichkeit gründet in einem Soll von Gott her ..., indem der Mensch auf dieses sein Menschenrecht hält, gibt er Gott die Ehre".

[20] Dieser Vielfalt der Charismen, die der Frau ebenso geschenkt wird wie dem Mann, trägt E. G ö s s m a n n nicht Rechnung, wenn sie von der Frau fordert, „durch Verzicht auf Heraushebung aus dem Laienstand" dazu beizutragen, daß dieser sich endlich voll entfalten könne (Die Frau im Aufbruch der Kirche [Theologische Fragen heute, hg. von M. Schmaus u. E. Gössmann, Bd. 5] München 1964, S. 119 f.; in dem Beitrag: Die Frau als Priester, in: Concilium 4, 1968, S. 292 schwächt sie diesen bisher vertretenen Standpunkt allerdings in einer gewissen Hinsicht ab). Abgesehen davon, daß das Amt so („Heraushebung"!) in unzutreffender Weise oder zumindest sehr mißverständlich gedeutet wird, ist dabei anscheinend von der Voraussetzung ausgegangen, daß der Frau das auf das Amt hingeordnete Charisma nicht zuteil werden könne (zumal an den männlichen Laien nicht dieselbe Forderung gestellt wird). Treffend widerlegt v. E y d e n S. 360 den Standpunkt, indem er bemerkt: „Warum sollte man nicht gleichzeitig einen rechtmäßigen Platz für die Frau sowohl im Laienapostolat wie im kirchlichen Amt anstreben können? Solange die Frau auf anderen Gebieten des kirchlichen Lebens zugelassen wird und man nur für das Amt eine Ausnahme macht, kann von einer wirklichen Anerkennung ihrer gleichwertigen Stellung in der Kirche nicht die Rede sein. Das wird sich auch auf ihre Stellung im Laienapostolat ungünstig auswirken ... Jedenfalls muß festgestellt werden, daß niemand aus der Wichtigkeit des Apostolats des Mannes die Schlußfolgerung gezogen hat, es wäre wünschenswert, daß alle Männer Laien blieben und keiner von ihnen Priester werde".

beanspruchen[21], so ist sie doch eben wegen ihrer benachteiligten Stellung nicht in der Lage, dieses Anliegen allein wirksam zu vertreten und zum Ziele zu führen. Darum gebieten Gerechtigkeit und Liebe denjenigen, die auf Grund ihres zu Unrecht höher gewerteten Geschlechts zu kirchlichen Ämtern und damit zu einer einflußreicheren Stellung in der Kirche gelangt sind, mitzuhelfen, die Frau aus ihrer gedrückten Lage und ihrem dadurch verursachten verkümmerten Menschsein zu befreien und ihr endlich die ihr gebührende Achtung und Entfaltungsmöglichkeit in der Kirche zukommen zu lassen[22]. Allerdings ist die Voraussetzung und die innere Bereitschaft für solche Mithilfe erst in geringem Maße vorhanden. Wohl ist in der Beurteilung der Gleichberechtigung der Frau im profanen Bereich seitens der amtlichen Kirche ein Wandel eingetreten: nach lange aufrechterhaltenem Widerstand gegen diese Entwicklung wird sie endlich als echter Fortschritt in der Menschheitsgeschichte gewürdigt und treten kirchliche Amtsträger für ihre Förderung ein[23]. Die Einsicht jedoch, daß Wertung und Stellung der Frau im kirchlichen Bereich allererst einer grundlegenden Reform bedürfen, ehe sich die Kirche in glaubwürdiger

[21]) Vgl. dazu folgende Ausführungen Johannes' XXIII. in seiner Enzyklika „Pacem in terris": „Heutzutage schwinden die Auffassungen, die so viele Jahrhunderte überdauerten, auf Grund derer sich manche Menschengruppen für minderwertig hielten, während andere sich überlegen dünkten, sei es wegen ihrer wirtschaftlichen oder sozialen Stellung, sei es wegen des Geschlechtes oder ihres gesellschaftlichen Ranges. Dagegen verbreitete und behauptete sich weitgehendst die Auffassung, daß alle Menschen durch die Würde ihrer Natur unter sich gleich seien... Wenn also in einem Menschen das Bewußtsein seiner Rechte entsteht, muß in ihm auch notwendig das Bewußtsein seiner Pflichten entstehen, so daß, wer bestimmte Rechte hat, zugleich auch die Pflicht hat, sie als Zeichen seiner Würde zu beanspruchen, in den übrigen Menschen aber die Pflicht, diese Rechte anzuerkennen und hochzuschätzen" (AAS 55, 1963, 268; deutscher Text nach: „Pacem in terris". Über den Frieden unter allen Völkern in Wahrheit, Gerechtigkeit, Liebe und Freiheit. KNA Bonn 1963, S. 14).
[22]) Dieser Meinung wird auch in einem in der „Orientierung" (32, 1968, S. 104 f.) veröffentlichten Leserbrief einer Theologin (Dr. theol. W. E.) Ausdruck gegeben; dort heißt es u. a.: „Ich wende mich an Sie, weil ich meine, daß die Schützenhilfe aus dem Kreise der Priester und der Männer kommen muß; denn da wir selbst ja nirgends vertreten sind, können wir wenig für uns selbst tun. Es verhält sich hier ähnlich wie in der Rassenfrage. Auch da reicht es sicher nicht, daß ein Weißer nichts dagegen hat, daß der schwarze Mitmensch entsprechende Aufgaben usw. bekommen kann, vielmehr muß er es sein, der ihm dazu verhilft".
[23]) So wiederholt während des 2. Vatikanischen Konzils, vgl. dazu Dorn – Denzler, Tagebuch des Konzils. (Dritte Session) S. 265 f.; Heinzelmann, Schwestern S. 71–83. Die Ausführungen der Konzilsväter fanden ihren Niederschlag in der Pastoralkonstitution über die Kirche in der Welt von heute (Gaudium et Spes) Art. 9, 29 (AAS 58, 1966, 1031. 1049).

und legitimer Weise für eine menschenwürdigere Behandlung und
Stellung der Frau in der Welt einzusetzen vermag, bildet sich nur
zögernd und erst ansatzweise[24]. Der noch anhaltende Widerstand
einer Mehrheit der kirchlichen Amtsträger gegen die Gleichstellung der
Frau im kirchlichen Bereich ist fraglos eine Auswirkung der männer-
bündischen, frauenfeindlichen Erziehung, von der viele Kleriker in
ihrer Mentalität tiefgreifend geprägt sind, so daß sie vielfach nicht
dazu in der Lage sind, die Frau als gleichwertige Partnerin zu akzep-
tieren und den Wert der Zulassung der Frau zum amtlichen kirchlichen

---

[24]) Auf dem 2. Vatikanischen Konzil wurde zwar in einigen Interventionen über
eine Verbesserung der Stellung der Frau in der Welt hinaus auch eine größere Wirk-
möglichkeit der Frau in der Kirche gefordert (vgl. dazu H e i n z e l m a n n, Schwestern S. 71–74, 77–79; zu erwähnen ist besonders die schriftliche Intervention des
Erzbischofs Hallinan von Atlanta, in der dieser sich u. a. für die Zulassung der Frau
zum Diakonat und zur Mitarbeit in verschiedenen Kommissionen einsetzt, ebd.
S. 78 f.). Diese Anregungen fanden in den Konzilstexten allerdings keine Berücksichtigung. – Auf der 2. ordentlichen Bischofssynode in Rom wurde die Reformbedürftigkeit der Stellung der Frau in der Kirche deutlicher gesehen. Während einige
Bischöfe eine Zulassung der Frau zum kirchlichen Amt (einschließlich des priesterlichen) in ihre Reformvorschläge mit einbezogen (vgl. dazu oben S. 1 f. Anm. 3),
wurde eine solche Möglichkeit von Kard. Slipyj (Ukraine) mit Berufung auf die
Schrift und die kirchliche Tradition scharf abgelehnt (vgl. L'Osservatore Romano,
deutsche Ausgabe, Jg. 1, Nr. 5, 5. 11. 1971, S. 10). Trotz ausdrücklicher Aufforderung
seitens der Aktionsgemeinschaft für verantwortliche Mitarbeit der Frau in der Kirche
(AFK) haben sich die deutschen Bischöfe auf der Synode nicht für eine Integrierung
der Frau in das kirchliche Amt eingesetzt (so Rundbrief der AFK vom 3. 12. 1971).
Kard. H ö f f n e r (Köln), nach seiner Stellungnahme zu dem Reformvorschlag der
Kanadischen Bischofskonferenz (s. oben) befragt, äußerte sich infolge einer verengten
Sicht der Frau und ihres Anspruchs auf freie Entfaltungsmöglichkeit überwiegend
ablehnend: „Ob ihr der Weg zum priesterlichen Amt geöffnet werden soll oder nicht,
ist für die apostolischen Möglichkeiten der Frau in unserer Kirche nicht das Entscheidende". Er sehe nicht ein, warum die Stellung der Frau in der Kirche allein vom
Priestertum her bestimmt werden solle; es gebe auch im modernen demokratischen
Staat Bestimmungen, die nicht für beide Geschlechter anwendbar seien. Außerdem
sei es theologisch noch nicht geklärt, ob einer Ordination der Frau nicht doch Glaubensfragen im Wege stünden (Publik Nr. 44, v. 29. 10. 1971, S. 13). – Gegen eine
Zulassung der Frau zum priesterlichen Dienstamt äußerte sich auch Papst P a u l VI.,
so in seinem Schreiben vom 24. 12. 1969 an Kard. Alfrink aus Anlaß der bevor-
stehenden 5. Sitzung des Holländischen Pastoralkonzils im Januar 1970; er bean-
standet darin u. a., daß in den für diese Sitzung erarbeiteten Entwürfen und Dis-
kussionsgrundlagen Kritik an der These geübt werde, daß nur der Mann Priester
werden könne (AAS 62, 1970, 67); ferner in seiner Predigt anläßlich der Erklärung
der hl. Theresia von Avila zur Kirchenlehrerin, in der er auf Grund einer unkritischen, biblizistischen Schriftinterpretation aus der Stelle 1 Kor 14,34 („die Frauen
sollen in der Gemeinde schweigen") den Ausschluß der Frau von den „hierarchischen
Funktionen des Lehr- und Priesteramtes" ableitet (AAS 62, 1970, 593). Zur Korin-
therstelle vgl. Exegetischer Exkurs S. 199 Anm. 158.

Dienst auch nur entfernt richtig einzuschätzen. Wie wenig die Frau
für sie Mit-Mensch ist, zeigt sich daran, daß sie an ihrer benachteiligten
Stellung in der Kirche – von Ausnahmen abgesehen – keinen Anstoß
nehmen; offenbar ist die Unterordnung der Frau nach ihrer Vorstellung das ihrem Wesen Angemessene, eine wirkliche Gleichstellung der
Frau mit dem Mann, gegen die sie sich allerdings auch aus Geschlechts-
stolz und Vorherrschaftsstreben stemmen, gerade das Unnormale. So
sind sie kaum davon zu überzeugen, daß die Frau in ihrer derzeitigen
Lage überhaupt etwas entbehrt, geschweige denn, daß ihr Unrecht
geschieht. – Wenngleich die Frau einerseits ein schweres Opfer dieser
Verhaltensweise der Kleriker und Männer geworden ist, trägt sie
andererseits in ihrer Weise doch auch Schuld an der Entstehung dieses
Mißstandes und an ihrer eigenen Situation: sie hat sich vielfach aus
Bequemlichkeit und Unaufrichtigkeit[25] an ihre niedrige und unwür-
dige Stellung angepaßt und damit eine weitgehende Abstumpfung
ihres Ehr- und Würdegefühls als Mensch in Kauf genommen, anstatt
es auf sich zu nehmen – was freilich mit Opfern verbunden und darum
ja so sehr gescheut wird –, den ungerechten Herrscherwillen des
Mannes, wo er vorliegt, in die Schranken zu weisen und so dem
Mann zu einem menschlicheren Verhalten zu verhelfen.

Die Behebung der tiefgreifenden Störung im Geschlechterverhältnis,
von der vor allem die Kirche noch heute belastet ist, kann billigerweise
und auf Grund der erwähnten Zusammenhänge nicht allein von der amtlichen Kirche erwartet werden, sondern es muß sich von der Basis her
eine Bereitschaft zur Emanzipation der Frau und zur Bildung partner-
schaftlicher Lebensformen zwischen Männern und Frauen entwickeln.
Der entschiedene Wille, auf diese Weise die antifeministische Tradition
der Kirche grundlegend zu überwinden, muß freilich von der kirch-

---

[25]) In welchem Grad diese Eigenschaft die Verhaltensweise der Frau geprägt hat
(und wohl noch prägt), geht daraus hervor, daß häufig die Auffassung vertreten
wurde, Unaufrichtigkeit sei ein weiblicher Charakterzug (so O. W e i n i n g e r, Geschlecht und Charakter, Wien 1903, S. 355: „Die Frau ist in keiner Phase ihres
Lebens aufrichtig"). Andere Autoren sahen darin allerdings eine wesentliche Konsequenz der Unterdrückung und Fehlerziehung der Frau, so B. L. H u t c h i n s, Con-
flicting Ideals: Two Sides of the Woman Question, London 1913, S. 30: „Mädchen
werden nach zutiefst verlogenen Idealen erzogen"; ebenfalls M. W o l l s t o n e c r a f t
(zit. nach G. G r e e r, Der weibliche Eunuch. Aufruf zur Befreiung der Frau, Frankfurt 1971, S. 348 Anm. 7). Es wird auf seiten der Frau einer hohen sittlichen Anstrengung bedürfen, um das auf ihr lastende Vorurteil in dieser Hinsicht zu entkräften.

lichen Autorität respektiert und aufgegriffen werden[26], so daß sie auch von sich aus bereit ist, die Frau in alle Bereiche des kirchlichen Lebens und Dienstes zu integrieren. – Die Erneuerung der Kirche, d. h. die Heranbildung ihrer Glieder zu lebendigen und überzeugenden Christen, die als solche nur fähig sind, menschenunwürdige Strukturen und Verhältnisse in der Kirche abzubauen und dadurch der Gesellschaft ein Vorbild zu geben, wird ohne die Befreiung der Frau zum mündigen, verantwortungsbewußten Menschsein und ohne ihre aktive Teilnahme am amtlichen Dienst der Kirche nicht gelingen können.

---

[26]) Die kanadischen Bischöfe haben hierfür bereits ein erstes Zeugnis gegeben, indem sie die Anliegen der kanadischen Frauenverbände bezüglich einer Reform der Wertung und Stellung der Frau in der Kirche angehört und aufgegriffen haben (vgl. Osservatore Romano, deutsche Ausgabe, 1. Jg. Nr. 4, 29. 10. 1971, S. 9 f.).

Anhang

"Die zwölf Apostel waren Männer ... "

Stereotype Einwände gegen die Frauenordination und ihre tieferen Ursachen [1]

Seitdem das Thema 'Frau in der Kirche' eine größere Aktualität gewonnen hat und eine zunehmende Zahl von Frauen in der Lage ist, sich anhand der Fülle von einschlägigen Publikationen über ihre Situation in der Kirche zu informieren, wird in Gesprächen mit kirchlichen Amtsträgern oder in Diskussionsrunden immer häufiger die Frage nach der Frauenordination, also nach dem Priesteramt für Frauen gestellt. Das ist nicht verwunderlich, hängt doch von der Beantwortung dieser Frage die Glaubwürdigkeit der Kirchenleitung in ihrem Verhältnis zu den Frauen in besonderem Maße ab; sie erhält gewissermaßen den Stellenwert einer Testfrage. Trotz aller wissenschaftlichen Aufklärungsarbeit, die in den vergangenen Jahren geleistet wurde, werden auch heutzutage noch immer ganz bestimmte Einwände gegen die Frauenordination von seiten höherer kirchlicher Amtsträger vorgebracht.

Die folgenden Ausführungen befassen sich mit diesen in stereotyper Form wiederholten Einwänden und versuchen ihre möglichen tieferen psychologischen Hintergründe zu beleuchten.

Jesus berief nur Männer zu Aposteln ...

Wohl am häufigsten werden in Diskussionen, aber auch noch in einschlägigen Artikeln und amtskirchlichen Dokumenten, die 'zwölf Männerapostel' ins Spiel gebracht, die Jesus angeblich erwählt hat, um dadurch "für alle Zeiten" klarzustellen, daß er die Frauen aus der Gruppe der Zwölf, der Apostel und aus den in der Folgezeit sich herausbildenden Ämtern: Presbyterat und Episkopat ausgeschlossen haben wollte. Dieses Argument ist bereits in vielen einschlägigen Artikeln und Büchern widerlegt worden [2], so daß wir uns auf

---

[1] (Dieser Beitrag, erstmalig erschienen in Orientierung 56 [1992] 143 – 146, liegt hier in etwas erweiterter Form vor.)

[2] Auf folgende Literatur ist u.a. hinzuweisen: Haye v.d. Meer, Priestertum der Frau? (QD 42) Freiburg 1969; Karl Rahner, Priestertum der Frau? in: StdZ 1O2 (1977) 291- 301; Hans Küng/Gerhard Lohfink, Keine Ordination der Frau?, in: TThQ 157 (1977) 144f; Elisabeth Schüssler Fiorenza, The Twelve, in: Women Priests. A catholic Commentary on the Vatican Declaration (ed. Leonard a. Arlene Swidler), New York 1977, 114 – 122; G. Lohfink, Weibliche Diakone im Neuen Testament, in: Die Frau im Urchristentum (hg. v. Gerhard Dautzenberg

eine Zusammenfassung der Gegenargumente beschränken können, um dann die eigentlichen Hintergründe dieses Arguments aufzudecken.

Im Widerspruch zu der traditionalistischen Argumentation wurde längst klargestellt, daß Jesus – in notwendiger Übereinstimmung mit der sozialen Struktur des antiken Israel, die eindeutig patriarchalischen Charakter hatte – zwölf Männer als Vertreter der zwölf Stämme Israels wählte, die in der hebräischen Bibel ebenfalls nur durch Stammväter (die Söhne Jakobs) repräsentiert wurden, entsprechend der in der Antike herrschenden Vorstellung, wonach nur der Mann als der Leben Zeugende galt (vgl. Gen 35,23; s. auch Gen 49,1–28). Jesus wollte durch die Wahl der Zwölf auf symbolische Weise zum Ausdruck bringen, daß *ganz Israel* Adressat seiner Botschaft war und auf den Weg der Umkehr gerufen wurde. Dieses symbolische Handeln Jesu war keineswegs auf Exklusivität ("nur Männer") ausgerichtet, sondern hat eindeutig *inklusiven* Charakter. Es ist als eschatologisches Zeichen zu verstehen: "Jesu Wirken zielt ab auf die Versammlung des neuen eschatologischen Gottesvolkes im nahen Gottesreich".[3] So bediente er sich des von allen Israeliten verstandenen Symbols der Zwölf-Zahl. Wenn Jesus allerdings dabei die Absicht unterstellt wird, er habe die Frauen dezidiert von der Gruppe der Zwölf ausschließen wollen, ist das nichts anderes als eine Projektion patriarchalischer Gesinnung heutiger kirchlicher Amtsträger in Jesus hinein und eine Pervertierung seiner an ganz Israel gerichteten Heilsbotschaft: Ist doch in den Evangelien kein Wort Jesu zu finden, das es rechtfertigte, solche Intention auch nur im entfernten vorauszusetzen.

Die "Zwölf" wurden nach Aussage der neutestamentlichen Schriften von Jesus zur Verkündigung der Frohbotschaft vom Reich Gottes ausgesandt; Jesus selbst und die Zwölf predigten in den Dörfern und Städten Israels, auch in den dortigen Synagogen (Mk 1,39; 6,1f; 6,6b-13 parr; Apg 13,5 u.ö.). Wie hätten Frauen solchen Auftrag übernehmen bzw. erfüllen sollen in ihrer damaligen Situation, hatten sie doch nicht einmal ein Rederecht in der Synagoge! Ein öffentlich-amtliches Zeugnis war ihnen ebenfalls verwehrt.

---

u.a.) Freiburg 1983, 320–338; Gertrud Heinzelmann, Die geheiligte Diskriminierung, Bonstetten 1986, bes. 194–200; Einbeziehung der Frauen in das Apostollsche Amt. Entscheidung der Synode der Alt-Katholischen Kirche Deutschlands und ihre Begründung (o.J.) 11ff; Ruth Albrecht, Art. Apostelin/Jüngerin, in: Wörterbuch der feministischen Theologie, Gütersloh 1991, 24–28; Ida Raming, Art. Priestertum der Frau, ebd., 328–330. Die Frage, ob die Wahl der Zwölf auf den historischen Jesus zurückgeht oder ob es sich bei dem Zwölferkreis um eine nachösterliche Einrichtung handelt, die von den Evangelisten in das vorösterliche Leben Jesu zurückprojiziert wurde, ist von den Exegeten unterschiedlich beantwortet worden; s. die Argumente Für und Wider im Überblick bei Joachim Gnilka, Das Evangelium nach Markus, Zürich/Einsiedeln/Köln 1978, 141ff. Das Urteil von Gnilka zu diesem Dissens: "Die Argumente zu dieser Frage, in der kaum je Einigkeit wird erzielt werden können, sind längst ausgetauscht ... Am meisten befriedigt immer noch die Annahme, daß Jesus die Zwölf zusammenrief." (ebd).

[3]   Gnilka (vgl. Anm.2), 143.

Vor dem Hintergrund der streng patriarchalischen Struktur der Zeit Jesu legt sich darum als einzig plausible Interpretation nahe: Für das Verhalten Jesu und seiner Mitarbeiter in dieser Hinsicht genügt zur Erklärung "das damalige kulturelle und gesellschaftliche Milieu, in dem sie handelten und so handeln mußten, wie sie gehandelt haben… "[4] Ihre Handlungsweise hat daher keine normative Bedeutung für die Strukturen einer späteren Kirche, ebensowenig wie das Faktum, daß Jesus nur Juden für die Gruppe der Zwölf ausgewählt hat.[5]

Die soziologisch gewachsenen Strukturen seiner Zeit konnte Jesus nicht einfach außer Kraft setzen; das von ihm zu erwarten, hieße, die Inkarnation Gottes in Jesus nicht wirklich ernst zu nehmen. Diese Vorgegebenheiten und Zusammenhänge werden ignoriert, wenn Papst Johannes Paul II. behauptet: *"Wenn Christus nur Männer zu seinen Aposteln berief, tat er das völlig frei und unabhängig.* Er tat es mit derselben Freiheit, mit der er in seinem Gesamtverhalten die Würde und Berufung der Frau betonte, ohne sich nach den herrschenden Sitten und nach der auch von der Gesetzgebung der Zeit gebilligten Tradition zu richten. Daher entspricht die Hypothese, er habe Männer zu Aposteln berufen, indem er der damals verbreiteten Mentalität folgte, ganz und gar nicht der Handlungsweise Christi."[6]

Solcher Behauptung fehlt es m.E. an der notwendigen Differenzierung. Der Umgang Jesu mit einzelnen Frauen, die ihm begegnen oder zu seinen Jüngerinnen zählen, liegt nämlich nicht auf der gleichen Ebene wie die als *Symbolhandlung zu verstehende Berufung der Zwölf*; m.a.W., Jesu hat im Umgang mit Frauen zwar sehr wohl an Tabus und Vor-Urteile seiner Zeit gerührt (vgl. z.B. Joh 4,27; Mk 5,24b-34 u.ö.), aber soziologisch und gesetzlich vorgegebene Strukturen seiner Zeit (Ausschluß der Frauen von öffentlicher Rede in den Synagogen und von der Zeugenfunktion vor Gericht) hat auch er nicht durchbrechen oder überwinden können, ebensowenig wie er die Sklaverei als soziologische Institution seiner Zeit zwar vorhand und kannte, aber sie weder ächtete noch bekämpfte, obwohl Sklaverei für die Betroffenen hieß, zum Sachobjekt für die Besitzenden herabzusinken. Den Evangelien zufolge verstand sich Jesus nicht als Sozialreformer, sondern legte allenfalls Grundlagen für künftige Strukturreformen in Kirche und Gesellschaft, die sich aus seiner Reich-Gottes-Botschaft ergeben.

---

[4] K. Rahner (vgl. Anm. 2), 299.
[5] Obwohl die Zugehörigkeit zum jüdischen Volk, auch im Denken Jesu, eine religiöse Bedeutung hatte (vgl. dazu u.a.: Joh 4,22; Mk 7,27 parr.), wich die frühe Kirche bei der Übertragung von Ämtern bald von diesem Prinzip ab.
[6] Apostolisches Schreiben *Mulieris Dignitatem* vom 15. August 1988 Nr. 26 (Verlautbarungen des Apostolischen Stuhls Nr. 86) Bonn 1988, 58.

Neuere Forschungen zum Apostelbegriff

Gegenüber dem eingangs genannten, geschichtliche Zusammenhänge außer acht lassenden Scheinargument ist geltend gemacht worden, daß die Begriffsbildung "Zwölf Apostel" (die Männer waren) als eine "sekundäre Verengung eines ursprünglich viel weiteren Apostelbegriffs" anzusehen ist. "Apostel sind in der ältesten Zeit alle, die feierlich und offiziell ausgesandt werden – entweder von einer Gemeinde (vgl. 2 Kor 8,23; Phil 2,25) oder vom Auferstandenen selbst (vgl. 1 Kor 9,1; 15,7)".[7] Zu diesem größeren Apostelkreis, der neben den Zwölf auch missionarische Wanderapostel umfaßte, gehörten auch Frauen (vgl. Röm 16,7: Junia)[8], z.T. auch Apostelehepaare (Röm 16,3: Priska und Aquila werden als Mitarbeiter des Paulus in der Missionsarbeit bezeichnet). Die Existenz weiblicher Missionsapostel in der frühen Kirche stellt einen Traditionsbeweis dar für die Existenz weiblicher Amtsträger – entgegen der traditionellen Auffassung, wonach nur Männer kirchliche Amtsträger waren. Der in dieser Weise argumentierenden *"Erklärung der Glaubenslehre zur Frage der Zulassung der Frauen zum Priesteramt" – Inter insigniores (1976)*, die voraussetzt, daß eine gerade Linie von den "Zwölf Aposteln" zu den späteren Bischöfen und Priestern führe, wird mit dem Hinweis begegnet, daß "der Übergang vom Begriff des Apostels und der Zwölf zum Begriff des Priesters (und Bischofs)" zu einfach konstruiert werde, "als daß er den heutigen Erkenntnissen des Werdens der Urkirche, ihrer Struktur und Organisation genügen könnte".[9] Diesen Erkenntnissen zufolge hat Jesus "kein Amtspriestertum gestiftet", sondern hat Jünger "zur Proklamation der Gottesherrschaft ausgesandt und zwölf von ihnen zu eschatologischen Zeugen für Israel bestimmt (vgl. vor allem Mt 19,28 par Lk 22,29f) ... Die Ausformung und Strukturierung von Ämtern..." (des Episkopats, Presbyterats und Diakonats) "blieb der sich entfaltenden Kirche überlassen."[10]

Aus alldem folgt, daß das eingangs genannte "Argument", Jesus habe die Frauen bewußt und absichtlich aus der Gruppe der Zwölf (Apostel) und damit aus den angeblich daraus abgeleiteten Ämtern (Episkopat und Presbyterat) für alle Zeiten ausgeschlossen, bei differenzierter Betrachtung des Entstehungsprozesses von Kirche und ihren Ämtern in sich zusammenfällt. – Zu einem ähnlichen Ergebnis kam auch die *Päpstliche Bibelkommission*, die zunächst in die Vorbereitung der Erklärung *Inter insigniores* eingeschaltet worden war. "Um ihre Meinung in der Frage nach der biblischen Basis für die Beurteilung der Priesterweihe von Frauen befragt", hatten die Mitglieder der Bibelkommission mehrheitlich erklärt, daß ein Verbot weiblicher Priester in der Hl.

---

[7]   G. Lohfink (vgl. Anm. 2), 330.
[8]   Dazu s. G. Lohfink (mit Berufung auf Bernadette Brooten) 327 – 332.
[9]   So K. Rahner (vgl. Anm. 2), 295.
[10] G. Lohfink (vgl. Anm. 2), 321f.

Schrift nicht enthalten sei und daß der Heilsplan Christi durch Zulassung der Frauenordination nicht überschritten und verfälscht würde. [11] Offensichtlich waren diese Ergebnisse von seiten der Glaubenskongregation weder erwartet noch erwünscht, so daß sie "diesem Trend " ... durch ihre Erklärung "ein Halt entgegensetzen" wollte. [12]

Tiefere Gründe für die lehramtliche Position

Das starre Festhalten an diesem Scheinargument macht allerdings unübersehbar deutlich, daß es dabei gar nicht um Erkenntnis von Wahrheit im historischen oder wissenschaftlichen Sinne geht; vielmehr verdeckt solche Argumentation nur die zutiefst patriarchalische, antifeministische Gesinnung, die die Autorität Jesu und Gottes nur vorschützt, weil es (heute) inopportun wäre, sich offen und unverbrämt gegen die Zulassung von Frauen zu kirchlichen Ämtern zu äußern. Diese patriarchalische Einstellung verhindert auch, daß ernst gemacht wird mit der praktischen Umsetzung der Botschaft von Gal 3,27f: "in Christus ist nicht männlich und weiblich", d.h. daß die Geschlechtsunterschiede im religiösen Bereich völlig irrelevant sind. Wenn dem dann noch in geradezu zynischer Weise entgegengehalten wird, diese Aussage gelte nur vor Gott und "im Himmel", nicht aber auf Erden und in den sichtbaren Institutionen, dann zeigt das wiederum eine erschreckende patriarchalische Verhärtung des Herzens: Sie verweigert sich dem Willen Gottes, der auf Gerechtigkeit zielt, und zwar in dieser Welt ("dein Wille geschehe *wie* im Himmel *so* auch auf Erden"). Sie will festhalten an dem Ungeist des "alten Adam" (Eph 4,22) und sich dem Neuen, das durch das Kommen des Gottesreiches in und mit Jesus präsent geworden ist, verschließen.

Demgegenüber lautet der urchristliche Appell: "Zieht an den neuen Menschen, der nach Gottes Urbild in wahrer Gerechtigkeit und Heiligkeit geschaffen ist!" (Eph 4,24) ... "Wenn jemand in Christus ist, so ist er ja eine neue Schöpfung: das Alte ist vergangen, Neues ist geworden" (2 Kor 5,17), und: "Ihr alle, die ihr auf Christus getauft worden seid, habt Christus angezogen. Da ist nicht ... männlich und weiblich; denn ihr alle seid einer in Christus Jesus" (Gal 3,26–28). An der patriarchalischen Geschlechter-"Ordnung", an der Herrschaft des Mannes über die Frau in der Kirche festhalten (wollen), heißt demnach: sich dem Wirken des Geistes Jesu und Gottes in unserer Zeit verschließen, den Anbruch des Reiches Gottes aufhalten, ihn zu verhindern suchen. Um die Mächte des "alten Adam", die Sünde des Patriarchats, in Kir-

---

[11] A. Ebneter, Keine Frauen im Priesteramt, in: Orientierung 41 (1977) 25f. Dazu s. auch: J.R. Donahue, A Tale of two Documents, in: L. u. A. Swidler (eds.), Women Priests (vgl. Anm. 2), 25–34, hier: 25.

[12] So Ebneter (vgl. Anm. 11), 26.

che und Gesellschaft zu überwinden, ist daher nicht weniger als eine Bekehrung der Herzen hin zum Willen Gottes vonnöten, zu dem, was Reich Gottes eigentlich meint.

In diesem Zusammenhang ist jedoch die Frage unausweichlich: Sind Menschen (Männer), die sich einem streng hierarchischen kirchlichen System verpflichtet haben, das das Gehorsamsprinzip über die freie Gewissensentscheidung stellt, überhaupt dazu fähig, solche Neuwerdung mit allen Konsequenzen zu vollziehen?

Da sie selbst ihre innere Freiheit für dieses geschlossene hierarchische System aufgegeben haben oder vielleicht auch nie entwickeln konnten, sind sie ihrerseits darauf bedacht, nur angepaßte, "gehorsame" Männer mit kirchlichen Ämtern zu betrauen. So perpetuiert sich das geschlossene System, – Reformen von oben und von unten sind unerwünscht und werden abgeblockt. Ist denn dann alle Hoffnung auf Befreiung für die Unterdrückten vergeblich?

Hoffnung für sie besteht – trotz allem – m.E. nur im Vertrauen auf Gottes Geisteskraft, die "weht, wo sie will" (vgl. Joh 3,8), im Vertrauen darauf, daß die Unterdrückten, erfüllt vom Glauben an die alles überwindende Kraft des auferstandenen Christus, den Willen aufbringen, sich in einem revolutionären Aufbruch zu erheben.

Das Gewicht einer zweitausendjährigen Tradition?

Eine Tendenz zur Konservierung des tradierten patriarchalischen Geschlechterverhältnisses in der Kirche, also die Weigerung umzudenken, verrät auch die öfter in Stellungnahmen kirchlicher Amtsträger zur Frauenordination angeführte Begründung, daß das "Gewicht einer zweitausendjährigen Tradition" [13] einer Änderung der Kirchenordnung in dieser Hinsicht entgegenstehe. Dabei wird der Eindruck erweckt, als handele es sich um eine ununterbrochene Kette von ernstzunehmenden Traditionszeugen bzw. -belegen von den Uranfängen der Kirche, ja von Jesus selbst bis hin zur Gegenwart. Solche Argumentation hat, psychologisch gesehen, eine nicht zu unterschätzende Wirkung; denn wer kann sich schon dem Gewicht einer solch lang anhaltenden Tradition entziehen? Erscheint nicht jeder Einsatz für die Frauenordination unter diesen Umständen von vornherein als sinnlos?

Den verantwortlichen Amtsträgern dient die Berufung auf die angeblich zweitausendjährige entgegenstehende Tradition als Rechtfertigung dafür, eine Änderung der derzeitigen Lage der Frau in der Kirche möglichst bis auf unbestimmte Zeit hinauszuzögern. Selten oder eher gar nicht kommt dabei in den Blick, was es mit dieser "zweitausendjährigen Tradition" eigentlich auf

---

[13] So z.B. Kardinal G. Sterzinsky (in einem Gespräch mit der "Berliner Morgenpost"), Münstersche Zeitung (MZ) v. 8.11.91; ähnlich Bischof R. Lettmann, MZ v. 16/17.11.91.

sich hat. Bei näherer Untersuchung entpuppt sie sich nämlich als eine Reihe von Aussagen (z.b. Kirchenväterzitaten – echten und unechten –, päpstlichen Dekretalen, darunter etliche Fälschungen, Synodenbestimmungen), die darin übereinstimmen, daß sie der Frau liturgisch-kultische und pastorale Funktionen, die an kirchliche Ämter gebunden sind, vorenthalten und die Unterordnung der Frau unter den Mann fordern.[14] Die sog. Traditionszeugen[15], darunter bestimmte Bibelstellen und darauf fußende Texte aus der Patristik und der mittelalterlichen Theologie, gehen durchgängig von einer seinsmäßigen, oft auch ethischen Vorrangstellung des Mannes aus. Dies ist inzwischen durch zahlreiche einschlägige wissenschaftliche Untersuchungen bestätigt worden. Eine Tradition aber, die auf Diskriminierung der Frau aufgrund des weiblichen Geschlechts basiert, kann keinerlei Geltung beanspruchen.

Darüber hinaus werden bei der Berufung auf die angeblich ununterbrochene "zweitausendjährige Tradition" bemerkenswerte Beispiele einer *gegenläufigen* frauenfreundlichen *Tradition* völlig ausgeblendet. So die Tatsache, daß Frauen in der frühchristlichen Missionsbewegung als amtliche Mitarbeiterinnen (Diakoninnen, Vorsteherinnen von Hausgemeinden, Missionsapostelinnen) tätig waren (vgl. Kol 4,15; 1 Kor 16,19; Röm 16,1.3; 16,7). Im Zuge der Konsolidierung des dreigliedrigen Amtes (Episkopat, Presbyterat, Diakonat) wurden Frauen jedoch schon sehr bald aus bedeutenderen Gemeindediensten verdrängt (vgl. 1 Tim 2,11–15). Verbote einer Amtsausübung von Frauen, bereits im NT wie auch in späteren Quellen (Kirchenordnungen aus dem 3.- 5. Jh; Synodenbestimmungen; päpstliche Dekretalen), sind freilich ebenfalls implizite Zeugnisse für das Wirken weiblicher Amtsträger.[16] Darüber hinaus weisen auch Grabinschriften auf die Existenz von Amtsträgerinnen in der frühen Kirche hin.[17] Gegen die im Zusammenhang mit der Sakramentstheologie des Mittelalters aufkommende Lehrmeinung, Frauen seien um ihres vermeintlich minderwertigen Geschlechts nicht "weihefähig", erhob sich Widerspruch

---

[14] Dazu s. die in Anm. 2 zitierte Literatur, ferner: Ida Raming, Der Ausschluß der Frau vom priesterlichen Amt. Gottgewollte Tradition oder Diskriminierung? Köln/Wien 1973.

[15] Eine kritische Untersuchung der Tradition s. u.a. bei Peter Hünermann, Lehramtliche Dokumente zur Frauenordination. Analyse und Gewichtung, in: Theologische Quartalschrift 173 (1993) 204–218.

[16] Vgl. dazu Giorgio Otranto, Note sul sacerdozio femminile nell'antichità in margine a una testimonianze di Gelasio I, in: Vetera Christianorum 19 (1982) 341–360. Eine vollständige Übersetzung von Otrantos Studie ins Amerikanische von Mary Ann Rossi ist veröffentlicht in dem Artikel "Priesthood, Precedent, and Prejudice: On Recovering the Women Priests of Early Christianity, Containing a Translation from the Italian of 'Notes on the Female Priesthood in Antiquity' by Giorgio Otranto", in: Journal of Feminist Studies in Religion Vol. 7 (1991) Nr. 1, 73–94 (Die Beurteilung der Übersetzerin: "Otranto provides ample grounds for reconsidering the role of women in the priesthood of early Christianity ... ", ebd. S. 78).

[17] Dazu s. Ute E. Eisen, Amtsträgerinnen im frühen Christentum. Epigraphische und literarische Studien (Forschungen zur Kirchen- und Dogmengeschichte, hg. v. A.M. Ritter, Bd. 61) Göttingen 1996.

seitens einiger Theologen und Kanonisten, die in der Taufe, nicht aber im (männlichen) Geschlecht die Voraussetzung für eine gültige Ordination sahen: "Nach empfangener Taufe kann jede/r, ob Mann oder Frau, ordiniert werden" (*post baptismum quilibet potest ordinari*).[18] Unabdingbare Voraussetzung für eine gültige Ordination ist danach allein die Taufe und freilich eine entsprechende Eignung (Charisma) für das Diakonats- und Priesteramt. Allein diese Auffassung kann für sich in Anspruch nehmen, der Botschaft des Evangeliums (vgl. Gal 3,27f) zu entsprechen.

Zu dieser gegenläufigen Tradition gehören ebenfalls die *Zeugnisse von Frauen*, die ihren Ausschluß vom Priesteramt im Laufe der Jahrhunderte als schmachvolle Degradierung beklagten (z.B. *Marie de Jars de Gournay*, 17. Jh.) oder darüber hinaus aufgrund ihres religiösen Charismas den Priesterberuf erstrebten (z.B. *Therese von Lisieux*, 1873–1897). Besonders seit dem 2. Vatikanischen Konzil nimmt die Zahl der Frauen in aller Welt beständig zu, die sich zu ihrer priesterlichen Berufung bekennen.[19] Auch auf teilkirchlicher und gesamtkirchlicher Ebene gibt es seit dem 2. Vaticanum mannigfache Zeugnisse einer von der vatikanischen Kirchenleitung abweichenden Tradition. Zahlreiche nationale Synoden verabschiedeten Resolutionen zugunsten des Diakonats, z.T. auch des Presbyterats der Frauen. Bischöfe und Kardinäle sprachen sich dafür aus.[20]

Fazit: Von einer ununterbrochenen monolithischen zweitausendjährigen Tradition bezüglich des Ausschlusses der Frau vom Priesteramt, die von der Kirchengemeinschaft in ungeteilter Übereinstimmung angenommen wurde, kann also nicht die Rede sein, – diese ist vielmehr eine tendenziöse Fiktion. Es gibt unübersehbare, zahlreiche Belege dafür, daß diese Tradition durch Dekrete, Repressionen und Strafmaßnahmen seitens der vatikanischen Kirchenleitung künstlich konserviert wird. Sie noch weiter fortschreiben zu wollen, heißt: an der Frauenfeindlichkeit, die sich im Ausschluß der Frauen vom Priesteramt in besonderer Weise manifestiert, festhalten wollen und damit der Entwicklung seit dem 2. Vatikanischen Konzil hin zu einer erneuerten geschwisterlichen Kirche schwere Hindernisse in den Weg legen.

---

[18] S. dazu: Raming (vgl. Anm. 14) 115f.

[19] Dazu s. u.a. Ida Raming, Gertrud Jansen, Iris Müller, Mechtilde Neuendorff (Hg.), Zur Priesterin berufen. Gott sieht nicht auf das Geschlecht. Zeugnisse römisch-katholischer Frauen. Thaur – Wien – München 1998. In anderen Ländern gibt es ähnliche Veröffentlichungen mit Zeugnissen von Frauen, die sich zum priesterlichen Dienst berufen fühlen.

[20] Vgl. dazu u.a. Gertrud Heinzelmann, Die getrennten Schwestern. Frauen nach dem Konzil, Zürich 1967; Ida Raming, Frauenbewegung und Kirche. Bilanz eines 25jährigen Kampfes für Gleichberechtigung und Befreiung der Frau seit dem 2. Vatikanischen Konzil, Weinheim 1991², 37–61.

Symbolische Bedeutung der Geschlechterrelation contra Frauenordination

Um die vorgebrachten Gründe aus "Schrift und Tradition" zu vertiefen und zu unterstützen, greift das kirchliche Lehramt zur Symbolargumentation, einer Art anthropologisch-metaphysischer Erklärungshilfe. Dabei soll der Erklärung *Inter insigniores* zufolge die "tiefe Übereinstimmung aufgezeigt werden, die die theologische Reflexion zwischen der dem Weihesakrament eigenen Natur – mit ihrem besonderen Bezug auf das Geheimnis Christi – und der Tatsache, daß nur Männer zum Empfang der Priesterweihe berufen werden, feststellt." Allerdings wird eingeräumt, daß es bei dieser Art von Argumentation nicht darum gehe, "einen stringenten Beweis für die kirchliche Lehre zu erbringen, sondern sie "durch die Analogie des Glaubens zu erhellen."[21] Dennoch nimmt dieser "Analogiebeweis" in der Diskussion um die Frauenordination einen derart hohen Stellenwert ein, daß der Eindruck entsteht, daß er letztlich für die Amtskirche ausschlaggebend ist. In dieser Argumentation kommt nämlich die Auffassung der Kirchenleitung von der Anthropologie der Geschlechter zum Tragen, die letztlich die Grundlage bietet für die Aufrechterhaltung eines rein männlichen Priestertums.

Die Symbolargumentation beinhaltet folgenden Gedankengang:
Sie beruft sich zunächst auf das alttestamentliche Bildmotiv "Bräutigam" – "Braut", das zur Veranschaulichung der innigen Beziehung zwischen Jahwe und dem Volk Israel dient und im NT (Eph 5) auf das Verhältnis zwischen Christus und der Kirche in analoger Weise übertragen wird. Daraus schlußfolgert die Erklärung *Inter insigniores*, "daß in den Funktionen, die den Weihecharakter erfordern und wo Christus selbst, der Urheber des Bundes, der Bräutigam und das Haupt der Kirche, in der Ausübung seiner Heilssendung repräsentiert wird", besonders in der Eucharistiefeier, "seine Rolle von einem Mann verkörpert" werden müsse; denn – so die Erklärung – "Christus selbst war und bleibt nämlich ein Mann"; daher könne die Funktion Christi in der Eucharistie nur durch einen männlichen Priester sakramental dargestellt werden.[22]

Bei dieser Argumentation greift *Inter insigniores* u.a. zurück auf ekklesiologische Auffassungen der ersten Jahrzehnte des 20. Jahrhunderts. Besonders in der Liturgiewissenschaft wurde das Verhältnis zwischen Amt und Gemeinde damals häufig mit der in Eph 5 verwandten Symbolik (Bräutigam Christus – Braut Kirche) beschrieben, obwohl diese Textstelle nur auf die Ehe bezogen ist, nicht aber auf die kirchlichen Strukturen.[23]

---

21 *Inter insigniores* Nr. 5 (Verlautbarungen des Apostolischen Stuhls Nr. 117) 21.
22 Ebd. Nr. 5, (Verlautbarungen des Apostolischen Stuhls Nr. 117) 23f.
23 Eine kritische Auseinandersetzung mit der Metaphorik (Bräutigam – Braut) in Anwendung auf das "Gegenüber von Amt und Gemeinde", besonders mit dem daraus abgeleiteten Monopol des Mannes auf das Priesteramt, enthält der dogmatische Teil meiner Dissertation, s. oben S.201-221. Ferner s.: John Wijngaards, The Ordination of Women in the Catholic Church. Un-

Gegenüber der symbolistischen Argumentation sind vor allem folgende Einwände geltend zu machen:

– Symbole sind mehrdeutig; sie entsprechen dem jeweiligen Bezugssystem, innerhalb dessen sie fungieren. Das Motiv "Bräutigam" – "Braut", das im AT und in Eph 5 ein hierarchisches Gefälle ausdrückt, ist nur innerhalb einer patriarchalischen Gesellschaft schlüssig.[24] Die menschlichen Eheformen unterliegen aber der historischen und gesellschaftlichen Veränderung. Die Beziehung zwischen Christus und Kirche wird im NT auch durch andere Symbole ausgedrückt (z.b. Weinstock – Rebzweige; Henne – Küken; "Freunde" in Christus etc.). Symbole können keine absolute Geltung beanspruchen, da sie austauschbar, mehrdeutig und zeitbedingt sind. Vor allem ist es völlig unzulässig, daraus Normen und kirchliche Gesetze abzuleiten.

– Voraussetzung für stellvertretendes Handeln im Namen und Auftrag Christi bzw. amtliches Handeln in "persona Christi" – auch in der Eucharistiefeier – ist nicht das männliche Geschlecht des Amtsträgers. Diese Lehrmeinung steht in krassem Widerspruch zur neutestamentlichen Botschaft, die weder dem Mannsein Jesu noch dem Geschlecht von Amtsträgern eine heilshafte, religiöse Bedeutung zuerkennt. "'In persona Christi' handeln bedeutet sakramententheologisch nicht den Aufweis des Geschlechtes Jesu, sondern die Tatsache, daß Christus der eigentliche und originäre Spender aller Sakramente ist und der menschliche Spender immer nur sein repräsentatives personales Werkzeug. Anders gesagt: Der Priester ist dogmatisch betrachtet Priester aufgrund seiner Weihe, nicht wegen seiner sexuellen Ausprägung. Denn was Christus tut, tut er nicht, sofern er Mann ist, sondern Gottmensch. Anders wäre es undenkbar, daß eine Frau taufen und (nach gängiger westlicher Theologie) Spenderin des Ehesakramentes sein kann."[25] Zum amtlichen Handeln im Namen und Auftrag Christi ist prinzipiell jede getaufte Person befähigt, unabhängig von ihrem Geschlecht, wenn sie durch die Ordination und amtliche Beauftragung dazu ausgerüstet ist.

– Im Widerspruch zu Gal 3,28 wird mittels der symbolistischen Argumentation an dem Vorrang des Mannes vor der Frau und damit am hierarchischen Verhältnis zwischen den Geschlechtern im kirchlichen Amtsbereich festgehalten. Als "Stellvertreter" des "Bräutigams Christus", des "Hauptes der Kirche" maßt sich der Priester eine Rolle an (bzw. sie wird ihm zugesprochen), die auf eine "Quasi-Identifikation" mit Christus hinausläuft, die ihn – entgegen der Communio-Struktur der Kirche – aus dem Gesamt der Kirche ausgliedert, ihn

---

masking a Cuckoo's Egg Tradition. London 2001, 100–121 (weitere Literaturangaben ebd. 197 Anm. 30).

[24] Vgl. Wolfgang Beinert, Dogmatische Überlegungen zum Thema Priestertum der Frau, in: Walter Groß (Hg.), Frauenordination. Stand der Diskussion in der Katholischen Kirche. München 1996, 64–82, hier: 74f.

[25] Beinert (vgl. Anm. 24), 75.

auf die Seite Christi, des "Hauptes der Kirche" stellt, ja mit ihm verschmilzt. So die Erklärung *Inter insigniores*: "Der Priester, der allein die Vollmacht hat, die Eucharistiefeier zu vollziehen, handelt also nicht nur kraft der ihm von Christus übertragenen Amtsgewalt, sondern *in persona Christi*, indem er die Stelle Christi einnimmt und sogar sein Abbild wird, wenn er die Wandlungsworte spricht." [26]

– Zur Rechtfertigung des Ausschlusses der Frau vom Priesteramt betont Papst Johannes Paul II. [27], daß es sich bei der Kirche um einen Bereich *sui generis* handle, der keineswegs gleichzusetzen sei mit weltlichen Institutionen, die "rein menschlicher Gestaltungskompetenz unterworfen" seien. Angeblich um die "geheimnisvolle Ordnung" der Kirche zu wahren, hält der Papst mit den Bildern 'Bräutigam' (Christus) – 'Braut' (Kirche) an einer hierarchischen Beziehung zwischen den Geschlechtern in der Kirche fest. Das aber hat zur Folge, daß sich Kirche und Gesellschaft immer weiter voneinander entfernen, besonders in bezug auf das Geschlechterverhältnis. Der von Johannes Paul II. in diesem Zusammenhang beschworene "Geheimnischarakter" der Kirche – die Kirche als das "'Mysterium' der Liebe Gottes, wie sie in der menschlichen Geschichte anwest" – wird durch eine von männlicher Dominanz bestimmte Amtstruktur und damit durch Diskriminierung der Frau gerade nicht veranschaulicht, sondern verdunkelt.

Eine Bedrohung für die Einheit der Kirche?

Während die (oben dargestellten) gängigen Positionen gegen die Frauenordination in den vergangenen Jahrzehnten wiederholt durch stichhaltige Argumente widerlegt wurden, verharren die verantwortlichen Amtsträger in der bekannten ablehnenden, reformunwilligen Haltung. Angesichts des für alle unübersehbaren Erkenntnisfortschritts auf diesem Gebiet, der eine bloße Wiederholung der traditionellen Positionen immer unglaubwürdiger erscheinen läßt, wird von kirchenleitenden Amtsträgern ein letzter Widerstand aufgeboten, indem sie die *Einheit der Kirche* beschwören, die angeblich durch die Frau-

---

[26] *Inter insigniores* Nr. 5, a.a.O. S. 22; s. auch den offiziellen Kommentar zu *Inter insigniores* (ebd. S. 49): "Der Ausdruck 'im Namen und an Christi Statt' genügt jedoch nicht, um voll und ganz die Natur der Beziehung zwischem dem Amtsdiener und Jesus Christus zu verstehen . . . Die Formel *in persona Christi* legt nämlich eine Bedeutung nahe, die sie in einen Zusammenhang mit dem griechischen Ausdruck *mimema Christou* bringt: persona ist die Rolle im antiken Theater, die durch ihre Maske festgelegt wird. Der Priester nimmt die Stelle Christi ein, indem er ihm Stimme und Gesten zur Verfügung stellt." Dagegen betont J. Wijngaards (vgl. Anm. 23) S. 107 – 112 aufgrund einer Analyse des Eucharistischen Hochgebets mit Recht, daß der Priester im Laufe dieses Gebets von Christus stets in der 3. Person spricht (". . . clearly as someone other than himself, even in the pronouncial of the words of consecration"), 109.

[27] Ansprache an die deutschen Bischöfe vom 20. November 1999, in: 'L'Osservatore Romano' vom 21.11.1999.

enordination massiv bedroht werde. [28] Dabei wird z.b. geltend gemacht, daß
auf Weltebene – der Schwerpunkt der katholischen Kirche liege inzwischen in
der sog. Dritten Welt – das Priesteramt der Frau nicht durchzusetzen sei. In die
Praxis umgesetzt, hätte solche Sicht freilich zur Folge, daß die patriarchalische
Struktur der katholischen Kirche noch auf lange Zeit konserviert bliebe. So gesehen verbirgt sich auch hinter dieser Position (Berufung auf die Einheit der
Kirche) im Grunde genommen die Weigerung, einen durchgreifenden, evan-
geliumsgemäßen Wandel in bezug auf das Geschlechterverhältnis anzustreben
oder vorzubereiten.

Die *Erste Internationale Konferenz für Frauenordination* in Dublin (vom
29. Juni bis 1. Juli 2001) unter dem Motto: "Now is the Time. A Celebration of
Women's Call to a Renewed Priesthood in the Catholic Church" – "Die Zeit ist
reif! Frauen feiern ihre Berufung zu einem erneuerten Priestertum in der katholischen Kirche" hat jedoch eindrücklich gezeigt, daß die Stimmen für die
Frauenordination in der katholischen Kirche inzwischen aus *vielen Ländern
und allen Kontinenten* kommen. Vertreterinnen aus 26 Ländern und 5 Kontinenten nahmen an dem Kongress teil, um einmütig für die Frauenordination
einzutreten. [29]

Gegenüber dem erwähnten Konzept von kirchlicher Einheit sind überdies
grundlegende Bedenken anzumelden. Bedeutet Einheit der Kirche eine für
alle katholische Christen geltende Kirchenordnung – trotz der unterschiedlichen Lebensform und Kultur, trotz des damit verbundenen unterschiedlichen
Wissens- und Bildungsstandes, von denen die Christen in den verschiedenen
Ländern geprägt sind? Solch ein Verständnis von Einheit, die sich als starre Klammer, als Geist und Leben tötende Fessel auswirkt, steht deutlich im
Widerspruch zu den jeweiligen, oft auch unterschiedlichen seelsorglichen Bedürfnissen der Menschen in den einzelnen Ländern. Sie erstickt legitime plu-
riforme Entwicklungen innerhalb der Kirche.

So wird das Prinzip einer starren kirchlicher Einheit nicht selten als
"Keule" gegen die Frauenordination, auch auf ökumenischem Gebiet, eingesetzt. Im Weltkirchenrat wurde vor einigen Jahren von konservativ-
fundamentalistischer Seite an evangelische Pastorinnen das Ansinnen gestellt,
sie sollten die "Frauenordination auf dem Altar der Ökumene opfern!" [30]
Welch eine Nichtachtung der Gaben, die Pastorinnen in die Kirche einbringen,

---

[28] Belege für diese Einstellung in: Raming, Frauenbewegung (vgl. Anm. 20), S. 72 mit Anm.
      126 u. S. 104 mit Anm. 49.

[29] S. dazu u.a. Judith Stofer, "Die Mauer des Schweigens niederreißen". Der Vatikan und sein
      Widerstand gegen die Frauenordination: Mit Macht protestierten hunderte von Frauen und
      Männern in Dublin, in: Publik-Forum Nr. 13/2001, S.32f.

[30] S. dazu: Unterwegs in die Weite. Interview mit den drei Bischöfinnen: Maria Jepsen, Margot
      Käßmann und Bärbel Wartenberg-Potter, in Publik-Forum Nr. 11/2001, S.24–27, 26.

spricht sich in der Zumutung aus, die Einheit der Kirche "auf dem Rücken" der Frauen herstellen zu wollen!

Die eigentliche Bedrohung der kirchlichen Einheit liegt m.E. in der Spannung zwischen fundamentalistisch gesinnten Kreisen einerseits, die sogar dringend notwendige Reformen in der Kirche ablehnen und diese durch ihren maßgeblichen Einfluß in der vatikanischen Kirchenleitung mit allen Kräften zu verhindern suchen, – und reformorientierten Kreisen andererseits, für die das Prinzip: *Ecclesia semper reformanda* bindend ist. Dieser Riß geht weit tiefer als die durch die Frauenordination vermeintlich verursachte Gefährdung der Einheit. Ablehnung und Befürwortung der Frauenordination sind meistens nur ein beiläufiger Ausdruck der beiden gegensätzlichen Richtungen.

Im Hinblick auf die Frauenordination kann nur das Prinzip "Einheit in Pluriformität" Geltung beanspruchen. Nur so kann gewährleistet werden, daß für die zum Priesteramt berufenen, theologisch ausgebildeten Frauen und letztlich für alle Frauen Gerechtigkeit in der Kirche geschaffen wird, daß die Charismen von Frauen nicht mehr länger durch kirchenrechtliche Vorschriften zum Schaden der Kirche insgesamt unterdrückt werden und daß schließlich ein entscheidender Schritt hin zu einer geschwisterlichen Kirche getan wird, die der Verwirklichung des Reiches Gottes die Wege bahnen hilft und erst so "Stadt auf dem Berge", "Salz der Erde" (vgl. Mt 5,13 – 16) sein kann.

ENDGÜLTIGES NEIN ZUM PRIESTERTUM DER FRAU?

Zum Apostolischen Schreiben Papst Johannes Pauls II.

"Ordinatio Sacerdotalis" [1]

Mit dem Apostolischen Schreiben *Ordinatio Sacerdotalis* vom 22. Mai 1994 [2] sollte nach dem Willen Johannes Pauls II. eine verbindliche lehramtliche Entscheidung gegen die Zulassung von Frauen zur Priesterweihe getroffen werden, an die sich "alle Gläubigen der Kirche endgültig zu halten haben" (Nr.4). Mit Entschiedenheit tritt der Papst der Meinung entgegen, daß der Ausschluß der Frauen von der Priesterweihe lediglich "disziplinäre Bedeutung" habe und daß diese Praxis weiterhin ein Gegenstand der theologischen Diskussion sein könne. Der – besonders seit Einführung der Frauenordination in der anglikanischen Kirche Englands – zunehmenden Infragestellung der lehramtlichen Aussagen zu diesem Thema setzt er sein Machtwort entgegen, um auf diese Weise jeden "Zweifel bezüglich der bedeutenden Angelegenheit, die die göttliche Verfassung der Kirche selbst betrifft", zu beseitigen (Nr.4).

Läßt sich das aber so einfach mit einem päpstlichen Dekret bewerkstelligen?

Die bisherigen vielfältigen kritischen Reaktionen auf das Papstwort zeigen deutlich, daß die Entscheidung des päpstlichen Lehramtes notwendigerweise an ihre Grenzen stößt und unwirksam bleibt, insofern sie sich auf theologische Vorstellungen und Denkweisen stützt, die einer wissenschaftlichen theologischen Überprüfung keineswegs standhalten können. "Gut begründete Gegenargumente zur lehramtlichen Position bezüglich der Priesterweihe von Frauen lassen sich durch Autoritätseinsatz" – und sei er auch noch so massiv – "nicht aus der Welt schaffen." [3] Auch die im "Osservatore Romano" (vom

---

[1] Erstmalig veröffentlicht in: "Orientierung" 58 (1994) 190–193; hier in leicht überarbeiteter Form.

[2] Deutscher Text in HK: 48 (1994) 355f mit den Erläuterungen im "Osservatore Romano" (ebd. S. 356–358; jetzt auch als: Verlautbarungen des Apostolischen Stuhls Nr. 117, Bonn 1994 (zusammen mit der Erklärung der Kongregation für die Glaubenslehre *Inter insigniores* v. 15. Oktober 1976).

[3] Ulrich Ruh, Lehramt im Abseits? in: HK 48 (1994) 327; s. auch Peter Hünermann, Schwerwiegende Bedenken. Eine Analyse des Apostolischen Schreibens "Ordinatio Sacerdotalis", in: HK 48 (1994) 406–410.

30./31.5.94) veröffentlichten offiziösen *Erläuterungen*[4] zum Apostolischen Schreiben, die dieses an Schärfe und Unerbittlichkeit eindeutig übertreffen, werden den inzwischen erreichten theologischen Erkenntnisstand nicht rückgängig machen können.

Verschärfung des Verbindlichkeitsgrades?

Wortwahl und Intention des offiziösen Vorstellungsdokuments sind insofern auffallend und bemerkenswert, als hier noch massiver als in dem Apostolischen Schreiben selbst dessen Verbindlichkeitscharakter eingeschärft wird: "Niemand also, auch nicht die höchste Autorität der Kirche, kann diese Lehre (über die nur Männern vorbehaltene Priesterweihe, d.V.) außer acht lassen, ohne den Willen und das Beispiel Christi selbst sowie das Offenbarungsgeschehen zu verfälschen... ". Zwar wird eingeräumt, daß es sich bei dem Apostolischen Schreiben "nicht um eine neue dogmatische Formulierung" handelt; aber der Entscheidung des Papstes wird dennoch ein quasi-dogmatischer Charakter zugeschrieben, indem sie als "eine mit Sicherheit wahre Lehre" bezeichnet wird[5], die dem freien theologischen Diskurs entzogen sei und "immer die volle und bedingungslose Zustimmung der Gläubigen" verlange. Um diese Vorschrift geradezu als göttliches Gebot erscheinen zu lassen, scheut sich der Verfasser der *Erläuterungen* nicht, mit dem Mittel der Gewissenseinschüchterung zu operieren, indem er betont: "Das Gegenteil (des Papstwortes, d.V.) zu lehren, käme einer Verführung des Gewissens (der Gläubigen) zum Irrtum gleich", da es sich bei der "Erklärung des Papstes" um einen "Akt des Hörens auf Gottes Wort und des Gehorsams gegenüber dem Herrn auf dem Weg der Wahrheit" handele.

Kritische Anmerkungen zur Beweisführung

Bei solchem geradezu inflationären Gebrauch metaphysisch aufgeladener Begriffe (z.B. "ewiger Plan Gottes", "göttliche Verfassung der Kirche", "Offenbarungsgeschehen", "Wahrheit"), die das Apostolische Schreiben, besonders

---

[4] HK 48 (1994) 356–358.

[5] Angesichts dieser Formulierung legt sich die Vermutung nahe, daß es sich dabei um eine Umschreibung des Begriffs "unfehlbar" handelt, der im Apostolischen Schreiben vermieden wird, vgl. dazu Erzbischof Weakland (Milwaukee/USA): "I note that the Holy Father has avoided the word 'infallible', in: Origins 24 (1994) No. 4, S.55f. – Die Verschärfung des Verbindlichkeitsgrades in den *Erläuterungen* kündigt m.E. bereits das bald danach veröffentlichte *Responsum ad dubium* (vom 28.10.1995) der Kongregation für die Glaubenslehre an, in dem erklärt wird, daß die in *Ordinatio Sacerdotalis* enthaltene Lehre zum Glaubensgut gehöre, vom kirchlichen Lehramt "unfehlbar" vorgetragen sei und daher "eine endgültige Zustimmung" erfordere; ferner weist sie voraus auf das Apostolische Schreiben *Ad tuendam fidem* (v. 18. Mai 1998); nähere Ausführungen dazu: Einleitung, oben S. 6*.

aber die *Erläuterungen* kennzeichnen, stellt sich von selbst die Frage, worauf sich denn diese angeblich "endgültig verbindliche" Lehre gründet.[6]

Es ist lediglich das (im NT berichtete) Faktum, daß Jesus nur Männer zu der Gruppe der "Zwölf" berief und daß diese Praxis, nur Männer als Amtsträger zu wählen, von den Aposteln bei der Wahl ihrer Mitarbeiter und Nachfolger im Amt beibehalten wurde (Nr.2). "In diese Wahl", so behauptet nun der Papst, "waren auch jene eingeschlossen, die durch die Zeiten der Geschichte der Kirche hindurch die Sendung der Apostel fortführen sollten, Christus, den Herrn und Erlöser, zu vergegenwärtigen." (Nr.2) Die Lehre über die nur Männern vorbehaltene Priesterweihe sei "sowohl von der beständigen und umfassenden Überlieferung der Kirche bewahrt als auch vom Lehramt in den Dokumenten der jüngeren Vergangenheit mit Beständigkeit gelehrt worden" (Nr.4).

Als Resumee aus seiner Darlegung zieht der Papst folgende Konklusion: "daß die Kirche keinerlei Vollmacht hat, Frauen die Priesterweihe zu spenden." (Nr.4)

Eine ausführliche Auseinandersetzung mit den (bereits in *Inter insigniores* [1976] angeführten) Argumenten von *Ordinatio Sacerdotalis* aus "Schrift und Tradition" enthält der Artikel "Die Zwölf Apostel waren Männer... " (oben, S. 17* – 29*), auf den an dieser Stelle verwiesen wird.

Mißachtung anerkannter Auslegungsregeln

In mehrfacher Hinsicht weicht das Apostolische Schreiben bei seinem Umgang mit der Bibel von den Maßstäben und Regeln ab, die das i. J. 1993 veröffentlichte Lehrschreiben der Päpstlichen Bibelkommission über "Die Interpretation der Bibel in der Kirche" aufgestellt hat.[7] So findet die darin als unverzichtbar erklärte historisch-kritische Methode keinerlei Beachtung, vielmehr bleibt das Apostolische Schreiben der fundamentalistischen Auslegungsweise verhaftet, obwohl sie von der Bibelkommission nachdrücklich zurückgewie-

---

[6] In den folgenden Ausführungen stütze ich mich u.a. auf: Karl Rahner, Priestertum der Frau? in: StdZ 102 (1977) 291 – 301; Ruth Albrecht, Art. Apostelin/Jüngerin, in: Wörterbuch der feministischen Theologie, Gütersloh 1991, 24 – 28; Ida Raming, "Die zwölf Apostel waren Männer... " Stereotype Einwände gegen die Frauenordination und ihre tieferen Ursachen, in: Orientierung 56 (1992) 143 – 146; ferner auf einschlägige Artikel aus: Theologische Quartalschrift H.3/1993 zum Thema "Frauenordination". Vgl. außerdem die Stellungnahme der Bibelkommission von 1976, die darin mit einer Mehrheit von 12 gegen 5 Stimmen das Votum festhält, daß das Priestertum der Frau auf der Grundlage der neutestamentlichen Schriften nicht ausgeschlossen ist. Der Text der Stellungnahme in: Leonard u. Arlene Swidler (eds.), Women Priests. New York 1977, 338 – 346.

[7] Deutscher Text in: Verlautbarungen des Apostolischen Stuhls Nr. 115, Bonn 1994. Dazu s. Herbert Haag, Bilanz eines Jahrhunderts. Ein Lehrschreiben der Päpstlichen Bibelkommission, in: Orientierung 58 (1994) 129 – 132; s. auch U. Ruh (vgl. Anm. 3) 327.

sen wird. Ferner stützt der Papst seine Entscheidung auf Argumente *e silentio*, die "niemals zur festen Begründung eines Schlusses ausreichen können"[8].
Weitere Schwächen in der Argumentation des päpstlichen Schreibens, die hier nur erwähnt werden können, betreffen die fehlerhafte Darstellung der Entwicklung der kirchlichen Ämter sowie der kirchlichen Tradition...

Nicht überwundene Frauenfeindlichkeit

Aus alldem folgt, daß die im Apostolischen Schreiben angeführten Gründe für den Ausschluß der Frauen von der Priesterweihe sämtlich nicht stichhaltig sind. Auf solcher Argumentation eine definitive Entscheidung mit Gesetzeskraft aufzubauen, derzufolge die Hälfte aller kirchlichen Mitglieder, die Frauen, um ihres Geschlechtes willen von Priesterweihe und -amt ausgeschlossen sind (vgl. c.1024 CIC/83), ist eine Ungeheuerlichkeit und eine schwerwiegende Ungerechtigkeit, an der unübersehbar deutlich wird, in welchem Maße Frauen patriarchaler Willkür in der römisch-katholischen Kirche ausgeliefert sind.

Der theologischen Beweisführung des Apostolischen Schreibens und anderer Lehrschreiben der jüngeren Vergangenheit, auf die der Papst ausdrücklich Bezug nimmt (u.a. *Inter insigniores*, *Mulieris dignitatem*, Katechismus der katholischen Kirche Nr. 1577), liegt letztlich ein nicht überwundener *Antifeminismus* zugrunde, der sich darin ausdrückt, daß über Frauen verfügt und ihnen eine abhängige, untergeordnete Rolle in der Kirche zugeordnet wird.

Kritische Beobachter/innen (in den USA) sehen einen (zeitlichen und inhaltlichen) Zusammenhang zwischen dem Apostolischen Schreiben *Ordinatio Sacerdotalis* und der vatikanischen Politik im Vorfeld der internationalen Konferenz in Kairo über Bevölkerung und Entwicklung(ICPD); die entschiedene Ablehnung der künstlichen Geburtenkontrolle seitens des Vatikans ist zugleich ein Angriff gegen die Selbstbestimmung der Frau auf sexuellem Gebiet und richtet sich gegen die wachsende Bedeutung der Frauen und ihrer Belange auf dieser Konferenz.[9] In beiden Fällen geht die Absicht dahin, das patriarchalische Geschlechterverhältnis zu konservieren.

Zwar wird diese überholte, ungerechte Rollen-Verteilung der Geschlechter aufgrund des Ausschlusses der Frau vom Priesteramt nach vatikanischer Sprachregelung mit dem harmlosen Etikett "Verschiedenartigkeit" und "Komplementarität" der Geschlechter verschleiert[10] oder durch mystisch-religiös

---

[8] H. Haag (vgl. Anm. 7), 131.

[9] Vgl. den Artikel von D. Von Drehle, Population Summit has Pope worried. Vatican fears Advocacy of reproductive Rights, in: The Washington Post v. 16. Juni 1994.

[10] Neben vielen Belegen in Vatikanischen Verlautbarungen wiederum in: Ansprache Johannes Pauls II. "Würde und Sendung der christlichen Frau", in: L'Osservatore Romano 24 (1994) Nr. 26 vom 1. Juli 1994, S.1f.

geprägte Kategorien: "symbolische Transparenz der Leiblichkeit", Bindung an das "Geheimnis der Inkarnation" (im Kontext kann das nur heißen: an das Mannsein Christi!), "Bindung an den Willen des Schöpfers und innerkirchlich Bindung an den Willen des Erlösers" hochstilisiert und so als unabdingbar erklärt. [11]

Die Forderung der Gleichstellung der Frau im Priesteramt aufgrund ihrer Menschenwürde dagegen wird als veräußerlichtes, rein funktionales Verständnis des Priesteramtes im Sinne einer Machtposition ("decision-making-power") hingestellt und als unheilvoller Weg zur bloß "funktionalen Äquivalenz der Geschlechter", zum "abstrakten, geschlechtslosen Menschenwesen" diskreditiert und damit auch abgelehnt. [12]

Freilich werden bei solchem Vorgehen die grundlegenden "Daten", die eine Gleichstellung der Geschlechter und damit den gleichen Zugang zu kirchlichen Ämtern erfordern, völlig außer acht gelassen: die Personwürde der Frau, ihr Getauft- und Gefirmtsein, ihre mystische Verbindung zu Christus als Glied der Kirche, das (im CIC c. 219 garantierte) Recht der freien Standeswahl [13], nicht zuletzt die in Gal 3,28 ausgesprochene Verheißung "in Christus gilt nicht männlich und weiblich", die die unchristliche Vorherrschaft des Mannes endgültig aufhebt und daher bezeichnenderweise in dem päpstlichen Schreiben und den Erläuterungen dazu nirgendwo vorkommt.

Notwendigkeit der Abkehr von der Sünde des Sexismus

Für die Kirchenleitung ist daher nicht weniger als eine Abkehr von der überholten Geschlechterrollenzuweisung und damit von der Sünde des Patriarchalismus dringend geboten, will sie nicht im Menschenbild des "alten Adam" (Eph 4,22) erstarren und so den Anbruch des Reiches Gottes in der Kirche blockieren. Positiv heißt das: Hinwendung zu dem, was Reich Gottes (nach Eph 4,24) meint: "Zieht an den neuen Menschen, der nach Gottes Urbild in wahrer Gerechtigkeit und Heiligkeit geschaffen ist!" und (nach Gal 3,27f): "Ihr alle, die ihr auf Christus getauft seid, habt Christus angezogen. Da ist nicht ... männlich und weiblich; denn ihr alle seid einer in Christus Jesus."

Die Überwindung jeder Herrschaft von Menschen über Menschen, von Männern über Frauen, wird das Bild Gottes und Christi in beiden Geschlechtern voll zum Leuchten bringen, so daß die österliche Botschaft der Befreiung

---

[11] So auffallend häufig in dem erläuternden Artikel zum Apostolischen Schreiben *Ordinatio Sacerdotalis* von Josef Ratzinger: "Die Kirche kann nicht machen, was sie will", in: Rheinischer Merkur Nr. 22 v. 3. Juni 1994, S.27 u. 30; jetzt auch, ergänzt durch einen Anmerkungsapparat, in: Internationale Katholische Zeitschrift 23 (1994) 337–345.

[12] Vgl. J. Ratzinger (vgl. Anm. 11), S. 27 u. 30.

[13] Vgl. dazu: Ida Raming, Ungenutzte Chancen für Frauen im Kirchenrecht. Widersprüche im CIC/1983 und ihre Konsequenzen, in: Orientierung 58 (1994) 68–70.

und Neuwerdung in Christus endlich auch für Frauen Geltung erhält und sie nicht länger darum betrogen werden.

Für (katholische) Frauen sollte dieses Papstwort zum Anlaß werden, sich mutig und entschieden gegen jede Diskriminierung um ihres Geschlechtes willen zur Wehr zu setzen, die uneingeschränkte Anerkennung ihres Personseins und ihrer Gottebenbildlichkeit sowie ihrer religiösen Berufung – auch zum priesterlichen Amt – in der Kirche einzufordern, – um mit den Worten Johannes Pauls II. zu sprechen: "die Frauen selbst sind verpflichtet mitzuwirken, damit sie die Achtung ihrer Persönlichkeit erlangen, und sie dürfen in keiner Form Kompromisse schließen mit dem, was ihrer Würde widerspricht." [14] Der Einsatz für die volle Anerkennung ihrer Personwürde muß in der Tat vor allem von den Frauen selbst geleistet werden. Was aber ihrer Würde widerspricht, das zu empfinden und festzustellen, muß man(n), auch der Papst, den Frauen schon selbst überlassen und ihnen nicht, wie in seinem Apostolischen Schreiben (*Ordinatio Sacerdotalis*, Nr. 3) geschehen, vordenken und vorschreiben wollen. Denn der Hinweis des Papstes an dieser Stelle auf die einzigartige Berufung Marias als "Mutter Gottes und Mutter der Kirche", die aber dennoch "nicht den eigentlichen Sendungsauftrag der Apostel" erhielt, taugt nicht als Beweis dafür, daß "die Nichtzulassung der Frau zur Priesterweihe keine Minderung ihrer Würde und keine Diskriminierung ihr gegenüber bedeuten kann", – fiel doch Maria unter die gleichen patriarchalischen Gesetze wie die anderen Frauen ihres Volkes. Im übrigen widerspricht Marias religiöse Berufung und Bedeutung als Mutter Jesu Christi, insoweit sie nicht von androzentrisch geprägter Mariologie mißdeutet und verformt ist, keineswegs dem Priestertum der Frau – im Gegenteil! [15]

Durch das Apostolische Schreiben *Ordinatio Sacerdotalis* sind die Frauen *definitiv* herabgewürdigt – ihre Würde und Rechte als Mitglieder der Kirche werden in schwerwiegender Weise mißachtet. Das bedeutet eine Herausforderung für alle katholischen Frauen. Sie sind um ihrer Würde willen zum Kampf für ihre Befreiung aufgerufen. Die Bewegung für die Befreiung der Frauen bedarf aber der Solidarität von gerecht gesinnten Männern, soll sie zum Zuge kommen und der Kirche zu einer grundlegenden Erneuerung verhelfen.

---

[14] Ansprache über die "Würde und Sendung der christlichen Frau" (vgl. Anm. 10), S. 1f.

[15] Dazu s. Wolfgang Beinert, Dogmatische Überlegungen zum Thema Priestertum der Frau, in: Walter Groß (Hg.), Frauenordination. Stand der Diskussion in der katholischen Kirche, München 1996, 64–82, hier: 76f (Wo "die Theologen und Mystiker ... über die Mutter Christi und ihre heilsgeschichtliche Funktion nachgedacht haben, da hat sich ihnen der Gedanke eines Priestertums Mariens geradezu aufgedrängt ...); ferner: John Wijngaards, The Ordination of Women in the Catholic Church, London 2001, 156–163.

FRAUEN STEHEN AUF GEGEN DISKRIMINIERUNG UND ENTRECHTUNG DES WEIBLICHEN GESCHLECHTS IN DER KIRCHE

Zur Entstehung und Entwicklung der
Frauenordinationsbewegung in der römisch-katholischen Kirche
in Europa[1]

Als kirchenpolitisches Ereignis von großer Tragweite übt das Zweite Vatikanische Konzil (1962–65) einen maßgeblichen Einfluß aus auf den theologischen Diskurs innerhalb der römisch-katholischen Kirche und darüber hinaus – selbst noch fast 40 Jahre seit seinem Beginn. Zahlreiche theologische Abhandlungen befassen sich mit der Interpretation und Rezeption von Konzilsdekreten; wissenschaftliche Ausgaben dokumentieren und analysieren das gesamte Konzilsgeschehen anhand der vorliegenden Quellen.[2] Dieser Prozeß ist noch keineswegs abgeschlossen. Offenbar mitbedingt durch das derzeitige restaurative kirchenpolitische "Klima", konzentriert sich die Reflexion besonders auf die Ekklesiologie des Konzils, wobei der von der Kirchenkonstitution *Lumen Gentium* eingeführten, biblisch fundierten Konzeption von Kirche als "Volk Gottes" – vor aller Differenzierung in verschiedene Dienste, Ämter und Stände – mit Recht ein programmatischer, zukunftsweisender Charakter zugesprochen wird.[3] Nur sehr selten kommt dabei allerdings ins Blickfeld, daß

---

[1] Veröffentlicht in: Orientierung 65 [2001] 75–79, 86–91; gegenüber der ersten, in französischer Sprache in "Feminist Perspectives on History and Religion" [Jahrbuch der ESWTR 8/2000] Verlag Peeters, Leuven 2000, 225–240 publizierten Fassung erweitert.

[2] Auf folgende Werke (in Auswahl) ist hinzuweisen: Hermann J. Pottmeyer, u.a. (Hg.), Die Rezeption des Zweiten Vatikanischen Konzils, Düsseldorf 1986 (mit Beiträgen von Guiseppe Alberigo, Jean-Pierre Jossua u.a.); Guiseppe Alberigo ; Klaus Wittstadt (Hg.), Geschichte des Zweiten Vatikanischen Konzils (1959–1965) in italienischer und deutscher Fassung; von der italienischen Fassung liegen inzwischen Bd. 1–4 vor, von der deutschen Fassung Bd. 1–2, Leuven und Mainz 1997ff; Otto Hermann Pesch, Das Zweite Vatikanische Konzil (1962–1965). Vorgeschichte, Verlauf, Ergebnisse, Nachgeschichte. Würzburg 1994², G. Vallquist, Das Zweite Vatikanische Konzil, Nürnberg 1966.

[3] Dazu s. u.a.: Christian Duquoc, Das Volk Gottes als aktives Glaubenssubjekt in der Kirche, in: Concilium 21 (1985) 281–287; Dietrich Wiederkehr, 'Volk Gottes': theologische und kirchliche Hausaufgaben *nach* Vaticanum II, in: Diakonia 23 (1992) 295–303; Herbert Vorgrimler, Die Volk-Gottes-Theologie des Zweiten Vatikanischen Konzils und die Folgen 30 Jahre "danach", in: Bibel und Liturgie 66 (1993) 67–72.

die Hälfte des "Volkes Gottes", die Frauen, nur vereinzelt und sehr spät mit beratender Stimme (im Hintergrund), in keinem Fall aber mit beschließender Stimme Einfluß auf das Konzilsgeschehen nehmen konnten; denn Frauen waren bis zur dritten Session des Konzils (September 1964) überhaupt nicht präsent[4], und danach war nur eine kleine Gruppe als bloße Zuhörerinnen (Auditorinnen) ohne Stimmrecht vertreten. Noch weniger wird allerdings in diesem Zusammenhang beachtet, daß unmittelbar vor und während des Konzils von Frauen in Europa die Initiative ausging, diese schwere Diskriminierung aufgrund des weiblichen Geschlechts deutlich zu benennen und die rein männliche Kirchenversammlung mit der Forderung nach einer zeitgemäßen Stellung und Wertung der Frau in der Kirche, d. h. nach ihrem Zugang zu Diakonat und Presbyterat, zu konfrontieren.

Diese Pionierarbeit von Frauen im Kontext des 2. Vatikanischen Konzils soll daher im folgenden vorgestellt werden, um die Erinnerung an ein im damaligen kirchlichen Milieu durchaus nicht selbstverständliches Handeln wachzuhalten, das von der Geschichtsschreibung über das Konzil aus männlicher Perspektive bislang nicht beachtet wird.

Wie für die Kirchen anderer christlicher Konfessionen, die die Frauenordination und damit die Gleichberechtigung der Frauen bereits anerkennen, gilt auch für die römisch-katholische: Es sind – zunächst einmal – nicht Männer der Kirche, die den Zugang von Frauen zu geistlichen Ämtern vorbereiten und eröffnen – sind sie doch in vielen Fällen eher Verhinderer! -, sondern Frauen machen den Anfang: Sie hinterfragen ihre bedrückende Lage in der Kirche und fordern als Christinnen ihre vollen Mitgliedschaftsrechte ein, die ihnen aufgrund von Glaube und Taufe zustehen, und streben um ihrer religiösen Berufung willen nach uneingeschränktem Zugang zu den Diensten und Ämtern der Kirche.[5]

---

[4]   Dies gilt ebenfalls für die Phase der Vorbereitung des Konzils, s. dazu J.A. Komonchak, Der Kampf für das Konzil (1960–1962), in: G. Alberigo, K. Wittstadt (Hg.), Geschichte (vgl. Anm. 2): "Selbstverständlich waren keine Frauen, weder Laien noch Ordensangehörige, Mitglieder einer Kommission" (201). Angesichts der Wertung und Stellung der Frauen in der römisch-katholischen Kirche versteht sich das in der Tat von selbst, aber wer nimmt schon Anstoß an diesem "Selbstverständlichen"?! Wenn bereits vor dem Konzil von mehreren Seiten kritisiert wurde, daß Laien nicht an der Vorbereitung des Konzils beteiligt wurden (ebd. 201f mit Anmerkungen), dürfte vor allem an männliche Laien gedacht worden sein.

[5]   Im folgenden (räumlich begrenzten) Überblick beschränke ich mich darauf, Anfänge und allmähliche Entwicklung der Frauenordinationsbewegung in der römisch-katholischen Kirche Europas aufzuzeigen. Eine Einbeziehung aller christlichen Konfessionen wäre nur in einem größeren Forschungsprojekt realisierbar. Anhand folgender Literatur lassen sich jedoch ähnliche Entwicklungen bezüglich der Frauenordination in anderen christlichen Kirchen verfolgen: "Darum wagt es, Schwestern... ". Zur Geschichte evangelischer Theologinnen in Deutschland, hg. vom Frauenforschungsprojekt zur Geschichte der Theologinnen. Göttingen (Neukirchen: Neukirchener Verlag 1994); Dagmar Herbrecht, Ilse Härter, Hannelore Erhart (Hg.), Der Streit um die Frauenordination in der Bekennenden Kirche, Quellentexte zu ihrer Geschichte im Zweiten Weltkrieg, (Neukirchen-Vluyn 1997) (evangelisch). Jacqueline Field-Bibb, Wo-

Welche Frauen standen also am Anfang der Frauenordinationsbewegung in der römisch-katholischen Kirche? Auf welche Reaktionen von Männern und Frauen trafen sie dabei? Konnten sie im Laufe des Konzilsgeschehens und danach "etwas bewegen" – etwa eine positive Resonanz oder gar Fortschritte erreichen? Auf diese naheliegenden Fragen wird im folgenden aus der Perspektive einer engagierten Zeitzeugin eingegangen.

Dabei wird in diesem Rahmen freilich nicht die gesamte Entwicklung während und nach dem Konzil im Detail berücksichtigt, sondern es werden einige entscheidende Prozesse beleuchtet. Außerdem konzentriert sich die Darstellung vor allem auf Vorgänge innerhalb Europas, näherhin in der Schweiz und in Deutschland, da der erste Impetus für die Frauenordination(sbewegung) vorwiegend von Frauen in diesen Ländern ausging und danach erst in anderen Ländern (besonders in den USA) aufgegriffen und verstärkt wurde.[6]

Vorkonziliares Frauenbild

Die in den frühen sechziger Jahren des 20. Jahrhunderts von römisch-katholischen Frauen erstmalig[7] in offizieller Form (in Konzilseingaben) artikulierte Frage und Forderung nach der Frauenordination traf auf ein Frau-

---

men Towards Priesthood. Ministerial Politics and Feminist Praxis (Cambridge: Cambridge University Press 1991); Susan Dowell / Jane Williams, *Bread, Wine and Women. The Ordination Debate in the Church of England,* (London: Virago Press 1994), (methodistisch und anglikanisch). Urs von Arx, "Die Debatte über die Frauenordination in den Altkatholischen Kirchen der Utrechter Union", in: Denise Buser / Adrian Loretan (Hg.), *Gleichstellung der Geschlechter. Ein Beitrag zur menschenrechtlichen und ökumenischen Diskussion,* Freiburger Veröffentlichungen zum Religionsrecht 3, (Freiburg/Schweiz Universitätsverlag 1999) 165 – 211; Angela Berlis, *Die Frauenordination – ein Testfall für Konziliarität,* in: Concilium 35 (1999), 77 – 84 (alt-katholisch); Elisabeth Behr-Sigel, *Le ministère de la femme dans l'Église* (Paris 1987); Thomas Hopko (ed.), *Women and the Priesthood,* (Crestwood N.Y.: St. Vladimir's Seminary Press 1999), 2., wesentlich veränderte Auflage (orthodox). Siehe auch die von René J.A. van Eyden erstellte Literaturübersicht in: Haye van der Meer, *Priestertum der Frau? Eine theologiegeschichtliche Untersuchung,* (Freiburg: Herder-Verlag 1969) 197 – 213. Ferner die Literaturliste zu Frau und (Priester-)Amt in: Ida Raming, Gertrud Jansen, Iris Müller, Mechtilde Neuendorff (Hg.), *Zur Priesterin berufen. Gott sieht nicht auf das Geschlecht. Zeugnisse römisch-katholischer Frauen,* (Thaur: Druck- und Verlagshaus Thaur 1998) 248 – 255.

[6] So auch Leonard u. Arlene Swidler (eds.), Women Priests. A Catholic Commentary on the Vatican Declaration, New York 1977, 5. L. Swidler bezeichnet die Konzilseingabe von Gertrud Heinzelmann (1962) als Beginn der Debatte um das Frauenpriestertum; ebenfalls Carmel McEnroy, Guests in Their Own House. The Women of Vatican II, New York 1996, 40f, 223, 270.

[7] Im Zuge der profanen Frauenbewegung, nach der Öffnung des Universitätsstudiums und des politischen Stimmrechts für Frauen, wurden die Stellung der Frau in der katholischen Kirche und ihre Zulassung zum Diakonat, seltener zum Presbyterat, zwar bereits von einzelnen Frauen in den zwanziger und frühen dreißiger Jahren thematisiert. Hervorzuheben sind u.a. die Autorinnen: Hildegard Borsinger, Rechtsstellung der Frau in der katholischen Kirche, Leipzig 1930 (Diss.), ebenfalls Edith Stein, Beruf des Mannes und der Frau nach Natur- und

enbild, das von der Vorstellung der Zweitrangigkeit, des Minderwertes und der Unfreiheit der Frau geprägt war. Die Spuren der mehr als tausendjährigen Unterdrückung der Frau im Christentum waren noch allenthalben spürbar, besonders in der von diesen Traditionen stark geprägten katholischen Welt. Die Forderung nach Unterordnung der Frau unter den Mann in Ehe, Familie und Gesellschaft wurde in kirchenamtlichen Verlautbarungen mit entsprechenden Bibelstellen aus den antiken "Haustafeln" (vgl. Kol 3,18–41; Eph 5,22–6,9 u.a.) begründet und als "Gottesordnung" propagiert: "Gott selber" hat die Frau "in der Natur- und Gnadenordnung dieser Autorität unterstellt"[8]. Nach dem Zweiten Weltkrieg wird die Pflicht zur Unterordnung der Frau in offiziellen kirchlichen Dokumenten zwar zunehmend vermieden, aber die Beschreibung des Wesens und der Aufgaben der Frau – im Unterschied zum Mann – ist doch noch deutlich von der Vorherrschaft des Mannes über die Frau geprägt. So erklärt Pius XII. im Jahre 1956, zwischen den Geschlechtern herrsche "eine vollkommene Gleichheit in den grundlegenden persönlichen Werten", aber sie hätten "verschiedene Funktionen" und darum auch "verschiedenartige Rechte und Pflichten". Der Frau sei aufgrund von Gen 1,28 "an sich kein menschliches Betätigungsfeld versagt", allerdings "stets in Unterordnung unter die primären Funktionen, die ihr von der Natur selbst vorgeschrieben" würden.[9] Als "primäre Funktionen" der Frau gelten Mutterschaft und Hausarbeit; entsprechend sind die grundlegenden Typen bzw. Ausprägungen der Frau: Ehefrau und Mutter, im religiösen Bereich: Ordensfrau und Jungfrau. Die moderne berufstätige Frau in der profanen Gesellschaft, deren Betätigungsfeld sich stetig erweitert, existiert(e) im Horizont der katholischen Amtsträger nicht. Sie galt eher als "entartet", als nicht konform mit ihrer weiblichen Bestimmung.

Erste Konzilseingabe für die Frauenordination

In diesem, in weiten Teilen der römisch-katholischen Welt herrschenden Klima wurde erstmals öffentlich und mit Nachdruck die Forderung nach der Frau-

---

Gnadenordnung (1932), in: dies.: Frauenbildung und Frauenberufe, München, 4. Aufl. 1956, S. 169–171; Josephine Mayer, in: Hochland 36 (1938/39) 107, die sich aber auf den Diakonat der Frau konzentrieren. Nicht zuletzt aufgrund der damals noch fehlenden Schulung in der historisch-kritischen Exegese (bis 1943 verboten!) und infolge des 2. Weltkriegs verstummten diese wenigen Stimmen bald. Nähere Ausführungen dazu: Ida Raming, Frauenbewegung und Kirche. Bilanz eines 25jährigen Kampfes für Gleichberechtigung und Befreiung seit dem 2. Vatikanischen Konzil. Weinheim 1991², 38f; Friederike Kukulla, Der Streit um den Diakonat der Frau – Zur Entwicklung vor dem II. Vatikanischen Konzil, in: Peter Hünermann u.a. (Hg.): Diakonat. Ein Amt für Frauen in der Kirche – Ein frauengerechtes Amt? Ostfildern 1997, 304–308.

[8]   Pius XII.: Ansprache v. 10.9.1941, in: Pius XII.: Das Ideal der christlichen Ehe. Ansprachen an Braut- und Eheleute. Luzern 1946², 197,195. Nähere Ausführungen zum Frauenbild dieses Papstes in: Raming, Frauenbewegung (vgl. Anm. 7), 22–24.

[9]   Zitiert nach Raming, Frauenbewegung, 24.

enordination erhoben: Im Vorfeld des Zweiten Vatikanischen Konzils (1962–1965) schickte die promovierte Schweizer Juristin Gertrud Heinzelmann (gest. September 1999) im Mai 1962 eine umfangreiche Eingabe an die Vorbereitende Kommission. Es war die "erste und einzige in der Vorbereitungszeit eingereichte Konzilseingabe, welche (. . .) die Kirche mit der unhaltbaren traditionellen Lage der Frauen und dem Postulat prinzipieller Gleichberechtigung auf allen Stufen kirchlichen Lebens konfrontierte." [10] Nach der Absicht von Papst Johannes XXIII., der das Konzil einberufen hatte, sollte das Konzil den Dialog mit der modernen Welt nach Kräften anstreben, sich also um ein 'aggiornamento' bemühen. Dementsprechend verfolgte Gertrud Heinzelmann mit ihrer Eingabe folgende Absicht: "Die Kirche, die nicht einmal die Aufklärung, geschweige denn die Frauenbewegung mit ihrem kulturellen, rechtlichen und sozialen Kontext aufgearbeitet hatte, sollte die Konfrontation finden, die sie suchte." [11]

Das Thema "Frau und Kirche" war in den frühen sechziger Jahren noch in keiner Weise virulent. Das ergab eine "Umfrage zum Konzil" der Zeitschrift *Wort und Wahrheit* (1961): Von den 81 Personen, die an der Umfrage beteiligt waren, waren nur fünf Frauen. Eine davon (Ida Friederike Görres) lehnte die Behandlung der Frauenfrage im Konzil ab, zwei weitere erwähnten sie gar nicht. Nur eine, Erika Weinzierl-Fischer (Wien), "schlug eine Teilrevision des Gedankengebäudes der Scholastik vor und stellte fest, daß 'die Stellung der Frau im kirchlichen Raum auch heute noch stark von der in der *Summa theologica* des hl. Thomas wurzelnden abschätzigen Beurteilung des *Weibes* bestimmt ist'". [12] Die Forderung nach Gleichberechtigung der Frauen im kirchlichen Bereich fehlte völlig. Dies war für Gertrud Heinzelmann der unmittelbare Anlaß zum Handeln. Als katholische Frau und Juristin, die sich bereits seit vielen Jahren für das politische Stimmrecht für Frauen in der Schweiz eingesetzt hatte, wußte sie um den verhängnisvollen antifeministischen Einfluß kirchlicher Normen auf die Gesellschaft im ganzen. Während der Arbeit an ihrer Dissertation mit staatskirchenrechtlicher Thematik [13] war sie auf frauenfeindliche Aussagen von Kirchenvätern und -lehrern gestoßen und hatte sich eine umfangreiche Sammlung von Texten des Thomas von Aquin mit eigenen kritischen Kommentaren angelegt, auf die sie bei der Abfassung der Konzilseingabe zurückgriff.

Ihre Eingabe enthält eine kritische Auseinandersetzung mit der (von aristotelischen Vorstellungen beeinflußten) ontischen Minderbewertung der Frau

---

[10] Gertrud Heinzelmann, Die geheiligte Diskriminierung. Beiträge zum kirchlichen Feminismus, Bonstetten 1986, 90.

[11] Heinzelmann, ebd., 96.

[12] Heinzelmann, ebd., 109, 112.

[13] Das Thema der Dissertation lautete: Das grundsätzliche Verhältnis von Kirche und Staat in den Konkordaten (Heft 98 der Zürcher Beiträge zur Rechtswissenschaft) Aarau 1943.

bei Thomas von Aquin, dem als Kirchenlehrer von seiten der Amtskirche eine besondere Autorität zuerkannt wird. Aus den positiven Aussagen des Thomas über die Geistnatur des Menschen und über die Sakramente im allgemeinen leitete Gertrud Heinzelmann die prinzipielle Möglichkeit und Forderung der Ordination von Frauen ab. Dabei ließ sie sich von der Hoffnung leiten: "Wurde nun erst einmal der Ballast der mittelalterlichen Naturlehre über die Frau durch die Amtskirche formell abgestoßen, war der Weg der Frau zum Priestertum geöffnet – dies aufgrund der gereinigten thomistischen Lehre, der *philosophia rationalis* über den Menschen selber." [14] Aufgrund der erstmaligen Veröffentlichung der Eingabe im Mitteilungsblatt des Frauenstimmrechtsvereins Zürich *Die Staatsbürgerin* (Juli/August 1962) war sie überzeugt, "einen nie mehr revidierbaren Sprung nach vorn getan zu haben. Selbst ein späteres Konzil müßte sich erinnern, dass schon damals, beim II. Vaticanum, volle Gleichberechtigung in der Kirche und das Amtspriestertum für die Frau verlangt wurden." [15]

Die Konzilseingabe von Gertrud Heinzelmann wurde dank des großen journalistischen Einsatzes von Placidus Jordan OSB, Korrespondent des NC News Service der Nationalen Bischofskonferenz der USA und Peritus der amerikanischen Bischöfe beim Konzil, weit verbreitet – nicht nur in Kreisen der Konzilsväter, besonders der US-Bischöfe, sondern darüber hinaus in zahlreichen Ländern. [16]

... die Diskussion zieht Kreise

Wie zu erwarten rief die Eingabe dank ihrer schnellen Verbreitung heftige Reaktionen Pro und Contra hervor. [17] Beleidigende Gegenangriffe, Spott und Hohn richteten sich gegen die Autorin – zunächst vor allem in einigen Schweizer Zeitungen. Andererseits zeigten die positiven Reaktionen auf die Konzilseingabe, "daß die Gedanken vieler, in denselben Problemkreisen befangen, im selben Zeitpunkt sich in derselben Richtung bewegten" [18]. So entwickelten sich erste Kontakte zu deutschen Theologinnen. Eine dieser Theologinnen, die Diplomtheologin Josefa Theresia Münch, hatte bereits seit 1959 mehrere schriftliche (unveröffentlichte) Anträge auf Abänderung des Kirchengesetzes (can. 968 § 1 CIC/1917), das die Frau von der sakramentalen Ordination ausschließt, an den Vatikan gerichtet. [19] Die damaligen Studentinnen an der katholisch-theologischen Fakultät der Universität Münster – als erste Iris

---

[14]   Heinzelmann, Diskriminierung (vgl. Anm. 10), 97.

[15]   Heinzelmann, ebd., 112.

[16]   Näheres zur Person von P. Jordan und seinem Wirken: Heinzelmann, ebd., 114f u.ö.

[17]   Dazu s. Heinzelmann, ebd., 115–121.

[18]   Heinzelmann, ebd., 90.

[19]   Vgl. Ida Raming u.a. (Hg.), Priesterin (vgl. Anm. 5), 53, 64f.

Müller, wenig später gemeinsam mit der Verfasserin (I.R.) – hatten sich in den frühen sechziger Jahren ebenfalls kritisch mit den Gründen für den Ausschluß der Frauen von Ordination und Priesteramt auseinandergesetzt; diese Auseinandersetzung bildete die Grundlage für ihre spätere Konzilseingabe von 1963. Auf Umwegen gelangte die Konzilseingabe von Gertrud Heinzelmann in ihre Hände. Daraufhin kam es 1963 zu einer persönlichen Begegnung der genannten drei deutschen Theologinnen mit G. Heinzelmann in Münster. Aufgrund von Informationen über ihre Konzilseingabe meldete sich 1963 aus den USA Dr. phil. Rosemary Lauer, die an der St. John's University in New York Philosophie lehrte. Sie veröffentlichte mehrere Artikel in der bekannten Zeitschrift *Commonweal* zum Thema 'Frau und Kirche'. Außerdem besorgte sie eine englische Übersetzung der Eingabe von G. Heinzelmann für die amerikanische Presse. [20]

Durch diese Publikationen wurde Mary Daly erstmals auf die Eingabe von Gertrud Heinzelmann aufmerksam. Daly studierte in den sechziger Jahren katholische Theologie an der Universität Fribourg, wo sie 1964 als erste Frau und Amerikanerin in Theologie promovierte. Damals war der Doktorgrad in katholischer Theologie in den USA für Frauen noch nicht erreichbar. Mary Daly setzte sich ebenfalls mit Gertrud Heinzelmann in Verbindung. In einem Leserbrief in der Zeitschrift *Commonweal* (14. Februar 1964) gestand sie, daß sie Scham empfand – für sich selbst und auch für alle anderen Frauen, die "vom halbmenschlichen Status der Frau in der Kirche wissen und geschwiegen haben"; "im Sinn einer Prophezeiung und eines Versprechens" sah sie für die Zukunft eine Flut von Büchern zum Thema Frau und Kirche voraus. [21]

Aus den Kontakten mit den genannten sechs Frauen erwuchs das von Gertrud Heinzelmann im Jahr 1964 herausgegebene deutsch-englische Buch *Wir schweigen nicht länger! Frauen äussern sich zum II. Vatikanischen Konzil. We Won't Keep Silence Any Longer! Women Speak Out to Vatican Council II.* [22] Es enthält neben der Eingabe von Gertrud Heinzelmann (in deutscher und englischer Sprache) die Konzilseingaben von Josefa Theresia Münch sowie die von Iris Müller und der Verfasserin (I. R.), ferner Artikel von Rosemary Lauer und Mary Daly aus der Konzilszeit. Darüber hinaus sind darin Resolutionen der St. Joan's International Alliance (Alliance Internationale Jeanne d'Arc) [23] enthalten, einer internationalen Organisation katholischer Frauen, die sich als einziger katholischer Verband während des 2. Vatikanischen Konzils auf ihren Delegiertenversammlungen in den Jahren 1963 und 1964 für die Zulassung von Frauen zu Diakonat und Presbyterat, die Berufung von Frauen in die Kom-

---

[20] Heinzelmann, Diskriminierung (vgl. Anm. 10), 122f.
[21] Heinzelmann, ebd., 123.
[22] Erschienen im Interfeminas-Verlag Zürich, den G. Heinzelmann gegründet hatte, da kein römisch-katholischer Verlag zur Drucklegung bereit war!
[23] Näheres über diese Organisation in: Heinzelmann, Diskriminierung (vgl. Anm. 10), 216f.

missionen des Konzils sowie für weitere Reformen, u.a. für die Abschaffung frauendiskriminierender Gesetze im kirchlichen Recht, ausgesprochen hatte.

Das Buch bietet erstmals eine systematische kritische Analyse der verschiedenen biblischen und dogmatischen Begründungen für den Ausschluß der Frau vom Priesteramt. Als Folgerung daraus wird die Forderung nach voller Gleichberechtigung der Frauen im Amtsbereich der römisch-katholischen Kirche erhoben; daneben wird u.a. auch auf eine Reform der männlich geprägten liturgischen Sprache gedrängt. Die öffentliche Diskussion um Ordination und Priesteramt der Frau erhielt durch diese Veröffentlichung erheblichen Auftrieb. Zahlreiche Rezensionen erschienen in europäischen Ländern, auch Zeitschriftenartikel, die sich für oder gegen die in dem Buch erhobenen Forderungen aussprachen. [24]

Pacem in terris: Menschenrechte für Frauen

Schon vor Erscheinen des Buches hatte der Konzilspapst Johannes XXIII. durch seine Enzyklika *Pacem in terris* (1963) der sich keimhaft entwickelnden innerkirchlichen Frauenbewegung einen starken Impuls gegeben. Leitgedanke dieses Lehrschreibens [25] ist, dass die unbedingte Anerkennung der Personwürde eines jeden Menschen, die in der Gottebenbildlichkeit von Frau und Mann grundgelegt ist, Voraussetzung für ein geordnetes menschliches Zusammenleben in Wahrheit, Gerechtigkeit, Frieden und Freiheit ist. Aus der Natur des Menschen, d.h. aus seiner Menschenwürde, ergeben sich unabdingbare Rechte und Pflichten, unabhängig von *Geschlecht*, Rasse, wirtschaftlicher oder sozialer Stellung. Erstmalig in einem päpstlichen Lehrschreiben wird die Frau als Subjekt und Trägerin von Menschenrechten wahrgenommen; denn Johannes XXIII wertet die Emanzipationsbewegung der Frau als zu beachtendes "Zeichen der Zeit" – sie wird damit zum erstenmal in der Geschichte des Papsttums positiv gewertet: "Die Frau, die sich ihrer Menschenwürde heutzutage immer mehr bewußt wird, ist weit davon entfernt, sich als seelenlose Sache oder als bloßes Werkzeug einschätzen zu lassen; sie fordert vielmehr, daß sie sowohl im häuslichen Leben wie im Staat Rechte und Pflichten hat, die der Würde der menschlichen Person entsprechen." Zwar werden aus dieser Feststellung noch keine direkten Folgerungen im Hinblick auf die Stellung der Frau in der Kirche gezogen. Folgende Aussagen sind aber uneingeschränkt auf Frauen – auch im kirchlichen Bereich – anzuwenden; denn die Menschenwürde ist *eine,* gleich bei beiden Geschlechtern und grundgelegt durch die "Gleichheit in der

---

[24] Näheres dazu bei Heinzelmann, ebd., 130ff mit den entsprechenden Anmerkungen.
[25] Enzyklika Papst Johannes XXIII. v. 11. April 1963: *Pacem in terris,* Katholische Nachrichtenagentur Bonn 1963, bes. S. 5–15 (die folgenden Zitate sind diesem 1. Teil entnommen). Die Enzyklika gilt als katholische Menschenrechtscharta.

einen menschlichen, vernünftigen Natur, die eine geschlechtsspezifische Unterordnung der Frau ausschließt"[26], – ihre Anerkennung kann und darf nicht etwa auf den 'profanen' Bereich eingeschränkt werden: "Darüber hinaus haben die Menschen das unantastbare Recht, jenen Lebensstand zu wählen, den sie vorziehen: daß sie eine Familie gründen, in der Mann und Frau gleiche Rechte und Pflichten haben, oder daß sie das Priestertum oder den Ordensstand ergreifen können." Dem liegt das Prinzip zugrunde, "daß jeder Mensch das Verfügungsrecht über seine Person hat". "Wenn also in einem Menschen das Bewußtsein seiner Rechte entsteht, muß in ihm auch notwendig das Bewußtsein seiner Pflichten entstehen, so daß, wer bestimmte Rechte hat, zugleich auch die Pflicht hat, sie als Zeichen seiner Würde zu beanspruchen, in den übrigen Menschen aber die Pflicht, diese Rechte anzuerkennen und hochzuschätzen."

Haben diese Worte Johannes' XXIII., zusammen mit den durch den journalistischen Einsatz von Placidus Jordan bekannt gemachten Konzilseingaben, irgendeine positive Wirkung auf das Konzilsgeschehen im Hinblick auf eine Reform der Stellung der Frau ausgeübt?

Frauen auf dem Konzil

Am 11. Oktober 1962 wurde das Konzil eröffnet, und zwar als reine Männerversammlung. Bereits bei der ersten deutschsprachigen Pressekonferenz wurde von der Diplomtheologin Josefa Theresia Münch die berechtigte und zugleich provokative Frage gestellt, ob auch Frauen zum Konzil eingeladen worden seien. "Die Reaktion war Verlegenheit, Entrüstung, Gelächter. Schließlich erwiderte der Leiter des deutschen Pressezentrums, Weihbischof Kampe, halb tröstlich, halb scherzend: 'Beim III. Vatikanischen Konzil werden auch Frauen dabei sein!'"[27] Aber auch männliche Laien waren bei Konzilsbeginn nicht anwesend, so daß die Konzilskommission, die für die Abfassung des Dekrets über das Laienapostolat zuständig war, während der ersten Sitzungsperiode des Konzils paradoxerweise gänzlich ohne Laienbeteiligung arbeitete. Erst zur zweiten Sitzungsperiode, also im September 1963, wurden 13 männliche Laien als Auditoren geladen.[28] Einer der kanadischen Bischöfe (Carter, Bischof

---

[26] Helmut Hoping, Der Ausschluss von kirchlichen Weiheämtern aufgrund des Geschlechts. Ein kirchlicher Modernitätskonflikt, in: D. Buser u. A. Loretan (Hg.), Gleichstellung (vgl. Anm. 5), 38–51, hier: 38.

[27] Heinzelmann, Diskriminierung (vgl. Anm. 10), 121. S. dazu auch: Bericht von J. Th. Münch, in: I. Raming u.a. (Hg.), Priesterin (vgl. Anm. 5), 66f; C. McEnroy, Guests (vgl. Anm. 6), 14 (: "Th. Münch put the question to provoke thinking about it.").

[28] Rosemary Goldie, La participation des laïcs aux travaux du Concile Vatican II, in: Revue des sciences religieuses 62 (1988) 1, 55–73, hier: 63f. Insgesamt wurden 29 männliche Auditoren eingeladen.

von Sault St. Marie) sprach denn auch – im Rückblick – sein Bedauern darüber aus, daß Laien "zu wenig und zu spät" offiziell konsultiert worden seien, wie die kanadischen Bischöfe überhaupt als starke Verfechter einer Entklerikalisierung des Laiendekrets auftraten. [29]

Um jedoch die Frauen als die völlig übergangenen Mitglieder der Kirche ins Blickfeld des Konzils zu rücken, dazu bedurfte es einer besonderen Initiative: Es war der belgische Kardinal Leo Suenens, der (in der 2. Sitzungsperiode, am 22.10.1963) als erster von den Konzilsvätern in seiner denkwürdigen Rede über die charismatische Dimension der Kirche an der völligen Abwesenheit von Frauen auf dem Konzil Anstoß nahm. Er schlug u.a. vor, dass die "Zahl und Universalität der Laienzuhörer vergrößert werden" möge und dass auch Frauen als Auditorinnen eingeladen werden sollten – und mit einer gewissen Ironie fügte er hinzu: "Frauen, ... welche – wenn ich nicht irre – die Hälfte der Menschheit ausmachen". [30]

Wenngleich "die Intervention des belgischen Kardinals vom Konzil mit großem Beifall aufgenommen" wurde [31] und geradezu als Sensation galt, war damit noch keineswegs ein Kurswechsel im Umgang mit der Hälfte der Kirchenmitglieder, den Frauen, eingeleitet.

Das zeigen die spärlichen Reaktionen der Kirchenleitung auf diesen "Vorstoß" überaus deutlich. Einige Frauen wurden zwar mit Beginn der dritten Session des Konzils (September 1964) auf Beschluß von Papst Paul VI. als Auditorinnen zugelassen. [32] Am Ende des Konzils war ihre Zahl auf insgesamt 23 (Laienfrauen und Ordensfrauen) angewachsen. Drei der Auditorinnen, dar-

---

[29]   Nach Goldie, ebd., 62 mit Anm. 27 kritisierten sie Anzeichen einer Sünde des Klerikalismus ('peccatum clericalismi') in dem Laiendekret.

[30]   Yves Congar, Hans Küng u.a. (Hg.), Konzilsreden. Einsiedeln 1964, 28. P. Xavier Tilliette (in: Etudes, juin 1965, S. 824) prägte in diesem Zusammenhang für den Umgang mit Frauen in der katholischen Kirche – also für das totale Übergehen und Verschweigen von Frauen – den Ausdruck *le sexe inexistant*, dazu vgl. Gertrud Heinzelmann, Die getrennten Schwestern. Frauen nach dem Konzil. Zürich 1967, 10f.

[31]   Wolfgang Seibel, Luitpold Dorn, Tagebuch des Konzils. Die Arbeit der zweiten Session. Nürnberg – Eichstätt 1964, 92f. Der Vorschlag von Kardinal Suenens wurde vom griechisch-katholischen Erzbischof Hakim unterstützt, aber von konservativen Bischöfen, besonders von italienischen, sehr mißbilligt (McEnroy, [vgl. Anm. 6] 35, 39). Auch in der italienischen rechtsgerichteten Presse (*Il Borghese* v. 31.10.1963) fehlte es nicht an spöttischen, frauenfeindlichen Bemerkungen über den Vorstoß von Kardinal Suenens, des "Paladins des kirchlichen Neo-Feminismus". Selbst der Herausgeber des Londoner *Tablet* ließ verlauten: "Ich hatte gehofft, demnächst zum Laienauditor des Konzils berufen zu werden, aber jetzt sieht es so aus, als werde meine Frau mir zuvorkommen" (Xavier Rynne, Briefe aus dem Vatikan. Die zweite Sitzungsperiode des Zweiten Vatikanischen Konzils, Köln – Berlin 1964, 145).

[32]   In: Luitpold Dorn, Georg Denzler, Tagebuch des Konzils. Die Arbeit der dritten Session, Nürnberg – Eichstätt 1965, 431; Wolfgang Seibel, Luitpold Dorn, Georg Denzler, Tagebuch des Konzils. Vierte Session, Nürnberg – Eichstätt 1966, 398f, sind Namen und Funktionen der Auditorinnen aufgeführt. Es sind überwiegend Ordensfrauen, daneben auch Vorsitzende von katholischen Frauenverbänden. In der dokumentarischen Monographie von C. McEnroy (vgl. Anm. 6) sind die Erfahrungen der Auditorinnen während der Konzilszeit überliefert.

unter Sr. M. Luke Tobin, S.L., damals Präsidentin der Konferenz der Oberinnen von Mädcheninstituten in den USA, und die Australierin Rosemary Goldie, Geschäftsführende Sekretärin des ständigen Komitees der Internationalen Kongresse für das Laienapostolat (COPECIAL), wurden Kommissionen zugewiesen, die an der Endfassung der Konzilsdokumente über das Laienapostolat (AA) und über die "Kirche in der modernen Welt" (GS) arbeiteten. [33] Den Auditorinnen wurde in diesen Kommissionen zwar Rederecht eingeräumt, aber kein Stimmrecht, obwohl es um ihre eigenen Belange ging. Diese Regelung galt zwar auch für die männlichen Laienauditoren, immerhin durften aber vier von ihnen eine vorbereitete Rede in der Konzilsaula halten. Diese Möglichkeit wurde hingegen keiner Frau gewährt. Aus Solidarität mit ihren Schwestern hatten die Auditoren gefordert, daß wenigstens eine der Interventionen von einer Laienfrau gehalten werden sollte; sie hatten dafür sogar die Unterstützung mehrerer Kardinäle gefunden. Ihr Einsatz war jedoch erfolglos: die Forderung wurde als "verfrüht" zurückgewiesen. [34] So konnten die wenigen Laienauditorinnen während der letzten zwei Konzilsperioden nur einen sehr begrenzten Einfluß auf die Abfassung der erwähnten Konzilsdokumente nehmen, ihre Präsenz hatte im wesentlichen "nur symbolische Bedeutung" [35]. Selbst für die Laien, die in den entsprechenden Kommissionen mitarbeiteten, war es nämlich außerordentlich schwierig, einen realen Beitrag zur Endfassung der Dekrete zu liefern, da sich der Arbeitsrhythmus des Konzils ständig beschleunigte; vor allem waren sie auf die Vermittlung von Konzilsvätern oder eines einflußreichen Peritus angewiesen; [36] denn von dem Prozess der Verabschiedung der verbindlichen Dokumente des Konzils blieben Frauen aufgrund ihrer inferioren Stellung in der Kirche von vornherein ausgeschlossen; so konnten Vorschläge für eine Reform ihrer Lage allenfalls mittelbar eingebracht werden.

Aussagen zur 'Frauenfrage' in Konzilsdokumenten

Trotz dieser erheblichen Einschränkungen sind die wenigen Aussagen des Konzils zum Themenbereich Frau in Gesellschaft und Kirche wohl nicht

---

[33] Vgl. Rosemary Radford Ruether, The Place of Women in the Church, in: Adrian Hastings (Ed.), Modern Catholicism. Vatican II and after, London 1991, 260–266, hier: 261.

[34] Vgl. Heinzelmann, Schwestern (vgl. Anm. 30), 5; Goldie (vgl. Anm. 28), 65 Anm. 34.

[35] So – entprechend der Ankündigung Pauls VI. v. 8. Sept. 1964, Frauen als Auditorinnen einzuladen (vgl. McEnroy 43f) – Mr. Maria Brüning, Oberin der Ursulinen in Dorsten und Vorsitzende der Ordensoberinnen in Deutschland, die, zusammen mit Sr. Juliane der "Armen Dienstmägde Jesu", als erste deutsche Konzilsauditorinnen berufen worden waren. Sie räumte allerdings ein, daß es zu wenige Frauen gebe, die in der theologischen Auseinandersetzung einen eigenständigen Beitrag leisten könnten (KIPA 11.12.1964/ 674; zit. nach Heinzelmann, Diskriminierung (vgl. Anm. 10), 159 Anm. 44).

[36] Näheres dazu: Goldie (vgl. Anm. 28), 69.

ganz ohne den Beitrag der Laienauditorinnen zustande gekommen.[37] Es handelt sich dabei um folgende grundsätzliche Stellungnahmen mit programmatischem, appellativem Charakter:

In der Pastoralkonstitution *Gaudium et Spes* (Nr. 29) wird die grundlegende Gleichheit aller Menschen und die daraus resultierende Anerkennung der Menschenrechte hervorgehoben: "Da alle Menschen eine geistige Seele haben und nach Gottes Bild geschaffen sind, da sie dieselbe Natur und denselben Ursprung haben, da sie, als von Christus Erlöste, sich derselben göttlichen Berufung und Bestimmung erfreuen, darum muß die grundlegende Gleichheit aller Menschen immer mehr zur Anerkennung gebracht werden. Gewiß, was die verschiedenen physischen Fähigkeiten und die unterschiedlichen geistigen und sittlichen Kräfte angeht, stehen nicht alle Menschen auf gleicher Stufe. Doch jede Form einer Diskriminierung in den gesellschaftlichen und kulturellen Grundrechten der Person, sei es wegen des Geschlechts oder der Rasse, der Farbe, der gesellschaftlichen Stellung, der Sprache oder der Religion, muß überwunden und beseitigt werden, da sie dem Plan Gottes widerspricht. Es ist eine beklagenswerte Tatsache, daß jene Grundrechte der Person noch immer nicht unverletzlich gelten; wenn man etwa der Frau das Recht der freien Wahl des Gatten und des Lebensstandes oder die gleiche Stufe der Bildungsmöglichkeit und Kultur, wie sie dem Mann zuerkannt wird, verweigert." In ähnlicher Weise betont die Konstitution über die Kirche *Lumen Gentium* (Nr. 32, Abs. 2) die Gleichheit und Einheit aller Glieder des "Gottesvolkes" – der Kirche: "Eines ist also das auserwählte Volk Gottes: 'Ein Herr, ein Glaube, eine Taufe' (Eph 4,5); gemeinsam die Würde der Glieder aus ihrer Wiedergeburt in Christus, gemeinsam die Gnade der Kindschaft, gemeinsam die Berufung zur Vollkommenheit, eines ist das Heil, eine die Hoffnung und ungeteilt die Liebe. Es ist also in Christus und in der Kirche keine Ungleichheit aufgrund von Rasse und Volkszugehörigkeit, sozialer Stellung oder Geschlecht; denn 'es gilt nicht mehr Jude und Grieche, nicht Sklave und Freier, nicht Mann und Frau; denn alle seid ihr einer in Christus Jesus' (Gal 3,28; vgl. Kol 3,11)."

Die inhaltliche Übereinstimmung dieser Aussagen mit der zuvor veröffentlichten Enzyklika Johannes' XXIII. *Pacem in terris* (1963) in bezug auf die Menschenrechte als Norm und ihre Anwendung auf Frauen ist unverkennbar. Als biblische Grundlage für die Menschenrechte wird Gal 3,28 (Aufhebung der Unterschiede zwischen Mann und Frau in Christus) zitiert. Aber obwohl diese programmatischen Erklärungen mehrere wichtige Anknüpfungspunkte und Voraussetzungen für die Überwindung der schwerwiegenden *innerkirchlichen* Diskriminierung von Frauen, ihres Ausschlusses von allen Weiheäm-

---

[37] Nach R. Radford Ruether (Anm. 33), 261 war die Anwesenheit der Auditorinnen eine wesentliche Voraussetzung dafür, daß der Hinweis auf Frauendiskriminierung und Menschenrechte für Frauen überhaupt eingefügt wurde; ähnlich Goldie (vgl. Anm. 27), 72.

tern aufgrund des weiblichen Geschlechts, enthalten, werden daraus keinerlei diesbezügliche Reformen abgeleitet, ja noch nicht einmal in Aussicht gestellt. Allenfalls kommt eine Reform der Stellung der Frau im Laienstand ins Blickfeld der Konzilsväter, jedoch noch ohne nähere Präzisierung: "Da heute die Frauen eine immer aktivere Funktion im ganzen Leben der Gesellschaft ausüben, ist es von großer Wichtigkeit, dass sie auch an den verschiedenen Bereichen des Apostolats der Kirche wachsenden Anteil nehmen." (Dekret über das Laienapostolat *Apostolicam Actuositatem*, Nr. 9).

Aus alldem wird deutlich, daß das 2. Vatikanische Konzil zwar eine 'Versöhnung' des Katholizismus mit den demokratischen, liberalen Prinzipien der saekularen Gesellschaft errreichte, aber den 'Binnenraum' der Kirche gleichzeitig von diesen Prinzipien ausnahm. Darum konzentrieren sich die Aussagen des Konzils auf die Unterstützung von bürgerlichen Rechten der Frau, nicht aber auf die Reform ihrer Stellung im kirchlichen Bereich;[38] denn die Frau als gleichwertiges Mitglied der Kirche – mit dem Anspruch auf volle Anerkennung ihrer Personwürde als Mensch und Christin und auf uneingeschränkte Gleichberechtigung in der Kirche – stand außerhalb des Denk- und Vorstellungshorizonts fast aller Konzilsväter, – das zeigen auch Sprache und Metaphorik der Konzilsdokumente auf eindringliche, für feministisches Empfinden unerträgliche Weise. Vielfach ist von "Söhnen der Kirche" und von "Brüdern" die Rede, wo doch *alle* Glieder der Kirche, Frauen und Männer, im Blick sein müßten, – von "Annahme an Sohnes Statt", von "Söhnen Gottes" (z.B. LG Nr. 2, 3, 11, 14 u.ö.): "Der christliche Mensch empfängt, gleichförmig geworden dem Bild des Sohnes, der der Erstgeborene unter vielen Brüdern ist, die 'Erstlingsgaben des Geistes' ... Christus ist auferstanden, hat durch seinen Tod den Tod vernichtet und uns das Leben geschenkt, auf dass wir, Söhne im Sohn, im Geist rufen: Abba, Vater!" (GS Nr. 22). Diese Sicht der Erlösung des Menschen, vorgestellt "als Drama einer rein männlichen Welt"[39], zu überschreiten und die konkreten Belange der Frauen, ihrer Schwestern, zu vertreten, ist nur in wenigen Interventionen einzelner Bischöfe annähernd gelungen.[40] Besonders hervorzuheben ist die schriftliche Konzilsintervention des Erzbischofs Paul Hallinan (Atlanta, USA), die allerdings erst im Oktober 1965 während der 4. Session eingereicht wurde: Er forderte nicht nur, daß Frauen die Ämter des Lektors und Akolythen im Gottesdienst übernehmen sollten, sondern daß das Diakoninnennamt für Frauen geöffnet werden sollte; ferner, daß Frauen in der theologischen Lehre sowie bei der Revision des *Codex Iuris*

---

38 So Radford Ruether (vgl. Anm. 33), 262.
39 So sehr zutreffend Heinzelmann, Schwestern (vgl. Anm. 30), 32.
40 Erwähnenswert sind u.a. die Interventionen der Bischöfe Coderre (Quebec, Kanada), Frotz (Köln, Deutschland), Malula (Leopoldville, Kongo), dokumentiert bei Heinzelmann, Schwestern (vgl. Anm. 30) 71–79.

Canonici beteiligt werden sollten.[41] Sein Vorstoß, der trotz der damit verbundenen großen Publicity nicht mehr zu einem Erfolg führen konnte – stand doch das Ende des Konzils bevor –, ist auf den unmittelbaren Einfluß des Konzilsberaters Placidus Jordan zurückzuführen, der die (oben erwähnten) gesammelten Konzilseingaben von Frauen in der amerikanischen Bischofskonferenz verbreitet hatte.[42] Früher wäre seine Intervention allerdings noch nicht möglich gewesen, denn "die Diskussion über die aktive Teilnahme der Frauen am Gottesdienst, insbesondere ihre Berufung zu Diakonat und Priestertum, ist erst im Laufe des Konzils entstanden, nicht zuletzt dank einiger privater Konzilseingaben", die in dem Buch *'Wir schweigen nicht länger! – Frauen äussern sich zum 2. Vatikanischen Konzil'* gesammelt veröffentlicht wurden und "in der ganzen Welt etliches Aufsehen erregt haben".[43]

Reaktionen auf 'Wir schweigen nicht länger!'

So gewann das Thema 'Frau und Kirche' in der letzten Phase des Konzils sichtlich an Aktualität. Als Reaktion auf das Buch *"Wir schweigen nicht länger!"* erschienen mehrere Artikel, die diese feministische Initiative befürworteten.[44] Restaurative Kreise im Vatikan holten daher zu einem Gegenschlag gegen die Bestrebung für eine Öffnung des Priesteramtes für Frauen aus. Unter ausdrücklichem Hinweis auf *"Wir schweigen nicht länger!"*, allerdings bezeichnenderweise ohne nähere bibliographische Angaben, veröffentlichte der *Osservatore Romano* noch vor Konzilsende eine ganze Artikelserie zum Thema *La donna e il Sacerdozio*.[45] Autor war der traditionalistische Franziskanerpater Gino Concetti. Bereits aus seinen (auch heute noch sehr aufschlußreichen) einleitenden Bemerkungen wird deutlich, daß die Bestrebung für die Frauenordination nicht nur genau und mit Mißtrauen im Vatikan beobachtet wurde, sondern in herabwürdigender Form als irrig abgeurteilt wird: "Das Klima eifriger Bestrebungen, welches dem Zweiten Vatikanischen Konzil vorausging und dasselbe begleitete, hat unter zahlreichen anderen Initia-

---

[41] Dazu s. Heinzelmann, Schwestern (vgl. Anm. 30), 78f (Wortlaut der Intervention) und im ganzen. (Dieses Buch ist m.W. die einzige Veröffentlichung aus der Zeit unmittelbar nach dem Konzil, die die Ergebnisse des Konzils unter feministischer Perspektive dokumentiert und bilanziert.); s. ferner: Dies., Diskriminierung (vgl. Anm. 10), 138.

[42] Näheres dazu und zur Intervention von Erzbischof Hallinan in: Heinzelmann: Diskriminierung (vgl. Anm. 10), 138; dies.: Schwestern (vgl. Anm. 30), 20. Wegen Debattenschlusses konnte die Intervention nicht mehr vorgetragen werden, sie gehört aber zu den Konzilsakten.

[43] G. Heinzelmann, Schwestern (vgl. Anm. 30), 20.

[44] Quellenbelege in: Heinzelmann, Diskriminierung (vgl. Anm. 10), 131 mit Anm. 35; besonders hervorzuheben sind die zustimmenden Artikel von René J.A. van Eyden in holländischen Zeitschriften (ebd.).

[45] Osservatore Romano vom 8., 9., 11. und 12. November 1965; deutsche Übersetzung des Artikels in: Heinzelmann, Schwestern (vgl. Anm. 30), 89 – 101. Ebd., 23f kritische Bemerkungen zum Artikel.

tiven auch jene entstehen lassen, welche darauf abzielt, die Aufmerksamkeit der verantwortlichen Hierarchie auf die Ausdehnung des Amtspriestertums auf die Frauen zu lenken. (...) Kürzlich ist das Thema von Protestanten und von protestantischen Kreisen aufgegriffen worden. Seit 1948 war es Gegenstand von Untersuchungen einer Expertenkommission des Weltkirchenrates." Im folgenden bezieht sich Concetti auf eine Veröffentlichung des Weltkirchenrats *"Zur Frage der Ordination der Frau"* aus dem Jahr 1964 und bezeichnet diese als wertlos wegen ihrer angeblich nicht haltbaren Beweisführung. Concetti fährt dann fort: "Analoge Versuche sind von einigen katholischen Frauenkreisen ausgegangen, welche der vorbereitenden Kommission des vatikanischen Konzils ihre Voten und Resolutionen zugestellt haben. Kürzlich haben die gleichen Kreise ein Buch in deutscher und englischer Sprache veröffentlicht, mit dem bezeichnenden Titel 'Wir schweigen nicht länger!' Einige Theologen haben nicht versäumt, sich dem weiblichen Chor mit mehr oder weniger vorsichtigen Erklärungen anzuschließen. Sogar qualifizierte Theologen waren darunter – wie wenn die Kirche in der vorliegenden Sache nicht schon seit den ersten Zeiten des Christentums eine endgültige und unabänderliche Antwort gegeben hätte ... ". Die dann folgende scharfe Ablehnung des Priestertums der Frau beruht auf einer – ohne jede zeitgeschichtlich kritische Analyse zusammengestellten – Sammlung von Texten aus der Tradition, die die Unterordnung der Frau unter den Mann fordern und nach Concetti letztlich auf eine Anordnung Jesu Christi zurückzuführen sind. Seine Folgerung lautet: "Christus hätte Frauen auswählen können, wenn er dies gewollt hätte (...), um sie zur priesterlichen Würde zu erheben. Er hat dies nicht deshalb nicht getan, um eine menschliche Tradition seiner Umgebung zu beachten, sondern um die Schöpfungsordnung und den Heilsplan zu respektieren, welche beide die Vorherrschaft des Mannes erfordern: des alten Adam und des neuen Christus ... " [46]

Der Artikel von Concetti "löste bei den Konzilsvätern heftigste Diskussionen aus ... Die sich verbreitende Ansicht, es handle sich um eine quasi-lehramtliche Äusserung, rückte Monsignore George Higgins von der Bischofszentrale der USA zurecht mit der Feststellung, daß dem Osservatore Romano keine kirchlichen Lehrverkündigungen obliegen. (...) Bemühungen, im Osservatore Romano eine Entgegnung zu bringen, waren vorhanden, kamen aber nicht zum Zug ... " Der betreffende, von einer Journalistin verfaßte Artikel über die 'Frauen beim Konzil' wurde zwar schließlich in der deutschen Ausgabe vom Osservatore veröffentlicht, aber völlig verstümmelt: Jedes

---

[46] Zitiert nach Heinzelmann, Schwestern (vgl. Anm. 30), 99.

Wort über das von Gertrud Heinzelmann herausgegebene Buch "Wir schweigen nicht länger!" und das Priestertum der Frau sei gestrichen worden.[47]

Aber nicht nur männliche Theologen bezogen eine scharfe Gegenposition zur Frauenordination, sondern auch Frauen, wie etwa die Schriftstellerin Ida Friederike Görres in ihrem Artikel "Über die Weihe von Frauen zu Priesterinnen"[48] Darin hielt sie geradezu eine Schmährede gegen Frauen: Ihr ehrgeiziges, nach Macht strebendes Wesen sei ungeeignet für die Übernahme des Priesteramtes, das allein dem Mann als dem geschlechtsidentischen Symbol des 'Bräutigams' Christus zukomme. J.Th. Münch gelang es – allerdings nur mit großen Schwierigkeiten –, die Veröffentlichung einer fundierten Antwort in der Zeitschrift *Der christliche Sonntag*[49] zu erreichen. Aufgrund der entgegengesetzten Position der beiden Autorinnen wurde eine lebhafte Diskussion ausgelöst.[50]

Wider Erwarten nahmen aber nicht nur traditionalistisch denkende Frauen, sondern auch theologisch geschulte Frauen damals eine Gegenposition ein – wenn auch in geringerer Zahl und aus anderen Motiven; so beispielsweise Elisabeth Gössmann.[51] Schon in ihrem 1962 erschienenen Buch *"Das Bild der Frau heute"*[52] bemerkte sie: "Vernünftige Frauen, die einen richtigen Begriff von ihrer Gliedschaft im Volke Gottes haben, kommen gar nicht auf die Idee, als ginge ihnen etwas ab oder als stießen sie an eine Grenze, weil sie nicht das Sakrament des Ordo empfangen können."[53] In ihrem späteren Aufsatz *"Das Ringen der Frau um ihr Selbstverständnis"* (1964)[54] schränkte sie diese Aussage allerdings ein, und zwar im Hinblick auf die in Seelsorge und Katechetik tätigen Frauen, "die durch die arbeitsmäßige Nähe zu den Trägern des kirchlichen Amtes immer an ihr schmerzliches Ausgeschlossensein erinnert würden." Sie leitet daraus aber keine Folgerungen für die Frauenordination ab. Im Rückblick bemerkt G. Heinzelmann[55] zu diesem ihrer Meinung nach inkonsequenten (in den sechziger Jahren verbreiteten) Verhalten: "Obwohl sie keinen der gängigen Gründe gegen die Frau im kirchlichen Amt als geschichtlich oder

---

[47] Heinzelmann, Diskriminierung (vgl. Anm. 10), 139f (dort nähere Ausführungen über den Vorgang).

[48] Der christliche Sonntag (= CS) vom 20.06.1965. Der Artikel von I.F. Görres erschien auch in englischer Übersetzung in der Herder Correspondence, July 1966, Vol. 3 no. 7, allerdings ohne die Entgegnung von J.Th. Münch (Anm. 49).

[49] "Sollen die Frauen in der Kirche schweigen?" (CS v. 15.08.1965) und "Katholische Priesterinnen?" (CS v. 10.10. 1965).

[50] Näheres dazu bei: Heinzelmann, Diskriminierung (vgl. Anm. 10), 132.

[51] Siehe dazu: Heinzelmann, Diskriminierung, 132 – 135, dem auch die folgenden bibliographischen Belege und Zitate entnommen sind.

[52] Haus der katholischen Frauen, Verlagsabteilung, Düsseldorf 1962.

[53] Elisabeth Gössmann, Bild der Frau (vgl. Anm. 52), 111 Anm. 24.

[54] Die Frau im Aufbruch der Kirche, Theologische Fragen heute, Bd. 5 (München: Max Hueber Verlag 1964), 119.

[55] Heinzelmann, Diskriminierung (vgl. Anm. 10), 133.

exegetisch unüberholbar anerkennt, will sie gleichwohl weiterhin die Frau im
Laienstand festhalten, 'damit dieser sich zum ersten Mal in der Geschichte der
Kirche ganz entfalten kann'." Im Hinblick auf ihre "beruflichen Pläne" kam
ihr "die Anmeldung von Ansprüchen prinzipieller Gleichberechtigung höchst
ungelegen." [56]

Die Diskussion in der nachkonziliaren Zeit

Die Diskussion über das Thema 'Frau und Kirche' erreichte in der nachkonziliaren Phase schließlich auch die Universitäten. Aber gerade hier bedurfte
es ebenfalls einer jahrelangen harten Pionierarbeit, um den Boden für eine
gewisse Akzeptanz einer Reform der Stellung der Frau in der Kirche vorzubereiten. Exemplarisch für das damalige Klima an den katholisch-theologischen
Fakultäten der frühen sechziger Jahre dürfte die Situation am Fachbereich Katholische Theologie der Universität Münster (Deutschland) sein: In der Lehre
tätig waren nur Männer, sämtlich Priester. In ihren Vorlesungen vertraten sie
fast ausnahmslos ein völlig überholtes Frauenbild: die Frau als "Hintergrunds-
gestalt", als unfähig für die Politik, für Naturwissenschaften, erst recht für das
Priesteramt bzw. die "Kanzel". Biblische Texte, wonach die Frau lediglich
"Abglanz des Mannes" ist (vgl. 1 Kor 11, 7) und sich "in aller Unterordnung
belehren lassen" soll (vgl. 1 Tim 2,12), wurden für bare Münze genommen,
galten als 'gottgewollte Ordnung'. Als Lebensperspektiven für Frauen wurden
Ehe und gottgeweihte Jungfräulichkeit in der Dogmatikvorlesung angeboten.
Den studierenden Männern stand eine ungleich größere Wahlfreiheit offen:
Für sie kam der gesamte kirchliche Amtsbereich selbstverständlich und un-
hinterfragt hinzu.

Bereits zu Beginn der sechziger Jahre protestierte die Diplomtheologin Iris
Müller, damals noch Promovendin, öffentlich gegen diese diskriminierenden
Auffassungen in den Lehrveranstaltungen. Als von der evangelischen Kirche
kommende konvertierte Theologin (und angehende Pastorin) erkannte sie viel

---

[56] Während E. Gössmann noch 1968 (Die Frau als Priester?, in: Concilium 4 [1968] 288–293)
die Pionierarbeit der Frauen in: "Wir schweigen nicht länger!" (1964) scharf kritisiert hatte
(hier: 291) – und zwar in Verkennung der Tatsache, daß es sich bei dem Einsatz für die Frauenordination um ein Bestreben für die Anerkennung von priesterlichen Berufungen von Frauen
handelt und damit zugleich um das Grundrecht auf freie Berufswahl für Frauen in der Kirche –, hat sie, aufgrund von eingehenden Forschungen über die Geschichte der Diskriminierung von Frauen, ihre Einstellung revidiert, s. dazu u.a.: Äußerungen zum Frauenpriestertum in der christlichen Tradition, in: Elisabeth Gössmann / Dietmar Bader (Hg.), Warum keine
Ordination der Frau? Unterschiedliche Einstellungen in den christlichen Kirchen. München –
Zürich 1987, 9–25 ("Es ist die Verantwortung heutiger Theologie als der gegenwärtigen Tra-
ditionsträgerin, darauf aufmerksam zu machen, daß die Voraussetzungen für die Konklusion
der Nichtordinierbarkeit der Frau nicht zu halten sind. Eine noch so richtig gezogene Folgerung aus falschen Voraussetzungen aber bleibt so falsch wie diese selbst." Ebd., 23).

deutlicher als die an Anpassung gewöhnten katholischen Frauen die Rückständigkeit und Frauenfeindlichkeit des von der römisch-katholischen Amtskirche geprägten universitären Klimas. Im Rückblick schreibt sie darüber: "Was ich in den Vorlesungen zur Wertung der Frau hörte (...), empfand ich als schockierend. Ich suchte daher den damaligen Professor für Ökumenische Theologie auf (...). Die Antwort, die er mir auf meine Frage gab, weshalb Frauen in der katholischen Kirche nicht ordiniert werden können, erschütterte mich zutiefst. Er argumentierte: Da der Mann keine Kinder gebären könne, habe er als Ausgleich dafür das Privileg, an den Altar treten zu dürfen, die Frau habe dagegen das Privileg der Mutterschaft." [57] Diese und andere Begründungen konnten Iris Müller freilich nicht überzeugen, sondern verstärkten ihren Widerstand gegen die religiös verbrämte frauenfeindliche Struktur der Kirche. Ihre freimütige Kritik brachte sie jedoch in schwere existentielle Bedrängnisse; man drohte ihr zum Beispiel mit dem Verlust ihres Stipendiums, auf das sie als Flüchtling aus der DDR dringend angewiesen war. [58] Auf Solidarität von anderen katholischen Theologiestudentinnen konnte sie in dieser Situation nicht hoffen.

Als Kollegin und Freundin von Iris Müller wurde ich (I. R.) Zeugin ihrer existentiellen und geistlichen Not. An dieser konkreten Folge der Unterdrückung der Frau in der römisch-katholischen Kirche konnte ich unmittelbar Anteil nehmen; hatte ich doch auch selbst an der fehlenden Freiheit für Frauen in meinem von kirchlichen Normen geprägten bisherigen Leben gelitten – an ihrem Ausgeschlossensein von geistlichen Ämtern, nur wegen des weiblichen Geschlechts! [59] Aufgrund dieser persönlichen Leiderfahrung als Frau in der römisch-katholischen Kirche erkannte ich daher meine Lebensaufgabe darin, mich für die Überwindung der frauenfeindlichen kirchlichen Strukturen einzusetzen, die sich vor allem im Ausschluß der Frau von den Weiheämtern konkretisieren.

Mit dieser Zielsetzung gelang es mir noch vor Abschluß des Zweiten Vatikanischen Konzils, den damaligen Ordinarius für Kirchenrecht und kirchliche Rechtsgeschichte, DDr. Peter-Josef Keßler, für die Betreuung einer Dissertation über den Ausschluß der Frau vom Priesteramt und seine rechtshistorischen sowie dogmatischen Grundlagen zu gewinnen. Das war in der damaligen Situation eine große Seltenheit. Denn die Professoren bemühten sich – mit nur ganz wenigen Ausnahmen – eher darum, ihre Loyalität gegenüber dem kirchlichen Lehramt unter Beweis zu stellen. Bei meiner Untersuchung konnte ich

---

[57] I. Raming u.a. (Hg), Priesterin (vgl. Anm. 5), 49f.

[58] Ebd., 47–51. Eine ausführlichere Darstellung ihrer durch Repressionen hervorgerufenen schweren existentiellen Belastungen in: Gerburgis Feld, Dagmar Henze, Claudia Janssen (Hg.), Wie wir wurden, was wir sind. Gespräche mit feministischen Theologinnen der ersten Generation. Gütersloh 1998, 60–67, hier: 62f.

[59] Näheres dazu in: Raming u.a. (Hg.), Priesterin (vgl. Anm. 5), 78–87.

nur auf wenige einschlägige Arbeiten zurückgreifen. Lediglich eine einzige kritisch-analytische, maschinenschriftliche Dissertation zum Priesteramt der Frau lag vor. Es handelte sich dabei um die unter der Leitung von Karl Rahner verfaßte Arbeit von Haye van der Meer SJ. Wenn überhaupt, wollte Karl Rahner eine Veröffentlichung dieser Arbeit erst nach dem Konzil gestatten, um Repressionen seitens des kirchlichen Lehramtes zu vermeiden.[60] Die Dissertation wurde schließlich 1969 unter dem Titel *"Priestertum der Frau? Eine theologiegeschichtliche Untersuchung"*[61] veröffentlicht. Sie setzt sich kritisch mit den exegetischen, dogmengeschichtlichen und dogmatischen Gründen für den Ausschluß der Frau vom Priesteramt auseinander und kommt dabei zu dem Ergebnis, daß sämtliche traditionellen Argumente nicht stichhaltig sind und daher kein *ius divinum* begründen können. Allerdings spricht sich van der Meer nicht definitiv für den Zugang der Frau zum Priesteramt aus. Er läßt die Frage vielmehr offen. Gegenüber den das Priesteramt konkret anstrebenden Frauen nimmt er bezeichnenderweise eine zwiespältige, ja abwertende Haltung ein.[62]

Im Wintersemester 1969/70 wurde meine Dissertation von der theologischen Fakultät der Universität Münster angenommen und 1973 unter dem Titel *"Der Ausschluß der Frau vom priesterlichen Amt – Gottgewollte Tradition oder Diskriminierung?"*[63] veröffentlicht. Die Publikation gestaltete sich äußerst schwierig, da katholische Verlage sie nicht drucken wollten. Schließlich gelang es, sie in dem nicht-konfessionell gebundenen Böhlau-Verlag (Köln – Wien) zu veröffentlichen.

Verglichen mit der Dissertation von van der Meer kam meine Untersuchung zu eindeutigeren Ergebnissen: Anhand von zahlreichen Quellenbelegen aus der frühen Kirche und dem Mittelalter (vor allem aus dem Corpus Iuris Canonici) konnte ich nachweisen, daß der Ausschluß der Frau vom Priesteramt auf der Vorstellung vom ontischen und ethischen Minderwert der Frau basiert. Bestimmte Bibelstellen – wie etwa Gen 2 und 3 über die Erschaffung der Frau aus der "Rippe" des Mannes und ihre angebliche Erstsünde – und nicht zuletzt deren Rezeptions- und Wirkungsgeschichte bei den Kirchenvätern und in frühen Kirchenordnungen boten dafür die Grundlage. Im dogmatischen Teil

---

[60] Dazu die bezeichnende Bemerkung K. Rahners: "Es ist schad', daß man manche Dinge einfach aufs Eis legen muss." In: Herlinde Pissarek-Hudelist, Die Bedeutung der Sakramententheologie Karl Rahners für die Diskussion um das Priestertum der Frau, in: Herbert Vorgrimler (Hg.), Wagnis Theologie, Freiburg 1979, 427 mit Anm. 38. Vgl. auch Heinzelmann, Diskriminierung (vgl. Anm. 10), 128.

[61] Quaestiones disputatae, 42, Freiburg 1969. Der ursprüngliche Titel der Dissertation lautete: "Theologische Überlegungen über die Thesis: 'subiectum ordinationis est solus mas'" (Innsbruck 1962).

[62] Vgl. dazu: Heinzelmann, Diskriminierung (vgl. Anm. 10), 147.

[63] Der Untertitel lautet: Eine rechtshistorisch-dogmatische Untersuchung der Grundlagen von Kanon 968 § 1 des Codex Iuris Canonici, (Köln – Wien 1973).

meiner Dissertation setzte ich mich mit dem traditionellen Verständnis des Priesteramtes auseinander, dessen angeblich notwendige männliche Ausprägung als Hindernis für die Frauenordination deklariert wird. Demgegenüber konnte ich aufzeigen, daß eine an biblischen Aussagen über Gemeinde und Ämter orientierte Konzeption des Presbyterats durchaus für eine aktive Mitarbeit der Frau offen ist.

Offensichtlich wegen dieser eindeutigen Ergebnisse waren sowohl meine Dissertation in den Jahren nach ihrer Veröffentlichung als auch die Verfasserin selbst wiederholten Angriffen und Repressionen von frauenfeindlichen und restaurativen kirchlichen Kreisen ausgesetzt, die bis heute weiterwirken. Darüber hinaus wurde versucht, die Arbeit durch Totschweigen zu verdrängen. Doch diese Unterdrückungsmethoden scheiterten letztlich, denn inzwischen kamen aus dem Ausland mehrere positive Reaktionen auf die Dissertation. [64]

Beide Doktorarbeiten, die von Haye van der Meer als auch die von der Verfasserin, wurden ins Englische übersetzt und in den USA veröffentlicht [65], was als ein deutliches Zeichen für das zunehmende Interesse an dieser Thematik über Europa hinaus zu bewerten ist.

Außer diesen wissenschaftlichen Arbeiten (und den bereits genannten) sind in den sechziger und frühen siebziger Jahren im europäischen Bereich noch weitere Werke veröffentlicht, u.a. von Elisabeth Schüssler, Tine Govaart-Halkes, Sr. Vincent E. Hannon, Mary Daly und Placidus Jordan. [66] Diese z.T. im populärwissenschaftlichen Stil verfaßten Bücher erreichten weitere Kreise der katholischen Bevölkerung. Selbst Mitglieder der traditionellen katholi-

---

[64] So u.a. von den Professoren Yves Congar, René Metz (beide Frankreich) und Leonard Swidler (USA), dem auch die Veröffentlichung der Dissertation in Amerika wesentlich zu verdanken ist.

[65] Die Arbeit von H. van der Meer wurde 1973 (Temple University Press, Philadelphia), die der Verfasserin i.J. 1976 (The Scarecrow Press, Metuchen, N.J.) veröffentlicht.

[66] Erwähnenswert sind u.a. Elisabeth Schüssler, *Der vergessene Partner. Grundlagen, Tatsachen und Möglichkeiten der beruflichen Mitarbeit der Frau in der Heilsorge der Kirche* (Düsseldorf: Patmos-Verlag 1964); Tine Govaart-Halkes, *Storm na de stilte. De plaats van den vrouw in de Kerk* (Utrecht: De Fontein 1964); deutsche Fassung: *Frau – Welt – Kirche. Wandlungen und Forderungen* (Graz: Styria Verlag 1966); Sr. Vincent E. Hannon, *The Question of Women and the Priesthood* (London: G. Chapman 1967); Mary Daly, *Frau und Sexus* (Olten: Walter-Verlag 1970); dabei handelt es sich um eine Übersetzung der amerikanischen Originalausgabe *The Church and the Second Sex* (London/Dublin/Melbourne: Geoffrey Chapman 1968); Placidus Jordan, *Die Töchter Gottes. Zum Thema Frau und Kirche* (Frankfurt a.M.: Josef Knecht-Verlag 1973). Joan Morris, *Against Nature and God. The History of Women with Clerical Ordination and the Jurisdiction of Bishops.* London 1973. – Aus der zunehmenden Zahl von Zeitschriftenartikeln sind u.a. folgende wichtige zu nennen: Josef Funk, *Klerikale Frauen?* In: Österreichisches Archiv für Kirchenrecht 14 (1963) 271–290; René van Eyden, *Die Frau im Kirchenamt. Plädoyer für die Revision einer traditionellen Haltung,* in: Wort und Wahrheit 22 (1967) 350–362; Jan Peters, *Die Frau im kirchlichen Dienst,* in: Concilium 4 (1968) 293–299; Joan Brothers, *Frauen im kirchlichen Amt,* in: Concilium 8 (1972) 760–766.

schen Frauenverbände wurden dadurch angeregt, das herkömmliche kirchliche Rollenbild der Frau in Frage zu stellen.

Synoden zur innerkirchlichen Stellung der Frau

Die zunehmende Verbreitung der Informationen über die benachteiligte Lage der Frau in der römisch-katholischen Kirche durch die genannten Publikationen sowie durch andere Medien (Filme, Zeitschriften) blieb nicht ohne Auswirkung auf die amtlichen kirchlichen Gremien. Sie mußten sich schließlich auch mit der innerkirchlichen Frauenfrage befassen. In der nachkonzilaren Phase fanden sowohl römische Bischofssynoden als auch zahlreiche nationale Synoden in europäischen (und außereuropäischen) Ländern statt, auf denen immer auch die Frauenordination eine Rolle spielte.

So traten die Teilnehmer/innen des niederländischen Pastoralkonzils bereits 1970 mehrheitlich für die Priesterweihe der Frau ein.[67] Eine wichtige Vorbereitung wurde dafür in Holland von der St. Willibrord Verenigung geleistet. Diese aus Frauen und Männern bestehende Gruppe hatte die oben geschilderte Initiative beim Zweiten Vatikanischen Konzil für die Frauenordination (Diakonat und Presbyterat) sehr bald aufgegriffen und unterstützte sie durch Veröffentlichungen.[68] Nicht ganz so progressiv wie das niederländische Pastoralkonzil verhielten sich andere europäische Nationalsynoden[69], die sich auf ein Votum für den Diakonat der Frau beschränkten. So verabschiedete zum Beispiel die Pastoralsynode '1972' in der Schweiz eine Resolution zugunsten des Diakonats für Frauen und befürwortete weiterführende Studien über das Frauenpriestertum. Auf der Gemeinsamen Synode der Bistümer in der Bundesrepublik Deutschland (1971–1975) wurden ähnliche Beschlüsse gefaßt.

Angesichts all dieser Aktivitäten für die Frauenordination auf wissenschaftlichem Gebiet und auf synodaler Ebene formierten sich auf der anderen Seite die auf Konservierung des Status quo ausgerichteten Kräfte in der römisch-katholischen Kirche.

Unter dem Pontifikat Pauls VI. wurde 1977 erstmals ein offizielles Dokument gegen die Zulassung der Frau zum Priesteramt veröffentlicht, und zwar die Erklärung der Kongregation für die Glaubenslehre *Inter insigniores*[70]. Sie rief weltweit kritische Reaktionen nicht nur von seiten römisch-katholischer Frauenverbände, sondern auch in Theologenkreisen, ja sogar von Mitgliedern vatikanischer Behörden (Bibelkommission und Sekretariat für die Einheit der

---

[67] Vgl. Herder-Korrespondenz 24 (1970) 57, 130.

[68] Die Gruppe erstellte z.B. laufend Literaturlisten zum Thema "Frau und Kirche". Führend waren dabei vor allem René J.A. van Eyden und Katharina Halkes.

[69] Dazu s. den Überblick in: Raming, Frauenbewegung (vgl. Anm. 7), 41f.

[70] Näheres dazu bei Raming, ebd., 43–50.

Christen) hervor, da sie sich bei der Abfassung des Dokuments übergangen fühlten.

Unter dem Pontifikat Johannes Pauls II. folgten weitere, verschärfte Verlautbarungen gegen die Frauenordination: so das Apostolische Schreiben *Ordinatio Sacerdotalis* (1994) über die nur Männern vorbehaltene Priesterweihe; ferner das *Responsum ad dubium* (1995) von der Kongregation für die Glaubenslehre. Darin erklärt deren Präfekt, Joseph Kardinal Ratzinger, als 'Antwort auf die Zweifel bezüglich der im Apostolischen Brief *Ordinatio Sacerdotalis* enthaltenen Lehre', daß die Lehre (über die nur Männern vorbehaltene Priesterweihe) unfehlbaren Charakter habe. [71]

Trotz der immer schärfer werdenden Töne aus dem Vatikan haben in verschiedenen europäischen Ländern auf diözesaner Ebene zahlreiche Pastoralforen bzw. -gespräche stattgefunden, die sich für den Zugang der Frauen zum Diakonat und für den Fortgang der Diskussion über die Frauenordination (im Sinne von Priesterweihe) ausgesprochen haben. [72]

Weltweite Vernetzung der Frauenordinationsbewegung [73]

Im Wissen darum, daß Frauen im Alleingang keine Reformen gegen die Übermacht der patriarchalisch-klerikalen Hierarchie durchsetzen können, haben sich besonders seit dem Zweiten Vatikanischen Konzil mehrere innerkirchliche Frauenorganisationen in europäischen Ländern gebildet. Mit vergleichbaren Verbänden bzw. Gruppen in anderen Kontinenten und Ländern in dem 1996 gegründeten internationalen Netzwerk *Women's Ordination Worldwide* (WOW) zusammengeschlossen, treten sie öffentlich für die Frauenordination und damit für volle Gleichberechtigung von Frauen auf kirchlichem Gebiet ein.

Unter dem Motto "Die Zeit ist reif! Frauen feiern ihre Berufung zu einem erneuerten Priestertum in der katholischen Kirche" veranstaltete WOW vom 29. Juni bis 1. Juli 2001 in Dublin/Irland die Erste Internationale Konferenz zum Thema Frauenordination. Aus 26 Ländern und 5 Kontinenten waren ca

---

[71] Die Texte der amtskirchlichen Dokumente sowie eine kritische Analyse derselben in: Walter Groß (Hg.), Frauenordination. Stand der Diskussion in der katholischen Kirche, München 1996.

[72] Einen ausführlichen Überblick darüber bietet: Dorothea Reininger, Diakonat in der Einen Kirche, Ostfildern 1999, bes. 50–55.

[73] Die verschiedenen europäischen (und außereuropäischen) Organisationen sind vorgestellt in: Raming u.a. (Hg.), Priesterin (vgl. Anm. 5),237–247; ferner in: Iris Müller, Ida Raming, Aufbruch aus männlichen 'Gottesordnungen'. Reformbestrebungen von Frauen in christlichen Kirchen und im Islam, Weinheim 1998, 53–64. Zuletzt ausführlich – unter Berücksichtigung der von den Organisationen ausgehenden Reforminitiativen – in: Raming: Frauen suchen Antworten. Reaktionen auf frauenfeindliche Blockaden, in: Orientierung 64 (2000) 100–103; 111–114.

350 Teilnehmerinnen und Teilnehmer (ca 40) gekommen; sie drückten in 11 Resolutionen ihre Entschlossenheit aus, gemeinsam für den Zugang berufener Frauen zu den Weiheämtern (Diakonat und Presbyterat) in der römisch-katholischen Kirche einzutreten und sich auf dem Weg zu diesem Ziel durch keinerlei vatikanische Repressionen und Verbote einschüchtern zu lassen.[74]

Erinnern als Widerstand gegen das Vergessen

Die Erinnerung an die Anfänge und allmähliche Entwicklung der Frauenordinationsbewegung seit dem 2. Vatikanischen Konzil vermag nicht nur Vergessenes ins Gedächtnis zu rufen und/oder bisher Nicht-Gewußtes aufzudecken, sondern sie kann darüber hinaus zu neuem Einsatz in der gegenwärtigen Reformarbeit inspirieren, besonders im Hinblick auf die Überwindung frauenfeindlicher Strukturen der Kirche.

Überblicken wir rückschauend die fast 40 Jahre seit Beginn des Konzils, so ist evident, daß aus der von wenigen Frauen in Europa gestarteten Initiative, motiviert durch ihr Streben nach voller Anerkennung der Personwürde der Frau und ihrer religiösen Berufung zum geistlichen Amt in der Kirche, inzwischen eine weltweite Bewegung für die Frauenordination geworden ist. Zahlreiche Reformgruppen und Persönlichkeiten sowie kirchliche synodale Prozesse in verschiedenen Ländern tragen die Bewegung voran und halten sie aufrecht – trotz aller repressiven Maßnahmen und 'definitiven' Verlautbarungen gegen die Frauenordination von höchster kirchlicher Stelle.

Eine Rezeption und Akzeptanz der päpstlichen Verlautbarungen gegen die Frauenordination wird daher nicht erfolgen, – darauf weisen alle Anzeichen hin. Denn stärker als alle diese – ohne Beteiligung des Kirchenvolkes, ja nicht einmal der Bischöfe – getroffenen zentralistischen frauenfeindlichen Maßnahmen wird sich die in Gal 3,27f verkündete geistliche Wirklichkeit erweisen: "Ihr alle, die ihr auf Christus getauft seid, habt Christus angezogen. Da gilt nicht mehr Juden und Griechen (Heiden), nicht Sklaven und Freie, nicht männlich und weiblich; denn ihr alle seid 'einer' in Christus Jesus."

Die Schranken zwischen Juden und Heiden sowie zwischen Freien und Sklaven sind im Laufe der Zeit gefallen. Darüber hinaus gehört die Anerkennung von Menschenrechten – *unabhängig vom Geschlecht* – zu den Grundprinzipien demokratischer Staaten, damit aber auch das Recht der Frauen auf freie Wahl des Berufes sowie des Lebensstandes. Im Gegensatz dazu konservieren die verantwortlichen Amtsträger der römisch-katholischen Kirche gegen die "Zeichen der Zeit" und zum Schaden der Kirche mit aller Macht die

---

[74] Dazu s. u.a.: Judith Stofer, "Die Mauer des Schweigens niederreißen", in: Publik-Forum Nr. 13 (2001) 32f; Konferenzberichte, Wortlaut der Reden u. der Resolutionen, unter: www.wow2001.org

tradierten hierarchisch-patriarchalischen Strukturen, so daß Frauen hier noch immer die Übergangenen, Vergessenen und Rechtlosen sind. Dieser Zustand bedeutet eine große Schande und einen immensen Verlust an Glaubwürdigkeit für diese kirchliche Gemeinschaft. Mit ihrer von der Sünde des Sexismus belasteten Struktur kann die römisch-katholische Kirche keineswegs den Anspruch erheben, die einzige und wahre Kirche Christi zu sein. [75] Daher sind alle reformwilligen Mitglieder nicht nur der römisch-katholischen, sondern auch der anderen christlichen Kirchen herausgefordert: Es geht darum, der biblischen Zusage: "in Christus ... gilt nicht männlich und weiblich" (Gal 3,28) in den Strukturen der christlichen Kirchen ohne Einschränkungen zum Durchbruch zu verhelfen, damit in der Kraft des göttlichen Geistes auch die letzte Mauer fällt – die zwischen Männern und Frauen in der römisch-katholischen Kirche. Und das ist zugleich eine unverzichtbare Voraussetzung für die Demokratisierung und Erneuerung der Kirche. [76]

---

[75] Vgl. Erklärung *Dominus Jesus*. Über die Einzigkeit und die Heilsuniversalität Jesu Christi und der Kirche. (Verlautbarungen des Apostolischen Stuhls, hg. vom Sekretariat der Deutschen Bischofskonferenz, Nr. 148) Bonn 2000, Nr. 16 u. 17, S. 22.

[76] Damit widerspreche ich der mehrfach aufgestellten Behauptung von Herbert Haag, durch die Frauenordination werde die 'Zwei-Stände-Struktur' (Klerus – Laien) der Kirche "weiter zementiert", weshalb die Forderung der Priesterweihe für Frauen nicht sinnvoll sei; so zuletzt in: Nur wer sich ändert, bleibt sich treu. Für eine neue Verfassung der katholischen Kirche, Freiburg – Basel – Wien 2000, 104f. Demgegenüber sieht u.a. Christian Duquoc, Die Reform des Priesterstandes, in: H.J. Pottmeyer (Hg.), Rezeption (vgl. Anm. 2), 369 – 383, in den vatikanischen Erklärungen gegen die Frauenordination eine "ideologische Rechtfertigung des Status quo", eine "Blockade der Amtskirche" in bezug auf eine Reform des Priesteramtes (375). Die "Grenze, die den Zugang zum Priesterdienst regelt" (Ausschluß von Frauen, Ausschluß von Verheirateten), bestimme von vornherein "den möglichen Rahmen der Reform"; denn "in die römische Kirche dürfen keine gesellschaftlichen und rechtlichen Verhältnisse eingeführt werden, von denen die hierarchische Struktur beeinträchtigt werden könnte" (382).

LITERATUR ZU: FRAU UND (PRIESTER)AMT

(Jahrgänge 1974 bis 2001 in chronologischer Anordnung)

Vorbemerkung: Die Bibliographie enthält vorwiegend Literatur von römisch-katholischen Autorinnen und Autoren; dabei ist Vollständigkeit jedoch nicht angestrebt. Bezüglich weiterer Literatur, auch aus anderen christlichen Konfessionen zum Thema Frauenordination, sei u.a. auf folgende Bibliographien verwiesen:

1. Kendall, Patricia A.: Women and the Priesthood. A Selected and Annotated Bibliography, Philadelphia 1976.
2. Morgan, John H. and Wall, Teri: The Ordination of Women: A Comprehensive Bibliography (1960–1976). Wichita, Kansas 1977.
3. Langley, Wendell E., S.J. / Asen, Bernard A. and Jermann, R.: "Women and the Ministerial Priesthood: An Annotated Bibliography.", in: Theology Digest 29:4 (1981) 329–342.
4. The Woman in the Church: International Bibliography, 1975–1982. RIC Supplement 70–71. Strasbourg Cedex (France), Université des Sciences Humaines de Strasbourg, Cerdic Publications 1982.
5. Women's Ordination Conference (WOC): Women and Priesthood: A Bibliography, Compiled and Selectively Annotated by the Women's Ordination Conference, Fairfax/Virginia, 1995.
6. Wolfgang Lienemann: Bibliographie zur Frauenordination (Institut für Systematische Theologie, Abt. Ethik der Ev.-theol. Fakultät der Universität Bern, im Internet: www.unibe.ch)

Ferner ist die von John Wijngaards/London erstellte website zu berücksichtigen: www.womenpriests.org (dort ebenfalls reichhaltige Literaturangaben).

1973/74

Morris, Joan, Against Nature and God. The History of Women with Clerical Ordination and the Jurisdiction of Bishops, London 1973.

Heyer, Robert J. (ed.), Women and Orders, New York 1974

King, J.A., The Ordination of Women to the Priesthood, in: Theology 78 (1974) 142–147.

1975

Carroll, Elizabeth, Women and Ministry, in: Theological Studies 36 (1975) 660–687.

Donnelly, Dorothy H., Women-Priests – Does Philadelphia Have a Message for Rome?, in: Commonweal 102, 1975.

Hamilton, Michael P. / Montgomery Nancy S. (eds.), The Ordination of Women: Pro and Con, New York 1975.

Meyer, Eric C., Are there Theological Reasons Why the Church Should not Ordain Women Priests? In: Review for Religious 34 (1975) 957–967.

Raming, Ida, Frau und kirchliche Ämter. in: Diaconia Christi. Dokumentation, hg. v. Internationalen Diakonatszentrum Freiburg, 10 (1975) H.1, 24–28.

1976

Bouyer, Louis, Mystère et ministères de la femme (Présence et pensée), Paris 1976 (deutsch: Frau und Kirche [übertragen und mit einem Nachwort versehen v. Hans Urs v. Balthasar] Einsiedeln 1977).

Bruce, Michael / Duffield, G.E. (eds.), Why not? Priesthood and the Ministry of Women: A Theological Study. Revised and augmented Edition, prepared by Roger T. Beckwith, Appleford-Abingdon 1976.

Gardiner, Anne Marie (ed.), Women and Catholic Priesthood. An Expanded Vision, New York – Toronto 1976.

Küng, Hans, Thesen zur Stellung der Frau in Kirche und Gesellschaft, in: Theologische Quartalschrift 156 (1976) 129–132.

Micks, Marianne / Price, Charles P., Toward a New Theology of Ordination. Essays on the Ordination of Women. Sommerville/MA 1976.

Neumann, Johannes, Die Stellung der Frau in der Sicht der katholischen Kirche heute, in: Theologische Quartalschrift 156 (1976) 111–128.

Radford Ruether, Rosemary, Frau und kirchliches Amt in historischer und gesellschaftlicher Sicht, in: Concilium 12 (1976) 17–23.

Raming, Ida, Die inferiore Stellung der Frau nach geltendem Kirchenrecht, in: Concilium 12 (1976) 30–34.

Schüssler Fiorenza, Elisabeth, Die Rolle der Frau in der urchristlichen Bewegung, in: Concilium 12 (1976) 3–9.

1977

Zur Frage der Zulassung der Frauen zum Priesteramt (*Inter insigniores*). Eine Erklärung der Kongregation für die Glaubenslehre, in: Herder-Korrespondenz 31 (1977) 151–157.

Coriden, James A. (ed.), Sexism and Church Law. New York 1977.

Ebneter, Albert, Keine Frauen im Priesteramt, in: Orientierung 41 (1977) 25f.

Frieling, Reinhard, Rom gegen Frauenordination. Belastung für die Ökumene?, in: Lutherische Monatshefte 16 (1977) 130f.

Hünermann, Peter, Roma locuta – causa finita? Zur Argumentation der vatikanischen Erklärung über die Frauenordination, in: Herder Korrespondenz 31 (1977) 206–209.

Küng, Hans / Lohfink, Gerhard, Keine Ordination der Frau?, in: Theologische Quartalschrift (1977) 144–146.

Rahner, Karl, Priestertum der Frau?, in: Stimmen der Zeit 195 (1977) 291–301.

Swidler, Leonard and Arlene (eds.), Women Priests. A Catholic Commentary on the Vatican Declaration, New York 1977.

Weger, Karl-Heinz, Endgültig keine Ordination der Frau? in: Orientierung 41 (1977) 64–67.

Wijngaards, John, Did Christ Rule Out Women Priests? Great Wakering 1977, 1986[2].

1978

Bläser, Peter, Liturgische Dienste und die Ordination von Frauen in nichtkatholischen Kirchen, in: Liturgisches Jahrbuch 28 (1978) 155–169.

Coyle, J. Kevin, The Fathers on Women's Ordination, in: Eglise et Théologie 9 (1978) 51–101.

di Noia, Joseph, Women's Ordination: Can the Debate Be Revived, in: New Black Friars 59 (1978) 488–497.

Ferder, Fran, Called to Break Bread?: A Psychological Investigation of 100 Women Who Feel Called to Priesthood in the Catholic Church. Mt. Rainier, MD: Quixote Center, 1978.

Hemperek, Piotr, The Catholic Church and the Ordination of Women, in: Roczniki teologiczno-kanoniczne 25 (1978) 33–44 (mit englischem summary).

Stuhlmueller, Carroll, C.P., (ed.), Women and the Priesthood: Future Directions. Collegeville, Minn. 1978 (mit Bibliographie).

1979

Pissarek-Hudelist, Herlinde, Die Bedeutung der Sakramententheologie Karl Rahners für die Diskussion um das Priestertum der Frau, in: H. Vorgrimler (Hg.), Wagnis Theologie. Erfahrungen mit der Theologie Karl Rahners (Festschrift für K. Rahner), Freiburg – Basel -Wien 1979, 417–434.

Raming, Ida, "Gleichwertig – aber andersartig". Zu einem üblichen Argumentationsschema gegen das Priestertum der Frau, in: Orientierung 43 (1979) 218–221.

Singles, Donna, Die Kirche und die Frau: Zum Fortbestehen einer Diskriminierung, in: Concilium 15 (1979) 661–666.

1980

Brennan, Margaret, Frauen und Männer im kirchlichen Dienst, in: Concilium 16 (1980) 288–292.

Parvey, Constance F. (Hg.), Ordination of Women in Ecumenical Perspective (Klingenthal Consultation), Commission on Faith and Order, WCC, Geneva 1980.

Dies. (Hg.), Ordination of Women in Ecumenical Perspective. Workbook for the Church's Future, Geneva 1980.

Reichle, Erika, Frauenordination aus ökumenischer Sicht. Ein Bericht über eine Tagung, in: Ökumenische Rundschau 29 (1980) 89–96.

1981

Bébère, Marie-Jeanne, L'ordination des femmes, in: Lumière et vie 30 (1981) 90–102.

Gemeinsame römisch-kath./ev.-lutherische Kommission, Das geistliche Amt in der Kirche, Frankfurt – Paderborn 1981.

Legrand, Hervé / Vikström, Jorge, Die Zulassung der Frau zum Amt: Gemeinsame römisch-kath./ev.-lutherische Kommission, Das geistliche Amt in der Kirche, Frankfurt – Paderborn 1981, 102 – 126.

1982

Brooten, Bernadette / Greinacher, Norbert (Hg.), Frauen in der Männerkirche (Gesellschaft und Theologie: Abt. Praxis der Kirche 40), Mainz – München 1982.

Hauke, Manfred, Die Problematik um das Frauenpriestertum vor dem Hintergrund der Schöpfungs- und Erlösungsordnung, Paderborn 1982, 1995 (4. Aufl.).

Warkentin, Marjorie, Ordination. A Biblical-Historical Overview, Grand Rapids/Ill. 1982.

1983

Nientiedt, Klaus, Verdrängte Weiblichkeit. Zur Stellung der Frau in der Kirche, in: Herder Korrespondenz 37 (1983) 573 – 578.

Puza, Richard, Zur Stellung der Frau im alten und neuen Kirchenrecht, in: Theologische Quartalschrift 163 (1983) 109 – 122.

1984

Doyle, Eric, 'The Question of Women Priests and the Argument *In Persona Christi'*, in: Irish Theological Quarterly 37 (1984) 212 – 221.

Lakeland, P., Can Women be Priests?, Dublin 1975.

Die Ordination der Frau in Lutherischen Kirchen., Ergebnisse einer Umfrage des Lutherischen Weltbundes, in: LWB-Dokumentation o..Jg. Nr. 18 (1984) 1 – 39.

Pree, Helmuth, Mann und Frau im neuen Kirchenrecht, in: Diakonia 15 (1984) 107 – 112.

Raming, Ida, Damit auch Frauen Priester werden … Die Women's Ordination Conference streitet für mehr Rechte der Frauen in der Kirche, in: Publik-Forum 13 (1984) H.10, 26f.

Schelkle, Karl Hermann, "Denn wie das Weib aus dem Mann ist, so auch der Mann aus dem Weib" (1 Kor 11,12). Zur Gleichberechtigung der Frau im Neuen Testament, in: Diakonia 15 (1984) 85 – 90.

1985

Jensen, Anne, Wie patriarchalisch ist die Ostkirche? Frauenfragen in der orthodoxen Theologie, in: Una Sancta 40 (1985) 130–145.

Oeyen, Christian, Frauenordination: Was sagt die Tradition wirklich?, in: Internationale Kirchliche Zeitschrift 75 (1985) 97–118.

Parvey, Constance F. (Hg.), Die Gemeinschaft von Frauen und Männern in der Kirche. Der Sheffield-Report (ein Bericht der Konsultation des Ökumenischen Rates der Kirchen), übers. v. E. Raiser u. V. Coenen, Neukirchen-Vluyn 1985.

Ruh, Ulrich, Anglikanische Entscheidung für die Frauenordination, in: Herder Korrespondenz 39 (1985) 12f.

1986

Heinzelmann, Gertrud, Die geheiligte Diskriminierung. Beiträge zum kirchlichen Feminismus, Bonstetten 1986.

Oeyen, Christian, Priesteramt der Frau? Die altkatholische Theologie als Beispiel einer Denkentwicklung, in: Ökumenische Rundschau 35 (1986) 254–266.

Ruh, Ulrich, Anglikaner: Streit um Frauenordination und Glaubensfragen, in: Herder Korrespondenz 40 (1986) 361f.

Women Priests, Obstacle to Unity?, Documents and Correspondence Rome and Canterbury 1975–1986, London 1986.

1987

Beinert, Wolfgang (Hg.), Frauenbefreiung und Kirche. Darstellung - Analyse - Dokumentation, Regensburg 1987.

Bührig, Marga, Wenn Frauen Heilige sein können, warum können sie nicht auch Priesterinnen sein?, in: Reformatio 36 (1987) 331–334.

Gössmann, Elisabeth / Bader, Dietmar (Hg.), Warum keine Ordination der Frau? Unterschiedliche Einstellungen in den christlichen Kirchen, München – Zürich 1987.

Hauke, Manfred, Das Weihesakrament für Frauen – eine Forderung der Zeit? in: Forum Katholische Theologie 3 (1987) 119–134.

Kaufmann, Ludwig, Auf dem Weg zur Teilhabe, in: Orientierung 51 (1987) 144.

Martin, John Hilary, The Injustice of Not Ordaining Women: A Problem for Medieval Theologians, in: Theological Studies 48 (1987) 303–316.

Rosato, Philip J., Priesthood of the Baptized and Priesthood of the Ordained, in: Gregorianum 68 (1987) 215–265.

Vögtle, Anton, Frauen und Ämter in der frühen Kirche, in: Christ in der Gegenwart 39 (1987) 389f.397f.405f.

1988

Zur Gleichheit berufen., Entwurf des "Frauen"-Hirtenbriefes der katholischen Bischofskonferenz der USA. Einführender Kommentar v. Anneliese Lissner (Publik-Forum Dokumentation), Oberursel 1988.

Nürnberg, Rosemarie, "Non decet neque necessarium est, ut mulieres doceant". Überlegungen zum altkirchlichen Lehrverbot für Frauen, JAC 31 (1988) 57–73.

Osborne, Kenan B., Priesthood. A History of the Ordained Ministry in the Roman Catholic Church, Philadelphia 1988.

Ein Plädoyer für die Frau im kirchlichen Amt., Die Enzyklika "Mulieris dignitatem" über die Würde der Frau, in: Imprimatur 21 (1988) 322–324.

Raming, Ida, Frauenordination. Fortschritt auf dem Weg zur Befreiung der Frau in der katholischen Kirche, in: Schlangenbrut, 1988/ H.22, 10–14.

Raske, Michael, "Warum dürfen Frauen nicht Priester werden?", in: Katechetische Blätter 113 (1988) 886–895.

Wojciechowski, Tadeusz, Könnte eine Frau katholischer Priester sein?, in: Analecta Cracoviensia 20 (1988) 299–308.

1989

Beschluß der 49. ordentlichen Bistumssynode der Altkatholiken zur Frauenordination, in: Ökumenische Rundschau 38 (1989) 333.

Field, Barbara (ed.), Fit for this Office. Women and Ordination, Melbourne 1989.

Gössmann, Elisabeth, Äußerungen zum Frauenpriestertum in der christlichen Tradition, in: Dietmar Bader (Hg.), Freiburger Akademiearbeiten 1979–1989, München – Zürich 1989, 304–321.

Raming, Ida, Frauenbewegung und Kirche. Bilanz eines 25jährigen Kampfes für Gleichberechtigung und Befreiung der Frau seit dem 2. Vatikanischen Konzil, Weinheim 1989, 1991[2].

Die Stellung der Frau in der Orthodoxen Kirche und die Frage der Ordination von Frauen. Abschlußbericht einer Interorthodoxen Theologischen Konsultation, in: Una Sancta 44 (1989) 252–260.

Trapp, Daniel J., The Discussion of the Ordination of Women to the Priesthood among Roman Catholics in the United States 1977–1987. Rome 1989 (Bibliography)

1990

"Gleiche Würde" – aber keine gleichen Rechte. Stellungnahme der Frauengruppe MARIA VON MAGDALA zum Apostolischen Schreiben Johannes Pauls II. *Mulieris Dignitatem,* in: Es gibt nicht mehr Mann und Frau... (Gal 3,28), 46–51.

Müller, Iris / Raming, Ida, Testfall "Frauenordination". Amtskirchliche Positionen und ihre Widerlegung, in: Maria von Magdala – Initiative Gleichberechtigung für Frauen in der Kirche (Hg.): Es gibt nicht mehr Mann und Frau... (Gal. 3,28), 2. überarb. Aufl. 1990, 13–18.

Raming, Ida, Frauen in der Kirche, in: Stimmen der Zeit 115 (1990) 415–426.

1991

Behr-Sigel, Elisabeth, Le ministère de la femme dans L'Eglise, Paris 1987 (engl.: The Ministry of Women in the Church, Redondo Beach/Cal. 1991).

1992

Baumert, Norbert, Mann und Frau bei Paulus. Überwindung eines Mißverständnisses, Würzburg 1992.

Frauenordination und Bischofsamt. Eine Stellungnahme der Kammer für Theologie (EKD-Texte 44), Hannover (Kirchenamt der EKD) 1992.

Geldbach, Erich, Frauenordination: Dienst an der Ökumene?, in: Materialdienst des Konfessionskundlichen Instituts Bensheim 43 (1992) 103–107.

Raming, Ida, "Die zwölf Apostel waren Männer … ". Stereotype Einwände gegen die Frauenordination und ihre tieferen Ursachen, in: Orientierung 56 (1992) 143–146.

1993

Frauenordination (Themenheft), Theologische Quartalschrift 173 (1993) 161–264.

Jensen, Anne, Christusrepräsentation, kirchliche Ämter und Vorsitz bei der Eucharistie. Zur heutigen *relecture* einer frühchristlichen Tradition, in: Freiburger Zeitschrift für Philosophie und Theologie 40 (1993) 282–297.

Légrand, Hervé, Traditio Perpetuo Servata? The Non-Ordination of Women: Tradition or Simply Historical Fact?, in: One in Christ 29 (1993) 1–23.

Müller, Iris, Priesteramt – für Männer eine Ehre – für Frauen ein Tabu, in: Maria von Magdala – Initiative Gleichberechtigung für Frauen in der Kirche (Hg.), Keine Frau schweige in der Kirche! 1993, 37–43.

Ohme, Heinz, Die orthodoxe Kirche und die Ordination von Frauen. Zur Konferenz von Rhodos vom 30. Oktober bis 7. November 1988, in: Ökumenische Rundschau 42 (1993) 52–65.

Schießl, Johanna, Priestertum der Frau, in: Stimmen der Zeit 211 (1993) 115–122.

1994

Apostolisches Schreiben, von *Papst Johannes Paul II.* über die nur Männern vorbehaltene Priesterweihe *(Ordinatio Sacerdotalis)* v. 22.5.1994 (Verlautbarungen des Apostolischen Stuhls 117) Bonn 1994, 3–7.

Das Apostolische Schreiben Ordinatio sacerdotalis, vom 22.5.1994. Wortlaut – Stellungnahmen – Reaktionen, in: Klerusblatt 74 (1994) 147–151.

Antón, Angel, "Ordinatio Sacerdotalis": Algunas reflexiones de 'gnoseología teológica', in: Gregorianum 75 (1994) 723–742.

Beinert, Wolfgang, Priestertum der Frau. Der Vorhang zu, die Frage offen?, in: Stimmen der Zeit 212 (1994) 723–738.

Brunelli, Lucio / Tornielli, Andrea, Frauen als Priester. Der Fall ist abgeschlossen, in: 30 Tage (1994) Nr. 6, 10–13.

Byrne, Lavinia, Women at the Altar – The Ordination of Women in the Roman Catholic Church, Mowbray 1994.

Cullinane, Peter James Bischof, A Pastoral-Theological Reflection on Pope John Paul II's Apostolic Letter Concerning Ordination to the Priesthood, in: Australasian Catholic Record 71 (1994) 465–474.

Geldbach, Erich, Endgültiges Nein Roms zur Priesterweihe von Frauen, in: Materialdienst des Konfessionskundlichen Instituts Bensheim (MdKI) 45 (1994) 65–67.

Gott ist in Christus Mensch, nicht Mann geworden. Zur Ablehnung der Frauenordination in dem vatikanischen Schreiben über die Priesterweihe (Pressemitteilung Nr. 8/94 des Konfessionskundlichen Instituts Bensheim), in: Ökumenische Rundschau 43 (1994) 332f.

Hälbig, Klaus W., "Er hat sie durch sein Blut gereinigt". Zur Frage der Frauenordination im Horizont sakramentalen Denkens, in: Internationale Kath. Zeitschrift Communio 23 (1994) 345–359.

Hünermann, Peter, Schwerwiegende Bedenken. Eine Analyse des Apostolischen Schreibens *Ordinatio Sacerdotalis,* in: Herder Korrespondenz 48 (1994) 406–410.

Jensen, Anne, Ist Frauenordination ein ökumenisches Problem? Zu den jüngsten Entwicklungen in den anglikanischen, altkatholischen und orthodoxen Kirchen, in: Internationale kirchliche Zeitschrift 84 (1994) 210–228.

Keine Priesterweihe von Frauen. Das Apostolische Schreiben Ordinatio Sacerdotalis mit den Erläuterungen im "Osservatore Romano", in: Herder Korrespondenz 48 (1994) 355f., 356–358.

Nientiedt, Klaus, Bischofskonferenz: Spannungen nehmen zu, in: Herder Korrespondenz 48 (1994) 549–551.

Raming, Ida, Endgültiges Nein zum Priestertum der Frau? Zum Apostolischen Schreiben Johannes Pauls II. *Ordinatio Sacerdotalis,* in: Orientierung 58 (1994) 190–193.

Dies., Ungenutzte Chancen für Frauen im Kirchenrecht. Widersprüche im CIC/1983 und ihre Konsequenzen, in: Orientierung 58 (1994) 68–70.

Ratzinger, Joseph Kardinal, Grenzen kirchlicher Vollmacht. Das neue Dokument von Papst Johannes Paul II. zur Frage der Frauenordination, in: Internationale Kath. Zeitschrift 23 (1994) 337–345.

Ruh, Ulrich, Die Würfel sind gefallen. In der Kirche von England empfingen erstmals Frauen die Priesterweihe, in: Herder Korrespondenz 48 (1994) 176–180.

Ders., Lehramt im Abseits?, in: Herder-Korrespondenz 48 (1994) 325–327.

Seibel, Wolfgang, Priestertum der Frau, in: Stimmen der Zeit 212 (1994) 577f.

St. Pierre, Simone M., The Struggle to Serve: The Ordination of Women in the Roman Catholic Church. Jefferson, N.C. 1994.

Waldrond-Skinner, Sue, Crossing the Boundary. What Will Women Priests Mean? Mowbray 1994.

1995

Dulles, Avery, Tradition Says No, in: The Tablet, 9.12.1995, 1572f.

Gleeson, Gerald, The Status of the Church's Teaching that Ordination is Reserved to Men Alone, in: The Australasian Catholic Record 73 (1995) 286–294.

Hauke, Manfred, "*Ordinatio Sacerdotalis*": Das päpstliche Schreiben zum Frauenpriestertum im Spiegel der Diskussion, in: Forum Katholische Theologie 11 (1995) 270–298.

Küng, Hans, Das Nein zur Frauenordination – unfehlbar! Anti-Priesterinnen-Dekret des Vatikans stellt Theologen vor Entscheidung, in: Süddeutsche Zeitung v. 2.12.1995, 10.

Laurien, Hanna-Renate, Abgeschrieben? Plädoyer für eine faire Diskussion über das Priestertum der Frau, Freiburg – Basel – Wien 1995.

McScorley, Harry, Ecclesial Communio, Reception, and the Apostolic Letter of Pope John Paul II. "Ordinatio Sacerdotalis", in: Communion et Réunion 1995, 389–401.

Raming, Ida, Priesteramt für Frauen: Eine Forderung der Gerechtigkeit und Anerkennung ihres Christseins, in: Katechetische Blätter 120 (1995) 296–299.

Reynolds, Philip R., Scholastic Theology and the Case Against Women's Ordination, in: Heythrop Journal 36 (1995) 249–285.

Sullivan S.J., Francis A., Guideposts from Catholic Tradition. Infallability Doctrine Invoked in Statement against Ordination by Congregation for the Doctrine of Faith, in: America 173, 9.12.1995, 5f.

1996

Bébère, Marie-Jeanne, L'ordination des femmes dans L'Eglise catholique: Les décisions du magistère, in: Revue de droit canonique 46 (1996) 7–20.

Catholic Theological Society of America, Tradition and Women's Ordination: A Question for Criteria, in: Origins 26 (1996); repr. in: Doctrine & Life, Dublin 1996, 556–564.

Eisen, Ute E., Amtsträgerinnen im frühen Christentum. Epigraphische und literarische Studien, Göttingen 1996.

Ferme, Brain E., The Response of the Congregation for the Doctrine of Faith to the Dubium Concerning the Apostolic Letter "Ordinatio Sacerdotalis": Authority and Significance, in: Periodica 85 (1996) 689–727.

Field-Bibb, Jacqueline, Praxis contra Ikone. Frauen auf dem Weg zum Priestertum in der römisch-katholischen Kirche, in: Concilium 32 (1996) 58–65.

Gaillardetz, Richard R., Infallibility and the Ordination of Women, in: Louvain Studies 21 (1996) 3–24.

Gössmann, Elisabeth, Die "Braut Kirche" und der Priester als "Bräutigam". Rom und das neue Exempel männlicher Macht. Zum Verbot der Priesterweihe von Frauen, in: Frankfurter Rundschau vom 5.2.1996, 12.

Groß, Walter (Hg.), Frauenordination. Stand der Diskussion in der katholischen Kirche, München 1996.

Hafner, Felix / Buser, Denise, Frauenordination via Gleichstellungsgesetz? Die Anwendbarkeit des Gleichstellungsgesetzes auf die Dienstverhältnisse in der römisch-katholischen Kirche, in: Aktuelle Juristische Praxis (AJP) 10 (1996) 1207–1214.

Haustein, Jörg, Unfehlbar, aber nicht unwiderrufbar? Zum Diskurs um die Ablehnung der Frauenordination, MdKI 47 (1996) 21f.

Joubert, Jacques, L'ordination des femmes et le dépôt de la foi. A propos d'une "réponse" de la Congrègation pour la doctrine de la foi, in: Revue de droit canonique 46 (1996) 29–36.

Lüdecke, Norbert, Also doch ein Dogma? Fragen zum Verbindlichkeitsanspruch der Lehre über die Unmöglichkeit der Priesterweihe für Frauen aus kanonistischer Perspektive, in: Trierer Theologische Zeitschrift 105 (1996) 161–211.

Nientiedt, Klaus, Eine weitere Etappe. Zur Priesterweihe von Frauen bei den deutschen Altkatholiken, in: Herder Korrespondenz 50 (1996) 352–355.

Raberger, Walter, "Ordinationsfähigkeit" der Frau? Anmerkungen zum Thema "Frauenpriestertum", in: Theologisch-praktische Quartalschrift 144 (1996) 398–411.

Raming, Ida, Für die Rechte der Frauen in der Kirche. Eindrücke und Überlegungen zur Women's Ordination Conference 1995, in: Orientierung 60 (1996) 54–57.

Ruprecht, Sabine u. Arndt, Frauenordination in der Kirche von England. Ein Bericht, in: Pastoraltheologie 85 (1996) 190–195.

Sullivan S.J., Francis A., Creative Fidelity: Weighing and Interpreting Documents of Magisterium, New York 1996.

Vobbe, Joachim, "Geh zu meinen Brüdern". Vom priesterlichen Auftrag und Amt der Frauen in der Kirche. Brief des Bischofs an die Gemeinden des Katholischen Bistums der Alt-Katholiken, Bonn, 2. Februar 1996.

1997

Frauenordination und Tradition. Stellungnahme der "Catholic Theological Society of America", in: Herder Korrespondenz 51 (1997) 414–419.

Projekttag Frauenordination, hg. vom Professorenkollegium der Bonner Katholisch-Theologischen Fakultät (Kleine Bonner Theologische Reihe), Alfter 1997.

Rigl, Thomas, Kontext und Begründung der Frauenordination in der Kirche von England, in: Catholica 51 (1997) 3–31.

Schwarz, Roland, Verbieten Bibeltexte die Frauenordination? in: Diakonia 28 (1997) 167–173.

1998

Gössmann, Elisabeth, Women's Ordination and the Vatican, in: Feminist Theology 18 (1998) 67–86.

van Lunen Chénu, Marie-Thérèse, Human Rights in the Church: a non-right for women in the Church, in: Human Rights. The Christian Contribution, July 1998.

Müller, Iris / Raming, Ida, Aufbruch aus männlichen "Gottesordnungen". Reformbestrebungen von Frauen in christlichen Kirchen und im Islam. Weinheim 1998.

Raming, Ida / Jansen, Gertrud / Müller, Iris / Neuendorff, Mechtilde (Hgg.), Zur Priesterin berufen. Gott sieht nicht auf das Geschlecht. Zeugnisse römisch-katholischer Frauen, Thaur – Wien – München 1998.

1999

Armstrong, Karen, The End of Silence. Women and Priesthood, London 1999.

Berlis, Angela, Die Frauenordination – ein Testfall für Konziliarität, in: Concilium 35 (1999) 77–84.

Buser, Denise / Loretan, Adrian (Hgg.), Gleichstellung der Geschlechter und die Kirchen. Ein Beitrag zur menschenrechtlichen und ökumenischen Diskussion. Fribourg 1999.

Müller, Gerhard Ludwig (Hg.), Der Empfänger des Weihesakraments. Quellen zur Lehre und Praxis der Kirche, nur Männern das Weihesakrament zu spenden. Würzburg 1999.

Die Weigerung, Frauen zu ordinieren (Themenheft). Concilium 35 (1999) Nr. 3.

2000

Bock, Wolfgang / Lienemann, Wolfgang (Hgg.), Frauenordination. Studien zu Kirchenrecht und Theologie Bd. III., Heidelberg 2000 (mit ausführlicher Bibliographie).

Macy, Gary, The Ordination of Women in the Early Middle Ages, in: Theological Studies, vol. 61 (2000) no. 3, 481–507.

Müller, Gerhard Ludwig, Priestertum und Diakonat. Der Empfänger des Weihesakramentes in schöpfungstheologischer und christologischer Perspektive. Einsiedeln – Freiburg 2000.

Raab, Kelley A., When Women Become Priests. New York 2000.

Raming, Ida, Frauen suchen Antworten. Reaktionen auf frauenfeindliche Blockaden, in: Orientierung 64 (2000) 100–103, 111–114.

2001

Raming, Ida, Frauen gegen Diskriminierung und Entrechtung. Entstehung und Entwicklung der Frauenordinationsbewegung in der katholischen Kirche Europas, in: Orientierung 65 (2001) 75–79, 86–91.

Wijngaards, John, The Ordination of Women in the Catholic Church. Unmasking a Cuckoo's Egg Tradition. London 2001.

Winter, Miriam Therese, Out of the Depths. The Story of Ludmila Javorova, Ordained Roman Catholic Priest, New York 2001.

Theologische Frauenforschung in Europa

herausgegeben von
Prof. Dr. Hedwig Meyer-Wilmes (Nijmegen) und
Prof. Dr. Marie-Theres Wacker (Münster)

Katharina von Kellenbach;
Susanne Scholz (Hrsg.)
Zwischen-Räume
Deutsche feministische Theologinnen im
Ausland. Mit Beiträgen von Teresa Berger,
Elisabeth Gössmann, Elisabeth Schüssler-
Fiorenza u. a.
In diesem Buch reflektieren im Ausland leben-
de deutsche und feministische Theologinnen die
theologischen, politischen und soziokulturellen
Bedeutungen ihrer multikulturellen Identität. Alle
der in dieser Anthologie versammelten Autorinnen
studierten zunächst evangelische oder katholische
Theologie in Deutschland und setzten dann ihre
Ausbildung und theologische Karriere in anderen Ländern (Chile, England, Japan, Philippinen,
U.S.A.) fort. Das Buch versteht sich als Teil eines
wachsenden Forschungsinteresses an "cultural
criticism", in dem kulturelle, ethnische und religiöse Identität beleuchtet wird. Die Beiträge
sind theologisch-politisch gehalten und ziehen
Persönliches zur Illustration heran. Sie berei-
chern die deutsche feministische und theologische
Diskussion durch ihre multikulturelle Perspektive in zweierlei Hinsicht. Erstens erklären die
Autorinnen nationale Eigenheiten, die in den im
deutschen Umfeld entstandenen Theologien im
Vergleich zu anderen Ländern vorhanden sind.
Zweitens wollen sie bestimmte Grunderfahrungen
von AusländerInnen und in komplexen Zusam-
menhängen lebenden Menschen für feministische
Theorien und Theologien fruchtbar machen.
Bd. 1, 2000, 176 S., 39,80 DM, br., ISBN 3-8258-4289-4

Anne Jensen; Maximilian Liebmann (Hrsg.)
Was verändert Feministische Theologie?
Interdisziplinäres Symposion zur Frauen-
forschung (Graz, Dezember 1999). Unter
Mitarbeit von Christina Kölbl
Die Katholisch-Theologische Fakultät der Karl-
Franzens-Universität Graz hat Frauenforschung
zu einem ihrer Arbeitsschwerpunkte gemacht.
Im Dezember 1999 veranstaltete sie in diesem
Rahmen ein interdisziplinäres Symposion zu der
Frage "Was verändert Feministische Theologie?"
Der Blick war dabei in die Vergangenheit wie
in die Zukunft gerichtet. Es sollten nicht nur die
Ergebnisse feministisch-theologisch arbeitender
Frauen vorgestellt werden, sondern es wurde auch
ein Dialog mit Männern geführt, die sich für die

Überwindung von Androzentrik und Sexismus in
Wissenschaft, Kirche und Gesellschaft engagieren.
Besonders im Blick war dabei das Theorie-Praxis-
Verhältnis.
Der vorliegende Band dokumentiert dieses Sym-
posion, dessen Gesamtleitung bei Prof. Dr. Anne
Jensen lag. Die Beiträge stammen von Prof. Dr.
Irmtraud Fischer, Prof. Dr. Hermann Häring,
Bischöfin Maria Jepsen, Prof. Dr. Helga Kohler-
Spiegel, Prof. Dr. Annette Kuhn, Prof. Dr. Hedwig
Meyer Wilmes, Prof. Dr. Herta Nagl-Docekal,
Prof. Dr. Michael Raske, Mag . Ingeborg Schrett-
le, Prof. Dr. Josef Wohlmuth.
Bd. 2, 2000, 232 S., 39,80 DM, br., ISBN 3-8258-4616-4

Sonja Angelika Strube
**"Wegen dieses Wortes ... " – Feministische
und nichtfeministische Exegese im
Vergleich am Beispiel der Auslegungen
zu Mk 7.24-30**
Bd. 3, 2000, 368 S., 49,80 DM, br., ISBN 3-8258-4521-4

Anna Kiesow
Löwinnen von Juda
Frauen als Subjekte politischer Macht in der
judäischen Königszeit
Bd. 4, 2000, 224 S., 39,80 DM, br., ISBN 3-8258-4653-9

Birgit Verstappen
Ekklesia des Lebens
Im Dialog mit Sallie McFague's Kosmologie
und der Befreiungstheologie von Elisabeth
Schüssler Fiorenza
Bd. 5, Herbst 2001, ca. 224 S., ca. 34,80 DM, br.,
ISBN 3-8258-5304-7

Maike de Haardt; Anne-Marie Korte (eds.)
Common Bodies
Everyday Practices, Gender and Religion
Bd. 6, Herbst 2001, ca. 208 S., ca. 34,80 DM, br.,
ISBN 3-8258-5578-3

Hedwig Meyer-Wilmes (Hrsg.)
Tango, Theologie und Kontext
Schritte zu einer Theologie des Alltags
Bd. 8, Herbst 2001, ca. 120 S., ca. 24,80 DM, br.,
ISBN 3-8258-5708-5

LIT Verlag Münster – Hamburg – Berlin – London
Grevener Str. 179 48159 Münster
Tel.: 0251 – 23 50 91 – Fax: 0251 – 23 19 72
e-Mail: vertrieb@lit-verlag.de – http://www.lit-verlag.de

Preise: unv. PE